**Søren Kierkegaard: Entweder – Oder**

# Klassiker Auslegen

Herausgegeben von
Otfried Höffe

**Band 67**

# Søren Kierkegaard:
# Entweder – Oder

Herausgegeben von
Hermann Deuser und Markus Kleinert

DE GRUYTER

ISBN 978-3-11-044484-1
e-ISBN (PDF) 978-3-11-044502-2
e-ISBN (EPUB) 978-3-11-043729-4
ISSN 2192-4554

**Library of Congress Cataloging-in-Publication Data**
A CIP catalog record for this book has been applied for at the Library of Congress.

**Bibliografische Information der Deutschen Nationalbibliothek**
Die Deutsche Nationalbibliothek verzeichnet diese Publikation in der Deutschen National-
bibliografie; detaillierte bibliografische Daten sind im Internet über
http://dnb.dnb.de abrufbar.

© 2017 Walter de Gruyter GmbH, Berlin/Boston
Druck und Bindung: CPI books GmbH, Leck
♾ Gedruckt auf säurefreiem Papier
Printed in Germany

www.degruyter.com

# Vorwort

Kierkegaards *Entweder – Oder*, sein frühes Hauptwerk von 1843, ist längst ein *Klassiker* und verdient es, als solcher *ausgelegt* zu werden. Die Bedingungen in der Kierkegaard-Forschung sind dafür günstig, weil in den letzten zwei Jahrzehnten in der Verantwortung des Kierkegaard-Forschungszentrums in Kopenhagen eine extensiv und minutiös kommentierte, vollständig neue Werkausgabe erarbeitet wurde: *Søren Kierkegaards Skrifter*. Auf dieser historisch-philologisch sicheren Basis kann die Kierkegaard-Interpretation verlässlicher und ruhiger erfolgen, falsche Schulbildungen vermeiden, ohne die Leidenschaft des Denkens und Existierens aufgeben zu müssen.

Wir haben Otfried Höffe herzlich zu danken für die Initiative und gründliche redaktionelle Betreuung zu diesem Band. Es ist nicht ganz einfach, Kierkegaards eigenwillige Literatur im Blick auch auf sein Gesamtwerk auszulegen. Denn trotz aller Forderung nach einem Entweder-Oder bleibt eine gewisse Schwebe gegenüber einer festen Systematisierung, und das beeinflusst auch die Auslegung. Unterschiedliche Sprach- und Denkformen sind also berechtigt, müssen aber gleichwohl zusammengeführt werden, um den massiven Eindruck, den diese Frühschrift Kierkegaards vermittelt, nicht einfach abzuwehren oder zu affirmieren.

Wir danken ganz besonders allen, die zu diesem Band beigetragen haben. Ohne ihre produktive und verständnisvolle Zusammenarbeit wären wir nicht vorangekommen. Das gilt ebenso für die redaktionelle Begleitung im Verlag De Gruyter, namentlich Dr. Gertrud Grünkorn, Johanna Wange und Olena Gainulina. Für die umsichtige Zusammenstellung der Register danken wir Dr. Jan Leichsenring.

Erfurt, Juli 2017                    Hermann Deuser und Markus Kleinert

# Inhalt

**Zitierweise und Siglen —— IX**

Hermann Deuser und Markus Kleinert
**1 Einleitung —— 1**

Niels Jørgen Cappelørn
**2 *Entweder – Oder* in der Strategie des Gesamtwerkes**
(SKS 7, 228–273, 560–573 / SKS 13, 5–27 / SKS 16, 5–106; GW1 AUN1, 245–296 / AUN2, 331–344 / GW1 WS/GWS) —— **13**

Magnus Schlette
**3 Das Vorwort von Victor Eremita: Wer hat das letzte Wort?**
(EO1, 11–25; SKS 2, 11–22) —— **39**

Tilo Wesche
**4 Diapsalmata (I): Kierkegaards Konzept der Kritik**
(EO1, 27–55; SKS 2, 25–52) —— **57**

Leonardo F. Lisi
**5 Diapsalmata (II): Nihilism as a Spiritual Exercise**
(EOI, 27–55; SKS 2, 25–52; KW III, 17–43) —— **75**

Pierre Bühler
**6 Die unmittelbaren erotischen Stadien oder das Musikalisch-Erotische: Mozarts Don Juan als ästhetische Gestalt**
(EO1, 57–163; SKS 2, 53–136) —— **95**

Angelika Jacobs
**7 Der Reflex des antiken Tragischen in dem modernen Tragischen / Die erste Liebe. Lustspiel in einem Akt von Scribe: Die Spur des Erhabenen im Tragischen und Komischen**
(EO1, 165–196 / 271–327; SKS 2, 137–162 / 225–270) —— **111**

Konrad Paul Liessmann
**8 Schattenrisse / Das Tagebuch des Verführers: Im Schatten des Eros**
(EO1, 197–254 / 351–521; SKS 2, 163–209 / 291–432) —— **131**

Ettore Rocca
9  Der Unglücklichste / Die Wechsel-wirtschaft: Die Autonomie des
   Ästhetischen angesichts der Langeweile
   (EO1, 255–269 / 329–349; SKS 2, 211–223 / 271–289) —— **151**

John Davenport
10 The Esthetic Validity of Marriage: Romantic Marriage as a Model for
   Ethical Will: In Defense of Judge Wilhelm
   (EO2, 523–703; SKS 3, 13–151; KW IV, 5–154) —— **169**

Elisabeth Gräb-Schmidt
11 Das Gleichgewicht zwischen dem Ästhetischen und dem Ethischen in der
   Herausarbeitung der Persönlichkeit (I): Das Versteckspiel des Lebens und
   der Ernst der Authentizität
   (EO2, 704–914, bes. 704–728; SKS 3, 153–318, bes. 153–173) —— **193**

Anders Moe Rasmussen
12 Das Gleichgewicht zwischen dem Ästhetischen und dem Ethischen in der
   Herausarbeitung der Persönlichkeit (II): Struktur und Kritik der
   ästhetischen Existenz
   (EO2, 728–778; SKS 3, 173–210) —— **213**

Sergio Muñoz Fonnegra
13 Das Gleichgewicht zwischen dem Ästhetischen und dem Ethischen in der
   Herausarbeitung der Persönlichkeit (III): Die Pflicht als Lebensform. Zur
   Konkretisierung der Ethik als Aufgabe des Menschen
   (EO2, 778–914; SKS 3, 210–314) —— **231**

Claudia Welz
14 Ultimatum: Gottesfrage, Gebet und Ethik angesichts des Theodizeeproblems
   (EO2, 915–933; SKS 3, 315–332 / GW1 2R43; SKS 5, 9–56 / GW1 ERG,
   278–302; SKS 8, 361–383) —— **247**

**Auswahlbibliographie** —— **267**

**Hinweise zu den Autoren** —— **271**

**Personenregister** —— **275**

**Sachregister** —— **279**

# Zitierweise und Siglen

*Entweder – Oder* (EO1: „Erster Teil. Enthaltend die Papiere von A"; EO2: „Zweiter Teil: Enthaltend die Papiere von B an A") wird im Deutschen zitiert nach der Übersetzung von H. Fauteck, hg. von H. Diem u. W. Rest (DGW, Bd. 1), München: Dt. Taschenbuch Verlag, 11. Aufl. 2012; entsprechend im Englischen nach der Übersetzung von H.V. / E.H. Hong, in: *Kierkegaard's Writings* vol. III / IV (EOI – II / KW III – IV), Princeton 1988. Die Belege nach der maßgeblichen dänischen Ausgabe von *Søren Kierkegaards Skrifter* (SKS) erfolgen mit Band- und Seitenzahl.

Die Abkürzungen und Siglen anderer Werktitel und Ausgaben richten sich nach der Vorlage der *Deutschen Søren Kierkegaard Edition* (DSKE) bzw. der *Kierkegaard Studies: Yearbook* (KSYB). Im Einzelnen sind die folgenden Siglen hervorzuheben:

| | |
|---|---|
| DGW | *Sören Kierkegaard. Gesamtausgabe der Werke in vier Bänden*, unter Mitw. von N. Thulstrup und der Kopenhagener Kierkegaard-Gesellschaft, hg. von H. Diem und W. Rest (Köln 1951–1960), München 2005. |
| DSKE | *Deutsche Søren Kierkegaard Edition*, hg. von H. Anz (bis Bd. 2), N.J. Cappelørn, H. Deuser, J. Grage (ab Bd. 3), H. Schulz, Berlin / New York bzw. Boston 2005 ff. |
| KSMS | *Kierkegaard Studies; Monograph Series*, hg. von N.J. Cappelørn u. H. Deuser (bis Bd. 25), von H. Schulz, Jon Stewart u. K. Verstrynge (ab Bd. 26), Berlin / New York bzw. Boston 1997 ff. |
| KSYB | *Kierkegaard Studies; Yearbook*, hg. von N.J. Cappelørn u. H. Deuser (bis 2010), von H. Schulz, Jon Stewart u. K. Verstrynge (ab 2011), Berlin / New York bzw. Boston 1997 ff. |
| SKS / SKS K | *Søren Kierkegaards Skrifter*, 55 Bde (Bd. 1–28, Kommentarbd. K1-K28), hg. von N. J. Cappelørn u. a., Kopenhagen 1997–2012. |
| GW1 | *Sören Kierkegaard. Gesammelte Werke*, übers. und hg. von E. Hirsch, H. Gerdes und H. M. Junghans, 36 Abt. in 26 Bd. und Registerbd., Düsseldorf / Köln 1950–1969. |

| | |
|---|---|
| 2R43 | *Zwei erbauliche Reden 1843* |
| AUN1–2 | *Abschließende unwissenschaftliche Nachschrift* |
| B | *Briefe* |
| BA | *Der Begriff Angst* |
| BI | *Über den Begriff der Ironie* |
| EC | *Einübung im Christentum* |
| ERG | *Erbauliche Reden in verschiedenem Geist* |
| ES | *Erstlingsschriften* |
| GWS | *Der Gesichtspunkt für meine Wirksamkeit als Schriftsteller* |
| KA | *Kleine Aufsätze* |
| LF | *Die Lilie auf dem Felde und der Vogel unter dem Himmel* |
| KT | *Die Krankheit zum Tode* |
| RAF | *Reden beim Altargang am Freitag* |
| SLW | *Stadien auf des Lebens Weg* |
| V | *Vorworte* |
| WS | *Über meine Wirksamkeit als Schriftsteller* |

T 1–5  *Sören Kierkegaard. Die Tagebücher*, übers. und hg. von H. Gerdes, Bd. 1–5, Düsseldorf / Köln 1962–1974.

KW    *Kierkegaard's Writings*, transl. by H. V. Hong / E. H. Hong et al., vols. I–XXVI, Princeton: PUP 1978–2000
- CI — *The Concept of Irony*
- CD — *Christian Discourses*
- CUP — *Concluding Unscientific Postscript*
- EOI–II — *Either / Or*
- FT — *Fear and Trembling*
- JfY — *Judge for Yourself!*
- PC — *Practice in Christianity*
- SLW — *Stages on Life's Way*
- SUD — *The Sickness unto Death*
- UDVS — *Upbuilding Discourses in Various Spirits*
- TM — *The Moment*
- WL — *Works of Love*

Pap.  Søren Kierkegaards Papirer, Bd. I–XI,3, hg. von P. A. Heiberg, V. Kuhr und E. Torsting, Gyldendalske Boghandel, Nordisk Forlag, Kopenhagen 1909–1948; Zweite vermehrte Ausgabe, von N. Thulstrup, Bd. XII–XIII Ergänzungsbde., hg. von N. Thulstrup, Bd. XIV–XVI Index von N. J. Cappelørn, Gyldendal, Kopenhagen 1968–1978.

Hermann Deuser und Markus Kleinert
# 1 Einleitung

„"…an der Richtigkeit des bekannten philosophischen Satzes, dass das Äußere das Innere, das Innere das Äußere sei, ein bißchen zu zweifeln" (EO1, 11; SKS 2, 11). Ausgespannt zwischen diesem ironischen Hegelzitat, dem Ruf des Posthorns („Der Postillion bläst bereits" – wenn auch 1½ Stunden verspätet!) und dem zufälligen Manuskriptfund („dass eine geheime Tür aufsprang, die ich nie zuvor bemerkt hatte" [EO1, 14; SKS 2, 13 f.]) – so präsentiert der pseudonyme Herausgeber Victor Eremita die von ihm tentativ mit *Entweder – Oder* bezeichneten Texte zweier unbekannter Autoren *A* und *B*. Oder war es vielleicht doch nur ein einziger Autor, der für diese beiden so entschieden andersartigen Sammlungen verantwortlich zeichnet? Hinzu kommt noch eine dritte Autorschaft, was zu Beginn gar nicht erwähnt wird, nämlich der von *B* mitgegebene Predigttext des *Ultimatums*, gleichsam die knappe Coda eines vorausgegangenen Feuerwerks von Gedanken und Gattungen, vom Aphorismus bis zum weit ausholenden Lehrbrief: im Ganzen ein „Lebensfragment" (EO1, 9; SKS 2, 9).

Derart durchsetzt von spielerischen Elementen stellt sich eine Philosophie der Lebensanschauungen, der Lebensformen und Handlungssituationen dar. Ihre lehrhaften und analytischen Passagen erscheinen immer zusammen mit romanhaften Vermittlungsformen; man könnte von einer Art Bildungsroman sprechen, wenn auch nicht gleich – mit Odo Marquards ironischem Begriff – von „Transzendentalbelletristik" (Marquard 2013, 121). Allerdings, Kierkegaards bewundernswerte literarische Fähigkeiten verbunden mit der werkeinheitlichen Programmformel, „was es denn heißt zu existieren", unterschreiten keineswegs die Erwartungen an das, was heute unter Philosophie verstanden werden kann (Hannay 2010, 37, 46). In historischer Sicht ist Kierkegaards Stellung zu Wissenschaft und Lebensnähe immer wieder und zu Recht mit Schopenhauer und Nietzsche verglichen worden, und die von der Kierkegaard-Lektüre ausgehenden literarischen Einflüsse und Vergleichsmöglichkeiten („with contemporaries like Ionesco and Beckett, or even Monty Python") liegen auf der Hand. „Philosophisch" (Hannay 2010, 35 f., 45) aber ist vor allem die begriffliche Arbeit am Ort der existentiellen Fragestellung selbst: „es gilt, eine Wahrheit zu finden, die Wahrheit *für mich* ist, *die Idee* zu finden, *für die ich leben und sterben will*" (DSKE 1, 24). Hier differenzieren sich die Lebensformen des Ästhetischen, Ethischen und Religiösen, und diese müssen in ihren jeweiligen Lebensbedingungen so zur Sprache und Darstellung gebracht werden, dass sie der existentiellen Aneignung nicht im Wege stehen, sondern immer auch auf diese schwierige Umsetzungsproblematik aufmerksam machen. Das verlangt neue Begriffsbildungen, unverbrauchte Kategorien und die literarische Bewusstheit variierender Sprachformen. Konkret wird dieses Programm jeweils durch das spielerische Einüben von Autor-Distanzen, um dadurch erst recht die Instanz der Rezeption, Leserinnen und Leser, auf sich selbst zu verweisen. Deshalb das zufällig gefundene Manuskript geheimnisvoll-unbekannter Herkunft („Hier fand ich zu meiner großen Überraschung eine Menge von Papieren" [EO1, 14; SKS 2, 14]). Es soll nichts sein, an das man sich halten, über das man einfach verfügen kann; und doch tragen gerade diese bloßen Papiere eine anspruchsvolle Lehre als existentielle Botschaft vor.

Insofern zieht *Entweder – Oder* durchaus auch eindeutige Linien und bezieht klare Standpunkte. *Ästhetisch* in actu ist alles, was ein leidenschaftliches Innen-Verhältnis dem Äußeren vorzieht, Unmittelbarkeit erreichen will, auch wenn sie den Lebensbedingungen abgerungen werden muss: Vom sinnlich-erotischen Verhältnis über alle Formen der ironischen Distanzierung bis zur strategischen Reflektiertheit des Verführers. Doch kann das Ästhetische als Lebensform seine eigene Theorie hervorbringen? Ist es an seine konkreten literarischen Formen gebunden, die einer durchaus reflektierten Unmittelbarkeit jeweils Spielraum geben? Welche Rolle spielen Entwicklungsstufen, Stadien, und wissen diese um sich selbst? Wieweit ist Selbstkritik als Grenzreflexion möglich, und worin zeigen sich Abhängigkeit oder begründete Distanz vom Begriff der Ästhetik in Antike, deutschem Idealismus und Romantik? Worin besteht der „Wahrheitsgehalt" gerade der Ästhetik als Lebensform, ihrer spezifischen „Subjekt-Objekt-Relation" (Adorno 1966, Kap. I)?

*Ethisch*, in idealer Betrachtung, ist dagegen die verpflichtende Allgemeinheit vermittelt mit den Realisierungen des individuellen Lebens. Die Entscheidungssituation des Entweder-Oder kann deshalb nur von einem entsprechend moralischen Innen-Verhältnis aus geltend gemacht werden, das jetzt aber das Äußere nicht ignoriert oder umspielt, sondern ernsthaft – von Innen her – zu gestalten versucht. Die stabilen Sozialformen, bevorzugtes Exempel: Ehe und Familie, sind der Ort der Handlung, und die „Papiere von B" werden nicht müde, die Überlegenheit dieser zugleich konkret wie allgemein wirksamen Sicht der Dinge gegenüber der Isolation ästhetischer Unmittelbarkeit zu preisen. Weil das Äußere in einem neuen Innen integriert wird, ist dieses jenem durch die Aneignung des Fremden überhaupt erst angemessen; ja, die dazu geforderte Lebensentscheidung erkennt die fehlerhafte Bedingtheit der ästhetischen Unmittelbarkeit: *B* ist es, der *A* vorrechnet, was in seiner Lebenshaltung an Integrationsleistungen versäumt wird, und *B* ist es, der damit erst den kritischen Begriff des Ästhetischen entwickelt. Zu ihm gehören nicht nur Unmittelbarkeit und Genuss, sondern auch Langeweile, Schwermut und Verzweiflung. Doch wie steht es hier mit dem Verhältnis von Lebensform und ihrer Darstellung (Deuser/Kleinert 2013, 7 ff.)? Erreicht das ethische Programm die gleiche Überzeugungskraft wie das ästhetische, und welche Rolle spielt dabei die Pseudonymität des Autors? Ist es berechtigt zu sagen, Kierkegaard sei „der Erste" gewesen, der die „ethische Grundfrage nach dem Gelingen und Misslingen des eigenen Lebens mit einem nachmetaphysischen Begriff des ‚Selbstseinkönnens' beantwortet" habe (Habermas 2002, 17)? Ist Kierkegaards Kritik an der idealistischen geschichtsphilosophischen „Reteleologisierung" (Marquard 2013, 113) als prophetisch und in der Bindung an den einzelnen Menschen, seine Entscheidungssituation des Entweder-Oder, als zeitgemäß und konsequent einzustufen?

Es bleibt im Ganzen die Frage nach dem Verhältnis von Leben und Lehre, Glauben und Handeln, Selbstgewinn und Sozialität, Innerlichkeit und Darstellung – in diesem „Monstrum von einem Buch" (J.L. Heiberg),[1] das Geschichte gemacht hat und beständig nach aktueller Auslegung verlangt.

Der *Text*, der hier zur Auslegung kommen soll, präsentiert sich also selbst schon unter ganz verschiedenen Hinsichten, fordert trotzdem aber die zentrale Perspektive eines existentiellen Entweder-Oder. Solche Identität und Differenz hat Methode, und ein doppelter Zugang soll versuchen, dieser Sachlage gerecht zu werden: Einerseits durch exegetische, textnahe und die Strategie des Autors einbeziehende Interpretationen, andererseits durch problemorientiert-begriffliche Darstellungen von Positionen und Argumentationen einzelner Textpartien sowie größerer Zusammenhänge. Dieses Verfahren will in seiner Neutralität durchaus eine wissenschaftliche Erschließung von Kierkegaards Frühwerk erreichen – freilich ohne restriktive Begrenzungen einzuführen, sondern umgekehrt: sich unter Beachtung von Mitteilungsform und existentieller Anforderung so sachgemäß wie möglich einstellen zu können. Die dreifache Leitfrage lautet dann: Was kann in existenzieller Hinsicht unter einer Ästhetik der Lebensformen verstanden werden, worin besteht das für die Ethik (und Religiosität) grundlegende Entweder–Oder und wie verhalten sich diese beiden Seiten zueinander?

Kierkegaards philosophische These, es gebe für alle Menschen ein Entweder-Oder, also eine Entscheidungssituation bei klarer Alternative, wird schon durch die Asymmetrie zwischen *A* und *B* in dieser Frage kompliziert. In einer Entscheidungssituation zu stehen, eine Wahl zu haben, das ist die ethische Position, die der ästhetischen Lebensform gerade fehlt. Wenn letztere aber doch zu dieser Einsicht findet, werden „die Kraft und die Leidenschaft der Wahl [...] den, der wählt, ins Ethische gewissermaßen hineintragen" – und das heißt umgekehrt, dass das Ästhetische nicht im Ernst gewählt werden kann (MacIntyre 1997, 63). MacIntyre hat genau das bestritten und zwar unter Hinweis auf das Beispiel der

---

[1] Johan Ludvig Heiberg, einflussreicher dänischer Philosoph und Schriftsteller, Zeitgenosse Kierkegaards, hier zit. nach Garff 2004, 259 f.

Generation von Kriegsteilnehmern nach dem 1. Weltkrieg, für die die Welt der Moral zusammengebrochen war und die daraufhin bewusst das Ästhetische zur Neuorientierung gewählt hat. Das historische Beispiel trägt zwar nicht das Argument: Denn in jedem einzelnen Fall käme es darauf an, was unter *ethisch* vor und nach den einschneidenden Lebenserfahrungen zu verstehen war bzw. wie sehr *ästhetisch*, ohne es selbst zu verstehen, längst schon gelebt wurde. Doch die Kritik trifft die dialektisch schwierige Stelle (vgl. Schulz 1994, 256 ff.), an der der Übergang von der einen in die andere Lebensform erklärt werden muss: *A* kann *B* eigentlich nicht verstehen, ohne sich selbst aufzugeben, *B* aber hat im Bewusstsein der entscheidenden *Wahl* sich selbst und *A* verstanden, nämlich darin, dass im Ästhetischen nicht ohne die latenten Krisensymptome wie Reue oder Verzweiflung gelebt werden kann. Wenn diese auftreten und trotzdem nicht ethisch ein sich verantwortendes, Pflicht erkennendes Leben gewählt wird, geschieht eine inkonsequente Quasi-Wahl des Ästhetischen. Das ist kennzeichnend für *A*, für *B* bleibt es ein Selbstwiderspruch. Das „Wollen" zu wählen (EO2, 718; SKS 3, 165) ist demnach der entscheidende Selbstgewinn, der die (ethische) Lebensform fundiert und der im Ästhetischen vielfach verborgen bleibt. Reue und Verzweiflung sind dabei die Übergangsphänomene, die die (ästhetische) Selbstverstellung in Unmittelbarkeit von innen her sprengen. In der Perspektive von *A* gehört dies zum Risiko, das ironisch gebrochen gerade ausgehalten werden muss, für *B* ist die Selbstwahl kreativ in Bezug auf das Selbstwerden im Leben überhaupt und insofern *absolut*. Ist dieser existenzdialektische Knotenpunkt aber philosophisch diskursiv noch zugänglich? Heißt wählen zu wollen einen dezisionistischen, kriterienlosen, also irrationalen Akt zu vollziehen (MacIntyre 1997, 64 ff.; vgl. zur Diskussion Rudd 2008; und Davenport im vorliegenden Bd. Nr. 10)?

Die Handlungssituation stellt sich so dar: Der Zustand, in dem sich *A* präsentiert, will selbstgenügsam erscheinen, ist aber immer wieder unglücklich, gelangweilt, zusammenhangslos und kann deshalb die guten Gründe, die *B* vorbringt, durchaus hören, in sich verstehen, wenn er sie auch nicht für sich selbst zu realisieren willens ist. Deshalb läuft der Wechsel zwischen ästhetischer und ethischer Lebensform trotz möglichem gegenseitigen Verständnis auf ein ausschließendes Entweder-Oder zu, nämlich auf den Augenblick der Wende, worin aus latenter Reue und Verzweiflung die existentielle Konkretion des (ethischen) Selbst wird, dessen Autonomie und Freiheit eben in diesem Akt der bewussten Selbst-Wahl liegt. Für die Aufhebung der immer drohenden *Selbsttäuschung* (Rudd 2008, 186, 199; vgl. Wesche, im vorliegenden Bd. Nr. 4), die von *A* latent geahnt, von *B* als manifest und Herausforderung des Ethischen erkannt wird, genügt jedenfalls nicht die Einsicht in gute Gründe – die sind im nachholenden Diskurs allerdings von Belang –, sondern sie liegt in einem, trotz Reue und Verzweiflung, plötzlichen Gewinn an „Authentizität" (Gräb-Schmidt, im vorliegenden Bd. Nr. 11). Dass dies geschieht, das kann *B* weder *A* aufzwingen noch hat *B* selbst dafür die Bedingungen in der Hand. Diese Dialektik von Freiheit und dem *radikal Bösen* (Kant), das offensichtlich auch gewählt werden kann, ist zugleich Auszeichnung und Gefährdung des *freien Willens*, der sich nicht selbst aus der Verstrickung helfen kann (Dalferth 2014).

Insofern bleibt für das Ästhetische immer auch ein deutlicher Respekt und eine Selbständigkeit, die ja auch in den Titelüberschriften der beiden Briefe von *B* an *A* ihren Ausdruck findet. Während *B* aber das existentielle *Werden* dessen, was ein Mensch in gewissem Sinne ist und noch nicht ist, als Lebensprinzip entwerfen kann, muss *A* mögliche Lebensformen immer an den Rand der Selbstauflösung führen. Wo alles auf ironische Distanz gehalten wird, da hat nichts mehr Bedeutung, und der Triumph dieser Lebens-Modelle liegt allein in ihrer rückhaltlosen Konsequenz, wie sie z. B. bei Don Giovanni genauso zu bewundern ist wie bei dem Verfasser der *Diapsalmata:* Nihilismus (vgl. Lisi, im vorliegenden Bd. Nr. 5; Kleinert 2005, 184 ff.).

So zu leben fasziniert, kann aber ethisch gesehen nicht empfohlen werden, und darin besteht die Überlegenheit der kritischen Analysen von *B*. Bei allem auch biederen und betulichen Auftreten des Beamten und Ehemanns ist doch anzuerkennen, dass er die guten Gründe anführen kann, warum im Sinne von *A* ästhetisch zu leben traurige Ergebnisse zeitigen wird. Ernst Tugendhat hat diesen entscheidenden Punkt schlicht und treffend formuliert: „Gibt es etwas, so lautet doch die Frage, das mir als Wollendem als Bezugspunkt dient, auf den hin ich mein einzelnes voluntatives Verhalten sammeln kann? Darauf kann man nicht antworten: ja, die Frage selbst. Denn damit hätte man der Frage ihren Gehalt genommen." (Tugendhat 2003, 113) Die von *A* vorgeführten Konsequenzmodelle geben ihre Antwort im tautologischen, ironischen, nihilistischen, immer neu variierenden Spiel mit dem Rückgriff auf „die Frage selbst". Das macht die Sache zugleich interessant und anfällig für Selbsttäuschungen, *B* aber weiß wo und wie es enden wird, wenn der „Gehalt" dieser Frage neutralisiert wird. Deshalb ist das bewusst-gewordene Wollen des Wählens ethisch und anthropologisch gesehen so fundamental, und auf dieser Basis allein kann dann Bestimmtes, nämlich das Gute, gewählt werden. An die Stelle der ästhetischen Indifferenz im (Nicht-) Wählen tritt die im Namen des Guten gewählte ethische Differenz zwischen Gut und Böse (vgl. Schulz 1994, 260 ff.).

Die Forschungs- und Rezeptionsgeschichte haben gezeigt, wie verzögert, bruchstückhaft und zurückhaltend *Entweder – Oder* postum rezipiert wurde

(Schwab 2008).² Vor allem das ästhetisch-erotisch ‚Interessante' weckte ebenso Bedenken wie Begeisterung, und erst mit der Zeit wird die philosophische Problemstellung der Zuordnung von A und B sine ira et studio herausgearbeitet. Der hedonistische Lebensentwurf des „reflektierten Genusses" ist respektabel, bleibt in seiner Konsequenz aber egozentrisch und ohne sozial lebendige Kommunikation (Pieper 2001, Kap. 2). Doch nach welchem überlegenen Maßstab wird dies beurteilt? Den vorgetragenen Lebensentwürfen gemeinsam ist die praktizierte und sich aufdrängende Kritikfähigkeit gegenüber den misslingenden Formen des Selbstwerdens (Wesche, im vorliegenden Bd. Nr. 4), und auch der Ethiker hat das gute Leben nicht gepachtet, sondern steht in der gleichen Gefahr der Selbsttäuschungen: „Maskeraden" der Existenz, die zur wahren Selbstbestimmung noch nicht vorgedrungen sind (Gräb-Schmidt, im vorliegenden Bd. Nr. 11).

Die Schwierigkeit besteht darin, sich nicht einfach an Vorgegebenes halten zu können. Existentiell gesehen können Lebensentwürfe nicht direkt übernommen, sondern sie müssen angeeignet werden. Um dies zu erreichen, müssen die literarischen Personen zugleich Modell stehen und sich entziehen, daran arbeitet die Strategie des Autors vom Vorwort in Entweder – Oder angefangen (Schlette, im vorliegenden Bd. Nr. 3) – was nachträglich durch die intensiven Überlegungen zu einer 2. Aufl. des Erstlingswerkes aufgedeckt wird: Muss nicht zur Wiederholung der existentiellen Entscheidungsfrage jetzt doch das Rollenspiel beendet werden, das vom religiösen Schriftsteller Kierkegaard angezettelt wurde (Cappelørn, im vorliegenden Bd. Nr. 2)? Und warum geht dabei der Sinn der unverändert dringlichen Frage nach wahrer Selbstverwirklichung nicht verloren? Der durch das Pseudonym Johannes Climacus vermittelte Literaturbericht, der „Anhang" in der Mitte der Abschließenden unwissenschaftlichen Nachschrift, formuliert das so: „Es wird da [sc. in Entweder – Oder] nicht doziert, aber daraus folgt nicht, dass kein Gedankeninhalt da wäre" (GW1 AUN1, 248; SKS 7, 231). Denken und Existieren stehen in einem dialektischen Verhältnis, brauchen und messen sich gegenseitig, und dieser Prozess erst macht das Werden eines personalen Selbst aus. Dieses Zusammenspiel hat den Einwand, Philosophie müsse heute bzw. dürfe nicht in Dichtung übergehen, schon vorweg außer Kraft gesetzt. Adornos Satz, mit dem er seine Kierkegaard-Studie von 1931/33 eröffnet: „Wann immer man die Schriften von Philosophen als Dichtungen zu begreifen trachtete, hat man ihren Wahrheitsgehalt verfehlt" (Adorno 1966, 9) – dieser Satz bleibt ambivalent, weil Kierkegaards Analysen des Selbstwerdens dichterisch und philosophisch zugleich sind. Die beiden Kraftlinien der Begriffsarbeit und der Imagination sind getrennt

---

2 Zur Rezeptionsgeschichte generell vgl. Schulz 2011; in anderen europäischen Sprachtraditionen und den USA vgl. KSYB 2008, section 2.

und doch aufeinander angewiesen, und sie ebnen so den Weg für die Maßstäbe zum Entdecken, Analysieren und Kritisieren von Lebensentwürfen.

Was dabei *existentiell* und *dialektisch* heißt, das wird von A im Mantel von Literatur- und Musikkritik, fiktiven Vorträgen, essayistischen Fragmenten und einem Tagebuchroman dargestellt, jeweils in scheinbar zufälliger Zusammenstellung, wie es der Strategie der hier vorherrschenden ästhetischen Perspektive entspricht. Was im Einzelnen geschieht ist die Interpretation einer ins Interessante getriebenen Krisensituation, ob diese um sich selbst weiß oder nicht. Inbegriff für ästhetisches Leben im Extrem, der sinnlichen Unmittelbarkeit, ist Mozarts Oper *Don Giovanni*, und zwar die leidenschaftliche Direkterfahrung der Musik als einzig angemessenes Medium zur Darstellung des überwältigenden Augenblicks (Bühler, im vorliegenden Bd. Nr. 6). Die damit vorgelegte Theorie der Kunstformen mag traditionell sein, doch Kierkegaards „musikalische Intuitionen, wie die Beschreibung der Don Juan-Ouvertüre [...] wurden ihm der eigenen Theorie zum Trotz gegeben" (Adorno 1966, 46) und gehören bereits zur ästhetischen Moderne. Entsprechend werden die Begriffe des *Tragischen* und *Komischen* in einer Weise subjektiviert, die sowohl das antike Schicksalsmotiv wie das moderne handlungsstarke Individuum hinter sich lässt (Jacobs, im vorliegenden Bd. Nr. 7): Der Antigone-Konflikt wird umgeschrieben, bis er als tiefliegendes *inneres* Potential unschuldiger Schuldübernahme erkannt wird. Im Äußersten gewinnt diese christliche/christologische Wendung Sinn und Maß der existentiellen Tragik. Komik demgegenüber entsteht aus dem Zusammentreffen von Prinzipientreue und Zufälligkeit, was nun gerade am Beispiel des Vaudeville-Theaters sein zeitgemäßes Exempel findet. Illusionen, Situationskomik, das Spiel mit zufälligen Anlässen und die oberflächliche Hektik der Moderne parodieren das Ideal der romantischen Liebe.

Dieselbe Liebe wird in den *Schattenrissen* und erst recht im *Tagebuch des Verführers* in ihren negativen Konsequenzen, in ihrem Scheitern als rundum dialektische Leidenschaft bis in die feinsten Züge hinein entwickelt (Liessmann, im vorliegenden Bd. Nr. 8): als „reflektierte Trauer". Sie wird in ihrer gerade nur indirekten Erkennbarkeit in der Situation unglücklicher Liebe verlassener Frauen (Marie Beaumarchais, Donna Elvira, Margarete) sichtbar gemacht, die nicht loskommen von dem, was sie am meisten quält. Drei Typen von Schattenrissen, d. h. Reflexionsbewegungen der Trauer werden in einer jeweils unaufhebbaren existentiellen Konfliktsituation gezeigt; analytisch aus der Sicht der betroffenen Frauen. Umgekehrt wird im *Verführer* der Inbegriff von erotischer Reflektiertheit gezeichnet, deren bloßes Objekt die betrogene Frau sein muss. Sie ist es als das ästhetisch zu genießende *Interessante*, dessen Grenze schon vorweg gezogen ist: Mit der einen Nacht, in der das Interessante zu seinem Ziel kommt, wird der Kontakt abgebrochen. Denn jetzt würden ‚nur' ethische Kategorien und Probleme folgen. Diesen gegenüber muss gezeigt werden, dass und wie eine ästhetische Lebensanschauung trotz der Opfer, die dabei auf der Strecke bleiben, konstruktiv und tragfähig sein kann. Der Verführer geht dabei so vor, dass ihm die ganze Inszenierung das immer wiederholbare Eigentliche an der Sache ist, eine ‚Sache', die dafür geopfert werden kann. Ein Höhenflug muss dann dem anderen folgen, Landung und Bodenhaftung bleiben bewusst ausgeschaltet. Wird diese luftige Konstruktion durchschaut, muss ein Rezept zur Vermeidung des Konkret-Menschlichen gesucht, Erinnern und Hoffen kontrollierbar werden.

Die beiden Texte *Der Unglücklichste* und *Die Wechselwirtschaft* versuchen dies (Rocca, im vorliegenden Bd. Nr. 9): Die gefährliche Dialektik der Zeitlichkeit liegt darin, dass Erinnern und Hoffen verwechselt werden, wenn, was eigentlich zu erwarten wäre, erinnert wird, und wenn erinnert wird, was eigentlich als offene Zukunft erhofft werden soll. Eine der beiden Richtungen zu ignorieren oder vergessen zu wollen ist eine verzweifelte Kunst, die eine nihilistische Situation der *Langeweile*, ohne sich selbst in den Zeitdimensionen gegenwärtig werden zu können, aufzufangen versuchen muss. Die *Wechselwirtschaft* liefert das Modell für die Möglichkeit einer ästhetischen Autonomie trotz allem; *Der Unglücklichste* das Modell des radikalen Scheiterns in den hoffnungslosen Konsequenzen des ästhetischen Selbstverlusts.

Die „Papiere von B" vertreten generell nicht nur die Gegenthese zum Ästhetischen, sondern auch, dass dessen Anliegen im Ethischen besser aufgehoben ist. So im ersten Brief des Gerichtsrates Wilhelm an seinen Freund, und dass diese Position im Sinne des Autors Kierkegaard ernst zu nehmen und nicht als biedermeierliches Moralisieren eines verheirateten Beamten abzuwerten ist, eröffnet die Diskussion über Grundfragen der Ethik als Lebensform (Davenport, im vorliegenden Bd. Nr. 10): Umgekehrt, die auf ihre Nützlichkeit hin entwerteten Formen der Ehe werden kritisiert dadurch, dass die romantische Liebe die Bedingung und Erfüllung der ethisch geforderten Lebenshaltung ist. Gleichwohl geht die ethische Verantwortlichkeit über die ästhetisch immer gesuchten Unmittelbarkeiten hinaus, weil auf Entscheidungs- und Handlungsfreiheit gebaut wird, die *gewollt* werden. Erst damit gewinnt die (romantische) Liebe Kontinuität, was die ästhetischen Formen aus Prinzip nicht erreichen können. In ihnen steckt aber ein Potential des höchst Erstrebenswerten, das nur als ethisch-religiöse Orientierung weiter bearbeitet werden kann. Der Übergang vom Ästhetischen zum Ethischen ist aus internen Gründen des Ersteren möglich, was *B* in seinem ersten Brief in vernünftigen Gründen für eine optimierende Integration des Ästhetischen im Ethischen darlegen kann.

Erst recht der zweite, noch umfangreichere Brief[3] von *B* versucht, so zu argumentieren, dass kein philosophisches Gefälle der Überlegenheit einer der beiden Seiten entsteht, sondern von einem komplexen „Gleichgewicht" gesprochen werden muss, insofern *A* zum Nihilismus tendiert und *B* einen Hang zur Familienidylle als ethisches Maß und Ziel zeigt. Der Selbsttäuschung und „Maskerade" entgehen beide nicht automatisch (Gräb-Schmidt, im vorliegenden Bd. Nr. 11): Aber es kommt darauf an, in der existentiellen Entscheidungssituation die Konkretion des eigenen rollenbewussten Selbst zu entdecken, dessen *Werden* immer noch und wieder im Gang ist und in dessen Herausforderung zu wählen, zu wollen, zu entscheiden die spezifisch humane Freiheit impliziert ist. Diese aber besteht reflexiv in der Selbst-Wahl und praktisch in der beständigen Spannung zwischen Unendlichkeit (der Möglichkeiten) und Endlichkeit (von Rollenfixierungen), und diese Konstellation verlangt die Balance zwischen Freiheit und Wählen-Müssen bzw. deckt die Paradoxalität der Freiheit auf: in der Relation des Begriffs zum Vollzug des Werdens der Existenz, die ihrerseits, ausgespannt zwischen Zeitlichkeit und Ewigkeit, einen Transzendenzbezug zum Ausdruck bringt. Philosophiegeschichtlich gesehen ist dabei festzuhalten (Rasmussen, im vorliegenden Bd. Nr. 12), dass es sich bei der von *B* vorgetragenen Lehre der existentiellen Wahl um eine Subjektivitätstheorie handelt, die sich in vielem J.G. Fichte und den zugehörigen Diskussionen des deutschen Idealismus verdankt: Das Sichselbst-*Setzen* des Subjekts als Freiheitsakt wird allerdings zugleich als abstrakt kritisiert, solange die Realisierung im Ethischen nicht mit einbezogen wird. Die entscheidende Wahl ist die des Guten und insofern „die Wahl zwischen Gut und Böse" (EO2, 777; SKS 3, 210).

Was dabei ‚konkret' zu heißen verdient wird schließlich an den Lebensformen von Arbeit, Beruf, Ehe und Freundschaft gezeigt (Muñoz, im vorliegenden Bd. Nr. 13): Entgegen den Nivellierungstendenzen der modernen Gesellschaft und den darauf reagierenden ästhetischen Lebensformen will *B* nun die ethischen Realisierungen als Befreiung aus diesem Dilemma entwickeln. Das gelingt kraft der *Pflicht*, die – in ihrer Unbedingtheit – nicht nur subjektiv wirksam wird, sondern gerade auch objektiv auf soziale Kommunikation zugunsten des ethisch Allgemeinen zielt: *Arbeit* als gleiche Pflicht für alle, die im *Beruf* für Anerkennung und Sozialität sorgt bei Gleichheit aller in den lebenspraktischen Differenzen; *Ehe* als Befreiung der Liebe aus den Bedingtheiten der zufälligen Konstitution der Partner; *Freundschaft* (ganz ähnlich Aristoteles) auf der Basis der Einheit einer Lebensanschauung.

---

[3] Die im Folgenden (Beiträge Nr. 11–13) vorgenommene Gliederung des Textes schließt sich GW1 EO2, S. IXf. an.

Bleibt nur noch die schwierige Frage des Gelingens in bzw. Scheiterns an den Konkretionen und der Integration des Einzelnen im Allgemeinen. Damit ist die Grenze des Ethischen ins Spiel gebracht, und das Ethische muss die Ausnahme zulassen. Diese überraschende Ausweitung der Gesamtperspektive durch einen Predigttext, den *B* seinem dritten Brief beilegt (*Ultimatum*), ist dem fundamentalen Zweifel an der Erfüllung der Pflicht geschuldet, der möglichen Verzweiflung an der Endlichkeit des Lebens, am Leiden in der Welt. Es ist, verallgemeinert gesagt, das Theodizeeproblem, dessen Gestalt Kierkegaard eine eigene Fassung zu geben versucht (Welz, im vorliegenden Bd. Nr. 14): Er wendet die Frage nach der Gerechtigkeit Gottes in die Forderung an den Menschen, seine „Vollkommenheit" gerade darin zu sehen, Gott gegenüber „immer Unrecht zu haben", und paradoxerweise beruht dies auf der offensichtlichen Unvollkommenheit des Menschen. Damit ist den ethischen Forderungen von *B* eine tiefere Dimension hinzugefügt, der prinzipielle Schuldzusammenhang der Subjektivität, die deshalb vor Gott gar nicht wünschen sollte Recht zu behalten. Nur so kommt es zur Freisetzung der (existentiell und dialektisch beschriebenen) Freiheit und Liebe. Das *Ultimatum* eröffnet zwar eine eigene religiöse Sicht der Dinge, hat dabei aber durchaus Implikationen und Konsequenzen für eine entsprechend sensible Ethik.

## Literatur

Adorno, Theodor W. 1966: Kierkegaard. Konstruktion des Ästhetischen, 3. Aufl., Frankfurt am Main: Suhrkamp
Dalferth, Ingolf 2014: Radical evil and human freedom, in: Gordon E. Michalson (Hg.), Kant's „Religion within the Boundaries of Mere Reason". A Critical Guide, Cambridge, 58–78
Deuser, Hermann / Kleinert, Markus (Hg.) 2013: Kierkegaard zum Vergnügen, Stuttgart: Reclam
Garff, Joakim 2004: Kierkegaard. Biographie, übers. v. H. Zeichner / H. Schmid, München / Wien: Carl Hanser
Habermas, Jürgen 2002: Die Zukunft der menschlichen Natur. Auf dem Weg zu einer liberalen Eugenik? 4. Aufl. Frankfurt am Main: Suhrkamp
Hannay, Alastair 2010: Why Kierkegaard in Particular?, in: KSYB 2010, 33–48
Kleinert, Markus 2005: Sich verzehrender Skeptizismus. Läuterungen bei Hegel und Kierkegaard, Berlin / New York: De Gruyter (KSMS 12)
KSYB 2008 (Sektion 1: Entweder – Oder)
MacIntyre, Alasdaire 1997: Der Verlust der Tugend. Zur moralischen Krise der Gegenwart, 2. Aufl., Frankfurt am Main: Suhrkamp
Marquard, Odo 2013: Der Einzelne. Vorlesungen zur Existenzphilosophie, hg. v. F.J. Wetz, Stuttgart: Reclam
Pieper, Annemarie 2001: Glückssache. Die Kunst, gut zu leben, Hamburg: Hoffmann und Campe
Rudd, Anthony 2008: Reason in Ethics Revisited. „Either/Or", ‚Criterionless Choice' and Narrative Unity, in: KSYB 2008, 179–199

Schulz, Heiko 1994: Eschatologische Identität. Eine Untersuchung über das Verhältnis von Vorsehung, Schicksal und Zufall bei Sören Kierkegaard, Berlin / New York: De Gruyter

Schulz, Heiko 2011: Aneignung und Reflexion. I. Studien zur Rezeption Søren Kierkegaards, Berlin / Boston: De Gruyter (KSMS 24)

Schwab, Philipp 2008: „Ein altes, seltsames Buch kommt uns aus dem Dänischen zu …". Grundlinien der deutschsprachigen Rezeptionsgeschichte von „Entweder/Oder", in: KSYB 2008, 365–427

Tugendhat, Ernst 2003: Egozentrizität und Mystik. Eine anthropologische Studie, München: C.H. Beck

Niels Jørgen Cappelørn
# 2 *Entweder – Oder* in der Strategie des Gesamtwerkes

(SKS 7, 228–273, 560–573 / SKS 13, 5–27 / SKS 16, 5–106; GW1 AUN1, 245–296 / AUN2, 331–344 / GW1 WS/GWS)

## 2.1 Ein Phänomen der Literaturgeschichte

Im April 1847 schickte Søren Kierkegaard ein Exemplar von *Entweder – Oder. Ein Lebensfragment* an den dänischen Historiker, Philologen, Herausgeber, Kritiker, Autor und das ehemalige Mitglied in der Direktion des Königlichen Theaters, Staatsrat Christian Molbech. Dem Buch beigelegt war ein kurzer, sehr freundlicher Brief, aus dem hervorgeht, dass Molbech nur wenige Tage zuvor Kierkegaard einen Brief geschickt hatte mit der Bitte, ihm eines seiner Bücher zur Verfügung zu stellen, das wohl zu einer größeren Buchsendung an einen deutschen Freund in Stuttgart gehören sollte.[1]

Mit einem Ausdruck, der aus Molbechs Brief zu stammen scheint, ist von einem „deutschen Freund der dänischen Sprache" die Rede. Es handelt sich vermutlich um den deutschen Bibliothekar und Schriftsteller Edmund Zoller, mit dem Chr. Molbech 1847–48 eine längere Korrespondenz führt, aus der hervorgeht, dass die beiden Freunde dänische bzw. deutsche Bücher austauschten und dass Zoller an dänischer Sprache, Literatur und Gesellschaft interessiert war.[2]

Im Begleitbrief zu dem Exemplar schreibt Kierkegaard, dass es, wenn auch gut erhalten, doch nicht ganz neu ist, und er fügt hinzu: „Das Buch ist nämlich ausverkauft, so dass es mir nicht möglich ist, ein neues Exemplar zu beschaffen, und doch scheint es mir für den Versand bestens geeignet zu sein" (SKS 28, 102). Mit anderen Worten, Kierkegaard entnimmt ein Exemplar der Erstausgabe von *Entweder – Oder* seiner privaten Bibliothek und schickt es an Chr. Molbech, der es an seinen literarischen Freund weiterleitet.

Nur ein paar Tage nach dem Empfang schickt Molbech einen längeren, etwas weitläufigen Dankesbrief.[3] Darin heißt es u. a.: „Das Interessanteste in Ihrem Billet

---

1 Vgl. Brief Nr. 58, in: SKS 28, 102 (zur Datierung vgl. Anm. 4).
2 Vgl. in der Handschriftensammlung der Königlichen Bibliothek unter NKS 2336 4° und fot. brev.
3 Brief Nr. 59, in: SKS 28, 103f. Von diesem Brief wusste man bisher nur aus Kierkegaards Erwähnung, er wird in SKS 28 zum ersten Mal veröffentlicht. – Der Brief ist auf den 29. April 1847 datiert, und weil er davon spricht, dass Kierkegaards Brief zuvor „nur ein paar Tage alt sei", der

war für mich die Nachricht, dass die Auflage von ‚diesem großen Buch' ausverkauft ist – ein Phänomen in unserer Literaturgeschichte, das studiert zu werden verdient" (SKS 28, 103 f.). Molbech empfand es also als aufsehenerregend, dass ein großes Buch in Dänemark im April 1847 bereits ausverkauft sein sollte, dass doch gerade im Februar 1843 erst erschienen war. Was Molbech jedoch nicht wusste, war, dass *Entweder – Oder* vermutlich 1845 schon ausverkauft war, also nicht vier, sondern nur zwei Jahre nach Erscheinen.

Dieser Umstand war der Auslöser für eine längere Aufzeichnung im Journal NB.[4] Hier betrachtet Kierkegaard das Phänomen auf dialektische Weise und unterscheidet zwischen einer Beurteilung des Phänomens in der Dialektik der Unmittelbarkeit und der der Umkehrung. Die meisten Menschen, behauptet Kierkegaard, haben nur Sinn für die Dialektik der Unmittelbarkeit: „Nur einen Leser zu haben od. sehr wenige, versteht man innerhalb der Dialektik der Unmittelbarkeit also sehr leicht: dass es ein Unglück für den Schriftsteller ist usw. – aber dass es schön und gut von ihm ist, sich dareinzufinden usw." (SKS 20, 116; DSKE 4, 129). Anders verhält es sich in der Dialektik der Umkehrung, hier ist es der Autor, der selbst aus freien Stücken dafür sorgt, dass es nur wenige Leser gibt, ja, er „wünscht nur einen od. wenige Leser: schau, dies wird niemals populär" (ibid.). Auch Molbechs Einschätzung, dass ein so großes Buch sich in wenigen Jahren verkauft, ist ein Phänomen literarhistorischer Dimension, ist Ausdruck eines direkten dialektischen Verständnisses; Kierkegaard schreibt: „er lässt es sich nicht träumen, wie ich im dialektischen Dienst der Umkehrung und im womöglich etwas reinigenden Dienst der Wahrheit mir selbst entgegenarbeite" (ibid.). Kierkegaards eigenes Verständnis, dass er nach dem Erscheinen von *Entweder – Oder* versuchte, seinen eigenen direkten Interessen entgegenzuarbeiten, ist ein Vorgriff auf den Gesichtspunkt, den er ein Jahr später in *Über meine Wirksamkeit als Schriftsteller* ausführt; darüber später mehr.

## 2.2 Genese

Am Montag, den 25. Oktober 1841 verließ Kierkegaard Kopenhagen mit dem königlich-preußischen Dampfschiff „Königin Elisabeth" und erreichte Stralsund am folgenden Tag. Von hier aus wurde die Reise mit der Postkutsche fortgesetzt, die

---

29. April 1847 auf einen Donnerstag fällt und Kierkegaards Brief auf „Montag" datiert ist, muss er am Montag, den 26. April 1847 geschrieben worden sein.

4 SKS 20, 116 f.; DSKE 4, 128 ff. Die Aufzeichnung NB:194 ist nicht datiert. Da sich Kierkegaard aber auf Molbechs Brief „von gestern" bezieht, kann die Aufzeichnung auf Buß- und Bettag, den 30. April 1847 datiert werden.

Kierkegaard am 27. Oktober nach Berlin brachte.[5] Dort nahm er Quartier in der Mittelstr. 61, 1. Stock, im Zentrum von Berlin, sein Hauswirt war der Viktualienhändler A. Röhring.[6] Da der Vermieter aber, laut Kierkegaard, „ein Betrüger" war, der ihm manche Schwierigkeiten machte, zog er kurz vor Neujahr in die Jägerstr. 57 um, Ecke Jägerstr. und Charlottenstr. am Gendarmenmarkt mitten in Berlin. Hauswirt und Besitzer der Apotheke „König Salomon" war der Apotheker G. Lange.[7]

Für Kierkegaard gab es mindestens zwei Gründe, Kopenhagen zu verlassen und nach Berlin zu reisen. Zum einen, weil er der dänischen Hauptstadt wegen der aufgehobenen Verlobung mit Regine Olsen und wegen des darauf folgenden skandalösen Stadtklatsches entkommen wollte. Zum anderen, weil er – wie so viele andere aus der dänischen akademischen Welt – nach Berlin wollte, um F. W. J. Schellings Antrittsvorlesung an der dortigen Universität, an die er als Nachfolger von G. W. F. Hegel berufen worden war, mitzuerleben.[8] Kierkegaard besuchte jedoch nicht nur Schellings Vorlesungen, sondern auch Vorlesungen von Ph. K. Marheineke, K. F. Werder und H. Steffens.

Aus dem ersten Brief aus Berlin an seinen vertrauten Freund Emil Boesen geht hervor, dass Kierkegaard bereits bei seiner Ankunft in der preussischen Hauptstadt „an einer ungeheuren Produktivitäts-Obstruktion" litt, und dass er in Berlin keinerlei Veranlassung sah, „deren nisus [...] vorübergehen zu lassen" (SKS 28, 144). Die Produktivität, die sich angestaut hatte, erwies sich bald als *Entweder – Oder*.

Die Idee zum Werk scheint aus der Zeit kurz vor der Abreise nach Berlin zu stammen; es handelt sich um „Die ersten Rudimente zu Entweder – Oder", bestehend aus zwei Foliobögen oder vier Blättern.[9] Das erste Blatt trägt die Überschrift „Entweder – Oder / Ein Fragment", was schon an den endgültigen Titel erinnert. Auf einem anderen Blatt steht die Überschrift „*Der Verführer* und *die Verführte*" und auf einem dritten „Brief von *der Verführten*"; beides zeigt die Ideen

---

5 Vgl. Peter Tudvads Kommentare zu Notizbuch 8, besonders 8:2 und 8:9, in: SKS K19, 307 und 309.
6 Vgl. Brief Nr. 80 (Poststempel 31. Oktober) von Kierkegaard an seinen engen Freund Emil Boesen, in: SKS 28, 145; GW1 B, 64, mit meinem dazugehörigen Kommentar, in: SKS K28, 241.
7 Vgl. Brief Nr. 83 (datiert auf den 1. Jan. 1842) an Emil Boesen, in: SKS 28, 156; GW1 B, 83, mit meinem dazu gehörigen Kommentar, in: SKS 28 K, 249; vgl. auch Brief Nr. 188 (Poststempel vom 28. Dez.) an den Neffen Michael Lund, in: SKS 28, 301 f.
8 Schelling begann seine Antrittsvorlesung über die „Philosophie der Offenbarung" am 15. Nov. 1841. Kierkegaard besuchte die Vorlesungen von Beginn an und schrieb bis zum 4. Febr. 1842 ausführlich mit, vgl. Notizbuch 11, SKS 19, 305–367; DSKE 3, 333–405.
9 Vgl. Manuskript Nr. 1 in *SKS* K2–3, 10–12. Diese und die folgenden Nummern beziehen sich auf die umfassende Manuskriptbeschreibung in Jette Knudsens und Johnny Kondrups editorischem Bericht zu *Entweder – Oder* in *SKS* K2–3, 10–38.

zum „Tagebuch des Verführers", das später in den ersten Teil von *Entweder – Oder* aufgenommen wurde. Auf dem vierten und letzten Blatt findet sich das Fragment *„Aber die Ehe ist ohne Vertrauen unmöglich"*, ein Gedanke, der sich dann in „Die ästhetische Gültigkeit der Ehe" in der ersten Abhandlung des zweiten Teils von *Entweder – Oder* wiederfindet.

Zumal die Kladde zur Verteidigung der ästhetischen Gültigkeit der Ehe scheint in Berlin zwischen dem 1. November und dem 7. Dezember 1841 geschrieben worden zu sein.[10] Kierkegaard deutet das im Brief an Emil Boesen von Mitte Dezember an: „Ich schreibe auf Leben und Tod. Ich habe jetzt vierzehn Druckbogen geschrieben. Damit hab ich einen Teil einer Abhandlung vollendet, die ich Dir so Gott will (volente deo) einmal vorlegen werde. In den letzten acht Tagen hab ich nichts geschrieben, ich liege brach und sammle mich, aber ich spüre bereits, dass es sich in mir rührt." Und in einem Zusatz in Klammern folgt die Mahnung: „Es versteht sich, dass über dieser meiner Schreiberei das tiefste Geheimnis waltet, Du darfst kein Wort darüber fallenlassen" (SKS 28, 151; GW1 B, 75).

Was sich Mitte Dezember in Kierkegaard „rührte" können zwei verschiedene Teilstücke von *Entweder – Oder* sein. Am nächsten liegt der ästhetische Essay „Die erste Liebe", eine theaterkritische Abhandlung über A. E. Scribes *Die erste Liebe. Lustspiel in einem Akt*, übersetzt von J. L. Heiberg (1832) und über die Aufführung des Stückes am königl. Theater in Kopenhagen.[11] Hierfür spricht, dass Kierkegaard am Schluss des Briefes schreibt: „*NB* sende mir, sobald Du kannst, „Die erste Liebe", übersetzt von Heiberg, sie steht im Theater-Repertoire und ist durch Schubothe zu erhalten, lass aber niemand ahnen, dass es für mich ist" (SKS 28, 152; GW1 B, 76).[12] Das Stück aus dem Theaterrepertoire findet sich unter den Manuskripten zu *Entweder – Oder*, und es enthält auf den Umschlagseiten eine Reihe von Aufzeichnungen und im Text Anstreichungen, Verweise und Anmerkungen. Vor diesem Hintergrund können Entwurf und Kladde frühestens in der zweiten Dezemberhälfte 1841 niedergeschrieben worden sein.[13]

---

**10** Diese und die folgenden Datierungen der Manuskripte beruhen auf der detaillierten Entstehungsgeschichte in Jette Knudsens und Johnny Kondrups editorischem Bericht zu *Entweder – Oder* in SKS K2–3, 38–58.

**11** Das Lustspiel wurde bei einer Sommervorstellung im Juni 1831 uraufgeführt und wurde dann in regelmäßigen Abständen bis Ende der 1840er Jahre aufgeführt, danach in längeren Abständen bis Mai 1887. Das Stück war außerordentlich populär und erlebte bereits am 8. Febr. 1842 seine 50. Aufführung.

**12** Schubothe ist der Kopenhagener Buchhändler J. H. Schubothe.

**13** Vgl. den editorischen Bericht in SKS K2–3, 43–48. Hier wird auch die Hypothese begründet, dass eine etwas kürzere Urform dieses Essays, geschrieben spätestens 1835, vorgelegen haben muss.

Auf etwas längere Sicht kann Kierkegaard aber auch „Das Tagebuch des Verführers" im Auge gehabt haben. In seinem nächsten Brief an Emil Boesen schreibt er: „Du fragst, woran ich denn arbeite. Antwort: es würde zu weitläufig werden, es Dir jetzt zu erzählen, nur so viel, es ist die weitere Ausführung von Entweder – Oder" (SKS 28, 155 (Nr. 83); GW1 B, 83). Im folgenden Brief von Mitte Januar ist Kierkegaard mitteilungsfreudiger. Im Laufe des Briefs erzählt er, dass er krank war, aufgrund nervöser Kopfschmerzen häufig schlaflos, und doch hart gearbeitet habe: „Mein Leib vermag es nicht auszuhalten. Damit Du abermals sehen kannst, dass ich der gleiche bin, will ich Dir sagen, dass ich wiederum einen großen Teil einer Einlage in „Entweder/Oder" geschrieben habe; es ist nicht so sehr schnell gegangen, aber das kommt daher, dass es keine Abhandlung ist, sondern mehr dichterische Darstellung, die ganz besonders verlangt, dass man aufgelegt ist" (SKS 28, 159 (Nr. 84); GW1 B, 91). Der Ausdruck ‚dichterische Darstellung' scheint auf die „Diapsalmata" und „Das Tagebuch des Verführers" eingeschränkt zu sein. Selbst wenn einige der Aphorismen auf Entwürfe oder Ausschnitte aus dem Berliner Manuskriptmaterial zurückgehen, beruht ein größerer Teil auf Aufzeichnungen in den Journalen und losen Zetteln und Blättern. Es bleibt aber eine gewisse Unsicherheit in der Datierung, denn in der Sammlung von 28 Zetteln und Ausschnitten, aus denen die Kladde eines Teils der Diapsalmata besteht, stammen einige aus der Berliner Zeit, während die anderen vor, während und nach dem Berlinaufenthalt niedergeschrieben sein können, und dann in der Periode von Ende Januar oder Anfang Februar 1842 bis zur Heimreise Anfang März desselben Jahres weiter daran gearbeitet wurde (vgl. SKS K2–3, 23–29 [Ms. 16]; SKS K2–3, 48–50 u. 54).

Sicher anders verhält es sich mit dem „Tagebuch des Verführers". Entwurf und Kladden zur Einleitung und zu etwa der Hälfte von Cordelias Verführungsgeschichte enthalten auf dem einen Manuskript den Vermerk „Berlin", das zweite hängt eng damit zusammen und das dritte enthält zudem einige Notizen aus Werders Vorlesungen in Berlin (vgl. SKS K2–3, 13–16 [Ms. 4, 5 u. 6]). Also ist der genannte Teil des „Tagebuchs des Verführers" ursprünglich im Januar 1841 in Berlin geschrieben worden; der restliche Teil nach der Rückkehr nach Kopenhagen, genauer: im April 1842.

Ende Januar 1842 hat Kierkegaard die Kladde zu „Der Reflex des antiken Tragischen in dem modernen Tragischen" geschrieben; unter die letzte Zeile der Kladde hat er folgende Datierung notiert: „d. 30. Jan. 42" (SKS K2–3, 18 [Ms. 10]). Vermutlich danach, also im Februar 1842, ist die Kladde zu „Die Wechselwirtschaft. Versuch einer sozialen Klugheitslehre" entstanden. „Die Wechselwirtschaft" kann auch im Dezember geschrieben worden sein, während Kierkegaard darauf wartete, von Emil Boesen *Die erste Liebe* zu erhalten.

In einem Brief vom 6. Februar, dem nächsten in der Reihe der Briefe an Emil Boesen, heißt es: „Im Frühjahr nach Kopenhagen zu kommen ist mir eine unbedingte Notwendigkeit. Entweder werde ich nämlich im Frühjahr fertig mit Entweder/Oder, oder ich werde es nie. Der Titel ist ungefähr das, was Du kennst; ich hoffe, dass er unter uns bleibt. Anonymität ist mir von äußerster Wichtigkeit. [...] Es sind in gewissem Sinne beschwerliche Zeiten, und einzelne Abschnitte, an denen ich arbeite, bedürfen eben all meiner Laune, alles meines Witzes, wo kriege ich den her" (SKS 28, 167 (Nr. 85); GW1 B, 100). Mit der letzten Bemerkung könnte Kierkegaard gut an „Die Wechselwirtschaft" und die Aphorismen in den „Diapsalmata" gedacht haben. Die Zeiten waren jedoch nicht so schwer, als dass Kierkegaard nicht mit der bis dahin vorgelegten Produktion zufrieden sein konnte, wie er es Emil Boesen anvertraute.

Ende Februar schreibt Kierkegaard wieder an Emil Boesen, jetzt mit der Mitteilung, dass er beschlossen hat, Berlin zu verlassen um schnell nach Kopenhagen zu kommen mit dem Ziel, „Entweder/Oder zu vollenden. Es ist mein Lieblingsgedanke, und ich lebe darin" (SKS 28, 168 (Nr. 86); GW1 B, 102). Doch Kierkegaard erreicht Kopenhagen, wie schon gesagt, erst am 6. März 1842.

Nach der Heimkehr nahm Kierkegaard die Arbeit an *Entweder – Oder* wieder auf. Zunächst führte er die Kladde zum „Tagebuch des Verführers" fort, das am 14. April 1842 abgeschlossen wurde (vgl. SKS K2–3, 21 [Ms. 12.4]). Hierauf wurden „Die unmittelbaren erotischen Stadien oder das Musikalisch-Erotische" angefertigt, die am 13. Juni abgeschlossen wurden, gefolgt von „Schattenrisse. Psychologischer Zeitvertreib. Gelesen vor den Συμπαρανεκρωμενοι", die der Datierung des Kladdenmaterials zufolge am 25. Juli fertiggestellt wurden. Dagegen ist nicht zu entscheiden, ob „Der Unglücklichste. Eine begeisterte Ansprache an die Συμπαρανεκρωμενοι" vor oder vielleicht auch nach „Schattenrisse" geschrieben wurde, also entweder Ende Juni oder nach dem 25. Juli 1842.

Übrig bleiben „Das Gleichgewicht zwischen dem Ästhetischen und dem Ethischen in der Herausarbeitung der Persönlichkeit" und der Abschluss des Werkes: „Ultimatum". Weil im „Gleichgewicht" zu Beginn und am Ende Aufzeichnungen aus den Jugend-Journalen JJ eingearbeitet sind, die frühestens im Mai 1842 geschrieben sein können, und weil Kierkegaard, wie oben gesagt, in den Monaten April bis Juni mit der Abfassung anderer Teile von *Entweder – Oder* beschäftigt ist, ist zu vermuten, dass die Ausarbeitung der Kladde erst im August/ September 1842 erfolgte. Die Kladde zum „Ultimatum" kann hingegen nicht genauer datiert werden als auf die Zeit zwischen der Rückkehr von Berlin und dem Beginn der Reinschrift.

Und diese umfassende Reinschrift wurde vermutlich in den Monaten zwischen September und Dezember angefertigt; jedenfalls wurde mit dem Korrekturlesen am Tag vor Heiligabend 1842 begonnen, das berichtet Kierkegaards

Freund, der damalige Redaktionssekretär und Geschäftsführer der nationalliberalen Zeitung *Fædrelandet*, der Jurist J. F. Giødwad, der beim Korrekturlesen mithalf (SKS K2–3, 54 u. Fn. 1). Die umfassende Reinschrift wurde von Kierkegaard zusammen mit seinem damaligen Sekretär, dem Theologen P. V. Christensen vorgenommen, und zwar so zwischen ihnen verteilt, dass Kierkegaard selbst diejenigen Manuskripte ins Reine schrieb, die zuerst verfasst worden waren und die meiste Bearbeitung und Umformung erforderten, während Christensen die Manuskripte ins Reine schrieb, die zuletzt verfasst worden waren und so im Wesentlichen fertig vorlagen. Zur Zeit der Reinschrift verfasste Kierkegaard das Vorwort, das dem pseudonymen Herausgeber des Werkes, Victor Eremita, zugeschrieben wird; die Kladde ist – wie das gedruckte Vorwort – mit „Im November 1842" datiert.

Um es zusammenzufassen, die Entstehungszeit von *Entweder – Oder* erstreckte sich von Oktober 1841 bis Januar 1843, über insgesamt ca. 16 Monate. Um das Kladdenmaterial für das ganze Werk auszuarbeiten, benötigte Kierkegaard ungefähr 11 Monate, nämlich von Oktober 1841 bis September 1842, wenn vom Entwurf des Vorworts abgesehen wird. Die Reinschrift des Druckmanuskripts dauerte ungefähr 3 Monate, von Mitte September bis Mitte Dezember 1842, und das Korrekturlesen einen Monat, von Ende Dezember 1842 bis Ende Januar 1843. Das Buch war am 15. Februar 1843 fertig.

*Entweder – Oder. Ein Lebens-Fragment*, herausgegeben von dem Pseudonym Victor Eremita, in zwei Teilen, „Erster Teil, enthaltend die Papiere von A." und „Zweiter Teil, enthaltend die Papiere von B., Briefe an A.", erschien am 20. Februar 1843. Der erste Teil hat einen Umfang von 496 Seiten, der zweite einen Umfang von 376 Seiten, im Oktavformat. Das Werk wurde in einer Auflage von 525 Exemplaren gedruckt.

## 2.3 Herausgabe und Aufnahme

Kierkegaard gab das große zweibändige Werk im Selbstverlag heraus, jedoch in Kommission beim Universitätsbuchhändler C. A. Reitzel. Das bedeutete, dass Kierkegaard selbst für die Produktion verantwortlich war, d. h. er war es, der eine Vereinbarung mit Bianco Lunos Buchdruckerei über Layout, Satz, Druck, Einband, Papier und Auflagenhöhe treffen musste, und er war es auch, der alle Produktionskosten zu bezahlen hatte. Darüber hinaus war er es, der eine Kommissionsabsprache mit C. A. Reitzel treffen musste, die besagte, dass Reitzel gegen eine Abgabe für den Verkauf in seinem Buchladen verantwortlich war und direkt mit dem Autor oder Herausgeber die Einnahmen aus dem Verkauf abrechnete, abzüglich Kommissionsabgabe. So verhielt es sich im Prinzip, nicht aber in der

Praxis. Da sowohl die zwei Verfasser von *Entweder – Oder* als auch der Herausgeber des Doppelbandes Pseudonyme waren, und da Kierkegaard über die Pseudonymität wachte, konnte er weder mit dem Buchdrucker noch mit dem Kommissionär selbst Absprachen treffen, sondern musste das einem Mittelsmann überlassen. Für diesen Auftrag wurde J. F. Giødwad ausgewählt, der in Kierkegaards Namen die besagten Verabredungen einging, wie er auch an Kierkegaards Stelle die Produktion bezahlte und die Kommissionsabgabe entgegennahm, wenn diese ausbezahlt wurde. Am 6. Mai 1843 verfasste Kierkegaard ein Dokument, in dem Giødwad „auf Leben und Tod" bestätigte, dass Kierkegaard dazu berechtigt war, sämtliche Einnahmen, die Giødwad von Reitzel ausbezahlt wurden, zu kassieren. Das Dokument befindet sich im Kierkegaard-Archiv der Königlichen Bibliothek in Kopenhagen (D pakke 7 læg 1).

Kierkegaard hatte viel Sinn für Marketing. Bereits am 12. Juni 1842 veröffentlichte er in der von den Intellektuellen bevorzugten Zeitung *Fædrelandet* den kleinen Artikel „Öffentliche Beichte" (SKS 14, 41–46; GW1 KA, 3–13), der Kierkegaard mit dem Schimmer des Geheimnisses umgab und die Aufmerksamkeit der Leute auf ihn lenkte. In dem Artikel schreibt er, dass er während der letzten vier Monate immer wieder für den Verfasser einer Menge „inhaltsreicher, belehrender, witziger" Zeitungsartikel sowie einiger Flugschriften gehalten wurde, deren „schwerer, gewichtiger und gediegener" Inhalt ihnen eine über den Augenblick hinausweisende Bedeutung verlieh. Dadurch sei er zu einem Ansehen gelangt, das ihm nicht zustehe; deshalb fühle er sich dazu verpflichtet hervorzuheben, dass er nicht der Verfasser auch nur einer der genannten Publikationen sei. Und da er fürchte, dass er wieder zum Verfasser von etwas, das er nicht geschrieben hat, erklärt werden könnte, bittet er seine Zeitgenossen, „dass sie ihn nie als Verfasser von etwas betrachten mögen, worauf nicht sein Name steht." Auf diese Weise machte sich Kierkegaard selbst interessant und weckte eine öffentliche Neugier. Der Boden war bereitet für einen guten Verkauf von *Entweder – Oder*.

Doch damit nicht genug. Am 27. Februar 1843, eine Woche nachdem *Entweder – Oder* in den Handel gekommen war, veröffentlichte Kierkegaard ebenfalls im *Fædrelandet* unter dem Kürzel „A. F. ....." den kleinen, pseudonymen, scherzhaften Artikel „Wer ist der Verfasser von Entweder – oder" (SKS 14, 49–51; GW1 KA, 14–18). Nun hatte *Entweder – Oder* nicht nur auf Grund seines Umfangs und seines Inhalts Aufsehen erregt, die dreifache Pseudonymität hatte beim lesenden Publikum auch ein beachtliches Interesse an der Identität des Autors hervorgerufen. Eben dieses Aufsehen und Interesse heizt Kierkegaard mit dem kleinen Zeitungsaufsatz weiter an und nutzt es so zum weiteren Marketing.

Und als sei das immer noch nicht genug, publizierte Kierkegaard Anfang Mai einen weiteren Artikel, „Danksagung an Hr. Professor Heiberg", dieses Mal unter dem Pseudonym Victor Eremita, wieder in *Fædrelandet* (SKS 14, 55–57; GW1 KA,

19–25). J. L. Heiberg, der seinerzeit herrschende ästhetische Geschmacksrichter, hatte ein paar Tage zuvor in seinem eigenen ästhetischen Magazin *Intelligensblade* in dem Artikel „Literarische Wintersaat" seine Anzeige oder anzeigende Besprechung von *Entweder – Oder* veröffentlicht (1.3.1843; *Intelligensblade* Bd. 2, 285–292). Nach der Erwähnung einiger anderer Herausgeber wendet sich Heiberg *Entweder – Oder* zu, das das Hauptthema des Artikels ist. Einleitend geht er, etwas herablassend, auf den großen Umfang des Werkes ein; er schreibt: „Desweiteren ist in diesen Tagen, wie ein Blitz aus heiterem Himmel, plötzlich ein Monstrum von einem Buch in unsere Lesewelt eingeschlagen; ich meine das aus zwei großen und dicken Bänden oder aus 54 großen und eng bedruckten Bögen bestehende ‚Entweder – Oder' von ‚Victor Eremita'. Das Buch muss deshalb zunächst mit Blick auf den Umfang als ein Monstrum bezeichnet werden, denn es beeindruckt bereits durch seine Masse, noch bevor man weiß, welcher Geist in ihm haust, und ich zweifle nicht daran, dass der Autor ebenso viel einnehmen würde, wenn er es für Geld anschauen lassen würde, wie dadurch, dass er es für Geld lesen lässt" (aaO. 288).

Der angeschlagene Ton setzt sich im Artikel weitgehend fort. Er scheint davon zu zeugen, dass Heiberg dieses große Werk unbequem ist, dessen Genre aus seinen ästhetischen Systemen herausfällt und dessen Inhalt seinen gekünstelten literarischen Geschmack reizt. Er schreibt z. B. über den ersten Teil: „Man wird darüber ungeduldig, dass der ungewöhnliche Geistesreichtum, die Gelehrtheit und stilistische Fertigkeit des Verfassers nicht mit einer organisierenden Fähigkeit vereint ist, die die Idee plastisch hervortreten lassen kann. Alles scheint traumhaft, unbestimmt und verschwindend" (aaO. 290). Bis jetzt war Heiberg vor allem irritiert, doch als er zum „Tagebuch des Verführers" kommt, ist er direkt pikiert: „man ist angewidert, man ekelt sich, man ist aufgewühlt, und man fragt sich, nicht ob es möglich ist, dass ein Mensch wie dieser Verführer sein kann, sondern ob es möglich ist, dass eine Verfasser-Individualität so beschaffen sein kann, dass es ihr Behagen bereitet, sich in einen solchen Charakter hineinzuversetzen und ihn in seinen stillen Gedanken auszuarbeiten. [...] Man schließt das Buch und sagt: ‚Basta! Ich habe genug von *Entweder*, ich möchte nichts von *Oder*'" (aaO. 290f.). Und doch weidet er sich an dem Gedanken, wie diese ‚Salve' bei den verkniffenen Moralisten und philiströsen Literaturinteressierten einschlagen wird.

Heiberg selbst kommt einen Augenblick zur Besinnung; er erläutert, dass er bislang nur ein „Man" habe zu Wort kommen lassen; „Anderes habe ich nicht gesagt", fügt er hinzu, als ob er vor seinen eigenen starken Worten Angst bekäme. Den Gegensatz zu diesem abstrakten „Man" bilden demnach *„Einzelne"*, die neugierig sind zu erfahren, „was das für ein *Oder* ist, das der Verf. einem solchen *Entweder* entgegensetzt, und die in dem zweiten Band zumindest zu blättern beginnen" (aaO. 291). Und Heiberg stellt sich vor, dass diese ‚Einzelnen' im zweiten

Teil von *Entweder – Oder* „die organisierende Macht" finden werden, die das Ganze zu einer wirklichen Ganzheit zusammenbindet und die im ersten Teil vermisst wurde. Außerdem werden sich diese ‚Einzelnen' vom zweiten Teil fesseln und zugleich von „der schönsten ethischen Anschauung" und von „dem pikantesten Witz und Humor" beeinflussen lassen, die den ganzen Band wie ein Strom durchzieht. Heiberg beschließt seine Besprechung mit folgender besonnener und äußerst vorläufiger Vorstellung: „Aber die zuletzt erwähnten ‚einzelnen' Leser, die nicht durch das ‚Man' erfasst werden, werden sich aus Respekt vor dem Verfasser, der ein solches *Oder* geschrieben hat, sein *Entweder* wieder vornehmen und es sorgfältig durchlesen. Danach werden sie sich eine bestimmte Anschauung von der Bedeutung, die dem ganzen Buch zukommt, bilden, und schließlich wird vielleicht ein Einzelner von diesen Einzelnen dem Publikum diese Anschauung vorlegen" (aaO. 292).

Aus den Journalen wissen wir, dass Kierkegaard verletzt war von J. L. Heibergs distanzierter und herablassender Behandlung von *Entweder – Oder* und auch wütend darüber. Vermutlich hatte er auf eine begeisterte Besprechung jener mächtigen Autorität gehofft, der er bislang mit Respekt und Ehrerbietung begegnet war. Heute betrachtet man es als schlechten Stil, wenn ein Autor anlässlich einer schlechten Besprechung zu Gegenangriff und Selbstverteidigung übergeht. So scheint man das zu Kierkegaards Zeit nicht gesehen zu haben. Und doch geht Kierkegaard, alias Victor Eremita, selbstverständlich nicht zu einem direkten Gegenangriff auf Heiberg über, aber in einer ergebenen und vermeintlich dankbaren Verpackung wird ihm doch die Meinung gesagt. Indem er beständig viele Zitate aus Heibergs Besprechung einflicht, gelingt es Kierkegaard, auf eine indirekte Weise eine gänzlich ironische, raffinierte Kritik an Heiberg zum Ausdruck zu bringen. Und indem er Heiberg beim Wort nimmt und „Man" als die Stimme des Publikums versteht, fällt ein sarkastischer Schlagschatten auf Heibergs kritische Rede durch ein ausweichendes, anonym abstraktes ‚Man' anstelle eines mutigen, konkret subjektiven ‚Ich'.

Trotz J. L. Heibergs kurzer und negativer Besprechung – oder vielleicht eher auf Grund von deren geschickter Verdrehung in ihr Gegenteil durch Victor Eremita – wurde *Entweder – Oder* ein Verkaufs- und Publikumserfolg. Im Laufe von gut zwei Jahren war die gesamte erste Auflage von wie gesagt 525 Exemplaren ausverkauft. Wenngleich Kierkegaard die vielfache Pseudonymität strikt wahrte, scheinen die meisten Zeitgenossen gewusst zu haben, wer der ‚Verfasser' war. Im Übrigen war *Entweder – Oder* die am meisten besprochene der pseudonymen Schriften. Für den allgemein interessierten Leser ragte *Entweder – Oder* wie eine Sensation hervor, und insbesondere das „Tagebuch des Verführers" erregte beim lesenden Publikum Aufsehen.

Es kursierten also allerlei Gerüchte, dass Søren Kierkegaard der Verfasser von *Entweder – Oder* sei. Und diese Gerüchte wollten nicht verstummen. Unter ihnen scheint insbesondere eines sehr verbreitet und hartnäckig gewesen zu sein, das Gerücht, dass es sich bei der Predigt „Das Erbauliche, das in dem Gedanken liegt, dass wir gegen Gott immer Unrecht haben", herausgegeben unter der Überschrift „Ultimatum" am Schluss des zweiten Teils von *Entweder – Oder*, um eine Predigt handle, die Kierkegaard während seines Unterrichts am Königlichen Pastoralseminar im Wintersemester 1840/41 gehalten habe.

Um dieses Gerücht aus der Welt zu schaffen, publizierte Kierkegaard im Mai 1843 im *Fædrelandet* einen kleinen Aufsatz mit dem Titel „Eine kleine Erklärung" (16. Mai 1843; SKS 14, 61; GW1 KA, 24–25). Ob dieses Gerücht echt war oder vielleicht von Kierkegaard erfunden, lässt sich nicht entscheiden. Sollte es erfunden sein, läge der Anlass nahe, nämlich auf das Erscheinen der ersten *Zwei erbaulichen Reden* 1843 und auf Kierkegaard als erbaulichen Schriftsteller aufmerksam zu machen und zugleich die zwei Reden mit *Entweder – Oder* in Zusammenhang zu bringen. Das Heft mit *Zwei erbauliche Reden* erschien am 16. Mai 1843, demselben Tag, an dem der Aufsatz in der Zeitung zu lesen war.[14]

Kierkegaard bestreitet, dass es irgendeine Verbindung gebe zwischen der Predigt im zweiten Teil von *Entweder – Oder* und der Predigt, die er als integralen Teil des Unterrichts in Homiletik als eine Art Übungspredigt im Januar 1841 in der Holmens Kirke gehalten hat[15]; weiterhin gibt er an, dass die Übungspredigt auf Phil 1,19–25 basierte. Diese Predigt ist im Kierkegaard-Archiv erhalten und als „Predigt, gehalten im Pastoralseminar" in *Løse Papirer* erschienen (SKS 27, 245–257; GW1 ES, 96–110). Dagegen ist aus der Zeit am Pastoralseminar keine Predigt überliefert, die der entspricht, die in den zweiten Teil von *Entweder – Oder* eingeht.

---

**14** Vgl. den Schlussteil des Aufsatzes, wo Kierkegaard die Idee entwirft, dass der Urheber des Gerüchts vielleicht auch auf die Behauptung verfallen könnte, dass diese beiden Reden „die gleiche Predigt" seien, „wie die, welche er im Seminar gehalten hat." Welcher Zusammenhang zwischen der Herausgabe von *Zwei erbauliche Reden* und *Entweder – Oder* besteht, wird später noch genauer dargelegt.
**15** Im Aufsatz bestimmt Kierkegaard den Zeitpunkt mit Jan. 1842. Ob es sich dabei um einen bewusst verschleiernden Fehler oder abweichende Erinnerung handelt, lässt sich nicht entscheiden. Gemäß den im Reichsarchiv aufbewahrten homiletischen Protokollen des Pastoralseminars fand die Übungspredigt am 12. Jan. 1841 in der Holmens Kirke in Kopenhagen statt, vgl. Jon Tafdrups editorischen Bericht zu „Eine kleine Erklärung", in: SKS K14, 167. Im Jan. 1842 hielt sich Kierkegaard in Berlin auf.

## 2.4 Johannes Climacus' gleichzeitige Deutung

Im zweiten Abschnitt des zweiten Teils der *Abschließenden unwissenschaftlichen Nachschrift*, Kap. 2, in einer Beilage mit dem Titel „Blick auf ein gleichzeitiges Bemühen in der dänischen Literatur", lässt Kierkegaard den pseudonymen Verfasser des Buches, Johannes Climacus, seine Deutung aller pseudonymen Schriften von *Entweder – Oder* bis zu *Stadien auf des Lebens Weg* vorlegen, weil diese Schriften Schritt für Schritt umsetzten, was Climacus sich feierlich vorgenommen hatte, nämlich die Frage zu klären, wie ich als ein einzelner Mensch in Beziehung zum Christentum kommen und ein Christ werden kann. Für Climacus war es zu einem zentralen Gedanken geworden, dass man in seiner Gegenwart völlig vergessen hatte, was eine religiöse Existenz ist und was Innerlichkeit bedeutet. Des Weiteren, dass dieses Vergessen die Ursache für das Missverständnis zwischen dem hegelianischen, philosophisch-spekulativen Denken und dem Christentum war. Um nicht vorschnell vorzugehen, beschloss er, mit der Darstellung dessen, was es heißt, als ein einzelner Mensch zu existieren, zu beginnen, oder genauer, von Grund auf zu beginnen: „*das Existenzverhältnis zwischen dem Ästhetischen und dem Ethischen in existierender Individualität erstehen zu lassen*" (SKS 7, 228; AUN1, 243). Hier werden wir uns hauptsächlich damit beschäftigen, was Climacus über *Entweder – Oder* zu sagen hat.

Das erste ist die Feststellung, dass *Entweder – Oder* gerade „das Existenzverhältnis zwischen dem Ästhetischen und dem Ethischen in existierender Individualität entstehen" lässt, worin die indirekte Polemik des Werkes gegen die philosophische Spekulation besteht, weil sie Climacus zufolge gegenüber der Existenz indifferent ist (SKS 7, 229; AUN1, 246). Dass *Entweder – Oder* kein Ergebnis hat und zu keiner endgültigen Entscheidung gebracht wird, ist ein indirekter Ausdruck für die Wahrheit als Innerlichkeit, betont Climacus. Außerdem hebt er hervor, dass in dem Werk nicht „doziert" wird, was ebenfalls als Polemik gegen die ‚Spekulation' anzusehen ist, doch vermutlich auch ein Ausdruck dafür, dass das Werk in seiner Form nicht fach-philosophisch, sondern literarisch ist. Das heißt jedoch nicht, schreibt Climacus, dass das Werk ohne „Gedankeninhalt" sei, was wohl besagt, dass es einen seriösen philosophischen Inhalt hat. Und wenn er im Weiteren zwischen dem Denken und dem Existieren unterscheidet und hinzufügt, dass in dem Werk „im Denken existiert wird" und dass die „Durchsichtigkeit des Denkens in der Existenz eben die Innerlichkeit [ist]" (SKS 7, 231; AUN1, 249), scheint er *Entweder – Oder* hier als ein Werk zu deuten, in dem philosophisches Denken in literarischer Form praktiziert wird.

Nach Climacus ist der erste Teil von *Entweder – Oder* eine Existenz-Möglichkeit, die zwar auf Existenz hin gerichtet ist, aber mit ästhetischer Leidenschaft festgehaltene Phantasie-Existenz bleibt. Der pseudonyme Verfasser *A* leidet an

Schwermut – und in potenzierter Form an Verzweiflung. Und er kommt niemals zu einer existentiellen Entscheidung, weil er die Existenz mit Hilfe des Denkens und dialektischer Fähigkeiten täuschend auf Abstand hält.

Im zweiten Teil von *Entweder – Oder* ist der pseudonyme Verfasser B nach Climacus eine ethische Individualität, die kraft des Ethischen existiert; B ist ein Ethiker, der verzweifelt war und der in der Verzweiflung sich selbst gewählt hat und so offenbar geworden ist. Climacus zitiert hier B mit der folgenden wesentlichen Unterscheidung: „Die Formulierung, die die Differenz zwischen dem Ästhetischen und dem Ethischen scharf herausstellt, ist die: Es ist die Pflicht jedes Menschen, offenbar zu werden", und fügt selbst hinzu: „der erste Teil war die Verborgenheit" (SKS 7, 230; AUN1, 247; vgl. SKS 3, 304; EO2, 344). Climacus stellt den Ästhetiker A und den Ethiker B auf folgende Weise gegeneinander: Während A in seiner Phantasie-Innerlichkeit viele Möglichkeiten heraufbeschwor und mit seiner Dialektik verzweifelt alles in nichts verwandelte, wählte B sich selbst, indem er verzweifelte und im Augenblick der Verzweiflung sich selbst aus dem Entsetzen herauswählte, „dass er sich selbst, sein Leben, seine Wirklichkeit in einem ästhetischen Traum, in Schwermut und in der Verborgenheit hatte" (SKS 7, 235; AUN1, 252).

Selbstverständlich bemerkt Climacus auch, dass *Entweder – Oder* mit der erbaulichen Wahrheit und damit im Religiösen endet[16], doch hätte er sich klarere und deutlichere Hinweise im Hinblick auf die christliche Existenz gewünscht. „Denn die christliche Wahrheit als Innerlichkeit ist auch erbaulich, aber daraus folgt keineswegs, dass jede erbauliche Wahrheit christlich ist; das Erbauliche ist ein weiterer Begriff", schreibt Climacus (SKS 7, 232; AUN1, 250).

Bevor wir Johannes Climacus verlassen, muss noch festgehalten werden, das ihm von Kierkegaard die Rolle eines Oberschiedsrichters über seine pseudonymen Schriftstellerkollegen zugeteilt wird, was die Pseudonymität noch potenziert. Damit wird gewissermaßen eine vorläufige pseudonyme Interpretation der Pseudonymität in ihrer Funktion für das Gesamtwerk vorgenommen, auf die in einer Beilage zur *Nachschrift* Kierkegaards erste autonyme Interpretation folgt.

---

16 Damit zielt Climacus auf den Abschluss des zweiten Teils und damit des ganzen Werkes, d. h. auf das „Ultimatum", eine Predigt, die B von einem befreundeten jütländischen Pfarrer erhalten hat und die unter dem Thema steht: „Das Erbauliche, das in dem Gedanken liegt, dass wir gegen Gott immer unrecht haben" (SKS 3, 326; EO2, 917). Die Predigt, die B an A geschickt hat, schließt mit folgendem Merksatz: „nur die Wahrheit, die erbaut, ist Wahrheit für dich" (SKS 3, 332; EO2, 933).

## 2.5 Anerkennung der Verfasserschaft der pseudonymen Schriften

Als die *Abschließende unwissenschaftliche Nachschrift* am 27. Februar 1846 erscheint, war am Schluss des Buches diese Beilage angefügt, mit einem leeren Blatt abgetrennt vom übrigen Text, unpaginiert und mit bedeutend kleinerer Punktgröße gedruckt als der Haupttext. Die Beilage mit dem Titel „Eine erste und letzte Erklärung" ist datiert und signiert: „Kopenhagen im Februar 1846. / S. Kierkegaard" (SKS 7, 573; AUN2, 339f.).[17] Im Verhältnis zur Idee der Pseudonymität konnte Kierkegaard selbst nur diese Beilage anfügen, weil er auf dem Titelblatt als Herausgeber des abschließenden Werkes stand, das vorgeblich Johannes Climacus zum Verfasser hatte.[18]

In der Beilage anerkennt Kierkegaard öffentlich, dass er der Autor aller pseudonymen Schriften von *Entweder – Oder* 1843 bis zur *Nachschrift* 1846 ist, d. h. dass er es ist, der im Verhältnis zur Öffentlichkeit und zu staatlichen Behörden juristisch und literarisch die Verantwortung für die Schriften und ihren Inhalt trägt. Doch selbst wenn das Geschriebene seines ist, bedeutet dies nicht, und darin liegt die Pointe Kierkegaards, dass er irgendwie einen besonderen Zugang zum Verständnis dieser Schriften hat; im Verhältnis zu diesen ist er nur eine „dritte Person, ein Souffleur", der pseudonyme Verfasser hervorgebracht hat, während die Pseudonyme in sich selbst „dichterisch-wirkliche" Autoren sind. Mehr noch, über den pseudonymen Herausgeber von *Entweder – Oder* heißt es, dass er ein „dichterisch-wirklicher subjektiver Denker" ist, und das sogar in dem Sinne, dass er in „In vino veritas" auftreten kann.[19] Mit der Bezeichnung ‚Denker' scheint sich Kierkegaard Johannes Climacus' Interpretation von *Entweder – Oder* anzuschließen, dass das Werk einen ‚Gedanken-Inhalt' hat, also philosophisches Denken enthält.

Ein Aspekt dieser Interpretation besteht darin, dass von den ‚gedichteten Autoren' jeder für sich seine ‚bestimmte Lebensanschauung' hat[20], d. h. seine

---

**17** In SKS ist die Beilage aus Gründen der Verweismöglichkeit durchgehend paginiert.
**18** ‚Abschließend' hier vermutlich im doppelten Sinn: Einerseits schreibt Kierkegaard in der Tat in der Beilage, dass er jetzt mit seinen Pseudonymen ‚Abschied' nimmt, d. h. ‚er schließt' das pseudonyme Werk ‚ab'. Andererseits war Kierkegaard zum damaligen Zeitpunkt der Auffassung, dass er seine Zeit als Schriftsteller beenden und ein Pfarramt auf dem Lande suchen wollte. Die beiden Aspekte waren intern miteinander verknüpft.
**19** Vgl. SKS 7, 569f.; AUN2, 339f. „In vino veritas" ist der erste Teil der *Stadien auf des Lebens Weg* (1845) mit Hilarius Buchbinder als pseudonymem Herausgeber (SKS 6, 15–84; SLW, 7–90).
**20** Vgl. SKS 7, 571; AUN2, 340.

bestimmte Auffassung von der Existenz und dem Existentiellen oder jeder repräsentiert für sich seine bestimmte existentielle Position. Es handelt sich, modern gesprochen, um verschiedene Meinungsmacher mit ihren jeweiligen Auffassungen des Daseins, und darin liegt ihre Bedeutung. Oder anders ausgedrückt: Ihre Bedeutung liegt darin, auf ironische und gegensätzliche Weise keine Bedeutung haben zu wollen, sondern „solo die Urschrift der individuellen, humanen Existenzverhältnisse, das Alte, Bekannte und von den Vätern Überlieferte, noch einmal, womöglich auf eine innerlichere Weise, durchlesen zu wollen" (SKS 7, 573; AUN2, 344).[21]

Es scheint für Kierkegaard wichtig zu betonen, dass sein Gebrauch der Pseudonymität – oder, wie er auch sagen kann, seiner ‚Polyonymität' – keinen zufälligen Grund in seiner Person hat, sondern ihren wesentlichen Grund in dem hervorgebrachten Werk selbst. Man könnte auch sagen, dass im Verhältnis zum ersten Teil seines Gesamtwerkes von 1843–1846 die Pseudonymität in der Strategie des Autors dichterisch geboten war.

## 2.6 Eine zweite Auflage des pseudonymen Debütwerkes

Im Januar 1845 verfasste Kierkegaard zusammen mit seinem Kommissionär, Universitätsbuchhändler C. A. Reitzel, eine Abrechnungsübersicht über seine Guthaben. Die Buchungen auf dem Abrechnungsbogen betreffen außer *Entweder – Oder* auch die übrigen pseudonymen Schriften von 1843 und 1844 (*Die Wiederholung, Furcht und Zittern, Philosophische Brocken, Der Begriff Angst* und *Vorworte*). Was *Entweder – Oder* angeht, schreibt Kierkegaard: „Im Dezember [1844] sprach er [Reitzel] davon, dass die Auflage verkauft war und er eine neue Ausgabe veranstalten wollte, erklärte später aber, dass noch 50 Exemplare vorhanden waren" (Kierkegaard Archiv (D pakke 7 læg 6) der Königl. Bibliothek in Kopenhagen). Aus Kierkegaards Übersicht geht des Weiteren hervor, dass von der Druckauflage von 525 Exemplaren 475 verkauft waren. Doch in der Rechnungsübersicht findet sich auch ein Fehler, weil per 30. Dezember 1844 tatsächlich 483 verkauft waren, also eine Restauflage von 42 Exemplaren verblieb. Obwohl selbstverständlich der Verkauf in den ersten Monaten, nachdem das Buch auf dem Markt war, am größten gewesen ist, ist es sehr wahrscheinlich, dass *Entweder –*

---

21 Kierkegaard verweist auf diese Stelle und zitiert sie im Vorwort zu *Zwei Reden beim Abendmahl am Freitag*, womit zum Abschluss kommt, was er als seine Wirksamkeit als Schriftsteller betrachtete (vgl. SKS 12, 281; RAF, 19).

*Oder* im Laufe des Frühjahrs 1845 ausverkauft war, also gut zwei Jahre nach dem Erscheinen (vgl. SKS K2–3, 60 f.).

In der schon genannten Journalaufzeichnung NB:194 von Ende April 1847 (s. o. Anm. 4) bezieht sich Kierkegaard auf den Vorschlag C. A. Reitzels vom Dezember 1844, eine neue Auflage von *Entweder – Oder* zum Druck zu bringen. Es scheint auf diesen Vorschlag hin nicht zu weiteren Verhandlungen gekommen zu sein. Kierkegaard notiert in derselben Aufzeichnung auch, dass er selbst einen Wiederabdruckt verhindert. Er scheint Reitzel damit längere Zeit hingehalten zu haben. Einige Zeit nach dem Erscheinen der *Erbaulichen Reden in verschiedenem Geist* 1847 kam bei Kierkegaard der Wunsch auf, den Zustand, sein eigener Verleger zu sein und einen Kommissionär einzusetzen, zu beenden und dazu überzugehen, ein Autor auf Honorarbasis zu werden. So kam es im Sommer desselben Jahres zu Verhandlungen mit Reitzel darüber, alle Restsauflagen der bis dahin erschienenen Titel bei ihm in Kommission zu übernehmen. Während dieser Verhandlungen hat Reitzel vermutlich seinen Vorschlag einer Neuauflage von *Entweder – Oder* in Erinnerung gebracht. Jedenfalls schreibt Kierkegaard in einem längeren und entscheidenden Brief an Reitzel, abgefasst Ende Juli oder Anfang August 1847: „Was Entweder – Oder angeht, so muss das wohl auf ein anderes Mal verschoben werden" (SKS 28, 345 (Nr. 224)). Hiermit stellt Kierkegaard eine mögliche Wiederauflage von *Entweder – Oder* in Reitzels Verlag in Aussicht.

Umso mehr fällt auf, dass Kierkegaard sich bereits Mitte August desselben Jahres in ernsthaften Verhandlungen mit Verlagsbuchhändler P. G. Philipsen befindet, der in einem Brief vom 23. August 1847 anbietet, eine Ausgabe von *Entweder – Oder* in einer Neuauflage von 1000 Exemplaren bei einem einmaligen Autorenhonorar von 500 Reichsbanktalern verantwortlich zu übernehmen und zu finanzieren.[22] In einem undatierten Brief, recht schnell nach dem Brief Philipsens geschrieben, lehnt Kierkegaard das Angebot ab – besonders aus wirtschaftlichen Gründen. Seine Gegenforderung lautet: ein einmaliges, voraus bezahltes Honorar von 700 Reichsbanktalern, eine Forderung, die ihm recht und billig zu sein scheint (SKS 28, 347 f. (Nr. 227)). Wer der Initiator dieser Verhandlungen gewesen ist, bleibt unbekannt, aber aus Philipsens nächstem Brief (vom 28. August 1847) geht hervor, dass zwischenzeitlich in der einen oder anderen Form Gespräche oder Verhand-

---

22 Vgl. SKS 28, 347 (Nr. 226). Philipsen war Kommissionär für die Dissertation *Über den Begriff der Ironie* 1841 und für fünf der sechs Hefte *Erbauliche Reden* 1843 und 1844. Reitzel aber war Kommissionär für Kierkegaards Debütbuch als ‚erbaulicher' Autor von *Zwei erbauliche Reden* 1843. Im Übrigen hatte Philipsen alle Restauflagen der erbaulichen Reden aufgekauft, inklusive Debütbuch, und 1845 gesammelt unter dem Titel *Achtzehn erbauliche Reden* herausgegeben, vgl. Søren Bruuns und meinen Editorischen Bericht in SKS K5, 22–30, wo auch Philipsens Torso-Ausgabe von *Sechzehn erbaulichen Reden* 1852 berücksichtigt wird.

lungen stattgefunden haben. Brieflich versucht sich Philipsen in Schmeichelei und guten Worten, kann sich aber nicht auf andere ökonomische Bedingungen einlassen, da diese auf harten Kalkulationen beruhen, wie er behauptet (SKS 28, 348 (Nr. 228)). Kierkegaard antwortet prompt, kurz und bündig: „Wenn Sie nicht wollen, wie ich will, so bekommen Sie die Verlagsrechte für *Entweder – Oder* nicht, so ist damit die Sache entschieden" (SKS 28, 349 (Nr. 229)). Nach dieser Begrüßung war Philipsen aus dem Geschäft.

Wann Kierkegaard die Verhandlungen über eine zweite Auflage von *Entweder – Oder* wieder aufnahm, lässt sich nicht mit Sicherheit sagen, denn es vergeht eine geraume Zeit. Neu verhandelt wurde wieder mit Reitzel, den Kierkegaard unbedingt als Kommissionär und jetzt als Verleger bevorzugte. Die Gespräche wurden vermutlich Anfang 1849 begonnen, jedenfalls liegt ein undatierter Brief an Reitzel vor, wahrscheinlich aus den Tagen vor dem 9. Februar 1849[23], worin Kierkegaard – wie ein geübter Händler – schreibt: „Sie wissen, wie gerne ich alles in Ordnung und entschieden haben will, auch, wie gerne ich will, dass die andere Seite zufrieden sein soll. Und wenn Sie die andere Seite sind, so glaube ich zugleich, dass auch Sie auf meinen Vorteil sehen. Deshalb nehme ich ohne weiteres Ihr Angebot für *Entweder – Oder* an, wenn auch das Honorar gering genug ist, – doch das Land ist ja auch so klein. So will ich mich gewiss lieber an meinem Vertrauen zu Ihnen und Ihrer Rücksicht auf meine Bedürfnisse freuen, daran freuen, Sie zufrieden zu wissen, als Sie misstrauisch dahin zu drängen, entgegen Ihrem Wunsch, ein wenig mehr zu geben. Also abgemacht" (SKS 28, 346 (Nr. 225)). Aus dem Brief geht weiter hervor, dass Reitzels Honorarangebot 550 Reichsbanktaler betrug, also um 150 niedriger lag als die Forderung gegenüber Philipsen; andererseits legt Kierkegaard im selben Brief die Auflagenhöhe auf 750 fest, im Unterschied zu Philipsens Angebot von 1000 Exemplaren. Was die Bezahlung angeht, so verlangt Kierkegaard – generös, wie er selbst meint – die Auszahlung in zwei Raten, die erste in Höhe von 300 Reichsbanktalern mit Frist zum 11. Juni 1849 und die andere in Höhe von 250 bis Ende Juli selben Jahres. Kierkegaard erbittet eine umgehende schriftliche Bestätigung der genannten Bedingungen, um dann auf den freundlichen und leicht verführerischen Ton vom Beginn des Briefes zurückzukommen: „Somit glückliche Geschäfte. In meiner Sicht ist es ein vorteilhafter Handel, den Sie betreiben, und Sie werden sehen, das Vorhaben wird sein Glück machen."

---

[23] Vgl. die Aufzeichnung NB10:4; sie ist undatiert, da sie aber die letzte Aufzeichnung in NB9 direkt fortsetzt, muss sie am selben Tag geschrieben worden sein, an dem NB10 in Gebrauch genommen wurde, dem 9. Februar 1849 (SKS 21, 251, 255, 260; DSKE 5, 295, 299, 304).

Obwohl Kierkegaard im Journal NB10:4, vom 9. Februar 1849, notieren kann: „Jetzt kommt die 2. Aufl. von Entweder – Oder heraus" (SKS 28, 260; DSKE 5, 304), wurde die Ausgabe aufgeschoben. Dafür gab es wohl mehrere Gründe: Einer lag darin, dass Kierkegaard es schwer hatte herauszufinden, welche Schrift die neue Auflage von Entweder – Oder begleiten sollte. Dass sie durch die eine oder andere Schrift begleitet werden sollte, so wie es bei der Erstausgabe die *Zwei erbauliche Reden 1843* waren (wenn auch ein wenig zeitverschoben), hatte schon eine Zeit lang, spätestens seit dem Sommer 1848, Kierkegaard klar vor Augen, jedenfalls der Idee nach geplant. Das geht aus der undatierten Aufzeichnung NB10:69 von Ende Februar oder Anfang März 1849 hervor, wo Kierkegaard schreibt: „Die zweite Auflage von Entweder – Oder ganz ohne etwas Begleitendes herausgehen zu lassen, geht doch eigtl. nicht an. Da muss doch ein Akzent darauf fallen, dass ich mit mir selbst darüber einig bin, religiöser Verf. zu sein" (SKS 21, 293; DSKE 5, 344). Und weiter in derselben Aufzeichnung: „‚Der Gesichtspunkt' kann nicht herausgegeben werden. [...] Aber die zweite Auflage von Entweder – Oder ist ein entscheidender Punkt, (wie ich ihn ja auch ursprünglich verstanden und den ‚Gesichtspunkt' geschrieben habe, um gleichzeitig damit herauszukommen und wohl kaum sonst einmal Ernst damit gemacht hätte, die zweite Auflage herauszugeben) er kommt nie wieder. Geht dieser Augenblick völlig ungenutzt vorbei, zieht es die Produktivität total betrachtet überwiegend herunter in das Ästhetische" (SKS 21, 294; DSKE 5, 345). Die zuletzt zitierte Aufzeichnung enthält den Hinweis, dass der erste entscheidende Beschluss, *Entweder – Oder* in zweiter Auflage herauszugeben, im Juli 1848 getroffen wurde, zu dem Zeitpunkt, als Kierkegaard die Arbeit an *Der Gesichtspunkt für meine Wirksamkeit als Schriftsteller* aufgenommen hatte, die Schrift, die die Neuauflage von *Entweder – Oder* begleiten sollte.

Wenig später im März 1849 hat Kierkegaard den ironischen Gedanken, dass er hinten in die zweite Auflage von *Entweder – Oder* hineinschreiben könnte: „*Nachschrift* / Hiermit widerrufe ich diese Schrift. Sie war ein notwendiger Betrug, um wenn möglich die Mschn hinein zu betrügen in das Religiöse, das stets meine Aufgabe gewesen ist. Mäeutisch hat es wohl seine Wirkung getan. Doch ich muss sie ja nicht widerrufen, ich habe mich ja nie als ihr Verf. ausgegeben" (SKS 21, 317 [NB10:113]; DSKE 5, 372). Es blieb (natürlich) beim Denken dieses Gedankens, er wurde niemals verwirklicht.

Größere Perspektive hat die Auskunft, die Kierkegaard in der Aufzeichnung NB10:185, vermutlich Ende März 1849, niedergelegt, dass er einen letzten Versuch gemacht hat, etwas über seine Wirksamkeit als Autor zu schreiben, und den kurzen, aber prägnanten Text mit dem Titel „Rechenschaft" abgefasst hat, um diesen als „Folgeblatt" der *Lilie auf dem Felde und dem Vogel unter dem Himmel* beizugeben, den *Drei frommen Reden*, die gleichfalls im März 1849 ausgearbeitet werden.[24]

Aus einer weiteren Aufzeichnung – NB11:53, vermutlich Mai 1849 (SKS 22, 36 f.) – geht explizit hervor, dass die drei Reden dazu bestimmt waren, auf die zweite Auflage von *Entweder – Oder* zu folgen, und sie sollten daher hinten im Buch die „Rechenschaft" als Folgeblatt enthalten; doch diese Idee wurde fallen gelassen. *Die Lilie auf dem Felde und der Vogel unter dem Himmel* aber ging am 19. April zum Druck, dieser war am 9. Mai abgeschlossen und das Buch erschien am 14. Mai, ab selben Tag, an dem Kierkegaard endlich die zweite Auflage von *Entweder – Oder* im Verlag von Universitätsbuchhändler Reitzel herausgeben ließ (vgl. SKS K 11, 7). Der Wiederabdruck war in Bianco Lunos Buchdruckerei am 8. Mai abgeschlossen. Anders als bei der Erstausgabe, die in zwei Bänden entsprechend den zwei Teilen des Werkes herauskam, ließ Kierkegaard die zweite Auflage in einem Band in großem Oktavformat erscheinen, größer als im Erstdruck, mit einem Gesamtumfang von 592 Seiten, aber mit separater Paginierung der beiden Teile. Der erste Teil hat 336 Seiten gegenüber 492 im Erstdruck, der zweite Teil 256 gegenüber 360 Seiten im Erstdruck.[25]

Wenn Kierkegaard in der schon genannten Aufzeichnung NB11:53 vom Mai 1849 explizit sagt, dass *Die Lilie auf dem Felde und der Vogel unter dem Himmel* dazu bestimmt war, die zweite Auflage von *Entweder – Oder* zu begleiten, ist es naheliegend zu überlegen, was die drei frommen Reden über Lilie und Vogel dazu bestimmt, für *Entweder – Oder* die Begleitung zu sein und den Unterschied zu markieren. Nach meiner Einschätzung bilden die drei frommen Reden eine genuine Reaktion als Gegenstück zum Pseudonym *A* und seiner ästhetischen, teils nihilistischen Lebenshaltung, wie sie nicht zuletzt in seinen aphoristischen „Diapsalmata" und dem epilogischen Aufsatz „Der Unglücklichste" zum Ausdruck kommt (SKS 2, 27–55; EO1, 255–269). Hier werden wir uns auf den letzten Text konzentrieren mit dem besonderen Fokus auf dem Unglücklichsten, der sich

---

**24** Das Büchlein hat Mt 6, 24–34 zur neutestamentlichen Grundlage und besteht aus Vorwort, Gebet und drei Reden mit jeweils einem Thema: Schweigen, Gehorsam, Freude.
**25** Die Textänderungen, die vor dem Satz der zweiten Auflage vorgenommen wurden, betreffen hauptsächlich Orthographie und Interpunktion, offenbar in der Absicht, die Rechtschreibung zu harmonisieren. Die Korrekturen zeigen, dass Kierkegaards Sekretär, Israel Levin, diese Änderungen vorgenommen hat, während die Hand Kierkegaards mit Sicherheit nur auf dem Titelblatt des ersten Teils zu erkennen ist. Es findet sich nur eine inhaltliche Änderung, die Kierkegaard selbst zugeschrieben werden muss, und zwar die Änderung von „eine Doppel-Bewegung" in „eine doppelte Bewegung" – eine Änderung, die vermutlich darauf zurückgeht, dass der Ausdruck „Doppel-Bewegung" in *Furcht und Zittern* eine andere prägnante Bedeutung angenommen hat; vgl. SKS K2-3, 67–70 (mit allen Änderungen zwischen erster und zweiter Auflage).

selbst immer abwesend erlebt im Gegensatz zu dem Freudigen, der den drei Reden zufolge sich selbst immer gegenwärtig ist.

Gemäß diesem Aufsatz im ersten Teil von *Entweder – Oder* besteht die Versammlung der Συμπαρανεκρωμενοι[26] [der Mitverstorbenen] aus Menschen, die ein aphoristisches Leben führen, d. h. ein Leben ohne Kontinuität, ohne Zusammenhang und ohne andere Gemeinsamkeit als die gegenseitige Einigkeit darüber, dass der Tod das gemeinsame Glück für alle Menschen ist und dass daher auf nichts anderes zu vertrauen ist als auf das Unglück, alles andere ist sinnlose Vergänglichkeit.

In der Rede an die ‚Mitverstorbenen', deren Ziel es ist einzukreisen, wer der Unglücklichste ist, wird dieser als der Mensch bestimmt, der „seinen Lebensinhalt, die Fülle seines Bewusstseins, sein eigentliches Wesen irgendwie außer sich hat. Der Unglückliche ist immer sich abwesend, nie sich selbst gegenwärtig" (SKS 2, 216; EO1, 259). Die unglücklichen Individualitäten teilen sich in zwei Klassen, die hoffende und die erinnernde. Keine von beiden ist sich selbst präsentisch, doch um wirklich zu einer ‚Formation' der Unglücklichen zu gehören, muss der Hoffende auch in der kommenden Zeit sich selbst abwesend sein und der Erinnernde entsprechend in der vergangenen Zeit sich selbst abwesend sein. Um aber zu einer ‚Formation' der eigentlichen Unglücklichen zu gehören, muss noch ein weiteres Merkmal hinzukommen: Dass die hoffende Individualität nichts zu hoffen hat, aber anstelle eine erinnernde zu werden doch dabei bleibt, eine hoffende Individualität zu sein; und dass die erinnernde Individualität nichts zu erinnern hat, aber anstelle eine hoffende zu werden doch dabei bleibt, eine erinnernde zu sein. Da die unglücklich Hoffenden aber niemals das Schmerzliche an sich haben, das zu den unglücklich Erinnernden gehört, und damit ‚eher mit Freude enttäuscht' sind, so wird man den Unglücklichsten stets unter den unglücklich erinnernden Individualitäten finden (vgl. SKS 2, 217f.; EO1, 260ff.).

Es ist das Unglück der erinnernden Individualität, dass sie zu früh zur Welt kommt und deshalb immer zu spät ist. Das Leben des Erinnernden ist „ohne Bedeutung, ohne Ruhe und ohne Inhalt, er ist sich nicht präsentisch im Augenblick, nicht präsentisch in der zukünftigen Zeit, denn das Zukünftige ist schon erlebt, nicht in der vergangenen Zeit, denn das Vergangene ist noch nicht gekommen." Auf diese Weise wird er umhergetrieben, er „kann nicht gebären und ist doch immerfort wie eine Gebärende" (SKS 2, 219; EO1, 263f.). Einsam und allein ist er vollständig sich selbst überlassen, ohne gegenwärtige Zeit, an die er sich anschließen könnte, ohne Vorzeit, sich danach sehnen zu können, ohne kommende

---

**26** Das konstruierte griech. Wort müsste grammatisch gesehen lauten: Συμπαρανενεκρωμένοι (vgl. SKS K2–3, 142).

Zeit, auf die die Hoffnung sich richten könnte. Er hat keine gegenwärtige, keine kommende und keine vorübergegangene Zeit, und so kann er nicht lieben, denn „die Liebe ist immer präsentisch"; und doch hat er eine „sympathetische Natur", die die Welt hasst, weil er sie liebt. Und er ist ohnmächtig, „nicht weil es ihm an Kraft fehlte, sondern weil seine eigene Kraft ihn ohnmächtig macht" (SKS 2, 220; EO1, 264).

So endet sein Leben in reinem Nihilismus. „Seht, die Sprache versagt, und der Gedanke verwirrt sich", heißt es zuletzt in der Rede, „denn wer ist schon der Glücklichste, es sei denn der Unglücklichste, und wer der Unglücklichste, es sei denn der Glücklichste, und was ist das Leben anderes als Wahnsinn, und der Glaube anderes als Torheit, und die Hoffnung anderes als Verrücktheit, und Liebe anderes als Essig in der Wunde" (SKS 2, 223; EO1, 268 f.).

Dem gegenüber steht besonders die Rede mit dem Thema „Freude" in *Die Lilie auf dem Felde und der Vogel unter dem Himmel*, worin die Lilie und der Vogel als die wahren Lehrmeister der Freude als Vorbilder dargestellt werden, der unbedingten Freude, gerade weil sie selbst Freude sind. Und das der Sorge zum Trotz, die auch Lilie und Vogel kennen, wie die ganze Natur in Sorge sein kann, weil sie der Vergänglichkeit unterliegt (SKS 11, 44; GW1 LF, 69; vgl. Röm 8, 20–22).

Im Verlauf der Rede stellt Kierkegaard die entscheidende Frage, was Freude ist, oder was das ist froh zu sein. Er schreibt, froh zu sein ist „in Wahrheit sich selbst gegenwärtig zu sein, aber dass man sich selbst in Wahrheit gegenwärtig ist, es ist dies ‚Heute', dies, dass man heute ist, dass man in Wahrheit heute ist" (SKS 11, 43; GW1 LF, 67).

## 2.7 Die Besprechung in den Schriften über die Wirksamkeit als Schriftsteller

Einige Ansätze zum Verständnis der Totalität des schriftstellerischen Werkes wurden bereits erwähnt, darunter dessen dialektische Struktur und Architektonik, so wie es Kierkegaard in den beiden Hauptschriften über sein Werk zum Ausdruck bringt: *Der Gesichtspunkt für meine Wirksamkeit als Schriftsteller*, geschrieben im Sommer 1848, postum herausgegeben von Kierkegaards älterem Bruder P. C. Kierkegaard 1858, und *Über meine Wirksamkeit als Schriftsteller*, geschrieben im April 1849, herausgegeben im August 1851. Im Fokus soll im Folgenden weiterhin *Entweder – Oder* stehen, um die Rolle und Platzierung zu erkunden, die Kierkegaard seinem pseudonymen Debütwerk wie auch dessen Wiederabdruck gegeben hat, und zwar in seinen autobiographischen Schriften über sich selbst als Autor, nicht als Person.

Zuerst *Der Gesichtspunkt für meine Wirksamkeit als Schriftsteller. Eine unmittelbare Mitteilung. Meldung an die Geschichte*, wie der volle Titel lautet. Kierkegaard wollte also eine direkte, keine indirekte Mitteilung geben, in der Funktion eines Rapports ihres Autors über seine Wirksamkeit gegenüber der Geschichte. Oder anders ausgedrückt: Kierkegaard wollte augenscheinlich auf die Auffassung über seine Wirksamkeit als Autor im Blick auf die künftige Rezeptionshistorie Einfluss nehmen.

Es ist häufig, besonders in den letzten Jahren, auch in der Kierkegaard-Literatur, nicht zuletzt unter dem Einfluss der Dekonstruktion behauptet worden, es wäre ein Unding, dass ein Autor auf diese Weise die eigene Interpretation seines Werkes weitergeben wollte. Diese Einstellung gründete auf der Devise, dass ein Text mehr sei als sein Verfasser und für größere Deutungspotentiale Raum gebe, als der Autor selbst erkennen kann, und dass dieser der schlechteste Interpret seiner selbst ist. Denn eine solche Selbstdeutung nimmt leicht die Form einer Umdeutung an aufgrund einer später erst konstruierten Auffassung seiner eigenen Absicht oder Verfasserintention. Es ist hier nicht meine Aufgabe, mich an dieser Diskussion zu beteiligen, sondern ich will stattdessen Kierkegaards rapportartige Mitteilung kritisch ernst nehmen und versuchen, deren architektonischen und strukturell dialektischen Aufbau herauszustellen, wie ihn Kierkegaard selbst in seinem retrograden Verstehen aufdeckt. Und mit dieser aufdeckenden Deutung unterstreicht er, dass hier von einem retrograd gefundenen Verstehen die Rede ist, das er bestimmt noch nicht hatte, als er 1843 als Autor mit seinem pseudonymen Debütwerk *Entweder – Oder* und ein paar Monate später mit seiner autonymen Debütschrift *Zwei erbauliche Reden* begann.

Kierkegaard zufolge war sein schriftstellerisches Werk erst jetzt, also im Sommer 1848, „zur Stelle in seiner Totalität" (SKS 16, 11; GW1 GWS, 21). Diese kommt in der Struktur des Gesamtwerkes zum Ausdruck, ist seine Duplizität oder Zweideutigkeit, eine dialektische Spannung zwischen dem Ästhetischen und dem Religiösen, zwischen dem Pseudonymen und dem Autonymen. Kierkegaard konkretisiert dieses Verständnis in einer Rubrizierung der bis dahin erschienenen Bücher: „Erste Folge (ästhetische Schriftstellerei): Entweder – Oder; Furcht und Zittern; Die Wiederholung; Der Begriff Angst; Vorreden; Philosophische Brocken; Stadien auf dem Lebensweg – samt achtzehn erbauliche Reden, welche nach und nach erschienen sind. Zweite Folge: Abschließende unwissenschaftliche Nachschrift. Dritte Folge (rein religiöse Schriftstellerei): Erbauliche Reden in verschiedenem Geist; Die Taten der Liebe; Christliche Reden – samt einem kleinen ästhetischen Artikel: die Krise und eine Krise im Leben einer Schauspielerin" (SKS 16, 15 Anm. 1; GW1 GWS, 25 Anm. 1). Das erste Auftreten der Duplizität zeigte sich also nicht zwischen erstem und zweiten Teil von *Entweder – Oder*, sondern gerade in der Dialektik zwischen beiden Bänden von *Entweder – Oder* als Einheit und der Begleitschrift *Zwei erbauliche Reden*.

Es geht um die entsprechende Duplizität, die Kierkegaard auf verschiedene Weisen zu etablieren versucht, als die zweite Auflage von *Entweder – Oder* herausgegeben werden sollte, die aber erst mit dem nachfolgenden Erscheinen von *Die Lilie auf dem Felde und der Vogel unter dem Himmel* realisiert wird. Zugleich erreichte Kierkegaard mit der Wiederausgabe von *Entweder – Oder* auch, dass, was er ‚die ästhetische Produktivität' nennt, auch im zweiten hauptsächlich christlichen Teil des Gesamtwerkes repräsentiert werden kann. Auf diese Weise nimmt die zweite Auflage von *Entweder – Oder* als Wiederauflage eine Sonderstellung ein, die keiner anderen Neuauflage oder Neuausgabe zuerkannt wurde, die zu Kierkegaards Lebenszeit erschien. Häufig wurden solche Wiederausgaben nicht einmal in den Journalen erwähnt.

Im ersten Abschnitt des *Gesichtspunktes*, Kap. B, worin Kierkegaard seine Argumente vorträgt für die Erklärung, „dass der Verfasser religiöser Verfasser ist und war", findet sich auch eine Reihe wesentlicher Äußerungen über *Entweder – Oder*. Kierkegaard spricht von einer „dichterischen Ergießung", die nicht weiterging als bis zum Ethischen, also nicht zum Religiösen, während er selbst religiös gesehen schon „ins Kloster" gegangen war, „ein Gedanke, der versteckt war in dem Pseudonym: Victor – Eremita" (SKS 16, 20; GWS, 31).[27] Hierauf berichtet Kierkegaard, dass *Entweder – Oder* direkt bei seinem Erscheinen glücklichen Erfolg hatte, nicht zuletzt „Das Tagebuch des Verführers" – erstaunlich genug – „machte ungeheures Glück" und Theater beim Publikum, wohingegen nicht einer da war, der in tieferem Sinne die zwei erbaulichen Reden bemerkt hätte, geschweige denn, dass sich jemand um das unprätentiöse Heft, das da erschienen war, gekümmert hätte.

Etwas von dem, was Kierkegaard selbst in seinem retrograden Verständnis der Strategie des Gesamtwerkes – wie es besonders in der „Rechenschaft", dem Hauptteil von *Über meine Wirksamkeit als Schriftsteller* zum Ausdruck kommt – ist die Bedeutung der pseudonymen Schriften als ‚Mäeutik'.[28] Das ist so zu verstehen, dass das Mäeutische hier im Verhältnis zwischen der pseudonymen Produktivität als Beginn (und so nicht zuletzt zwischen *Entweder – Oder* als pseudonymem Eröffnungswerk) und der direkt religiösen Produktivität als Telos liegt.

---

27 „Victor Eremita" bedeutet: der siegende Einsiedler oder der, der in der Einsamkeit siegt.
28 Mäeutik kann auch mit ‚Hebammenkunst' widergegeben werden, kommt aus dem griech. Wort ‚maieuesthai', erlösen (eine Gebärende) und verweist auf Sokrates' Hebammenkunst, die darin bestand, im Gespräch einen anderen erlösen zu können, der zuvor schon mit einem Wissen schwanger war, das er bloß vergessen hatte und sich helfen lassen musste es wiederzuerinnern (vgl. z. B. Platons *Theaitetos*, 148e – 151d).

Das Mäeutische, so lässt sich sagen, liegt hier schon in dem Ausdruck ‚entweder – oder', was als Buchtitel so verstanden werden kann, dass weder der erste noch der zweite Teil je für sich oder beide zusammen eine eindeutige existentielle Botschaft darstellen oder eine eindeutige Antwort darauf, wie man sich zum Religiösen verhalten soll. Gerade deshalb stellen sich Fragen, die bei dem einzelnen Leser Antworten hervorrufen sollen. Auf diese Weise wird die Menge oder das Publikum aufgesprengt in einzelne Menschen, und gerade der Einzelne ist der bevorzugte Leser der direkten religiösen, erbaulichen Reden. Dazu betont Kierkegaard, dass das Buch *Zwei erbauliche Reden* 1843 die Formel einführte: Das Buch suche „jene/n Einzelne/n, die ich mit Freude und Dankbarkeit meine/n Leser/in nenne", ein Formular, das stereotyp in allen folgenden Heften oder Büchern mit erbaulichen Reden wiederholt wird (SKS 13, 16; WS, 8; vgl. SKS 5, 13; GW1 EO2, 381).[29]

*Entweder – Oder* hat deshalb seine entscheidende Rolle als das erste ästhetisch-pseudonyme Werk, das eine Sensation auslöste und Kierkegaard zum „Liebling des Publikums" machte, „wohlangeschrieben bei jedermann als ungeheuer interessant und pikant" (SKS 16, 43; GWS, 57); das Werk, das auf diese Weise „mäeutisch" beginnt, „mit einer Sensation, und dem was dazu gehört, dem Publikum, das jederzeit dabei ist, wo etwas zu Gange ist; und die Bewegung war, mäeutisch, die ‚Menge' abzuschütteln, ‚den Einzelnen' zu fassen zu bekommen, den Einzelnen in religiösem Sinn." Und genau in dieser Zeit, die durch die Sensation geprägt war, verursacht durch *Entweder – Oder*, lässt Kierkegaard die zwei erbaulichen Reden erscheinen, deren Vorwort die schon genannte Formel ‚jener Einzelne' enthält (SKS 13, 15 f.; WS, 7 f.).

Zum Dialektischen in der Bewegung des Werkes gehört Kierkegaard zufolge auch die dialektische Strategie „beim Arbeiten sich selbst entgegenzuarbeiten", was er als Reduplikation oder Verdoppelung bezeichnet. Darin liegt der Ernst und das ist der Ausdruck für die Ungleichartigkeit zwischen dem wahrhaft gottesfürchtigen und dem weltlichen Streben. Gerade das Dialektische in der Ungleichartigkeit zwischen arbeiten und sich selbst entgegenzuarbeiten nennt er das „Umgekehrte" (ibd.). Damit haben wir schließlich das erreicht, was Kierkegaard in der Aufzeichnung NB:194 über den Brief von Chr. Molbech „Dialektik der Umkehrung" genannt hat (s. o. Anm. 4).

In einer längeren Journalaufzeichnung NB16:88 (ungefähr 1. März 1850) schreibt Kierkegaard in der Rückschau und zusammenfassend über *Entweder – Oder* im Verhältnis zu seiner reduplizierten und praktizierten ‚Dialektik der Umkehrung' folgendes (SKS 23, 153 f.):

---

**29** Die Doppelung des grammatischen Genus ist eingefügt, um darauf hinzuweisen, dass im Dänischen keine Differenz zwischen maskulinen und femininen Formen vorliegt.

„Beim Arbeiten auch zugleich sich selbst entgegenzuarbeiten ist die Reduplikation, so wie der Druck auf den Pflug die Tiefe der Furche bestimmt, während ein Streben, das beim Arbeiten sich nicht zugleich entgegenarbeitet bloß ein Darüberhinweggleiten ist.
[...] Hier gibt es notorisch nicht einen Einzigen, der es eigentl. gewagt hat, gegen mich zu arbeiten. Doch ich habe das selbst getan. Welch eine verkehrte Wendung, wäre mein Streben direkt gewesen, hätte es bedeutet, nach *Entweder – Oder* die *Zwei erbaulichen Reden* einzusetzen, die nur Verwirrung stiften konnten anstatt *Entweder – Oder* in seinem strahlenden Glück stehen zu lassen. In dieser Richtung Kontinuität zu suchen, das war die Forderung der Zeit, bloß in kleineren Portionen. Welch ein Entgegenarbeiten durch mich selbst, dass ich, der Liebling des Publikums, den Einzelnen fordere; und schließlich, dass ich mich in die Gefahren der Verhöhnung stürze!"[30]

*Aus dem Dänischen von Hermann Deuser und Markus Kleinert*

## Literatur

Søren Kierkegaards Skrifter, 55 Bde (Bd. 1– 28, Kommentarbd. SKS K1-K28), hg. von N. J. Cappelørn u. a., Kopenhagen 1997– 2012

Cappelørn, Niels Jørgen 2016 (Hg.): Søren Kierkegaards Værker bind 2: Enten – Eller (Første Del); bind 3, Enten – Eller (Anden Del), Kopenhagen: Gyldendal

Cappelørn, Niels Jørgen / Garff, Joakim / Kondrup, Johnny 1996 (Hg.): Skriftbilleder. Søren Kierkegaards journaler, notesbøger, hæfter, ark, lapper og strimler, Kopenhagen: G.E.C. Gad

Kondrup, Johnny 1996: Textkritische Richtlinien für Søren Kierkegaards Skrifter (SKS) unter besonderer Berücksichtigung der gedruckten Schriften, in: KSYB 1996, 455– 485

Cappelørn, Niels Jørgen 2008: „Spleen Essentially Eliminated – Yet a Little Spleen Retained", trans. by K. Brian Söderquist, in: Ethics, Love, and Faith in Kierkegaard: Philosophical Engagement, ed. by E. F. Mooney, Bloomington & Indianapolis: Indiana University Press, 129–146

---

[30] Mit „den Gefahren der Verhöhnung" bezieht sich Kierkegaard darauf, dass er, alias Frater Taciturnus, dem pseudonymen Verfasser von „Schuldig? – Nicht-Schuldig" (dritter Teil der *Stadien auf des Lebens Weg*), selbst darum gebeten hatte, in das damalige satirische Wochenblatt *Der Corsar* zu kommen, weil er nicht akzeptieren könne, dass er als einziger dänischer Schriftsteller in dem Blatt bisher nicht beschimpft, sondern nur gelobt worden war. *Der Corsar* antwortete mit einer Reihe satirischer Artikel über, Anspielungen auf und Karikaturen von Kierkegaard. Wie er es verstand, folgte aus dem Angriff des *Corsaren*, dass Kierkegaard auf der Straße schikaniert, verhöhnt und zum Narren gemacht wurde.

Magnus Schlette
# 3 Das Vorwort von Victor Eremita: Wer hat das letzte Wort?

(EO1, 11–25; SKS 2, 11–22)

Im Norden Seelands liegt das Fischerdorf Gilleleie, ein malerischer kleiner Ort mit sommerlich belebten Einkaufszeilen und quirligem Hafen: ein beliebtes Urlaubsziel nicht nur der Kopenhagener Stadtbevölkerung, für die es in unserer motorisierten Zeit nur noch ein kleiner Sprung dort hinauf ist; die alten Gassen sind mittlerweile von einem dichten Ring bunter Ferienhäuser umgeben und an lauen Abenden verbreitet sich die für Feriengebiete so typische Atmosphäre unbeschwerter Zeitvergeudung über den Ort. Vor 180 Jahren wird es dort stiller und ernster zugegangen sein, aber auch damals schien Gilleleie die Kopenhagener bereits angezogen zu haben. Jedenfalls bricht Sören Kierkegaard im Juli 1835 zu einer Ferienreise an die Nordküste Seelands auf und nimmt in dem Hafenort Logis; von dort aus bereist er die nähere Umgebung und stellt in seinem *Tagebuch der Reise nach Gilleleie* feinsinnige Beobachtungen über Fauna und Flora, Land und Leute an. Vor allem scheint die herbe Schönheit des Küstenstrichs den einsamen Wanderer in melancholische Besinnlichkeit versetzt zu haben: sie zieht ihn immer wieder in eine tiefschürfende Spurenlese seines bisher verlebten jungen Lebens hinein. Unwillkürlich stellen wir uns den in freier Natur etwas ungelenken Städter vor, wie er in feinem Tuch, wohl präpariert für Ausflüge aller Art, auf Gilbjerget Position bezieht, dem höchsten Punkt in der Landschaft weit und breit, und mit dem Erhabenen anbändelt; die passende *subscriptio* zu dieser Szene finden wir in Kierkegaards eigenen Notizen: „Was mir eigentlich fehlt, ist, dass ich mit mir selbst ins reine darüber komme, *was ich tun soll*, nicht darüber, was ich erkennen soll – es sei denn, soweit ein Erkennen jedem Handeln vorausgehen muß. Es kommt darauf an, meine Bestimmung zu verstehen, zu sehen, was die Gottheit eigentlich will, dass *ich* tun solle; es gilt, eine Wahrheit zu finden, die Wahreit (sic) für mich ist, die Idee zu finden, für die ich leben und sterben will" (T 1, 16 [DSKE 1, 23f.]; SKS 17, 24).

‚Kierkegaard und das Meer' – so ist man geneigt, den Namen des Gemäldes von Caspar David Friedrich abzuwandeln, das eine dunkel gewandete Gestalt auf Dünengrund zeigt, wie sie sich gegen den Wind in Richtung der See stemmt, die unter tiefer Wolkenlast und schaumbekrönt durch den Mittelgrund des Bildes wogt. Ob unter stürmischem Gebläse oder in der sommerlichen Flaute – die Unermesslichkeitsanmutung des Meeres will laut Tagebuch auch Kierkegaard empfunden haben, sie passt so recht zu der inneren Unruhe des jungen Studenten.

Angst sei „die Wirklichkeit der Freiheit als Möglichkeit für die Möglichkeit", notiert Vigilius Haufniensis, Kierkegaards pseudonyme *persona* in *Der Begriff Angst* (GW1 BA, 40; SKS 4, 348); wir können uns vorstellen, woher er diesen Gedanken hat. Er bündelt das Ambivalenzgefühl, das den jungen Reisenden in der Landschaft rund um Gilleleie ergreift: der ausgebreitete Horizont drängt ihm die Evidenz auf, unbestimmt vieles zu können und erweckt zugleich die Sehnsucht, *das Eine zu sollen*, in dem sich ganz ausspricht, wer er ist. Kann man Sollen wollen?

„Das war es, was mir fehlte," so Kierkegaard: „*ein vollkommen menschliches Leben zu führen*, und nicht bloß eins der Erkenntnis, um dadurch so weit zu kommen, dass ich meine Gedankenentwicklungen nicht gründete auf – ja auf etwas, was man ‚objektiv' nennt – etwas, was doch auf jeden Fall nicht mein eigen ist ..." (T 1, 17 [DSKE 1, 25 f.]; SKS 17, 25 f.). Nur was ist das Eigene, was heißt es, dem zu folgen, was nicht jedermann, sondern eben nur oder gerade „*ich* tun solle", wie Kierkegaard mit bezeichnender Kursivierung notiert, oder mit anderem, mit Antigones Wort: „*autónomos*" (Sophokles 1974, 821 f.), „nach eigenem Gesetz", also nach dem Gesetz zu leben, das, wie es Kierkegaard im Tagebuch pointiert, „mit der tiefsten Wurzel meines Daseins zusammenhängt"? (T 1, 18 [DSKE 1, 26]; SKS 17, 26). Was immer es sein mag, es gibt keine inhaltlichen Kriterien, es zu bestimmen, sondern nur das formale des zwanglosen Zwangs, einer Forderung zu entsprechen, durch die sich der einzelne in seiner unvertretbaren Individualität zugleich artikuliert und adressiert. In diesem Gesetz würden die Expressivität und die Normativität des Handelns zur Einheit gebracht – so wie es der bereits von Kierkegaard in seinem Tagebuch verwendete Begriff der Lebensführung andeutet. Seit Herders Reisejournal von 1769 häufen sich die literarischen Dokumente einer Suche nach diesem Gesetz – sie gehört zur condition moderne, zu der sich nun auch Kierkegaard an einem Küstenstreifen des Kattegats bekennt.

Szenenwechsel in das Vorwort von *Entweder – Oder*: Wir finden uns in einer behaglichen Kopenhagener Stube wieder, wo wir Victor Eremita, Kierkegaards *persona* in seinem Erstlingswerk, dabei beobachten, wie er beflissen einen Haufen Papiere auf zwei Stapel verteilt. Die Wanduhr tickt gleichmütig hinter seinem Rücken, es duftet nach einem starken Kaffee, draußen vor dem Fenster klappert ein Einspänner vorbei, fetzenweise dringt das Palaver der Marktfrauen herüber. Das alles lesen wir nicht, aber wir denken es uns hinzu. Victor Eremita hat bei einem Trödler einen alten Sekretär erstanden und durch puren Zufall ein geheimes Fach darin entdeckt, in dem die besagten Papiere verborgen waren: auf dem einen Stapel Sentenzen und Aphorismen in krauser Handschrift, kunstphilosophische Aufsätze, eine Rezension, sogar das Tagebuch eines modernen Casanova, alles – mit Ausnahme des Tagebuchs – offenbar von ein und demselben Autor, im großen und ganzen literarische und halbliterarische Beschäftigungen mit den unerschöpflichen Themen von Erotik und Sinnlichkeit, Stimmung und Empfindung, nuancenreich in der Schilderung, um kein Apercu verlegen, blitzgescheit und manieriert, manchmal auch schubweise ein bisschen larmoyant und hypochondrisch, dann wieder aus dem schwermütigen Fach ins Frivol-Übermütige hinüberwechselnd; auf dem anderen Stapel in sorgfältiger Handschrift zwei Briefe von erschöpfender Länge und gravitätischem Ernst, in ermahnendem Tonfall, aber väterlich-wohlmeinend, offenbar beide aus derselben Feder und an den Autor des anderen Stapels von Papieren gerichtet. Langsam setzt sich Eremita das Bild zweier Charaktere zusammen: auf der einen Seite ein Ästhet und Ästhetiker, ein Bohémien *avant la lettre*, ein Lebenskünstler; auf der anderen Seite das runde Prachtexemplar eines Bürgers in gehobener sozialer Stellung – Eremita wird ihn wegen des Kanzleistils seiner Schrift einen Gerichtsrat oder auch der Kürze halber den anderen *A* und diesen *B* nennen.

Der Ästhetiker *A* frönt dem Spieltrieb des gelungenen Formulierens, er findet immer wieder pointierte Artikulationen eines Lebensgefühls, das sich erst im Ausdruck gestaltrichtig verwirklicht. Er erschafft sich gleichsam selbst im Vollzug der Ausdrucksbewegung, die seiner Selbstgegenwärtigkeit in Sinnlichkeit und Leidenschaft eine Stimme verleiht. Der Gerichtsrat *B* wiederum nutzt das Medium der Schrift zur besonnenen Mitteilung seiner Lebenserfahrung. Er will den Ästhetiker dazu bewegen, sein Leben zu ändern, damit er der in seinen Papieren oftmals bekundeten Schwermut Herr werde. Die Selbsterschaffung des Ästhetikers ist aus der Perspektive des Gerichtsrats eine realitätsfremde Stilisierung seines Scheiterns, die depressiven Gemütszustände verraten es ihm. Statt eine sinnliche Empfänglichkeit zu kultivieren, die nur zu existentieller Untätigkeit führe und ihn dem Hin und Her seiner Befindlichkeiten schutzlos aussetze, solle der Taugenichts sich für ein Leben in den Anerkennungsbeziehungen der Ehe und des Berufs entscheiden. So bekomme er die Stimmungsschwankungen in den Griff. Erst in der bürgerlichen Tätigkeit bewähre sich die Freiheit, die er abstrakt und unentschlossen suche; und seine Lust auf Süßes komme ohnehin erst dann richtig auf ihre Kosten, wenn sie zum Medium ehelicher Reziprozität veredelt werde. – Eremita wiederum ist von der Unterschiedlichkeit der beiden Männer so fasziniert, dass er ihre Papiere an die Öffentlichkeit geben will.

*Entweder – Oder* ist auch eine Reflexion über die Macht des letzten Wortes. Eremita bedauert nicht zu wissen, ob *B* am Ende *A* oder vielleicht gar *A* am Ende *B* überzeugt habe, er weiß nicht einmal, ob *A* seine Aufzeichnungen vor oder nach dem Empfang der Briefe von *B* gemacht habe. Darum auch entschließt er sich dazu, die Papiere unter dem Titel *Entweder – Oder* herauszugeben. Und doch folgen im Buch die Papiere von *B* auf diejenigen von *A*, weil der Gerichtsrat sich in seinen Briefen auf den Ästhetiker bezieht, nicht aber umgekehrt. Und hat *B* nicht am Ende gute Argumente, *A* zur Aufgabe seiner Lebenshaltung zu bewegen? Ist seine Argumentation nicht schlüssig? Sollte er etwa nicht Recht gehabt haben?

Schon die nächstfolgenden Schriften im Œuvre Kierkegaards scheinen das zu bestätigen. Sie werden die ethische Lebensanschauung des Gerichtsrats an ihre Grenzen führen und sogar mit der Möglichkeit einer sogenannten teleologischen Suspension konfrontieren: die Einheit von Individuum und ethisch-sittlicher Allgemeinheit könnte an gewissentlichen Ansprüchen zerbrechen, wenn diese, wie schon im Falle Antigones, etwas anderes befehlen als was ethisch-sittlich gefordert ist: mit dem Isaak-Opfer bietet Johannes de Silentio, Kierkegaards *persona* in der betreffenden Schrift *Furcht und Zittern*, die monotheistische Ursprungsmythe dieses Falles auf. Dass Kierkegaard seine Pseudonyme nur mehr an den Defiziten der Sittlichkeit abarbeiten lässt, begünstigt den Eindruck, mit der ästhetischen Lebensanschauung sei er endgültig bereits in *Entweder – Oder* fertig geworden. Spätere Pseudonyme sprechen schließlich ausdrücklich von Stadien und suggerieren eine Höherentwicklung von der ästhetischen über die ethische zu einer zunächst allgemein religiösen und später spezifisch christlichen Lebensform. Und war nicht schon zeitgleich mit der Veröffentlichung von *Entweder – Oder* durch *Zwei erbauliche Reden* der Reigen religiöser Texte eröffnet worden, für die Kierkegaard kein Pseudonym gut genug war und für die er ‚ganz ‚authentisch', in eigenem Namen zeichnete? War er nicht immer schon da, wohin seine Werke den Leser erst noch führen sollten?

So jedenfalls hat Kierkegaard sich in seinen späten autobiographischen Schriften auch selbst präsentiert. Pointierte *Entweder – Oder* in einer für die weitere Werkentwicklung gültigen Weise das Thema des Selbstseinkönnens menschlicher Existenz, so steckten bereits die *Zwei erbaulichen Reden* mit einer Meditation auf das Christwerden das Ziel dieser Werkentwicklung ab; nur durch den Vollzug des Christwerdens ist Selbstseinkönnen demnach möglich. Allerdings habe diese Einsicht dem Adressaten des Werks, nämlich der bestehenden Christenheit, indirekt mitgeteilt werden müssen. Denn die Mehrheit der Christen befinde sich in einer Selbsttäuschung und verwechsele ihre Provinzbürgerlichkeit mit dem Christsein. Die irreführenden Maximen bloß vermeintlichen Selbstseinkönnens sollten zunächst aus dem dichterisch imaginierten Zentrum der ihnen entsprechenden Lebensanschauung heraus unter den camouflierenden Namen pseudonymer Herausgeber und Autoren entfaltet werden: ästhetisches Selbstseinkönnen, ethisches Selbstseinkönnen; die Leser der bestehenden Christenheit würden sich dann diesen geheimnisvollen Pseudonymen interessiert zuwenden, daraufhin von den immanenten Widersprüchen des Dargestellten irritiert werden und den Grund ihrer anfänglichen Sympathie auf die eigene existentielle Verstrickung in die dargestellte Lebensanschauung zurückführen; schließlich wären sie aufmerksam auf ein Andersseinkönnen. Der Autor als versierter Seelenanalyst ergreife diesen Augenblick beim Schopfe und souffliere dem vorübergehend orientierungslosen Scheinchristen die zunächstliegende, wenn auch immer noch fehlgeleitete Option des Andersseinkönnens, um eine erneute Runde der Reflexion zu initiieren, in der sich auch die Schwächen dieser Alternative herausstellen – und so weiter, immer näher an die christliche Option heran, bis dass der Leser schließlich so weit ist, mit dem Ansinnen des Christwerdens konfrontiert zu werden; Kierkegaard nennt dies das „Hineintäuschen" des Lesers „in das Wahre" (GW1 WS, 6; SKS 13, 13).

Nur hat Kierkegaard diese Standarddeutung einer unbeirrbaren Teleologie durch eine subtile Gegenströmung in der autobiographischen Darstellung wieder konterkariert und den Sinn seiner Autorschaft kunstvoll in der Schwebe gehalten (vgl. Schlette 2017). Alles andere liefe auch auf ein Dementi seines Anspruchs hinaus, *Entweder – Oder* problematisiere die möglichen Formen gelingenden Selbstseinkönnens. Denn sofern eine bestimmte Lebensanschauung überhaupt Anspruch darauf hat, als ernsthafter Kandidat für ein Stadium auf des Lebens Weg berücksichtigt zu werden, kann sie jedenfalls nicht von demjenigen, der diesen Lebensweg geht, als Stadium *intendiert* werden. Das wäre etwa so, wie wenn man seine Frau den Bekannten als ‚Lebensabschnittspartnerin' vorstellen würde. Ein Existenzstadium lässt sich lebenspraktisch nicht als solches ansinnen, schon gar nicht die im Werk Kierkegaards insinuierte Stadialität. Sie ist kein Orientierungsmodell der Lebensführung, sondern allenfalls ein Modell der nachträglichen *Deutung* individueller lebenspraktischer Entwicklungsprozesse und folglich, wie jedes Modell und jede Deutung, fehlbar und anfechtbar. Sicherlich ist richtig, dass Kierkegaard die Besinnung auf Möglichkeiten gelingenden Selbstseinkönnens als einen Entwicklungsprozess problematisiert und, insofern sein Denken diese Besinnung initiieren will, eben auch die besagte Entwicklung anzusinnen beabsichtigt. Im eigentlichen Sinne von einem Entwicklungsprozess kann aber nur die Rede sein, wenn die Zukunftsoffenheit der Lebenspraxis berücksichtigt wird. Das aber verlangt, dass die Lebensanschauungen von den Lesern durch die konkrete Bestimmtheit der fiktionalen Charaktere als lebendige Optionen vergegenwärtigt und explorativ nachvollzogen werden.

In jedem Fall kann zur Standarddeutung sich nur entschließen, wer Eremitas Vorwort zu *Entweder – Oder* überliest, den wichtigsten Text aus der Feder Kierkegaards. *Wie bitte, den wichtigsten Text?* Diese unscheinbaren Zeilen über den Erwerb eines Sekretärs bei einem Trödler und den Fund verstreuter Papiere in einer verborgenen Schublade des alten Möbels? Nun, das Vorwort ist immerhin der Anfang des Anfangs der Werkentwicklung Kierkegaards und damit von einer herausragenden Bedeutung für die Aufmerksamkeitslenkung des Lesers, die Kierkegaard in dem letzten seiner letzten Texte noch einmal eindrücklich betont. Im *Gesichtspunkt* bekennt er, der Anlass der Niederschrift seiner Lebensbeschreibung sei die Herausgabe von *Entweder – Oder* in zweiter Auflage gewesen, mit der sich der Kreis seines Werkes schließt. *Entweder – Oder* erschien im Mai

1849 in zweiter Auflage – wieder mit dem textidentischen Vorwort von Victor Eremita, dessen herausragende Stellung damit bestätigt wird. Es sollte diejenigen in Unruhe versetzen, die dem Autor unterstellen, es sei evident, wer in *Entweder – Oder* das letzte Wort habe. Das Vorwort entzieht nämlich denen die Vollmacht, die das Entweder/Oder Eremitas in ein Weder/Noch auf dem Weg zum Christwerden auflösen wollen. Wer weiß, wie Eremita selbst sagt, ob *A* nicht auf *B* folgt statt *B* auf *A*? Wer überzeugt hier wen, wer hat das letzte Wort?

Fest steht, dass jedenfalls Eremita das *erste* Wort hat. Die Verfügungsgewalt, die er als Herausgeber über die ihm zugefallenen Manuskripte besitzt, übt er ohne Scheu, sogar mit einem Anflug von Heiterkeit aus, als werde er von den tiefen Einblicken in das fremde Leben nur obenhin berührt. Nicht nur ordnet er die Papiere, bringt sie in eine Reihenfolge, sondern er stellt ihnen mit spielerischer Gestaltungsfreude auch gleich passende Motti voran, nutzt das Vorwort zu Kommentar und Deutung. Und bindet überdies mit den ersten Zeilen, deren samtige Schönheit noch die deutsche Übersetzung durchdringt, die Rechenschaftsgabe des Vorworts über seine Herausgebertätigkeit in eine rhythmisch dicht gefügte, poetische Form der Leseradressierung ein, öffnet durch literarisch ambitionierte Einsprache den Dialog seiner beiden Helden zum Publikum hin: „Es ist dir vielleicht doch schon zuweilen eingefallen, lieber Leser, an der Richtigkeit des bekannten philosophischen Satzes, dass das Äußere das Innere, das Innere das Äußere sei, ein bisschen zu zweifeln. Du hast vielleicht selbst ein Geheimnis gehütet, von dem du fühltest, dass es, in seiner Freude oder in seinem Schmerz, dir zu lieb sei, als dass du andere darein hättest einweihen mögen. Dein Leben hat dich vielleicht mit Menschen in Berührung gebracht, von denen du ahntest, dass etwas Derartiges bei ihnen der Fall sei, ohne dass doch deine Macht oder deine Bestrickung imstande gewesen wäre, das Verborgene offenbar zu machen. Vielleicht trifft auch keiner dieser Fälle auf dich und dein Leben zu, und doch bist du mit jenem Zweifel nicht unbekannt; als eine flüchtige Gestalt ist er dann und wann an deinem Geiste vorübergeschwebt. So ein Zweifel kommt und geht, und niemand weiß, von wannen er kommt und wohin er fährt" (EO1, 11; SKS 2, 11).

Ist das Vorwort zu *Entweder – Oder* der Anfang des Anfangs eines zusammenhängenden Œuvres, so sind diese Zeilen einer fast hypnotischen Einstimmung auf die Lektüre der Anfang vom Anfang des Anfangs und die allerersten Worte dessen, der das erste Wort hat. Wie der Sirenen Gesang verführen sie diejenigen, die sie lesen, ziehen sie in ein Netz aus Deutungsandeutungen, das aus dem Vorwort gewiss mehr macht als was ihm die Konvention zubilligt.[1] Geschenkt

---

[1] Vgl. zur Analyse dieser Textpassage im Horizont von Kierkegaards Theorie der indirekten Mitteilung Schwab 2008, 45 ff.

sei der etwas präpotent anmutende Seitenhieb auf Hegels Wesenslogik (Hegel 1986, 179 f.), vor allem zielt Eremita nämlich darauf, dass in der Bemühung um Mitteilung der Existenzerfahrung, um „Existenz-Mitteilung",[2] hier: derjenigen des Ästhetikers und des Gerichtsrats, das Gemeinte das Gesagte stets transzendiert, zielt also auf eine Kritik an dem später so genannten Prinzip der Ausdrückbarkeit, demzufolge man alles, was man meinen, auch sagen kann.[3] Schon die ersten Sätze des Vorworts stimmen die Leser darauf ein, dass es in den präsentierten Zeugnissen der entgegengesetzten Individualitäten um den im äußeren Wort nur angezeigten, aber nicht ausgesprochenen *Sinn* zweier Lebensentwürfe geht. Und wie beiläufig gibt Eremita Hinweise darauf, wie sich der in der Anzeige zugleich verbergende Sinn erschließen lasse, „denn gleichwie die Stimme die Offenbarung der dem Äußeren inkommensurablen Innerlichkeit ist, so ist das Ohr das Werkzeug, mit welchem diese Innerlichkeit erfasst, das Gehör der Sinn, durch den sie angeeignet wird" (EO1, 11; SKS 2, 11). Was Eremita hier schreibt, fügt sich zunächst einmal in das traditionelle Verständnis der Wechselbezüglichkeit von Rhetorik und Hermeneutik, wonach das Auslegen oder Interpretieren die Umkehrung des Aktes des Redens sei.

Die Betonung von Stimme und Ohr hat darüber hinaus aber eine zusätzliche Pointe, welche aus der mit den ersten Sätzen des Vorworts evozierten Atmosphäre der Intimität zwischen Verfasser und Leser ihren Funken schlägt: In der Stimme personalisiert sich das Wort, im Hören auf die Stimme personalisiert sich das Verstehen. Der Sinn erschließt sich allein einem durch die Sprache initiierten Beziehungsgeschehen, das auf Seiten der ‚Hörer' die Bereitschaft zum Nachvollzug der Existenzerfahrungen des Ästhetikers und des Gerichtsrats bedeutet. Es ist daher nur folgerichtig, dass Eremita sich dem platten Befinden darüber, wer der beiden den anderen überzeugt haben möge und mit welchem Recht, verweigert. Dass die aufmerksame Lektüre der Papiere es zumindest nahelegt zu vermuten, die Kritik des Gerichtsrats widerlege nicht die Lebensanschauung des Ästhetikers, da sie für Hedonismus hält, was ein Streben nach Authentizität ist, und seine Fürsorge übergriffig sei auf etwas, das er nicht versteht, weil sie die Schwermut des Briefpartners kurieren will, auf die dieser bei allem Schmerz so stolz ist wie Baudelaire auf seinen Spleen, all das deutet sich in Eremitas Meditation auf das Äußere und das Innere ja schon an. Keine der beiden Lebensanschauungen kann

---

[2] Zu Kierkegaards Hermeneutik der Existenzerfahrung in kritischer Distanz zu den Theorien des Selbstbewusstseins idealistischer Provenienz vgl. Deuser 2011, 214 f.
[3] Vgl. Searle 1983, 34 ff. Das Prinzip der Ausdrückbarkeit besagt also, in Searles formalisierender Diktion, dass „[f]ür jede Bedeutung X und jeden Sprecher S [...], wann immer S X meint (auszudrücken beabsichtigt, in einer Äußerung mitzuteilen wünscht usw.), ein Ausdruck E möglich [ist] derart, dass E ein exakter Ausdruck oder eine exakte Formulierung von X ist" (ebd. 35).

abstrakt gegen die andere ausgespielt werden. Die durch die Anordnung der Schriften und die einseitige Bezugnahme des Gerichtsrats auf seinen jungen Freund insinuierte Tendenz, mit der ästhetischen Anschauung fertig zu werden, wird von Eremita konterkariert. Sein Vorwort blockiert die Bemühung, dadurch zu abschließenden Ergebnissen zu kommen, dass *Entweder – Oder* eine eindeutige und bündige Stellungnahme zu den vergegenwärtigten Lebensanschauungen unterstellt wird. Darum kann man den Auftakt des Vorworts als Bemühung lesen, der Bedeutung gegenzusteuern, die der Anordnung der Papiere im Blick auf ihren Inhalt vermeintlich offenkundig zukommt. Es handelte sich in diesem Fall um eine nachträgliche Verrätselung des Mitteilungswerts, der den Zeugnissen des Gerichtsrats und des Ästhetikers andernfalls allzu leicht nachgesagt würde.

Doch nicht einmal an diese flüchtige Andeutung dessen, was mit Bezug auf Kierkegaards Werkentwicklung dann in den Zusammenhang der Theorie der indirekten Mitteilung gehören wird, können sich die Leser halten. Denn auch für Eremitas Auftakt über die Innerlichkeit gilt, was er dem Zweifel an ihrer Kommunizierbarkeit nachsagt: er „kommt und geht, und niemand weiß, von wannen er kommt und wohin er fährt." So eifrig, wie er als deutender Herausgeber bei der Sache ist, so hinterlistig entzieht er seiner Tätigkeit zugleich auch wieder den Eindruck der Autorität, auf die sich die Lektüre stützen könnte. Eremita, der vor aller Verrätselung des Mitteilungswerts der von ihm herausgegebenen Schriften zu allererst ein begnadeter Selbstverrätselungsvirtuose ist, bewahrt nämlich eine Haltung ironischer Halbdistanz zu seinem Publikationsprojekt. So nimmt er die Meditation über das Innere und das Äußere lediglich zum Anlass, über die Verklemmtheit des alten Sekretärs zu berichten, dem er erst mit dem Beil beikommen musste, bevor das Möbel seine in der Geheimschublade verborgenen Papiere preisgab. Er zieht das Bedeutungsvolle der ersten Zeilen ins Triviale und Alltägliche, entzaubert die gerade erst angesponnene Beziehung zu den Lesern, foppt und fabuliert sich aus der Ernsthaftigkeit des Anfangs aller Anfänge wieder heraus. „Man trifft zuweilen auf Novellen", sinniert er über seinen Fund, „in denen von bestimmten Personen entgegengesetzte Lebensanschauungen vorgetragen werden. Das endet dann zumeist damit, dass der eine den andern überzeugt. Statt dass die Anschauung für sich selbst sprechen muss, wird der Leser mit dem historischen Ergebnis bereichert, dass der andere überzeugt worden ist. Ich halte es für ein Glück, dass diese Papiere diesbezüglich nichts mitteilen" (EO1, 24; SKS 2, 21). Wir dürfen unter diesem Glück ruhig den ästhetischen Reiz verstehen, von der Lektüre des Buches nicht gelangweilt zu werden; es würde doch arg geschmälert, wenn der Eindruck entstünde, allein die Engstirnigkeit oder Verblendung eines der beiden Helden hindere ihn an der den Lesern ohne weiteres evidenten Einsicht in die Überlegenheit des anderen.

Also alles doch nur ein ästhetisches Spiel? Die Fundstücke verwahrt Eremita in einem Mahagonikasten von der Art, die Duellanten zum Transport ihrer Waffen mit sich zu führen pflegen. Als er damit ins Grüne zieht, um die verwahrten Papiere unter freiem Himmel zu durchstöbern, freut er sich an dem Verdacht, den er erregt, er übe sich im Pistolenschießen. Da lässt er also den Ästhetiker und den Gerichtsrat aufeinander los wie Spielfiguren, auf dass es ein lustiges Geknalle gibt. Ist vielleicht das ganze Kammerspiel zwischen dem Gerichtsrat und seinem jungen Freund nur ein „novellistischer Kniff", mit dem Eremita seine Fabulierlust verbirgt? Immerhin bekennt er, angesichts des verwirrenden Umstands, dass der Ästhetiker seinerseits als Herausgeber des Tagebuchs des Verführers auftritt, werde seine, Eremitas eigene Stellung überaus verwickelt, „indem der eine Verfasser schließlich in dem andern drinsteckt wie Schachteln in einem chinesischen Schachtelspiel" (EO1, 18; SKS 2, 16). Eremita nährt eine Ahnung, die sich den verstörten Lesern im Fortgang der Lektüre zur Ahnungslosigkeit darüber verdichtet, woran sie sich denn nun zu halten haben in der labyrinthischen Verschachtelung von Texten und der Kunst der dichterischen *personae*, stets aneinander vorbeizureden: Ist vielleicht am Ende Eremita Autor des von ihm vermeintlich nur herausgegebenen Konvoluts? „Bei der fortwährenden Beschäftigung mit diesen Papieren ging mir ein Licht darüber auf", schreibt er, „dass man ihnen eine neue Seite abgewinnen könnte, wenn man sie als *einem* Menschen zugehörig betrachtete. [...] Es wäre also ein Mensch, der in seinem Leben beide Bewegungen durchlaufen oder beide Bewegungen durchdacht hätte." (EO1, 23 f.; SKS 2, 20 f.). Der Schritt von der Vermutung, nur eine Person habe beide Lebensanschauungen gegeneinander abgewogen, sie „überdacht" bzw. gedanklich „durchlaufen", zu dem Verdacht, dass diese Person Eremita selbst ist, lässt sich kaum vermeiden.

Ist er aber auch richtig? Hat nun gar Eremita das letzte Wort, mit dem er die vermeintliche Abfolge des Ästhetischen und des Ethischen in den präsentierten Lebensanschauungen revoziert, ihr Für und Wider in der Schwebe hält und die Wahl des Titels *Entweder – Oder* für die Herausgabe des Konvoluts durch die Unentscheidbarkeit begründet, welcher seiner beiden Kontrahenten im Ringen um das passende Modell gelingender Lebensführung im *juste milieu* der dänischen Gesellschaft des 19. Jahrhunderts über den anderen den Sieg davontrage? Kierkegaards Äußerung im *Gesichtspunkt*, die Neuauflage von *Entweder – Oder* sei der Anlass seines autobiographischen Bekenntnisses gewesen, das wiederum eine stringente Werkentwicklung von dem Erstling bis zu den letzten Veröffentlichungen betont, ermutigt einen Blick über *Entweder – Oder* hinaus, um wenigstens durch das Netz intertextueller Verweise zwischen den Schriften Kierkegaards dem ominösen Herausgeber Victor Eremita ein wenig auf die Spur zu kommen. Was ist das Innere Eremitas, das sich nicht so ohne weiteres im Äußeren des

Herausgebers ausspricht, weil Kierkegaard es ihn nicht aussprechen lassen kann oder will?

Zunächst fallen Gemeinsamkeiten zwischen Eremita und dem Ästhetiker auf. Dieser stellt seinen Texten gern Motti voran, und Eremita tut es ihm nach: einer losen Zettelsammlung mit tagebuchartigen Aufzeichnungen des Ästhetikers entnimmt er die Anregung zu dem Titel „Diapsalmata", unter dem „als eine Art Motto ad se ipsum" (EO1, 17; SKS 2, 15) er die besagten Aufzeichnungen dann wiederum dessen gesammelten Schriften voranstellt, nicht ohne auch für die „Diapsalmata" aus dem Text ein geeignetes Motto auszuwählen und schließlich sogar, dieses Mal in gänzlicher Eigenregie, den ersten Teil von *Entweder – Oder* sozusagen unter ein Generalmotto zu stellen, unter die aber nun „alles offen lassende Frage"[4] des englischen Dichters Edward Young: „Ist denn Vernunft allein getauft? sind die Leidenschaften Heiden?" Dazu gäbe es im Für und Wider des Ästhetikers und des Ethikers wohl viel zu sagen. Aber zur Einschätzung Eremitas ist es weniger wichtig, welche Motti er wählt, als dass er sie wählt. Was wir davon zu halten haben, klärt sich auf, wenn man berücksichtigt, welche Bedeutung Kierkegaard dem literarischen Ausdrucksmittel des Mottos zuerkannt hat. Ein Motto soll, wie er in einer literarturkritischen Arbeit zu Hans Christian Andersen nebenbei bemerkt, „entweder mit seiner musikalischen Gewalt, die es in gewissem Maße gut und gern, auch ohne Vers zu sein, haben kann, gleichsam präludieren und damit die Leser in eine gewisse Stimmung, in den dem betreffenden Abschnitt eigentümlichen Rhythmus versetzen [...]; oder das Motto soll in pikanter Weise zu dem ganzen Abschnitt ins Verhältnis treten"[5] – alles in allem gehöre jedenfalls „ziemlich viel Geschmack, ein hohes Maß inneren Durchlebens seines Gegenstandes und der seiner Stimmung eigenen Temperatur" (ebd.). dazu, ein passendes Motto zu wählen.

Bemerkenswert an Kierkegaards Einlassung ist die Fundierung der Motti in einer Haltung, die entweder durch den spielerischen: präludierenden Einsatz musikalischer Gewalt oder durch Pikanterie, in jedem Fall aber durch Geschmack die Evozierung von Stimmungen im Leser gewährleisten soll, denn wer schriftstellerisch mit Motti arbeitet, bewegt sich demnach ganz eindeutig auf ästhetischem Felde, arbeitet ästhetisch. Bemerkenswert ist ferner, dass hier alles auf das „Durchleben" des Gegenstandes abgestellt ist: auf die erlebnishafte Vergegenwärtigung des Sinngehalts einer Schrift, der durch das ihr vorangestellte Motto jeweils pointiert wird, und zwar sowohl von Seiten des Autors, der diesen Sinn-

---

[4] Rehm 1964, 233. Für den Hinweis auf diesen für das Verständnis der pseudonymen Autorschaft Kierkegaards außerordentlich erhellenden Aufsatz danke ich Markus Kleinert.
[5] GW1 ES (*Über Andersen als Romandichter, unter ständigem Hinblick auf sein letztes Werk „Nur ein Spielmann"*), 81; SKS 1, 48.

gehalt durchlebt haben muss, um das zu ihm passende Motto zu finden, als aber auch die Leser, die, vom Motto in eine bestimmte Stimmung versetzt, ihn erst noch durchleben sollen. Das ist nun aufschlussreich, wenn man sich an Eremitas Worte erinnert, es möchte so sein, dass vielleicht statt zweier Menschen jeweils eine Lebensanschauung vielmehr nur ein Mensch beide Lebensanschauungen, die ästhetische *und* die ethische, in seinem Leben „durchlaufen, oder doch beide Bewegungen überdacht hat". Sollen wir in Eremita, dem emsigen Mottogeber, denjenigen sehen, der durchlaufen, überdacht, oder, mit Kierkegaards Wort aus dem Andersen-Aufsatz: der durchlebt hat, was ihn nun zur Auswahl und Vergabe von Motti bewegt, denjenigen, der wiederum die Stimmung der Leser moderieren und für die Aufnahme des Sinngehalts von *Entweder – Oder* präparieren will? Bezeugt sich im Vorwort seinerseits ein Ästhetiker als pseudonymer Autor von *Entweder – Oder*, der sich nur zum Schein hinter seiner Herausgeberschaft verbirgt?

Es ist nicht ganz unerheblich für die Beantwortung dieser Frage, dass Kierkegaard ein anderes seiner Pseudonyme aussendet, um sich in satirischer Form über Sinn und Zweck von Vorworten zu äußern: Nikolaus Notabene, allem Anschein nach ein ehemaliger Ästhetiker, der sich zur ethischen Lebensanschauung bekannt hat, aber nun unter Entzugserscheinungen leidet. Er will wieder schriftstellerisch tätig werden, da aber seine Liebste befürchtet, ihn an die Schreiberei zu verlieren, der er sein bürgerlich eingehegtes Leben bald gänzlich widmen würde, verbietet sie ihm kurzerhand jegliche literarische Betätigung und gestattet lediglich die gelegentliche Abfassung von – na ja, von Vorworten eben. „Vorworte" – das ist dann auch der Titel seiner „Unterhaltungslektüre für einzelne Stände je nach Zeit und Gelegenheit". Darin versucht Notabene sich an einer Reihe von Vorworten zu Schriften, die er gar nicht zu schreiben beabsichtigt oder jemals geschrieben hätte, mit einer Ausnahme allerdings: dem Vorwort zu seiner Vorwortsammlung. In diesem Vorwort der Vorworte will Notabene das, was der Andersen-Kritiker Kierkegaard an einem guten Motto schätzt, gleichfalls von einem Vorwort beachtet wissen. Ein Vorwort, schreibt er, sei „rein lyrisch bestimmt" (GW1 V, 175; SKS 4, 469). Es steht demnach unterm Gesetz derjenigen der literarischen Gattungen, die nach romantischer Kunstauffassung der Musik am nächsten kommen. Deren Gewalt, wir erinnern uns, sollte laut Kierkegaards Andersen-Kritik auch im Motto wirken – wir befinden uns hier also auf verwandtem Terrain. „Ein Vorwort ist Stimmung", schreibt Notabene bündig, und auch das passt zum Motto. So könnte denn im Grunde das Vorwort in ähnlicher Weise als Motto dienen wie nach Eremitas Verfügung die „Diapsalmata" in *Entweder – Oder*.

Notabenes Vorworte müssen aber für sich selbst stehen. So schlägt denn das eheliche Schreibverbot ins Gegenteil aus und fordert von Notabene äußerste ästhetische Raffinesse: die Abfassung eines Vorwortes – zu nichts. Das Vorwort der

Vorworte räsoniert darüber in romantisch-ästhetischer Manier und betont die Unendlichkeit der Möglichkeiten, die sich derjenige bewahrt, der seinem Vorwort nichts folgen lasse und sich daher die Freiheit zu Andeutungen, Auftakten und Anfangsgesten aller Art nicht durch deren Ausführung beschränken lasse: „Das Vorwort als solches, das emanzipierte Vorwort, darf also keine Sache abzuhandeln haben, sondern muss von Nichts handeln, und insofern es von etwas zu handeln scheint, muss dies doch ein Schein und eine vorgetäuschte Bewegung sein" (ebd.). Notabene treibt die Artifizialität der literarischen Gestaltung auf die Spitze: das Vorwort zu nichts mündet in Selbstbezüglichkeit, Kunst für die Kunst. Während das Motto noch im Dienst der Sache steht, auf die es ästhetisch einstimmt, hat sich Notabenes Vorwort aus jeder Dienstbarkeit befreit und spielt nur mehr mit Antizipationen von Gestaltbildungen, die im wörtlichen Sinne folgenlos bleiben. Dafür findet er beschwingte Metaphern, unter anderem die romantischste unter den romantischen, das Posthorn: „Ein Vorwort schreiben heißt gleichsam mit der Tageskutsche angekommen sein auf der ersten Station, im finstern Schuppen halten und was sich zeigen wird ahnen, das Tor und damit den Himmel sich öffnen sehen, vor sich die Landstraße schauen, die immer mehr vor sich liegen hat, des Waldes harrendes Geheimnis erblicken und des Fußsteiges lockendes Entschwinden; das Blasen des Posthorns und das Winken und Rufen des Echos vernehmen, des Kutschers mächtigen Peitschenknall hören und des Waldes bestürzten Widerhall und der Reisenden munteres Geplauder" (V, 176; SKS 4, 470).

Die Feier des Posthorns ist dem Leser von Kierkegaards pseudonymen Schriften nicht neu. Ein Jahr vor Notabenes *Vorworten* hatte es Constantin Constantius, der Autor der *Wiederholung*, hochleben lassen, und was er als Eigenart des Posthorns hervorhebt, bestätigt Notabene in der glücklichen Wahl seiner Metapher: „Es lebe das Posthorn! es ist mein Instrument, aus vielen Gründen und vornehmlich deshalb, weil man diesem Instrument niemals mit Sicherheit den gleichen Ton entlocken kann; denn es liegt in einem Posthorn eine unendliche Möglichkeit, und wer es an seinen Mund setzt und in ihm seine Weisheit kund macht, er wird sich nie einer Wiederholung schuldig machen [...]." (GW1 W, 49; SKS 4, 48). Vordergründig fassen Constantius und Notabene Unterschiedliches am Klang des Posthorns auf: dieser seine indexikalische Bedeutung, das bereits von Eichendorff beschworene Signal der Ferne,[6] das Sehnsucht nach Aufbruch und Abenteuer evoziert; jener seine ikonische Qualität, dass sich nämlich auf einem

---

6 Vgl. Joseph Freiherr von Eichendorff, Sehnsucht, in: Eine Auswahl aus seinen Werken, Verlag bibliotheca christiana: Würzburg o. J., 24: „Es schienen so golden die Sterne,/ Am Fenster ich einsam stand/ Und hörte aus weiter Ferne/ Ein Posthorn im stillen Land./ Das Herz mir im Leib entbrennte,/ Da hab' ich mir heimlich gedacht:/ Ach, wer da mitreisen könnte/ In der prächtigen Sommernacht!"

Posthorn die Intonation eines Signals nicht exakt reproduzieren lasse. Recht verstanden liefert Constantius aber eine Begründung dafür, warum insbesondere das Erklingen des Posthorns das ästhetische, genauer: das musikalische Material zur romantischen Metapher hergibt: Im Signal des Posthorns sind nämlich die sequentiell denkbaren Anschlüsse seiner motivischen Durcharbeitung unbestimmt gegenwärtig. Da aber die motivische Durcharbeitung Wiederholung impliziert, laut Constantius die (exakte) Wiederholung des Signals aufgrund der klanglichen Eigenschaften des Instruments aber nicht gelingen könne, verbleiben die im Signal antizipierten Möglichkeiten seiner Durcharbeitung im Status der prinzipiell nicht verwirklichbaren, daher unendlichen Möglichkeit. Jetzt kann es zum Signal einer sehnsuchtsvoll imaginierten, nicht aber tatsächlich bereisten Ferne werden, so wie denn auch Eichendorffs lyrisches Ich, das auf den Klang des Posthorns horcht, in mußevoller Einsamkeit am Fenster steht, nicht betriebsam und mit Gepäck und Mantel vor der Tür. Reisen tun immer die anderen. Trefflich passt daher das Posthorn auch auf die Vorwortschreiberei Notabenes: „Ein Vorwort schreiben heißt [...] das Blasen des Posthorns [...] vernehmen", so es vernehmen, wie es sich Constantius denkt: als Signal der Sehnsucht, das der Imagination als Möglichkeit vorstellt, was sich in der Wirklichkeit nicht bewähren muss.

Dies alles ist hier indessen nur insofern bemerkenswert, als auch Eremita in seinem Vorwort das Posthorn bemüht. Aber sein Text betreibt geradezu Kehraus mit der Romantik, er ist eine *slapstick*-reife Parodie darauf, die dem Stummfilmklamauk der Marx Brothers alle Ehre machen würde: Eremita will nicht bloß das Reisen phantasieren, sondern tatsächlich verreisen, doch die Vorstellung der Landschaften, die er zu besuchen gedenkt, wirkt so „berauschend" (EO1, 14; SKS 2, 13) auf ihn, dass er einnickt und die Abfahrt seiner Kutsche fast verschläft. Statt sich in müßig-mußevoller Imagination unbestimmter Möglichkeiten einsam am Fenster zu ergehen, liegt er also friedvoll träumend in den Federn und wird nun vom Klang des Posthorns regelrecht aufgescheucht. Das romantische Ideal der freischwebenden Imagination des Möglichen wird vom Text ebenso persifliert wie das Motiv des Posthorns, das nun zum drangsalierenden Weckruf mutiert. Ist Eremita ein Ästhetiker, der mit den figürlich dargebotenen Lebensanschauungen in schaffensfroher Ironie spielt und sich der Abwägung zwischen ihnen verweigert oder gar entgegen erstem Anschein dem Ästhetischen den Vorrang vor dem Ethischen gibt,[7] so macht er in seiner Rolle jedenfalls eine ganz, ganz schlechte Figur. Nicht nur wegen der stolpernden Hatz, mit der er sich bemüht, seine Kutsche nicht zu verpassen. Noch gerade so vernehmlich zwischen den Zeilen klingt

---

7 Vgl. zur Erwägung dieser Deutung Pulmer 1982, 150.

immer wieder die unromantische Beflissenheit Eremitas an, ob er nun mit dem Beil hantiert, um den verklemmten Sekretär zu öffnen, oder mit pedantischer Genauigkeit die ihm zugefallenen Papiere ediert. Dem Gerichtsrat rechnet er vor, er habe sich verzählt, wenn er meint, von hundert jungen Männern, die in der Welt irre gehen, würden neunundneunzig durch das Weib erlöst und einer durch göttliche Gnade, denn er vergesse diejenigen, die tatsächlich verloren gehen. Die Erlöse aus der Veröffentlichung der Papiere will er anlegen, um Zins und Zinseszins gegebenenfalls den Autoren oder ihren Nachfahren zu erstatten, sollten diese sich melden.

Gehört Eremita charakterlich vielleicht doch eher ins Fach des akkuraten Gerichtsrats als in dasjenige des schludrigen Poeten und Ästheten, der vornehmlich mit seinen Stimmungen befasst ist? Oder ist die Frage, ob Ästhetiker oder Ethiker, gar nicht zu beantworten? Eremita sei ein „dichterisch-wirklicher subjektiver Denker", so Kierkegaard in „Eine erste und letzte Erklärung".[8] Bei aller Genauigkeit der Buchführung über seine Editionsarbeit vergisst er völlig, den in der Anordnung des Buches letzten der von ihm herausgegebenen Texte zu erwähnen, geschweige denn zu kommentieren, dabei hätte es dazu doch allen Grund gegeben: Es handelt sich um eine knappe Grußadresse des Gerichtsrats an den Ästhetiker, der als eigentliche Hauptgabe eine Predigt beigefügt ist, die wiederum Wilhelm „von einem älteren Freunde, welcher Pastor in Jütland ist" (EO2, 915, 917; SKS 2, 317, 320), per Brief erhalten hat. Sie lautet: „Das Erbauliche, welches in dem Gedanken liegt, dass wir Gott gegenüber allezeit Unrecht haben." Erwähnenswert wäre dieser Text gewesen, weil mit besagtem Pastor eine neue Person auftritt, die Beruf und Berufung nach weder ins Lager der Bohemiens noch der Bürger gehören dürfte, und mit der Predigt eine weitere Textsorte präsentiert wird, die sich nicht ohne weiteres zu den übrigen Papieren fügt. Wie verhält sich das Religiöse zum Ästhetischen und Ethischen? Da Eremita die Predigt ja nicht heimlich untergeschoben wurde, sondern sie zu den von ihm bewusst und sorgfältig edierten Texten zählt, ist sein Schweigen über diesen Text ohne Zweifel bedeutungsvoll. Wenn das Buch gelesen sei, schreibt er im Vorwort, seien der Ästhetiker und der Gerichtsrat vergessen, „lediglich die Anschauungen stehen einander gegenüber und erwarten keine endliche Entscheidung in bestimmten Persönlichkeiten" (EO1, 24 f.; SKS 2, 21). Soll das heißen, dass er die Predigt ganz einfach der ethischen Anschauung subsumiert hat (denn für die ästhetische kommt sie keinesfalls in Frage)? Oder erwarten die einander gegenüberstehenden Anschauungen keine Entscheidung, weil sich am Ende eine weitere Anschauung eröffnet, die eine neue Runde eröffnet, in der ein Mensch, in Anlehnung an

---

[8] GW1 AUN2, 340; SKS 7, 570.

Eremitas Formulierung, erneut die darin angedeutete Bewegung zu durchlaufen oder doch zu überdenken hat? Gehört am Ende dem jütländischen Pastor das letzte Wort?⁹

Oder hat wohlmöglich das letzte Wort doch eher der, der am längsten lacht? Das ist zweifellos Kierkegaard. Seine Stimme dringt zu uns aus dem Vorwort von *Entweder – Oder* herüber, kein olympisches Gelächter, eher ein verschmitztes stilles Lachen über die Philologen und Hermeneuten, die sich mit verbissener Wut des Verstehens noch über den letzten Tintenklecks aus den Federn vergessener Skribenten beugen. Kierkegaards Lachen zieht denjenigen den Boden unter den Füßen weg, die wenigstens in der ironischen Halbdistanz Eremitas zu den von ihm präsentierten *personae* einen festen Anhalt für die Entscheidung darüber gesucht haben, welche philosophische Position in diesem seltsamen Buch denn nun vertreten wird. Woran können die Leser sich halten? Zwar können sie sich in den Bohemien und den Gerichtsrat hineinversetzen und erkennen, dass von ihrem jeweiligen Standpunkt aus ihr Leben eine stimmige Verkörperung der beanspruchten Lebensanschauung sein möchte. Aber Eremitas Vorwort ermahnt auf mindestens drei Ebenen dazu, nicht vorschnell Partei zu ergreifen. Schon auf der Ebene der Handlung ist, erstens, der Anteil der Kontingenz an der Gegenüberstellung des Ästhetikers und des Ethikers unübersehbar: Bei einem anderen Trödler wäre Eremita auf einen anderen Sekretär gestoßen; und hätte das Signal des Posthorns ihn nicht aufgeschreckt, wir hätten niemals von dem Gerichtsrat und seinem jungen Freund erfahren, da ja Eremita nur deshalb zum Beil greift, um an sein Reisegeld heranzukommen, das er in der klemmenden Geldschublade des alten Sekretärs verwahrt hatte (dem Beil, wir erinnern uns, verdankt er die Entdeckung des Gemeinfachs). Und sollten wir, zweitens, den Spuren folgen, die uns Eremita als Autor der vermeintlich nur herausgegebenen Papiere ansinnt, dann sind auch daraus keine voreiligen Schlüsse zu ziehen, die Eremita eine bündige philosophische Aussage zuordnen wollen. Denn nicht nur bringt er die Umstände seiner Herausgeberschaft auf ironische Halbdistanz, er bewahrt dieselbe Distanz zu den präsentierten Lebensanschauungen. Drittens schließlich wendet Kierkegaard die Selbstpräsentation des Ironikers Eremita seinerseits wieder ins Ironische.

Erneuter Szenenwechsel, zurück an den Strand von Seeland. Das Wahre, wonach Kierkegaard auf seiner Reise nach Gilleleie gesucht hat, und in das nach seiner späten autobiographischen Formulierung auch die Leser seiner Schriften hineingetäuscht werden sollen, ist die Verwirklichung des eigenen Gesetzes, in den Worten des jungen Reisenden: die Suche nach der „Idee [...], für die ich leben

---

9 Für diese Deutung optiert Smail Rapic mit erwägungswürdigen Gründen. Vgl. Rapic 2007, 16.

und sterben will" (DSKE 1, 16; SKS 2, 23 f.). Auf diese Reise schickt er zehn Jahre später auch Victor Eremita. Aber wer sich zu einer der in *Entweder – Oder* präsentierten Lebensanschauungen bekennt, hat sein Gesetz nicht etwa schon gefunden, sondern erst einmal nicht viel mehr geleistet als zu bekunden, dass er sich wünsche, die besagte Anschauung sei sein eigenes Gesetz. Er muss in sich gehen, um die lebendigen Optionen zu erkunden, die sonst noch darauf Anspruch erheben könnten. Er muss „Sommerferien zur Selbstbesinnung" machen, wie Eduard Geismar Kierkegaards Seelenexpedition nach Gilleleie genannt hat (Geismar 1929, 22) – in unserer versozialwissenschaftlichten Gegenwartssprache ist wohl eher von dem psychosozialen Moratorium einer Adoleszenzphase die Rede, in der verschiedene Lebensmöglichkeiten ausprobiert werden.

Die Suche nach dem eigenen Gesetz setzt die von Kierkegaard auf allen Ebenen seiner Texte kultivierte Halbdistanz voraus, damit sie nicht in Götzendienst umschlägt und die gesuchte Idee mit einem Idol verwechselt. Die Freiheit der Ironie manövriert das Schifflein des Lebens souverän zwischen dem Dogmatismus ideologischer Lebensplanfixierung und dem konsequenzlosen Relativismus des ästhetischen Spiels hindurch – ja, wohin? Kierkegaards in dieser Hinsicht etwas extravagante Zeitgenosse Gerard de Nérval hat sich der Exploration von Lebensmöglichkeiten in der Form einer ausgedehnten Ägyptenreise unterzogen, bis hin zu dem reizvollen Entschluss, sich eine hübsche Sklavin zuzulegen und mit ihr ein Verhältnis anzufangen – das wäre nach dem Geschmack des Ästhetikers gewesen. Kierkegaard war kopflastiger, er zog sich als Eremit ins Kloster seiner Gedankenwelt zurück (GWS, 31; SKS 16, 20) und erschuf das Pseudonym Victor Eremita, das in einem klapprigen Sekretär auf alte Papiere stößt. Aber das letzte, das allerletzte Wort wollte Kierkegaard wohl doch nicht für sich in Anspruch nehmen, sondern tatsächlich dem Pastor lassen. Eremitas Meditation über die Diskongruenz des Inneren und des Äußeren im ersten Absatz des Vorwortes unterhält eine Fernbeziehung zum Ende des Buchs, zum Ende der Predigt aus der Feder des jütländischen Theologen: „allein die Wahrheit, die da erbaut, ist für dich Wahrheit". Wer das letzte Wort hat, ist also eigentlich ganz klar. Man kann es nachprüfen, so einfach und sicher, dass es hier nicht einmal des Zitatbelegs bedarf.

## Literatur

Deuser, Hermann 2011: Existenz-Mitteilung – nicht unmittelbares Selbstbewusstsein: Kierkegaards Kritik transzendentaler Religionsbegründung, in: ders., Was ist Wahrheit anderes als ein Leben für eine Idee? Kierkegaards Existenzdenken und die Inspiration des Pragmatismus, Berlin / New York: De Gruyter, 209–228

Geismar, Eduard 1929: Sören Kierkegaard. Seine Lebensentwicklung und seine Wirksamkeit als Schriftsteller, Göttingen: Vandenhoeck & Ruprecht
Hegel, G.W. Friedrich 1986: Wissenschaft der Logik II, Werke, Bd. 6, hg. v. E. Moldenhauer u. K.M. Michel, Frankfurt/M.: Suhrkamp
Rapic, Smail 2007: Ethische Selbstverständigung. Kierkegaards Auseinandersetzung mit der Ethik Kants und der Rechtsphilosophie Hegels, Berlin / New York: De Gruyter (KSMS 16)
Pulmer, Karin 1982: Die dementierte Alternative. Gesellschaft und Geschichte in der ästhetischen Konstruktion von Kierkegaards „Entweder/Oder", Frankfurt/M. / Bern: Lang
Rehm, Walther 1964: Mottostudien. Kierkegaards Motti, in: ders., Späte Studien, Bern / München: Francke, 215 – 248
Searle, John 1983: Sprechakte. Ein sprachphilosophischer Essay, Frankfurt/M.: Suhrkamp
Schlette, Magnus 2017: Wahrhaftigkeit zwischen Offenbarung und Verbergung. „Entweder – Oder" im Lichte von Kierkegaards „Gesichtspunkt" und umgekehrt, in: H. Deuser / M. Kleinert (Hg.), Sokratische Ortlosigkeit. Kierkegaards Idee des religiösen Schriftstellers, Freiburg: Alber
Schwab, Philipp 2008; Innen und Außen. Zu Kierkegaards Auseinandersetzung mit der romantischen Ironie vor dem Hintergrund der Mitteilungsform von „Entweder/Oder", in: KSYB 2008, 38 – 52
Sophokles 1974: Antigone, hg. u. übertragen v. W. Schadewaldt, Frankfurt/M.: Insel

Tilo Wesche
# 4 Diapsalmata (I): Kierkegaards Konzept der Kritik

(EO1, 27–55; SKS 2, 25–52)

> Das ist überhaupt das Unvollkommene an allem Menschlichen, dass man erst durch den Gegensatz das Begehrte besitzt.
> „Diapsalmata" in *Entweder – Oder*

Wie kaum ein anderes Werk in der Philosophiegeschichte sind Kierkegaards Schriften dem Anliegen der Kritik verpflichtet. So verfolgt er mit seinem Werk im Ganzen das Ziel, ein „Korrektiv" gegen „das Bestehende" zu setzen.[1] Insbesondere die pseudonymen Schriften üben Kritik an einer Vielzahl von misslingenden Lebensformen. Diese werden nicht nur in kritischen Darstellungen ästhetischer, ethischer oder religiös-klerikaler Gestalten ausgeführt. Kierkegaard sieht auch die „Wirksamkeit" – was etwas anderes als das Wirken oder Wirkenwollen eines Autors ist – seiner Schriften darin, dass diese Kritik zumal an die Leserinnen und Leser gerichtet wird. Nicht also sind nur die dargestellten Lebensformen Gegenstand ihrer Kritik; die Kritik ist zudem an die Zeitgenossen und Leserschaft adressiert. Und doch ist eine kritische Absicht in den jeweiligen Schriften seltsam abwesend. Jedenfalls geben sie ihre kritische Stoßrichtung nicht auf der Erscheinungsoberfläche zu erkennen. Keiner seiner pseudonymen Schriften ist ein kritisches Programm auf die Fahnen geschrieben. Dass Kritik wirksam wird und ihre Adressaten auch erreicht, verdanken seine Schriften vielmehr der „indirekten Mitteilung". Statt einer direkten Konfrontation mit Kritik geht es Kierkegaard darum, vorerst eine Empfänglichkeit für sie zu schaffen. Kierkegaards Schriften tragen einen kritischen Anspruch nicht vor sich her; und diese Zurückhaltung zumal ermöglicht erst, dass sich ihre Adressaten für Kritik öffnen. Sinnfällig wird diese indirekte Mitteilung in den Aphorismen, die in *Entweder – Oder* mit „Diapsalmata" betitelt sind und den Auftakt der literarischen Texte aus der Feder des Ästhetikers *A* bilden. Zielen die Aphorismen einerseits auf Kritik, so löst sich dieser Anspruch andererseits nur ein, indem die kritische Intention durch die literarische Dramaturgie unkenntlich gemacht wird. Während auf der Darstellungsebene Kritik zum Ausdruck kommt, wird sie auf der Mitteilungsebene zugleich zurückgenommen. Im selben Atemzug, wie der Ästhetiker *A* seine Lebensform darstellt, zieht er „es jedoch vor zu schweigen" (EO1, 46; SKS 2, 44).

---

[1] GW1 WS, 14 (*Über meine Wirksamkeit als Schriftsteller*); SKS 13, 25.

„Stille" und „Schweigen" (EO1, 41; SKS 2, 40) ist das Medium seiner Mitteilung und statt offener Kritik ist seine „Stimme [...] nur heiser wie ein Möwenschrei oder hinsterbend wie der Segenswunsch auf den Lippen des Stummen" (EO1, 33; SKS 2, 32).

In keiner seiner Schriften hat Kierkegaard das Konzept der Kritik mit vergleichbarer Konsequenz durchgeführt wie in *Entweder – Oder*. Konsequent ist die Schrift, weil sie eine gelingende Lebensform ausschließlich über die Kritik misslingender Lebensformen mitzuteilen sucht. Der Weg über die Kritik des Misslingens ist kein Umweg, sondern führt direkt zu einem Verständnis des Gelingens. Das Buch zeichnet sich durch drei Besonderheiten aus. Erstens umfasst es die Selbstbeschreibungen zweier Lebensformen. Eine ästhetische Lebensform wird aus der Perspektive des Ästhetikers *A* und eine ethische Lebensform aus der Perspektive des Ethikers *B* zur Anschauung gebracht. Mit beiden Selbstzeugnissen sollen jeweils eine „ästhetische Lebensanschauung" und eine „ethische Lebensanschauung" so zur Darstellung gelangen, dass jede Anschauung „für sich selbst sprechen muss" (EO1, 24; SKS 2, 21). Indem die Anhänger der jeweiligen Lebensform selbst zu Wort kommen, wird eine Lebensform allein aus der Sicht ihres Selbstverständnisses beschrieben. Die Lebensformen werden zunächst also nicht vom äußeren Standpunkt der Kritik, sondern aus der unvertretbaren Binnenperspektive von Beteiligten beschrieben.

Zweitens werden beide Selbstzeugnisse durch ihren Vergleich in ein kritisches Licht gerückt. Vom Standpunkt der einen Lebensform aus wird eine kritische Perspektive auf die andere geworfen; und umgekehrt. Dabei zielt die aneignungstheoretische Anlage des Buches darauf, dass der Leser diesen Vergleich unternimmt. Eine Kritik an der jeweiligen Lebensform entsteht also erst dadurch, dass der Leser beide Selbstzeugnisse in ein Verhältnis zueinander setzt. „Ob *A* seine ästhetischen Abhandlungen verfasst hat, nachdem er *B*s Briefe empfing, ob seine Seele sich nach dieser Zeit weiterhin in ihrer wilden Unbändigkeit getummelt oder ob sie sich beruhigt hat, darüber auch nur eine einzige Auskunft zu geben, sehe ich [sc. der Herausgeber Victor Eremita] mich außerstande, da die Papiere selbst keine enthalten. Auch enthalten sie keinerlei Winke darüber, wie es *B* ergangen ist, ob er die Kraft gehabt hat, an seiner Anschauung festzuhalten oder nicht. Wenn das Buch gelesen ist, sind *A* und *B* vergessen, nur die Anschauungen stehen einander gegenüber und erwarten keine endliche Entscheidung in bestimmten Persönlichkeiten" (EO1, 24 f.; SKS 2, 21). Der Leser soll zwar nicht im historischen Sinne entscheiden, ob der eine den anderen tatsächlich hatte umstimmen können. Trotzdem wird erwartet, dass er sie jeweils mit den Augen der anderen Lebensform betrachtet. Ebenso wie aus *B*'s Sicht diejenigen Mängel der ästhetischen Lebensform aufgedeckt werden, denen gegenüber sich seine ethische Überlegenheit erweist, so hat auch im Lichte von *A*'s Leben eine Kritik an der ethischen Lebensform festzuhalten, ob, und falls ja, welche Mängel *B* gegenüber dem Ästhetiker aufweist.

Drittens erzielt dieser Vergleich einen kritischen Effekt auf den Leser. Erst indem sich beide Kritikperspektiven übereinander schieben, erschließt sich der Mitteilungsgehalt des Buches, der sich in den dargestellten Lebensformen nicht erschöpft. Das Buch kommt an sein Ziel, indem es über sich hinaus führt und eine Lebensverständigung des Lesers anstößt, die selbst nicht mehr im Buch dargestellt wird. „*Entweder/Oder*, dessen Titel schon Fingerzeig-gebend ist, lässt das Existenzverhältnis zwischen [!] dem Ästhetischen und dem Ethischen in existierender Individualität entstehen. [...] Dass kein Resultat und keine endgültige Entscheidung da sind, ist ein indirekter Ausdruck für die Wahrheit der Innerlichkeit und so vielleicht eine Polemik gegen die Wahrheit als Wissen. Das Vorwort selbst sagt etwas darüber, doch nicht dozierend, denn dann könnte ich mit Sicherheit etwas wissen."[2] Dieses ‚Zwischen' bedeutet nicht die Auswahl des einen oder des anderen, sondern verweist auf die Lebensform, die sich erst dann abzeichnet, wenn die ästhetische und ethische Lebensform in ein Verhältnis zueinander gesetzt werden. Aus der Kritik der ästhetischen und ethischen Lebensformen erwächst ein dritter Standpunkt, den der Leser gewinnt. Vermittelt durch die Kritik von *A* und *B* erschließt sich der Leser eine neue, eigenständige und nicht dargestellte Lebensform. Die Kritik zielt somit letztlich darauf, dass das Selbstverständnis des Lesers in Frage gestellt und in eine neue Lebensverständigung überführt wird.

Dies wirft die Frage nach dem Maßstab von Kierkegaards Konzept der Kritik auf. An welchem Maßstab werden die Lebensformen gemessen? Maßstab der Kritik ist, so die folgende Leitthese, die Vernunft. Unter Vernunft wird der Vorrang des Positiven gegenüber dem Negativen verstanden; der Vorrang, der dem Wahren und Guten gegenüber dem Schein und dem Schlechten gebührt. Vernünftig handelt, wer sich am Wahren und Guten statt am Schein und Schlechten orientiert. Der Schlüssel für dieses Kritikverständnis findet sich gleich zu Beginn der „Papiere von A". Im ersten Aphorismus der Diapsalmata heißt es: „Was ist ein Dichter? Ein unglücklicher Mensch, der tiefe Qualen in seinem Herzen birgt, dessen Lippen aber so geformt sind, dass, indem der Seufzer und der Schrei über sie ausströmen, sie klingen wie schöne Musik. Es geht ihm wie jenen Unglücklichen, die im Ochsen des Phalaris langsam bei gelindem Feuer gepeinigt wurden, ihre Schreie drangen nicht bis an das Ohr des Tyrannen, um ihn zu entsetzen, ihm klangen sie wie eine süße Musik. Und die Menschen scharen sich um den Dichter und sagen zu ihm: Singe bald wieder; das heißt: möchten doch neue Leiden deine Seele martern, und

---

2 GW1 AUN1, 246 (*Abschließende Unwissenschaftliche Nachschrift zu den Philosophischen Brocken*); SKS 7, 229.

möchten doch die Lippen so geformt bleiben wie bisher; denn der Schrei würde uns bloß ängstigen, die Musik aber, die ist lieblich. [...] Sieh, darum will ich lieber Schweinehirt sein auf Amagerbro und von den Schweinen verstanden sein, als Dichter sein und missverstanden sein von den Menschen" (EO1, 27; SKS 7, 27). Das Bild des Ochsen des Phalaris liest sich als eine Regieanweisung, wie das Buch zu verstehen ist. *A* thematisiert ein Leiden, das sich wie ein Leitmotiv durch das Buch hindurchzieht. Das Besondere dieses Leidens ist seine Unausdrücklichkeit. Es wird nicht als bewusste Negativitätserfahrung dargestellt, sondern als ein Zustand, der verstellt, verborgen und versteckt bleibt. Es wird ein Leiden thematisiert, vor dem man die Augen verschließt; ein Leiden, das man nicht sehen will; mehr noch: das man nicht hören will. Stattdessen macht man sich etwas vor und bildet sich ein beschönigendes Glück ein, mit dem das Leiden überspielt wird. *A*'s Kritik richtet sich somit gegen vermeintliche Glücksvorstellungen, die für begründeter gehalten werden, als sie sind. Seine Selbstbeschreibungen diagnostizieren, so die These, ein grundlegendes Leiden an der Unbestimmtheit menschlichen Lebens, die von ihm als Leere, Vergänglichkeit und Sinnlosigkeit beschrieben wird. „Was wird kommen? Was wird die Zukunft bringen? Ich weiß es nicht, ich ahne nichts. Wenn eine Spinne von einem festen Punkt sich in ihre Konsequenzen hinabstürzt, so sieht sie stets einen leeren Raum vor sich, in dem sie nirgends Fuß fassen kann, wie sehr sie auch zappelt. So geht es mir; vor mir stets ein leerer Raum; was mich vorwärts treibt, ist eine Konsequenz, die hinter mir liegt. Dieses Leben ist verkehrt und grauenhaft, nicht auszuhalten." (EO1, 33; SKS 2, 32f.; siehe auch: EO1, 39, 41, 46, 48; SKS 2, 38, 40, 45f.) Das Leben besitzt demzufolge kein Ziel, dessen Erstreben als gelingendes Leben erfahren werden könnte. Aber statt sich diese unbequeme Wahrheit einzugestehen, wird sie, so *A*'s Kritik, mit Hilfe von griffigen Glücksvorstellungen verdrängt. *A* beklagt also eine fehlende Wahrheitsorientierung, von der man sich durch Selbsttäuschungen über vermeintliche Glücksgewissheiten entlastet.

Vor diesem Hintergrund wird der moralisierende Paternalismus des Ethikers *B* aufs Korn genommen. Dessen Selbsttäuschung soll beispielsweise die Langeweile kaschieren, die in den Darstellungen des Gerichtsrats geradezu greifbar ist und die *A* sich zumindest eingesteht (vgl. Pattison 2012). Im Vergleich zum Ethiker wiederum lässt der Ästhetiker eine Orientierung am Guten vermissen. Statt nach einem Verständnis dessen, was ein gutes Leben ausmacht, zu suchen, begnügt er sich mit der Einsicht in dessen Unbestimmtheit. Ein angemessenes Lebensverständnis erschöpft sich für ihn in der Diagnose der Unbestimmtheit. Damit erweist sich der Ästhetiker *A* als ein Vorläufer der Verzweiflung des Trotzes in der *Krankheit zum Tode*; hier versucht sich der Verzweifelte zumindest an dem Lebensverständnis festzuhalten, dass menschliches Leben ein Leiden an seiner Unbestimmtheit ist. Damit verfällt der Ästhetiker nun selbst einer Selbsttäuschung. Denn er will nicht sehen, dass sein Leiden letztlich selbstverschuldet ist. Selbstverschuldet ist die Unbestimmtheit, weil sie durch ein Verständnis gelingenden Lebens aufgehoben werden könnte, das der Unbestimmtheit gerecht wird und vom Leser, jedenfalls gemäß Kierkegaards indirekter Mitteilung, gewonnen wird.

Im Folgenden soll Kierkegaards Konzept der Kritik auf seine theoretischen Grundlagen hin untersucht werden. Der Begriff der Kritik setzt sich aus drei Bedeutungskomponenten zusammen. Die normative Bedeutung betrifft erstens den Gegenstand der Kritik und beantwortet die Frage: Was wird kritisiert und an welchem Maßstab wird das Kritisierte gemessen? Gegenstand von Kierkegaards Kritik sind Gestalten der Selbsttäuschung; der Maßstab seiner Kritik von Selbsttäuschungen ist ein bestimmter Begriff der Vernunft. Im ersten Kapitel wird deshalb Kierkegaards Theorie der Selbsttäuschung behandelt (1.). Die ontologische Bedeutung der Kritik umfasst zweitens die Wesensmerkmale, die eine Kritik ausmachen. Hier wird die Frage behandelt, welche konzeptuellen Eigenschaften Kritik besitzt. Wie muss Kritik konzeptuell verfasst sein, damit sie eine Kritik von Selbsttäuschungen leisten kann? Die Kritik von Selbsttäuschungen muss konsequenterweise die Gestalt von Dialektik annehmen. Das zweite Kapitel wird sich deshalb mit Kierkegaards Konzept einer dialektischen Kritik befassen (2.). Die epistemologische Bedeutung der Kritik bezieht sich drittens auf die kognitiven Bedingungen für ein Praktischwerden der Kritik. Federführend ist dabei die Frage, unter welchen Bedingungen Kritik ihren Adressaten auch erreicht. Wie kann Kritik wirksam werden und bei ihren Adressaten ankommen? Eine Kritik von Selbsttäuschungen muss eine Empfänglichkeit für sie mit erzeugen, weil im Fall von Selbsttäuschungen ihre Adressaten sich gegen sie verschließen. Kritik wird deshalb als eine Rechtfertigungspraxis ausgeübt, die in der Lage ist, die Adressaten für die Kritik überhaupt zugänglich zu machen. Das dritte Kapitel widmet sich fünf Bedingungen, unter denen Kierkegaards indirekte Mitteilung als Kritik wirksam wird und ihre Adressaten für sie öffnet (3.).

## 4.1 Kritik von Selbsttäuschungen

> Die größte Gefahr, jene, sich selbst zu verlieren, kann in der Welt so geräuschlos sein, als wäre es gar nichts. Kein Verlust kann so still geschehen; jeder andere, der eines Arms, eines Beins, von fünf Reichstalern, einer Gattin usw., wird doch bemerkt.
> *Die Krankheit zum Tode*

Das Wort Kritik stammt vom griechischen Begriff ‚Krinein' und bedeutet ‚unterscheiden'. Kritik ist eine normative Art der Unterscheidung zwischen Positivwertigem als etwas, das sein soll, und Negativwertigem als etwas, das nicht sein soll. Zielpunkt der Kritik sind stets Handlungen, in dem Positivwertiges und Negativwertiges in einer verkehrten Rangfolge zueinander stehen. Kritisiert wird, dass in Handlungen dem Negativen ein Vorrang gegenüber dem Positiven eingeräumt wird. So richtet sich Kritik gegen das verwerfliche Ziel einer Handlung, ihre schlechte Ausübung, gegen ihre schädlichen Wirkungen oder gegen die widrigen Umstände, die eine Handlung verhindern. Kritik bezieht sich dabei ausschließlich auf Tätigkeiten, die aus Willensfreiheit ausgeübt werden. Kritikfähig können nur Tätigkeiten sein, deren Ausübung oder Unterlassen in der eigenen Hand liegt. Willentliche Verletzungen, hingenommene Gleichgültigkeit und leichtsinnige Vorurteile sind Zielpunkte der Kritik, weil sie hätten vermieden werden können. Ebenso wie Kritik notwendigerweise normativ ist, ist sie umgekehrt Bestandteil jeder Normativität. Zur allgemeinen Natur von Geboten und Verboten gehört es, dass ihnen ein Anspruch auf Kritik einhergeht. Denn ebenso wie ihre Achtung erwartet werden darf, berechtigen Gebote und Verbote dazu, dass ihre Verletzung kritisiert werden darf. Zum allgemeinen Gegenstandsbereich der Kritik gehört jede Gestalt des Unrechts (Schädigungen, Verletzungen, Entfremdung etc.) und der Verblendung (Dogmatismus, Vorurteile, Ideologie etc.).

Von dieser allgemeinen Bedeutung der Kritik ist eine Kritik im engen Sinne zu unterscheiden, mit der Kierkegaard operiert. Kritik wird von Kierkegaard auf ein spezifisches Kritikverständnis eingekreist, das sich durch drei Eigenschaften auszeichnet. Erstens liegt seiner Kritik ein formaler Maßstab zugrunde. Lebensanschauungen werden nicht an einem inhaltlichen Maßstab gemessen; an ihnen wird Kritik geübt nicht deshalb, weil sie von einer moralischen Lebensführung, von sozialen Konventionen oder von religiösen Grundwerten abweichen. Sie werden vielmehr mithilfe eines formalen Maßstabs auf den Prüfstand gestellt. Dieser formale Maßstab ist, zweitens, die Vernunft. Kierkegaards Kritik orientiert sich am Maßstab der Vernunft und richtet sich dagegen, dass man Lebensdeutungen für begründeter hält, als sie sind. Sein Bannstrahl trifft griffige Lebensentwürfe, die mit fadenscheinigen Gründen abgesichert werden, ohne dass sie einer ernsthaften Prüfung standhielten. Damit kreist Kierkegaard sein Kritikverständnis, drittens, auf eine reflexive Bedeutung ein. Maßstab der Kritik ist sozusagen die Kritikfähigkeit selbst. Seine Kritik richtet sich gegen Haltungen der Kritiklosigkeit und bringt dabei Kritikfähigkeit als ihren Maßstab in Anschlag. Kierkegaards Kritik ist deshalb eine Kritik zweiter Ordnung, die eine Ebene tiefer liegt. Kritikfähigkeit zeichnet sich durch die Kompetenz aus, Selbst- und Weltbilder in Frage zu stellen, anstatt sich mit ihnen fraglos zufrieden zu geben. Solche fehlende Kritikbereitschaft kann als eine Haltung der Selbsttäuschung aufgefasst werden. Kierkegaards Kritik ist demnach wesentlich eine Kritik von Selbsttäuschungen.

Kierkegaard beschreibt Selbsttäuschung folgendermaßen. Es sei bei weitem nicht so, „dass die Menschen im Allgemeinen das Verhältnis zum Wahren, dies, dass man sich zum Wahren verhält, für das höchste Gut ansehen, gar bei weitem nicht so, dass sie nach Art des Sokrates Befangensein in einem Irrtum für das größte Unglück halten [...]. Wenn z. B. ein Mensch vermeintlich glücklich ist, sich einbildet glücklich zu sein, während er im Lichte der Wahrheit betrachtet doch unglücklich ist, so ist es allermeist sehr weit davon entfernt, dass er aus diesem Irrtum herausgerissen zu werden begehrt. Im Gegenteil er wird erbittert, er sieht den, der dies tut, für seinen ärgsten Feind an, er betrachtet es als einen Überfall, etwas was fast einem Morde gleichkommt, auf diese Art, wie man sagt, sein Glück zu morden."[3] Glücksvorstellungen werden hier für begründeter gehalten, als sie sind. Ausgangspunkt ist dabei die Annahme der negativen Anthropologie, dass der Mensch mit der Vernunft nicht fest verdrahtet ist. Dem Leben wohnt kein inneres Ziel inne, nach dem man ‚durch sich selbst' oder ‚von sich aus' strebte. Würde der Mensch von Natur aus nach dem Wahren und Guten streben, könnte er nicht aus freien Stücken, so wie es Kierkegaard beschreibt, den Schein vermeintlichen Glücks vorziehen gegenüber der illusionslosen Erkenntnis seiner tatsächlichen Lebenslage. Dass man sich über das eigene Glück etwas vormacht, ist ein Beispiel für eine Haltung, die als Selbsttäuschung konzeptualisiert werden kann. Selbsttäuschungen zeichnen sich durch drei Merkmale aus. Sie sind strukturell erstens durch eine kognitive Entlastung, zweitens durch Unaufrichtigkeit und drittens durch Freiheit gekennzeichnet (Theunissen 1993, 22–55; Wesche 2003, 58–85; Welz 2011).

(1.) Die auffälligste Eigenschaft der Selbsttäuschung ist die kognitive Entlastung. In Selbsttäuschungen gibt man sich ohne Not oder Zwang mit einfachen Antworten zufrieden. Wer sich selbst täuscht, hält bequeme Wahrheiten für begründeter, als sie sind; dabei entlastet er sich von einer näheren Erkenntnis, die den Sachen auf den Grund geht. Kierkegaard bezieht diese kognitive Entlastung auf die ethische Selbstverständigung darüber, als was man sich verstehen will. Anstatt sich über ethische Fragen aus einer unvertretbaren Teilnehmerperspektive ein eigenes Urteil zu bilden, wird an griffigen Erklärungen festgehalten, die aus der Wissenschafts- und Technikperspektive unbeteiligter Beobachter entworfen werden und gesicherte Erkenntnis versprechen. Ohne Not oder Zwang wird die Unvertretbarkeit des Werturteils preisgegeben und generalisierbare Standards übernommen, die von anderen vorgelebt werden.

Selbsttäuschungen dienen allgemein dem Versuch, beunruhigende Unübersichtlichkeiten kraft vermeintlich gesicherter Selbst- und Weltbilder zu bannen.

---

3 GW1 KT, 40 (*Die Krankheit zum Tode*); SKS 11, 158.

Nicht aus der Unübersichtlichkeit der Welt an sich, sondern aus ihrer Vereinfachung erwachsen Selbsttäuschungen. Mit dem Wegfall autoritativer Deutungshoheiten der Religion und traditionalistischer Ethiken geht ein Verlust sicherer Weltbilder und ein zunehmender Legitimationsdruck einher. Mit dem Legitimationsdruck wächst jedoch auch die Neigung, sich von ihm zu entlasten. Statt Ambivalenzen der modernen Welt anzuerkennen, werden sie kurzerhand aufgelöst mittels einseitiger Vorstellungen einer Welt, die sich in Schwarz oder Weiß unterteilt.

In jenen vermeintlichen Glücksvorstellungen, die Kierkegaard ins Visier nimmt, entlastet man sich von einer Konfrontation mit der Unbestimmtheit menschlichen Lebens und von der ungewissen Suche nach einem angemessenen Lebensverständnis, das dieser Unbestimmtheit gewachsen ist. Die Unbestimmtheit wird vom Ästhetiker *A* in den Diapsalmata als eine Erfahrung von Vergänglichkeit beschrieben. „Es gibt bekanntlich Insekten, die im Augenblick der Befruchtung sterben. So ist es mit aller Freude, des Lebens höchster und üppigster Genuß-Moment ist vom Tode begleitet" (EO1, 28; SKS 2, 28). Die Vergänglichkeitserfahrung – Kierkegaard nennt sie Verzweiflung – liegt in dem Streben nach Glück selbst beschlossen und ergibt sich aus der Tatsache, dass Menschen nach der Befriedigung von Bedürfnissen streben und dieses Streben innerhalb der Lebenszeit ohne Ende bleibt. Handlungen, die der Befriedigung von Bedürfnissen dienen, verwirklichen ein Handlungsziel und erfüllen sich mit dem Erreichen ihres jeweiligen Ziels. Nun ist die lebenszeitliche Verwirklichung solcher Bedürfnisbefriedigung nicht von derselben Natur wie die der Handlungen selbst. Eine die Lebenszeit im Ganzen umfassende Tätigkeit kann sich nicht wie Handlungen erfüllen, weil sie sich erst im Lebensende verwirklicht. Die Bedürfnisbefriedigung ist ein im Leben unabschließbarer Prozess. Im Leben werden zwar einzelne Wünsche erfüllt und Bedürfnisse befriedigt, aber nicht die Bedürftigkeit selbst gestillt. Diese Bedürftigkeit nimmt die Gestalt eines unstillbaren Verlangens an. Sie bleibt innerhalb der Lebenszeit unabgegolten und treibt zu einem endlosen Streben, das erst im Tod an ein Ende käme. Damit aber bliebe die Frage offen, wie wir *in* der Zeit glücklich sein können. Ein Streben, das unabgeschlossen bleibt, scheint allemal nicht der Mühe wert zu sein; seine Vergeblichkeit macht die Erfahrung der Vergänglichkeit aus.

Von der Einsicht in die Vergänglichkeit sucht man sich – einschließlich des Ethikers *B*, so die Kritik vom Ästhetiker *A* – durch griffige Glücksvorstellungen zu entlasten. Glück ist hier gleichbedeutend mit einem Zweck, für den das Leben gut sein soll; als komme es darauf an, einen Zweck im Leben aufzusuchen und zu verwirklichen. Der unwiderstehliche Reiz dieser Glücksangebote liegt in ihrem Gewissheitsversprechen. Sie versprechen die gesicherte Erkenntnis über einen Sinn des Lebens. Diese gesicherte Erkenntnis scheint darauf zu gründen, dass sich das jeweils bestimmte Glück im Leben verwirklichen lässt. Für ein Lebensglück wird dasjenige Ziel gehalten, dessen Verwirklichung am sichersten erscheint. Glück wird auf griffige Vorstellungen von Zielen gebracht, bei denen die Sicherheit besteht, sie im Leben zu erreichen. Kurzfristige Erreichbarkeit und quantitative Bestimmbarkeit ermöglichen den Eindruck, epistemisch über einen greifbaren Sinn zu verfügen. Als Glücksziele gelten hier Werte, die man unmittelbar besitzt (Schönheit, Lust, Reichtum etc.) oder erwirbt (Erfolg, Karriere, Ansehen etc.) oder erwartet (eine mit Regeln konforme Lebensführung als Bedingung für ein ausstehendes Glück, beispielsweise Frömmigkeit). Die Unabschließbarkeit lebenszeitlichen Strebens wird hier durch die Konstruktion eines Strebens umgangen, das entlohnt wird; durch den unmittelbaren Besitz des Erstrebten, durch das planbare Erreichen oder durch ein versprochenes Glück, dessen Bedingung man erfüllt. Solche Glücksvorstellungen werden für Leitwerte gehalten, weil ihre sichere Verwirklichung die Gewissheit eines erfüllten Glücks verspricht. Sie werden für begründeter gehalten, als sie sind, weil man ihrer Gewissheit einen Vorzug gegenüber der Unbestimmtheit gibt.

(2.) Das zweite Merkmal von Selbsttäuschungen ist die Unaufrichtigkeit. Die Selbsttäuschung betrifft nicht nur den Gegenstand, den man nicht wahr haben will, sondern auch ebendieses Nichtwahrhabenwollen. Der Unaufrichtige hält vor sich verborgen, dass er etwas nicht sehen will. Kierkegaard erklärt diese Unaufrichtigkeit mit Hilfe einer Theorie der Angst. Die Flucht vor ungesicherten Lebensdeutungen und das Festhalten an einfachen Antworten wird von ihm als ein Phänomen der Angst beschrieben. In Angst vor der Unbestimmtheit versuchen die Betreffenden, an vermeintlich sicheren Lebensanschauungen festzuhalten und diese für begründeter zu halten, als sie sind (vgl. Grøn 1996.) Selbsttäuschung lässt sich aus drei Gründen als „Angst vor der Wahrheit" auffassen (T 4, 253; SKS 24, 107, NB22:4). Selbsttäuschung und Angst sind deckungsgleich erstens in Bezug auf die Fluchtbewegung, in der man einer Konfrontation mit etwas Bedrohlichem ausweicht. Zweitens geht diese Bedrohlichkeit von einer Unbestimmtheit aus. Insbesondere die Angst vor der Unheimlichkeit ist eine Abkehr von dem drohenden Verlust von Sicherheit, Vertrautheit und Übersichtlichkeit. Drittens zeichnet Angst eine präreflexive Erschließungskraft aus. Das Bedrohliche wird als Ziel identifiziert und zugleich verdeckt. Denn um etwas abwehren zu können, muss es zwar in seiner Bedrohlichkeit erschlossen sein. Seine Erschlossenheit aber kommt der intentionalen Bezugnahme zuvor, wenn es anders nicht als reale Bedrohung präsent werden und die Abwehr untergraben soll.

(3.) Die unverwechselbare Besonderheit der Selbsttäuschung ist drittens ihre Freiheit. Dass in Selbsttäuschungen ohne Not oder Zwang mit einfachen Weltbildern vorliebgenommen wird, drückt einen Akt der Freiheit aus. Vereinfachte Sichtweisen gehen hier auf Freiheit zurück. Kierkegaard beschreibt in der

*Krankheit zum Tode* zwei Grundformen der Verzweiflung, die wechselseitig aufeinander zurückführbar sind: Die erste Verzweiflungsform „Man selbst sein wollen" und die zweite Verzweiflungsform „Nicht man selbst sein wollen" (GW1 KT, 45–74; SKS 11, 157–187). In der letzteren will man die Unbestimmtheit des Lebens nicht wahrhaben. In der ersten strebt man nach einer griffigen Glücksvorstellung, die über jene Unbestimmtheit beruhigt. Dass Kierkegaard beide Verzweiflungsformen – jenes Nichtwahrhabenwollen und dieses Wahrhabenwollen – als ein ‚Wollen' beschreibt, verweist auf das Freiheitsmoment. Die Freiheit der Selbsttäuschung zeigt sich im Verhältnis zur Möglichkeit eines besseren Urteils, das ohne Not oder Zwang zugunsten eines schlechteren preisgegeben wird. Hinsichtlich dieser Freiheit unterscheiden sich Selbsttäuschungen von Irrtümern und Zwangsvorstellungen. Irrtümer sind Ausdruck eines Informationsmangels (Not im privativen Sinne von Mangel), indem der beurteilte Sachverhalt komplexer ist, als angenommen. In Zwangsvorstellungen wiederum ist man sehenden Auges blind aufgrund eines inneren Zwanges, unter dem Vorstellungen abgewehrt werden, die ein verletztes Selbst bedrohen. Im Unterschied dazu gehen Selbsttäuschungen von einer entscheidungsfähigen Person selbst aus, die ohne Not (Informationsmangel) oder Zwang mit vermeintlichen Gewissheiten vorlieb nimmt. Sie gehen auf den Betroffenen selbst zurück: Täuscher und Getäuschter sind identisch. Trotzdem lassen sie sich nicht auf eine intentionale Absicht zurückführen. Sie haben ihren Ort zwischen der Intentionalität absichtlichen Täuschens – etwa der Lüge oder Intrige – und dem unwillentlichen Erleiden von Irrtümern und Zwangsvorstellungen. Selbsttäuschungen kennzeichnet eine aktive Passivität, mit der wir sie geschehen machen. Eine solche aktive Passivität wird von Kierkegaard als „eine sympathetische Antipathie und eine antipathetische Sympathie" der „süßen Beängstigung" beschrieben, in der aus Freiheit Unwissenheit aufrechterhalten wird.[4] Als kognitive Entlastungen, die aus Freiheit hervorgehen, charakterisiert sie eine Urheberschaft vereinfachter Selbst- und Weltbilder, für die man verantwortlich zeichnet.

Die Annahme von Selbsttäuschungen ist nicht unumstritten (vgl. Wesche 2011). Die Philosophie von Aristoteles und Kant kann geradezu als Versuch aufgefasst werden, die Möglichkeit der Freiheit, auf die Selbsttäuschungen zurückgehen, zu widerlegen. Fähigkeiten ist hier nämlich ihre Ausübung als ein inneres Ziel eingeschrieben. Die Ausübung rationaler Fähigkeiten kann deshalb nur durch äußere Umstände gewaltsam blockiert werden. Täuschungen werden *vollständig* als Dysfunktion, Deviation oder Defekt einer Vernunftfähigkeit begreiflich gemacht, die als Selbstbewegung (Aristoteles) oder Spontaneität (Kant) durch sich

---

[4] GW1 BA (*Der Begriff Angst*), 40, vgl. 61; SKS 4, 348, vgl. 366.

selbst zur Ausübung strebt. Täuschungen werden demnach *hinreichend* als ein Mangel – beispielsweise des Erlernens – beschrieben, der durch äußere Umstände verursacht wird. Selbsttäuschungen stellen dagegen den Fall dar, dass aus Freiheit die Ausübung einer Vernunftfähigkeit unterbleibt. Es liegen weder Mängel noch andere Umstände vor, die jemanden daran hinderten, zu sich selbst ein offenes Verhältnis einzunehmen und die Dinge so zu sehen, wie sie allem Anschein nach sind. Dass triviale, voreingenommene und verzerrte Glücksvorstellungen für wahr gehalten werden, ist hier keine Frage von Fähigkeiten und Hindernissen, sondern des Willens. Man hätte besser urteilen können und *will* insoweit sein Urteil für begründeter halten, als es ist. Diese ernüchternde Beobachtung bleibt nun nicht folgenlos für das Konzept der Kritik.

## 4.2 Dialektische Kritik

> Das Dialektische lässt sich nun einmal nicht ausschließen. Es kann geschehen, dass eine Generation oder vielleicht zwei in der Vorstellung dahinleben, einen Bretterzaun gefunden zu haben, der das Ende der Welt und der Dialektik sei: Das nützt nichts.
> *Abschließende unwissenschaftliche Nachschrift*

Kierkegaards Kritik von Selbsttäuschungen greift auf den Maßstab der Vernunft zurück. Selbsttäuschungen dürfen kritisiert werden, weil Wahrheitsorientierungen ihnen gegenüber einen Vorrang verdienen. Um Kierkegaards Konzept der Kritik besser zu verstehen, müssen wir nun den Grund für diesen Vorrang untersuchen. Warum verdienen Wahrheitsorientierungen einen Vorrang gegenüber Selbsttäuschungen? Der Schlüssel für Kierkegaards Antwort liegt in seinem Begriff der Dialektik. Mit der Einbettung von Kritik in Dialektik reiht sich Kierkegaard in eine Tradition ein, die sich von Hegel über Marx bis zur Kritischen Theorie spannt. Bei Kierkegaard nimmt Dialektik verschiedene Erscheinungsweisen an; es gibt bei ihm eine Dialektik der Freiheit, eine Existenzdialektik, eine Mitteilungsdialektik, eine Dialektik des Einzelnen, eine Dialektik der Verzweiflung und der Angst. Die Einheit in der Vielfalt besteht darin, dass Dialektik den Vorrang der Wahrheitsorientierung gegenüber insbesondere Selbsttäuschungen bedeutet; diese einheitliche Bedeutung überhaupt erlaubt es, bei Kierkegaard von verschiedenen Erscheinungsweisen desselben Begriffs zu sprechen. Die Kritik von Selbsttäuschungen wird, so die folgende Leitthese, als Dialektik konzeptualisiert. Das dialektische Konzept der Kritik hebt sich von drei Alternativen ab.

Erstens ist einem Dualismus zwischen Wahrheitsorientierung und Selbsttäuschung zu entkommen. Wären beide zwei gleichberechtigte Prinzipien, öffnete ihr Dualismus Tür und Tor für einen Zufallsverdacht. Die Koexistenz zweier gleichwertiger Grundprinzipien hätte zur Folge, dass die Geltung des einen Prinzips gegenüber dem anderen nicht anders als Zufall beschreibbar wäre. Solange keine Bedingung angegeben wird, unter der ein Wahrheitsvorrang möglich ist, bleibt unerklärlich, warum mal die Wahrheit, mal der Schein vorgezogen wird. Es wäre eine Laune des Schicksals, ob jemand entweder mit einfachen Antworten vorliebnimmt oder sich um Wahrheit müht. Die dualistische Aufspaltung des menschlichen Geistes in rationale Wahrheitsorientierung und kognitive Entlastung ist abwegig, weil erstere gleichsam von außen wie ein unveränderliches Schicksal eingriffe. Damit gäbe es keine Möglichkeit, Selbsttäuschungen die Stirn zu bieten.

Dialektische Kritik stellt zweitens eine Alternative zu einem epistemischen Erklärungsmodell dar. Der epistemische Versuch, den Wahrheitsvorrang durch Gründe zu motivieren, ist durch eine Aporie gekennzeichnet. Die epistemische Aporie besteht darin, dass für die Rechtfertigung des Wahrheitsinteresses dasselbe Interesse in der Ich-Perspektive schon vorausgesetzt werden muss. Um für Gründe, die zu einem Sichöffnen für Kritik motivieren sollen, erreichbar zu sein, muss ein Interesse an ebendiesen Gründen bestehen. Zu einem solchen Interesse an Gründen soll aber erst hingeführt werden. Entweder ist jemand zugänglich für Gründe, die zu einem bestmöglichen Urteil motivieren; dann aber liegt der Fall, sich von einer Wahrheitsorientierung zu entlasten, nicht vor und ist Kritik kein Verhalten, das zudem erst motiviert werden müsste. Oder jemand neigt in der Tat dazu, vermeintliche Gründe für wirkliche Gründe zu halten; dann jedoch kann er selbstredend nicht über den Verweis auf Gründe von seinem Kurs abgebracht werden. Die epistemische Aporie gibt Aufschluss darüber, dass die Wahrheitsorientierung vor allen absichtsvollen Einstellungen des Meinens, Wollens und Wünschens wirksam ist. Zugleich darf dieser Externalismus nicht die Diagnose von Selbsttäuschungen untergraben, die aus Freiheit hervorgehen. Dialektik geht von dem Gegensatz aus, dass eine Wahrheitsorientierung unseren Einstellungen zuvorkommt und dass zugleich der Mensch sich auf unverwechselbare Weise durch die Freiheit auszeichnet, sich von ebendieser Wahrheitsorientierung entlasten zu können.

Drittens grenzt sich Dialektik, wie oben in Bezug auf Aristoteles und Kant schon angedeutet, vom Naturalismus und der Transzendentalphilosophie ab. Aristoteles und Kant verteidigen die Auffassung eines Wahrheitsvorranges auf einer Grundlage, die es erlaubt, die Annahme einer kognitiven Entlastung, welche aus Freiheit hervorgeht, zu umgehen. Ihr Grundgedanke soll ermöglichen, der Annahme von Selbsttäuschungen zuvorzukommen: Unser Wissen sei aufgrund seiner Natur oder immer schon auf Wahrheit ausgerichtet. Das Abweichen von dieser inneren Ausrichtung lässt sich dementsprechend hinreichend als eine Dysfunktion oder ein Defekt der Vernunft beschreiben, die von äußeren Faktoren verursacht werden. Täuschungen gehen hier hervor aus einer akzidentiell verursachten Verfehlung des inneren Ziels, nach der das Wissen von sich aus strebt. Niemals aber kann die Verfehlung aus Freiheit hervorgehen; sie ist deshalb kein selbständiges Prinzip.

Der dialektischen Kritik stellt sich dagegen die Aufgabe zu zeigen, wie ein Wahrheitsvorrang, der nicht von Natur aus oder immer schon wirksam ist, allererst in Kraft tritt. Wie überhaupt entsteht ein Wahrheitsvorrang? Kritik stößt dabei auf eine eigentümliche Schwierigkeit. Selbsttäuschungen gehen aus Freiheit hervor und sind deshalb keine akzidentielle Verfehlung, sondern eine selbständige Kraft. Trotzdem stellt die Wahrheitsorientierung das erste Grundprinzip dar, dem ein Vorrang gebührt. Wahrheitsorientierung und Selbsttäuschung sind demnach selbständige, aber nicht gleichrangige Kräfte. Weshalb also kann eine Wahrheitsorientierung an die Stelle von Selbsttäuschungen treten und damit einen Vorrang erlangen, wenn Selbsttäuschungen doch eine eigenständige Kraft bilden?

Unter Dialektik nun kann ein Wahrheitsvorrang verstanden werden, in dem die eigenständige Kraft des Negativen anerkannt ist. Der dialektische Vernunftbegriff bezeichnet den Vorrang des Positiven, der aus dem Widerspruch mit einem selbständigen Prinzip des Negativen hervorgeht. Er beschreibt die konfliktuöse Entstehungsgeschichte der Vernunft, die aus dem Widerspruch mit ihrem Gegenprinzip hervorgeht. Die unverwechselbare Besonderheit der dialektischen Philosophie ist, dass sie nicht von der natürlichen oder transzendentalen Gegebenheit der Vernunft ausgeht, sondern die Genese der Vernunft begrifflich macht. Die Rekonstruktion der Genese der Vernunft wurde erstmalig von Hegel in seiner *Phänomenologie des Geistes* zum Programm erhoben; sie stand für Kierkegaards Entwicklungsanalyse der Verzweiflung in der *Krankheit zum Tode* Pate (vgl. Kleinert 2005; Hühn 2009). Vernunft ist keine Natur, die zeitlos ist, sondern ein zeitlich Gewordenes, das entsteht. Wahrheitsorientierungen besitzen nicht von Natur aus einen Vorrang gegenüber Selbsttäuschungen; ihr Vorrang in der Wirklichkeit muss überhaupt erst entstehen. Negativitätstheorien haben hier ihr sachliches Recht. Wenn Wahrheitsorientierung und Selbsttäuschung selbständige Prinzipien sind, dann gelangt jene zu einer Vorrangstellung durch die Negation dieser. Denn die Wahrheitsorientierung besitzt nicht von vornherein einen Vorrang gegenüber der Selbsttäuschung, sondern gewinnt ihn erst im Widerstreit mit dieser, das heißt also: durch die Kritik von Selbsttäuschungen.

Daraus erklärt sich, weshalb mit Kritik Vernunft zur Wirklichkeit gelangt. Vernunft verwirklicht sich als Kritik. Vernunft ist nicht vorab und an sich wirksam. Vielmehr tritt sie in Kraft mittels der Kritik ihrer selbständigen Gegenkraft. Der Wahrheitsvorrang kann sich als das, was er ist, allenthalben als Kritik von Selbsttäuschungen zeigen. Wenn gar unter günstigen Umständen sich Vernunftfähigkeiten nicht ‚durch sich selbst' verwirklichen, dann bedarf es für die Vernunftausübung eines anderen Impulses. Dieser Impuls muss in der Lage sein, sich gegen Selbsttäuschungen durchsetzen. Zu einem solchen Impuls ist Kritik imstande. Zur Wahrheitsorientierung ermächtigt eine Kritik, die sich gegen Selbsttäuschungen durchzusetzen vermag. Kritik hebelt Selbsttäuschungen aus und lässt dadurch eine unverzerrte Sicht der Dinge an ihre Stelle treten. Ihre Durchschlagskraft verhilft der Wahrheitsorientierung im Widerstreit mit Selbsttäuschungen zum Durchbruch. Warum wir uns an Wahrheit orientieren, wird mit der Erklärung beantwortet, weshalb es gelingt, dass Selbsttäuschungen einer Wahrheitsorientierung weichen. Hier stellt sich die Anschlussfrage nach der Quelle, aus der sich die Kraft zur Kritik von Selbsttäuschungen speist. Welchen bestimmten Bedingungen verdankt sich die Kraft, mit der sich Wahrheitsorientierungen gegenüber Selbsttäuschung durchzusetzen vermögen?

## 4.3 Indirekte Mitteilung als eine Praxis der Kritik

> Was die Philosophen über die Wirklichkeit sagen, ist oft ebenso irreführend, wie wenn man bei einem Trödler auf einem Schilde liest: Wäschemangel. Würde man mit seiner Wäsche kommen, um sie mangeln zu lassen, so wäre man angeführt; denn das Schild steht dort nur zum Verkauf.
> „Diapsalmata" in *Entweder – Oder*

Die Frage nach dem Gelingen von Kritik betrifft ihr Praktischwerden. Kritik muss ihren Adressaten auch erreichen können. Im Fall von Selbsttäuschungen aber verschließt sich ihr Adressat gegen Kritik; deshalb muss sie den Adressaten überhaupt zugänglich für Kritik machen (vgl. Wesche 2009) Eine solche Kritik von Selbsttäuschungen nimmt bei Kierkegaard die Gestalt der indirekten Mitteilung an. Anstatt eine Offenheit auf Seiten ihres Adressaten vorauszusetzen, erzeugt sie seine Empfänglichkeit für sie mit. „‚Unmittelbare Mitteilung' ist: direkt das Wahre mitteilen. ‚Mitteilung in Reflexion' ist: *Hineintäuschen in das Wahre*"[5] (vgl. Conant 1996; Pattison 1999; Nientied 2003; Schwab 2012). Kierkegaard variiert hier Hegels Gedankenfigur einer ‚List der Vernunft'. Anstelle einer direkten Konfrontation wird Kritik im Medium der Täuschung wirksam. Die Kritik holt den Selbsttäuscher dort ab, wo er sich befindet, indem sie sich der Täuschung und damit des gleichen Mediums bedient. Direkte Kritik dagegen verfängt sich in den Maschen seiner Immunisierungsstrategien und perlt an ihm ab. Die Kritik von Selbsttäuschungen

---

5 GW1 WS, 6 (*Über meine Wirksamkeit als Schriftsteller*); SKS 13, 13.

muss dagegen jemanden, der sich aus Freiheit gegen sie versperrt, gewissermaßen überlisten.

Kritik an Selbsttäuschungen gelingt indirekter Mitteilung aufgrund von drei Eigenschaften: Macht, Sprache und Kontingenz. Selbsttäuschungen gehen aus Freiheit hervor und bilden deshalb eine eigenständige Größe, die unabhängig von rationalen Fähigkeiten für sich besteht und nicht bloß deren Defekt darstellt. Sie sind Ausdruck nicht eines Mangels, sondern eines Widerspruchs, in dem sich Selbsttäuschung und Wahrheitsorientierung als eigenständige Kräfte gegenüber stehen und in gegensätzliche Richtungen ziehen. Kritik an Selbsttäuschungen wird deshalb erstens in der Gestalt von *Macht* wirksam, die in der Lage ist, sich gegen Selbsttäuschungen durchzusetzen und an deren Stelle eine unverzerrte Sicht der Dinge treten lässt. Kritik verdankt ihre Durchschlagskraft dabei einer ästhetischen Form. Kunstwerke nehmen mit Macht für sich ein und verkörpern insofern eine ästhetische Macht der Vernunft. Diese besteht in der immersiven Kraft der Kunst, unsere Aufmerksamkeit zu absorbieren: sie stimmt uns neugierig, skeptisch, nachdenklich etc.

Die indirekte Mitteilung bedarf zweitens einer kunstvoll in Szene gesetzten *Sprache*, damit sie als Kritik zündet. Die Kraft, Selbsttäuschungen auszuhebeln und für Kritik zu öffnen, verdankt indirekte Mitteilung ihrem sprachlichen Selbstzweckcharakter, demzufolge etwas nicht aus Gründen einer Mitteilungsabsicht, sondern gleichsam um seiner Darstellung willen dargestellt wird. „Objektiv wird akzentuiert: *was* gesagt wird; subjektiv: *wie* es gesagt wird."[6] Wenn denn etwas vernagelte Überzeugungen überhaupt aufbrechen kann, dann eine Mitteilung, die sich nicht als Kritik aufdrängt. Wer Kritik nicht ernst nimmt, öffnet sich ihr nicht deshalb, weil ein Rechtfertigungsdruck erhöht wird. Kritik dient in der indirekten Mitteilung keinem Zweck des Überzeugens oder Überredens und drängt sich deshalb nicht auf. Aber ebendiese persuasive Zurückhaltung ermöglicht es, Denkgewohnheiten zu unterlaufen und den Adressaten für das zu öffnen, was vor ihrer Schwelle verharrt (vgl. zu Kierkegaards antipersuasiver Rhetorik: Hagemann 2001). Dies gelingt Kierkegaards Schriften jedoch nicht aufgrund irgendeines kritischen Anspruchs, den sie vor sich hertragen, sondern deshalb, weil sie sich mit ausdrücklicher Kritik zurückhalten. Es ist der indirekte Verzicht auf Mitteilungsabsichten, der – nur scheinbar widersprüchlich – für die Mitteilung zugänglich macht; hieraus erklärt sich die eigentümliche Abwesenheit einer kritischen Absichtserklärung der pseudonymen Schriften, obwohl sie der Korrektur des Bestehenden verpflichtet sind (s.o. Anm. 1).

---

6 AUN1 (*Abschließende Unwissenschaftliche Nachschrift*), 193 (im Original gesperrt); SKS 7, 185.

Kritik von Selbsttäuschungen ist drittens in zweifacher Hinsicht *kontingent*. Zum einen kann die indirekte Mitteilung nur kontingente Effekte erzielen. Sie kann zwar grundsätzlich Befangenheiten lösen und die Bereitschaft erzeugen, Kritik wichtig zu nehmen. Sie kann dies aber nicht erzwingen. „Einen Menschen zwingen zu einer Meinung, einer Überzeugung, einem Glauben, das kann ich in alle Ewigkeit nicht, aber [...] ich kann ihn zwingen, aufmerksam zu werden. Dass dies eine Wohltat ist, darüber ist kein Zweifel; aber es darf auch nicht vergessen werden, dass es ein Wagestück ist. Indem ich ihn zwinge, aufmerksam zu werden, komme ich dazu, ihn zum Urteilen zu zwingen. Nun urteilt er. Aber wie er urteilt, steht nicht in meiner Macht. Vielleicht urteilt er gerade umgekehrt als ich es wünsche."[7] Ob sich jemand neuen Argumenten öffnet, sich auf Denkanstöße einlässt und fremde Sichtweisen übernimmt, liegt letzten Endes in seiner Hand. Es bleibt ein Akt personaler Freiheit, sich auf Kritik einzulassen oder sich ihr zu entziehen. Der Übergang von der Möglichkeit zur Wirklichkeit der Vernunft erfolgt somit nicht notwendig, sondern kontingent: Die Wahrheitsorientierung kann einen Vorrang gegenüber Selbsttäuschungen erlangen; sie muss es aber nicht notwendigerweise. Die Kontingenz der Vernunft stellt Kierkegaards größte Abweichung von Hegels Dialektik dar, die von Hegel letztlich aufgehoben und in eine spekulative Philosophie überführt wird (vgl. zur Kontingenz bei Kierkegaard: Deuser 2011, 90ff., 149ff.). Die Verwirklichung der Vernunft fällt nach Kierkegaard vielmehr der individuellen Freiheit einer Person anheim, die darüber entscheidet, als was sie sich verstehen will. Ebenso wie sie eine vernünftige Person sein wollen kann, kann sie es auch nicht wollen. An die Stelle von philosophischen Systemen, Geschichtsmodellen und Institutionslehren tritt bei Kierkegaard deshalb der Einzelne, von dessen Freiheit abhängt, ob Kritik auf fruchtbaren Boden fällt oder nicht. Auf diesen Freiheitscharakter des Entschlusses verweisen der appellative Titel *Entweder – Oder* und die Lehre der Wahl des Ethikers *B*.

Zum anderen beruht Kritik auf kontingenten Entstehungsbedingungen. Die Bereitschaft, Kritik zu üben, speist sich aus Quellen, die spontan entstehen und sich nicht als Rechte institutionalisieren lassen. Zwar sind die Rechte auf Meinungsfreiheit und Bildung notwendige Bedingungen für das Gedeihen von Kunst, Kultur und Kommunikation. Auch muss der faire Wert dieser Rechte vorausgesetzt werden, sofern sie von ihren Trägern effektiv wahrgenommen und ausgeübt werden können müssen. Rechte sind aber keine hinreichenden Bedingungen, unter denen Personen kritische Anliegen einbringen. Rechte garantieren Personen, dass sie ihre Ansprüche frei von Mängeln und Zwängen wahrnehmen können. In Selbsttäuschungen aber entlasten sich Personen ohne Not oder Zwang von

---

7 GW1 GWS, 44 (*Der Gesichtspunkt für meine Wirksamkeit als Schriftsteller*); SKS 16, 32.

Kritik, also obwohl Rechtsansprüche und ihr fairer Wert erfüllt sind. Rechte reichen deshalb nicht aus. Quellen, aus denen sich die Kritik von Selbsttäuschungen speist, wie etwa Kierkegaards *Entweder – Oder*, entstehen vielmehr spontan im vorinstitutionellen Bereich der Kunst, Kultur und Kommunikation und können durch kultur-, sozial- oder bildungspolitische Maßnahmen allenfalls flankiert, aber nicht erzeugt werden.

## Literatur

Conant, James 1996: Putting Two and Two Together: Kierkegaard, Wittgenstein and the Point of View for Their Work as Authors, in: The Grammar of Religious Belief, hg. von D.Z. Phillips, St. Martins Press, NY

Deuser, Hermann 2011: Was ist Wahrheit anderes als ein Leben für eine Idee? Kierkegaards Existenzdenken und die Inspiration des Pragmatismus – Gesammelte Aufsätze zur Theologie und Religionsphilosophie, Berlin / New York: De Gruyter

Grøn, Arne 1996: Angst bei Søren Kierkegaard. Eine Einführung in sein Denken, Stuttgart: Klett-Cotta

Hagemann, Tim 2001: Reden und Existieren. Kierkegaards antipersuasive Rhetorik, Berlin/Wien: Philo

Hühn, Lore 2009: Kierkegaard und der Deutsche Idealismus. Konstellationen des Übergangs, Tübingen: Mohr Siebeck

Kleinert, Markus 2005: Sich verzehrender Skeptizismus. Läuterungen bei Hegel und Kierkegaard, Berlin / New York: De Gruyter (KSMS 12)

Nientied, Mariele 2003: Kierkegaard und Wittgenstein. „Hineintäuschen in das Wahre", Berlin / New York: De Gruyter (KSMS 7)

Pattison, George 1999: Kierkegaard: The Aesthetic and the Religious, SCM Press

Pattison, George 2012: Boredom in Schopenhauer and Kierkegaard, in: Niels Jørgen Cappelørn, Lore Hühn, Søren R. Fauth, Philipp Schwab (Hg.), Schopenhauer – Kierkegaard. Von der Metaphysik des Willens zur Philosophie der Existenz, Berlin / Boston: De Gruyter, 47–66

Schwab, Philipp 2012: Der Rückstoss der Methode. Kierkegaard und die indirekte Mitteilung, Berlin / Boston: De Gruyter (KSMS 25)

Theunissen, Michael 1993: Der Begriff Verzweiflung. Korrekturen an Kierkegaard, Frankfurt/M.: Suhrkamp

Welz, Claudia 2011: Puzzles of Self-Deception and Problems of Orientation: Kierkegaard and the Current Debate in the Philosophy of Psychology, in: KSYB 2011, 157–180

Wesche, Tilo 2003: Kierkegaard. Eine philosophische Einführung, Stuttgart: Reclam

Wesche, Tilo 2009: Reflexion, Therapie, Darstellung. Formen der Kritik, in: Rahel Jaeggi, Tilo Wesche (Hg.), Was ist Kritik? Frankfurt/M: Suhrkamp, 193–220

Wesche, Tilo 2011: Wahrheit und Werturteil. Eine Theorie der praktischen Rationalität, Tübingen: Mohr/Siebeck

Leonardo F. Lisi
# 5 Diapsalmata (II): Nihilism as a Spiritual Exercise

(EOI, 27–55; SKS 2, 25–52; KW III, 17–43)

Kierkegaard's *Diapsalmata* is one of his most famous and elusive texts. While many of its passages have become proverbial, it presents particular difficulties of classification. Most obviously, while its overall themes and preoccupations are philosophical in nature, the text deploys an aphoristic style and a deeply personal tone that give it a strong literary flavor. Worse still, the *Diapsalmata* does not shy away from flouting any systematic argumentation of the kind normally favored by philosophy. It cheerfully combines the lofty with the mundane and shifts rapidly from satire to melancholy, from reflections on the gods to the discomfort of having corns. Indeed, as perhaps few other of his works, the *Diapsalmata* lends credence to the view that Kierkegaard should not be classified as a philosopher in the modern sense at all. As Jon Stewart recently reiterated the point:

> Kierkegaard's project, whatever it is, seems, at least in his own eyes, to have more to do with Greek philosophy than with that of the early nineteenth century. […] One of Kierkegaard's favorite books was Diogenes Laertius' *Lives of Eminent Philosophers* […]. This book is, of course, full of anecdotal accounts of different philosophers and the ways in which they led their lives. It gives examples of sayings or actions which are intended to characterize their thought. These thinkers represent the clearest examples of a fundamentally different tradition of philosophy from that which is understood by modern philosophy. […] For Kierkegaard, however, Diogenes Laertius' *Lives* is philosophy in the most fundamental sense: it describes how individual thinkers attempt to live life in accordance with the various doctrines they hold.[1]

As Stewart's statement makes clear, if Kierkegaard's project is not philosophical in the standard sense, this need not be because it falls short of philosophy as such, but because he is drawing on a conception of philosophy that precedes

---

**1** Stewart 2003, 641, 644. On this basis, Stewart draws a sharp line between Kierkegaard and Hegel: "Kierkegaard and Hegel are engaged in fundamentally different kinds of projects: while Hegel is primarily interested in providing a philosophical explanation of the world in terms of concepts, Kierkegaard is primarily interested in the religious life of the individual. Given this, it is odd that Kierkegaard has been classified as a philosopher and thus placed in the history of nineteenth-century continental philosophy in the first place" (633).

its modern form. In fact, although Stewart does not draw this connection, the emphasis on philosophy as a form of life rather than a conceptual system immediately makes relevant Pierre Hadot's influential argument that philosophy among the ancients was understood precisely in such terms. According to Hadot, what characterizes ancient philosophy just is that it seeks to train the individual in a properly philosophical life rather than simply acquire abstract knowledge (Hadot 1997, 81–125, 83). The measure of philosophy thus understood is accordingly not an exhaustive and systematic representation of experience, but the transformation of the individual through the adoption of a fundamental rule.[2]

Broadly speaking, such a view of philosophy resonates with Victor Eremita's account of *Either/Or* at the conclusion of the Preface, where he describes the book as a confrontation between two forms of life, each of which seeks to persuade the other (EOI, 13 f.; SKS 2, 20 f.). Kierkegaard's relation to this pre-modern notion of philosophy, however, runs deeper than a merely general similarity in outlook. At stake is Hadot's further explanation that philosophy in antiquity consists in spiritual exercises subdivided into three distinct topoi, each concerned with the training of a different act or function of the soul: the Discipline of Logic, which trains assent by criticizing the way representations present themselves to us in order to reach their true nature; the Discipline of Physics, which concerns desire and aversion and seeks to provide an "objective" description of the world from the perspective of the cosmos, free of any subjective and human value-judgments; and the Discipline of Ethics, which exercises motivating inclinations and specifies what actions are appropriate for us in such a context.[3] It is these three topoi that organize the discourse and praxis of philosophy in the tradition that Hadot examines extensively, from Epictetus to Marcus Aurelius (and beyond). And it is a modern version of these same disciplines, I want to argue in this chapter, which also constitute the organizing principle of Kierkegaard's *Diapsalmata*.

Kierkegaard's text arguably invites such a reading since it explicitly presents itself as a continuation of the tradition exemplified by Marcus Aurelius. Not only does the *Diapsalmata* consist of aphorisms, similar to Aurelius' *Meditations*, but the chapter also takes one of its epigraphs from that same source, "*ad se ipsum.*" (EOI, 17; SKS 2, 25; cf. SKS K 2–3, 88). In what follows, I will elaborate and support this interpretation by examining how, specifically, the Disciplines of Logic,

---

[2] Hadot 1997, 102; ("The Figure of Socrates") 147–178, 154; ("Philosophy as a Way of Life") 264–276, 267.
[3] Hadot 1997, ("Marcus Aurelius") 179–205, 193.

Physics, and Ethics appear in the *Diapsalmata*. However, even though I believe it is possible to understand each of Kierkegaard's aphorism in terms of these Disciplines, I will not, needless to say, treat all aphorisms here. Nor do I want to claim that each aphorism belongs to precisely one Discipline. On the contrary, often the same text can be seen to participate in several disciplines at once. Finally, a chief point in the discussion that follows is that the three Disciplines do not appear in Kierkegaard with the same *content* that Hadot analyzes in his authors. Rather, in Kierkegaard's text, the Discipline of Logic is associated specifically with irony; the Discipline of Physics, with a description of the world in nihilistic terms; and, finally, the Discipline of Ethics is associated with poetry as autonomy, more particularly with the aphoristic form itself. Taken together, these Disciplines provide a set of exercises that make up a crucial form of modern life, or "fundamental rule," one that can best be associated with nihilism broadly construed.

## 5.1 Discipline of Logic: Irony

As most of volume one of *Either/Or*, the *Diapsalmata* is attributed to the pseudonym "A," who represents the aesthetic form of life. Among the immediately identifiable features of this existential attitude or position in the *Diapsalmata* is what can be termed – in an unproblematic and straightforward sense, to begin with – the "irony" of many of its aphorisms. We find this in its most concise versions in aphorisms such as the third, where Kierkegaard's pseudonym writes: "I prefer to talk with children, for one may still dare to hope that they may become rational beings; but those who have become that – good Lord!" (EOI, 19; SKS 2, 27). Or, again, in aphorism number forty-seven: "The best demonstration of the wretchedness of life is that which is obtained through a consideration of its glory" (EOI, 28; SKS 2, 37).

What examples such as these share is that they construct a contradiction between two meanings of a commonly accepted phrase or idea. In the first of the instances quoted above, for example, the well-known definition of humans as rational beings is initially used in a normative sense to designate the ideal towards which all children can *aspire*, and then in a descriptive sense, as a definition of the actuality that all humans *are*. The wit of the aphorism depends on the rapid shift between the two perspectives and the recognition that the actual meaning of the idea falls short of its possibility. The movement is similar in the second example. By collapsing the intuitive distinction between the misery and glory of existence, the aphorism lays bare a gap between the actuality and possibility of the latter notion: what we can point to as our experience's greatest achievements (the Danish *betragte* literally means to visually observe) is only misery when compared to some unspecified measure of what true glory is.

Versions of this contradiction recur frequently throughout the *Diapsalmata* and my preliminary designation of them as ironic rests on the way they relativize or negate an actual meaning through an absent, real one.[4] The "real" meaning of the concepts at stake is the meaning that is not actualized by our experience and which, accordingly, we only get a glimpse of negatively, through the failure of the actual, positive determinations to live up to it. Whatever "rational beings" means, it cannot be (ought not to be) what humans actually are. Whatever the meaning of life's glory is, it cannot be what we witness in the world.

As aphorism sixty-seven in particular points out (EOI, 34; SKS 2, 43), the recognition of such a gap between the determinations of empirical experience and the ideas that we claim for it tends to produce laughter.[5] As such, that effect depends on the faculty of judgment, and the numerous presentations of ironic situations in the *Diapsalmata* can thus be said to constitute exercises in what Hadot describes as the Discipline of Logic: the sharpening of the subject's ability to identify and deploy a certain mental structure. Kierkegaard's pseudonym, indeed, is clearly interested in generalizing the structure of irony from particular judgments to a universal principle. In aphorism nineteen, for example, he writes:

> The tremendous poetical power of folk literature is manifest, among other ways, in its power to desire. In comparison, desire in our age is simultaneously sinful and boring because it desires what belongs to the neighbor. Desire in folk literature is fully aware that the neighbor does not possess what it seeks any more than it does itself. And if it is going to desire sinfully, then it is so flagrant that people must be shocked. It is not going to let itself be beaten down by the cold probability calculations of a pedestrian understanding. Don Juan still strides across the stage with his 1,003 ladyloves. Out of reverence for the venerableness of tradition, no one dares to smile. If a poet had dared to do this in our age, he would be laughed to scorn. (EOI, 22f.; SKS 2, 31)

Under this scenario, the point is no longer – or not simply – that a particular instantiation of an idea falls short of its intended meaning, but that ideals as such

---

[4] Aphorisms with a similar structure include numbers two, four, eleven, twelve, thirty, forty-three, forty-five, forty-six, fifty-three, fifty-five, seventy-one, and eighty-seven.
[5] Aphorisms twenty-eight and forty express the same contradiction in related terms. In the former, human claims to importance are undermined by pointing out the ease with which they can be disrupted (EOI, 25; SKS 2, 33). In the latter, the instantiation of theological ideas in the empirical world is presented as a mortal danger (EOI, 27; SKS 2, 36).

should be articulated in a way that makes any empirical actualization of them impossible.[6]

The contradiction that the Discipline of Logic works to recognize can in this way be specified further as a contradiction between two different kinds of thought. On the one hand, merely empirical thinking, the thinking of "calculating understanding," which determines its concepts and their relations in terms of immediate and relative purposes (the good that is derived in relation to my body or to social functions). On the other hand, an abstract mode of thought that articulates its conditions in absolute terms incommensurable with finite experience (in the above example, desire not for this or that woman for the satisfaction of this or that end, but desire for woman as such, unconditionally). Insofar as the finite mode of thought lays claim, for its own meanings, to transcendent ideas, the latter negate the validity of the former by showing how they fail to inhabit those criteria. But the negation of all empirical determinations for transcendent ideas also empties those ideas of any positive content, giving us merely negative conditions for meaning. Irony is the disclosure of this twofold lack: content without real meaning and real meaning without content.

In his earlier *On the Concept of Irony*, Kierkegaard had described irony in closely related terms. In that text, we are told that irony consists in the perception of everything's misrelation to the idea (CI, 131, 253f., 259, 261; SKS 1, 182, 292, 297, 299), and that this means the negation of merely finite modes of thought, that is, thought which is concerned only with the determination of relative and immediate ends (CI, 22, 34f.; SKS 1, 84, 96). Such a negation, moreover, not only deprives finite determinations of any absolute validity by disclosing their distance from their governing idea, but also leaves the idea without positive characteristics (CI, 35 ; SKS 1, 97). All Socrates knows is *that* there are ideas which transcend empirical determinations, and in the absence of which actuality loses all legitimacy, but not *what* these ideas are (CI, 169; SKS 1, 217f.; cf. also CI, 211; SKS 1, 256).

Kierkegaard offers something like a formalization of this logic of irony in the notion of infinite paradoxical tautologies, which he presents, elliptically, in aphorism seventy-nine of the *Diapsalmata*:

> Tautology is and remains the highest principle, the highest maxim of thought. No wonder, then, that most people use it. It is not so impoverished, either, and can well fill out a whole life. It has a jesting, witty, entertaining form; these are the infinite judgments. This kind of tautology is the paradoxical and transcendent kind. It has the serious, scientific, and edi-

---

[6] See also aphorisms number seventeen, forty-one, and fifty-six for similar descriptions of the opposition between infinite and merely relative desire.

fying form. The formula is as follows: when two quantities are equal in size to one and the same third quantity, they are all of equal size. This is a quantitative conclusion. This kind of tautology is especially useful on podiums and in pulpits, where one must say much. (EOI, 38 [translation modified]; SKS 2, 47)

The meaning and implications of this complex passage can only find initial treatment here. Let me begin by leaving aside altogether the question of the "serious, scientific, and edifying" form of tautology and focus on the "paradoxical and transcendent kind." As SKS K 2–3 usefully points out, it is likely that Kierkegaard in this instance has in mind the Fichtean proposition of self-consciousness. According to the commentary, at stake are, "Infinite propositions of the type 'a is not-a' (e.g. the Fichtean proposition I am non-I), which are tautologically false propositions and therefore paradoxical. That such a proposition is transcendent or a transgressing proposition must here mean that it exceeds the capacities of our cognition to determine, on the basis of the proposition, what 'a' is."[7] The connection to Fichte's proposition of self-consciousness is particularly illuminating in light of Kierkegaard's view that the latter constitutes the philosophical foundation of romantic irony. As he writes in *On the Concept of Irony*:

> The producing *I* is the same as the produced *I*. *I-I* is the abstract identity. By so doing [Fichte] infinitely liberated thought. But this infinity of thought in Fichte is, like all Fichte's infinity [...] negative infinity, an infinity in which there is no finitude, an infinity without any content. [...] In Fichte, thought was infinitized, subjectivity became the infinite, absolute negativity [...]. (CI, 273; SKS 1, 309)

The description of the identity of Fichtean subjectivity as an infinity that opposes any positive determination reproduces the structure of ironic ideas identified above, and the concluding invocation of "the infinite, absolute negativity" directly echoes Kierkegaard's prior definition of Socratic irony (CI, 261; SKS 1, 299). Further still, the notion of an infinite paradoxical tautology recurs throughout *The Concept of Irony* in relation to ironic judgments. With regard to Socrates' definition in the *Phaedo* of the soul as noncompounded, for example, Kierkegaard asserts that this determination is a mere tautology, and remains "totally negative," the way all ironic judgments do (CI, 72f.; SKS 1, 131f.). The reason is that "not-composite" is a merely infinite judgment, which does not specify in what sense the soul is not-composite and therefore fails to provide any positive information about the subject term in the proposition (the subject term remains "completely without predicates and indeterminate" (CI, 74 [translation

---

7 SKS K 2–3, 110; unless otherwise noted, all translations are my own.

modified]; SKS 1, 133). A still more specific resonance of the logic of irony with the notion of infinite paradoxical tautologies can be found in another passage from *The Concept of Irony*, where Kierkegaard describes Socrates' definition of piety in the *Protagoras:* "That is, if piety is not justice, Socrates argues, then to be pious is the same as being not just, that is unjust, that is impious" (CI, 58; SKS 1, 118f.). In Socrates' hands, in short, the definition of piety transforms into: piety is non-piety. This just is the paradoxical proposition, A is non-A, and like it, Socrates' determination of piety does not yield any positive determination of the idea in question: "The determination of virtue [...] is clearly [...] no determination at all" (CI, 59 [translation modified]; SKS 1, 119). Most importantly, perhaps, the same structure underlies Kierkegaard's description of Socrates' definition of Eros in the *Symposium*. As Kierkegaard explains, Socrates determines love as "desire for its object," which means that love must be understood as the absence of any positive properties, since its nature is to lack the things it wants. The point is not that love is the *negation* of those things it does not have (so that love, for example, being the absence of beauty could be identified as ugliness), but rather that love is the positive relation to those things it cannot itself possess. Love thus is the relation to those things that love is not, or, simply, love is non-love.[8]

More, of course, needs to be said to unpack this logical structure, but it is clear that Kierkegaard conceives of ironic judgments as the articulation of propositions in which the subject term is positively tied to predicates that it contradicts. Subject and predicate in the proposition are thus necessarily linked and yet incapable of agreeing with each other. In the *Diapsalmata*, we find several ironic situations that fit this more specific formula quite well. Aphorism sixty-five, for example, reads as follows: "Social endeavors and the accompanying beautiful sympathy become more and more widespread. In Leipzig, a committee formed out of sympathy for the sad fate of old horses has decided to eat them" (EOI, 33 [translation modified]; SKS 1, 42). The absolutizing of sympathy is here understood as generating its own negation: sympathy for horses ultimately means killing them, or, kindness in its essence is unkindness. Or, aphorism thirty-one, where *A* criticizes "the innocent pleasures in life" for having to be "en-

---

[8] CI, 45f.; SKS 1, 106f. Interestingly, Kierkegaard also describes Socrates' purely negative determination of the concept of love as the determination of "pure being," "den rene Værens ubestemmelige Bestemmelse" (CI, 46; SKS 1, 107). This brings Kierkegaard's notion of irony in immediate proximity with the discussion of infinite judgments by his teacher Frederik Sibbern, who in his study of logic specifies that the value of the copula in such cases is that of "negative being," "negativ Væren" (Frederik Christian Sibbern, *Logik som Tænkelære fra en intelligent Iagttagelses Standpunct og i analytisk-genetisk Fremstilling*, Copenhagen, 1835, 265).

joyed in moderation": "When my physician prescribes a diet for me, there is some reason in that; I abstain from certain specified foods for a certain specified time. But to be dietic in keeping the diet – that is asking too much" (EOI, 25; SKS 2, 34). To be moderate in one's moderation (dietic in keeping the diet) would mean to refrain from moderation, which is to say to indulge in excess (which is the second sense implied by "too much"). The essence of moderation, accordingly, turns out to be non-moderation.

Aphorisms such as these do not only describe the difference between ideal and real, but present conceptual definitions that seek to make any positive characterization of the ideas in question impossible. Kierkegaard's examination of the logic of irony in this way leaves us between the determinations of finite understanding and the positive ideas of reason able to unify those determinations into a coherent whole: it denies the legitimacy of the former without providing us positive access to the latter, suspending us between them.[9] In that connection it is particularly interesting to note Markus Kleinert's argument that Kierkegaard's irony should be read as related to what Hegel, in his early work *Faith and Knowledge*, calls the negative side of the absolute idea. That negativity is what, in the famous last paragraph of that text, is said to constitute the Good Friday of speculative reason, when it seems as though "God himself is dead."[10] The point is that, for irony, this crucifixion is not followed by a resurrection, which is to say that it treats the negative tension between idea and actuality as a permanent state rather than a moment in a process. As such, moreover, it is worth noting that Kierkegaard's irony likewise resonates with the form of radical skepticism that Hegel – in another early essay usefully emphasized by Kleinert – ascribes to antiquity and which, in his view, is devoid of any positive teaching.[11] As Hegel points out, such skepticism cannot give rise to a philosophy but only to a form of life, a "Lebensweise."[12] Accordingly, if Kierkegaard, in the *Diapsalmata* as in his authorship at large, chooses to present philosophy as a form of life rather than a systematic whole in Hegel's sense, it may well be because he insists that this ironic negativity cannot be sublated.

---

**9** In *The Concept of Irony*, Kierkegaard repeatedly describes irony as such as suspension between finitude and infinity; e.g. CI, 128; SKS 1, 179.
**10** Kleinert 2005, 19–29. Cf. Hegel 1986, 287–433, 432.
**11** Hegel 1986, ("Verhältnis des Skeptizismus zur Philosophie. Darstellung seiner verschiedenen Modifikationen und Vergleichung des neusten mit dem alten") 213–272, 242. Cf. Kleinert 2005, 36f., 40.
**12** In *The Concept of Irony*, Kierkegaard explicitly makes a similar point about Socrates when he asserts that the latter did not so much present a philosophy as an individual life (CI, 219; SKS 1, 263).

## 5.2 Discipline of Physics: Nihilism

The *Diapsalmata*, I have argued so far, provide us with a number of aphorisms that constitute exercises in the dialectic of irony: instructions for, or instances of, ironic judgments. The conclusion that the logic of irony results in an epistemic position that can be described as the view that "God himself is dead" already indicates its close relation to what can broadly be termed nihilism.[13] In the *Diapsalmata*, Kierkegaard in addition provides a series of descriptions of experience viewed from such a perspective, which can be divided into two groups: those dealing with external conditions of nihilism and those dealing with internal ones.

Without doubt, the most famous example of the first group comes in aphorism number eighty-one, which is itself headed "Either/Or" and thereby gives the book as a whole its title. The entry begins with the proposition, "Marry, and you will regret it. Do not marry, and you will also regret it," which it repeats through a number of close variations only to conclude:

> This, gentlemen, is the quintessence of all the wisdom of life. It is not merely in isolated moments that I, as Spinoza says, view everything *aeterno modo*, but I am continually *aeterno modo*. Many believe they, too, are this when after doing one thing or another they unite or mediate these opposites. But this is a misunderstanding, for the true eternity does not lie behind either/or but before it. (EOI, 38f.; SKS 2, 47f.)

The perspective ironic judgments give us access to is here explicitly identified as metaphysical: experience seen *aeterno modo*, which corresponds to what Hadot calls the cosmological point of view that concerns the Discipline of Physics. For Kierkegaard's pseudonym, this is a perspective from which the principle of contradiction that governs finite understanding has been suspended, not because the positive identity underlying opposing terms has been disclosed, as occurs in speculative philosophy, but because all finite determinations are recognized to be equally distant from the idea that would give them their proper meaning. What we get is thus a leveling of the world that constitutes what *A* later in *Either/Or* describes as a negative pantheism. Where in positive pantheism everything is equally valid because everything participates in God, in negative pantheism everything is equally valid because it is equally distant from Him (cf. EOI, 290; SKS 2, 280). As Danish so usefully puts it, under either condition everything is "ligegyldigt," which means both "equally valid" and "indifferent," or "boring," pre-

---

[13] The connection between irony and nihilism in Kierkegaard's thought is also a central claim in Söderquist 2007.

cisely because no substantive distinctions can be drawn between terms. As Judge William points out in volume two of *Either/Or*, such an interchangeability of things is identical to the assertion that "life is without meaning."[14]

Perhaps the clearest articulation of the connection between the discipline of logic and that of physics involved in this perception of the world as boring and devoid of meaning can be found in aphorism number seventy-seven:

> How dreadful boredom is – how dreadfully boring; I know no stronger expression, no truer one, for like is recognized only by like. [...] I am dying death. And what could divert me? Well, if I managed to see a faithfulness that withstood every ordeal, an enthusiasm that endured everything, a faith that moved mountains; if I were to become aware of a thought that joined the finite and the infinite. But my soul's poisonous doubt consumes everything. (EOI, 37 [translation modified]; SKS 2, 46)

The phrase "I am dying death" alludes to the description in the book of Genesis of the punishment for eating of the Tree of Knowledge (SKS K 2–3, 109). The condition of qualitative identity between terms which constitutes boredom is thus something like our post-lapsarian ontology and is the product of knowing too much. The only way to overcome it would be if actuality were to instantiate absolute ideas – faithfulness, enthusiasm, faith – but the negativity deployed in the Discipline of Logic makes the belief in such reconciliation impossible.

Insofar as ideas cannot find instantiation in experience, action in any higher sense becomes impossible (any sense higher than the pursuit of goals derived from our immediate nature), insofar as action, as Kierkegaard specifies later in *Either/Or*, consists in the realization of purposes (EOI, 120; SKS 2, 122f.). A's immobility is thus not simply a result of his willed resignation from the meaningfulness of existence, but also an imposed constraint, since, even if he wished, he could not act in a world that does not allow for the expression of intentions. As he puts it in aphorism sixteen: "I feel like a chessman must feel when the opponent says of it: That piece cannot be moved."[15] In aphorism thirty-four, A goes

---

**14** EOII, 147; SKS 3, 145. Closely related aphorisms include number five, forty-four, fifty-one and seventy-two. That irony leads to boredom is also emphasized by Kierkegaard in *The Concept of Irony* (CI, 285; SKS 1, 320; cf. also CI, 56, 79; SKS 1, 117, 137).

**15** EOI, 22; SKS 2, 30. In this connection, see also aphorisms eighteen, sixty-four and eighty-five. That this immobility is an outcome of irony is also visible in A's description of his fundamental rule of life, "Grundsætning," in aphorism eighty-one in terms that give it the status of an ironic idea discussed in the previous section. As A puts it in a deliberately convoluted passage, his maxim of the indifference of empirical alternatives is neither a point of departure for action nor *not* a point of departure of action. Its value as a rule of life must therefore be understood in opposition to any empirical actualization, which is to say that the essence of his rule of life is the negation of all rules of life, another infinite paradoxical tautology (EOI, 39; SKS 2, 48).

still further and suggests that this impossibility of actualizing purposes also denies time in any strong sense: "Time passes, life is a stream, etc., so people say. That is not what I find: time stands still, and so do I. All the plans I project fly straight back at me; when I want to spit, I spit in my own face" (EOI, 26; SKS 2, 34). The negation of all purposes deprives experience of a future with respect to which succession can be organized and thereby measured in its progress. What we get instead is stasis in the sense of the repetition of unconnected presents. An image of what such change without an organizing future would look like is found in aphorism seventy-three, where *A* equates the "various epochs" of his life with the succession of unconnected definitions of the word "Schnur." The latter "first of all means a string, and second a daughter-in-law. All that is lacking is that in the third place the word *Schnur* means a camel, in the fourth a whisk broom" (EOI, 36; SKS 2, 45).

This lack of possibility for engagement with the world is also at the center of the second group of aphorisms I would classify under the Discipline of Physics. Here *A* places the absence of conditions for the actualization of ideality not in the external world, but in the internal one: his own lack of the required qualifications. In aphorism twenty-six, for example, *A* identifies his mistaken point of view as the source of the loss of ideality: that he either sees too much or too little in it (a description repeated in closely related terms in aphorisms number thirty-nine and eighty) (EOI, 24; SKS 2, 33). Aphorism twenty-three instead makes the sterility of his soul and the weakness of his voice into the reasons for life's meaninglessness (EOI, 24; SKS 2, 32), while in number twenty-nine it is his lack of patience that is at fault (EOI, 25; SKS 2, 33f.), and so on.

Additional examples could again easily be found.[16] But what matters is that whether the cause is internal or external, there is no indication that either obstacle could be removed. The world as we get it in these aphorisms is irretrievably caught in the contradiction between ideal and real and as a consequence has lost all meaning, essential differences, and development. The upshot is a view that echoes Nietzsche's Silenus in *The Birth of Tragedy:* what is best is "not to be born, not to *be*, to be *nothing*. But the second-best thing for you is – to die soon."[17] As Kierkegaard's eighty-second aphorism makes the same point: "why did I not die as a young child? Only in the happy days of yore could people have the idea of babies weeping in Elysium because they died so prematurely" (EOI, 40 [translation modified]; SKS 2, 49).

---

[16] See e.g. aphorisms nine, thirty-six, forty-eight, and sixty-eight.
[17] Nietzsche 2003, 22.

## 5.3 Discipline of Ethics: Poiesis

Insofar as the "objective," "physical" description of the world paints a picture of the impossibility of action, the prospects for a "Discipline of Ethics" in the *Diapsalmata* seem grim. Nevertheless, a number of *A*'s aphorisms in fact articulate what kind of action is still possible within the world that nihilism gives us. One of the most notable of such instances comes towards the very end of the *Diapsalmata*, in aphorism eighty-eight:

> My sorrow is my baronial castle, which lies like an eagle's nest high up on the mountain peak among the clouds. [...] From there I swoop down into actuality and snatch my prey, but I do not stay down there. I bring my booty home, and this booty is a picture I weave into the tapestries at my castle. Then I live as one already dead. Everything I have experienced I immerse in a baptism of oblivion unto an eternity of recollection. Everything temporal and fortuitous is forgotten and blotted out. (EOI, 42; SKS 2, 51)

If the conditions of the world as we find them are inimical to the realization of meaning, then the solution is to substitute that world for a poetic reproduction. What *A* suggests in the quoted aphorism is that ethical action consists *not* in engaging experience on its own terms, but rather in liberating it from its contingent properties and treating it as part of a new whole, one in which experience derives its value from the participation in a purposeful unity it lacked in actuality. This means we must give up our commitment to the world as it is in itself and instead only use it as the material and occasion for our personal constructions.[18]

In the essay "Rotation of Crops" later in *Either/Or*, *A* argues at length that such poetic reconstruction of experience converts the leveling of the world caused by the departure of the gods from a problem into part of the solution. It is only *because* everything is equally valid that nothing stands in a necessary connection to anything else, so that everything in principle can be determined otherwise, be put in relation to other means and ends, since it has no necessary nature (EOI, 292–295; SKS 2, 281–284). A nihilistic world is the precondition for the aestheticization of experience: we can make anything expressive of our will only once we have asserted that nothing has meaning of its own.

It is important to note that, for *A*, the point is not that any particular poetic use of actuality can achieve absolute validity – that it could successfully embody the value it lays claim to (beauty, goodness, love, or whatever). It does not and cannot, and all poetic creations are therefore not only escapist but also ephem-

---

[18] For closely related aphorisms, see numbers twenty-five, eighty-four, eighty-six, and eighty-nine.

eral, as Kierkegaard makes clear. The claim is rather that the perpetual poeticizing of experience serves to exhibit our autonomy and agency as a positive principle for the organization of experience. From the aesthetic point of view, things are meaningful and worth engaging with not because of what they immediately express, but because they constitute vehicles for our agency, irrespective of what the product of that agency may be. The only absolute standard for action in a world devoid of absolutes, is action itself, *poiesis* in its original meaning of "to make."[19]

Kierkegaard's description of the ethics of poetry resonates strongly with the position of early German romanticism, at least as Kierkegaard understands it. In *On the Concept of Irony*, he distinguishes between irony proper (or legitimate irony), which Socrates practiced, and that of his romantic contemporaries, precisely by saying that the latter betray the pure negativity of irony by introducing their own subjectivity as a new positive principle.[20] The only thing the modern ironist does *not* ironize, is his or her own productive agency, which then becomes the standard for the organization of the world.

Inviting as a classification of *A's* position in the *Diapsalmata* as "romantic" might be – and readings of Kierkegaard's aesthetic as a straight version of German romanticism are pervasive[21] – it runs into serious difficulties insofar as many of the aphorisms persistently point to the shortcomings of the very principle of autonomy that they promote. Even those aphorisms that celebrate the powers of recollection as a way of escaping a meaningless world indicate it as a danger (aphorism sixty-two), a dying (aphorism eighty-four), and an illusion that hides rather than reveals the truth that threatens us (aphorism fifty-four) (EOI, 32, 41, 30; SKS 2, 41, 49 f., 39). Indeed, as far as the principle of autonomy itself is concerned, *A* asserts in aphorism fifty-seven that the only *real* exercise of freedom available to us is the act of suicide (EOI, 31; SKS 2, 40). And even this is radically questioned in aphorism seventy-eight, where it emerges that, Hamlet-like, *A* would not have the courage even for that (EOI, 37; SKS 2, 46). The challenge that this poses to the notion of art as the exhibition of an interior principle comes to a head in aphorism seven, the only other aphorism that bears a title, this time "Tested Advice for Authors." Here *A* advocates as a rule of artistic composition to have one's careless thoughts printed and then use the typographical errors that emerge to determine what one's meaning might have been (EOI, 20; SKS 2, 28). Subjectivity is accordingly no longer the authorizing source of writing,

---

**19** On this point, see aphorism seventy-five, as well as CI, 275, 284; SKS 1, 311, 319.
**20** CI, 275; SKS 2, 311. Cf. also Söderquist 2007, 140 f., 173 f.
**21** With respect specifically to the *Diapsalmata*, see Kleinert 2005, 186; and Nagley 1966, 51–74, 64.

but its effect. And insofar as this advice is "tested," we cannot help but wonder whether the *Diapsalmata* themselves are the product of this process.

In contrast to the view favored by the romantics, then, Kierkegaard's *A* does not attribute absolute authority to the ethics of *poiesis*. It would seem more appropriate to say, in broadly Nietzschean terms, that *A* embraces poetry's condition of Apollonian illusion, not because he believes in it but because he knows that experience as we otherwise would have it is unbearable. The authority of poetry is thus always offered in a "suspended" modality, pointing to its own limitations, which serves to present ethics not as action in conformity with truth, but in conformity with its absence: the best way of coping in a meaningless world.[22]

This crucial feature of *A*'s position is visible not only in the explicit statements about the limitations of poetry, but also in many of the aphorisms' very form. A more careful examination of the text would be necessary to show this in its required detail, but the point can be elucidated through a brief look at the first aphorism. It reads:

> What is a poet? An unhappy person who conceals profound anguish in his heart but whose lips are so formed that as sighs and cries pass over them they sound like beautiful music. It is with him as with the poor wretches in Phalaris' bronze bull, who were slowly tortured over a slow fire; their screams could not reach the tyrant's ears to terrify him; to him they sounded like sweet music. And people crowd around the poet and say to him, "Sing again soon" – in other words, may new sufferings torture your soul, and may your lips continue to be formed as before, because your screams would only alarm us, but the music is charming. And the reviewers step up and say "That's right; so it must be according to the rules of esthetics." Now of course a reviewer resembles a poet to a hair, except that he does not have the anguish in his heart, or the music on his lips. Therefore, I would rather be a swineherd out on Amager and be understood by swine than be a poet and be misunderstood by people. (EOI, 19; SKS 2, 27)

One of the most immediately striking aspects of this aphorism is the distance it travels in the course of a few lines. The opening two sentences, after the initial

---

[22] This point finds useful instantiation in aphorism fourteen, where *A* describes how he responds to the condition of immobility by indulging in lamentations (EOI, 21; SKS 2, 30). Considered as a poetic activity, such lamentation is accordingly not a privileged path to truth, but simply a strategy for coping with the world, a momentary relief. Later in the *Diapsalmata*, *A* specifically identifies this self-inflicted suffering with doubt, which later chapters of volume one of *Either/Or* identify as a privileged aesthetic category (see "The Tragic in Ancient Drama Reflected in the Tragic in Modern Drama" and "Silhouettes"), and which is here again characterized as a merely temporary solution: like the spinning-top, it can only keep us upright as long as the self-inflicted whipping persists (EOI, 24; SKS 2, 33).

question, "What is a poet?," operate in the medium, first, of abstract definition and, second, the mythical realm of the court of Phalaris. In the two sentences that follow, the text makes an abrupt shift (masked in its sharpness through the connective "And" that opens the fourth sentence) to the familiar, contemporary world of poets, audience, and literary critics. The last two sentences, finally, make a further movement into the sphere of common or low culture within that world (Amager), marked, moreover, by the emergence of a specifically personal point of view (the first person pronoun appears only at this stage). The aphorism in this way operates by means of a reduction in the scope of its referential world, from the universality of abstraction and myth, through the concreteness of the contemporary world, to the specificity of a personal experience and particular location in Copenhagen. This movement, moreover, is not only referential, but also stylistic. In the original Danish, the opening question and the following two sentences take up seventy-two words; sentences four and five fifty-nine words; and the last two sentences forty-six, which adds up to a reduction of exactly thirteen words with each new section.

Equally notable in this passage is what might be termed the change in directionality that takes place between these three parts. In the opening section, the dynamics of the scene rest on the song's movement from the inside of the poet and the bull to the outside world (the poet's screams flow out over, "strømme ud over," his lips, as we are old). In the second section, this trajectory is inverted in the description of the audience crowding around the poet (they "flokkes om" and "træde til"). Where in the previous sentence it is Phalaris who needs protection from the victim's emerging screams (they might "terrify" the King), it is now the poet who must fend off the approaching crowd. Both of these sections thus operate with horizontal movements, from inside out and outside in, both of which are qualified as structures of incomprehension, the failure of communication. In the third of the aphorism's section, however, we get a shift towards a vertical relation in the construction of the notion of understanding in terms of the relation of the swineherd to his swine. Rather than a felicitous horizontal relation between equals, understanding is here conceived as the successful communication of orders by one part to another (the swineherd telling the swine where to go). This idea of communication as based on the superiority and authority of one of the parties over the other is echoed stylistically in the shift to a limited irony in the second to last sentence ("Now of course, a reviewer resembles a poet to a hair…"), which likewise involves such an asymmetrical relation.

The introduction of the first person voice at the end of the aphorism would in this way appear to be invested with an extremely high degree of authority. It comes after horizontal relations of equality have been rejected as inadequate, with the sting of satire, and as the culmination of a conceptual and stylistic narrowing that makes it the concluding "point" of the passage as a whole with a certain sense of inevitability. To that extent, the passage could be read as an instance of the poetics of autonomy, the means for the poet's liberation for the sake of a position of pure self-determination.

The dramatic shift from the court of Phalaris to the streets of Amager, however, cuts both ways. It not only shores up the authority of the poetic voice, but also undermines it, since the contrast to the mythic context lays bare just how mundane the world is that the speaker is superior to. Precisely because the contemporary world is a world of swine, the sufferings of the poet also fail to acquire any glorified status. From this perspective, the aphorism must be read in continuity with the three epigraphs that immediately precede it. Although Victor Eremita in the Preface claims that he chose these at random (EOI, 8; SKS 2, 15f.), it is clear that they in fact constitute a significant sequence. The first consists of the title, *Diapsalmata*, written out in the original Greek letters and alluding to a poetic structure. The second is the Latin title attributed to Marcus Aurelius' *Meditations*, "ad se ipsum," which provides a shift both in time (from ancient Greece/the Bible to the Roman Empire) as well as subject matter or mode of discourse: poetry to philosophy. The third epigraph, four verses by Paul Pelisson, maps directly onto this sequence. On the one hand, their topic is distinctly "philosophical" (the vanity of worldly things), which thereby combines philosophical content in poetic form. On the other, the verses are given in the original French, which means that we arrive at a clear historical sequence: antiquity, Roman Empire, French Enlightenment, the three political and cultural high-points of the Western (secular) tradition by Kierkegaard's time. Against this carefully planned background, it seems impossible not to read the sudden shift to *A*'s Danish in the first aphorism as aimed at creating a sharp comic contrast. *A* is deliberately placed in the canon of Western high culture, but his own culture's obvious marginality breaks rather than supports the continuity of that tradition. The aspirations *A* holds and the reality of his situation stand comically, infinitely at odds. To be King of Amager is after all not to be King of very much. If misunderstanding moves both inside out and outside in, understanding moves both from the top down and the bottom up.[23]

The very composition of *A*'s aphorisms in this way suspend his authority and the legitimacy of a project of autonomy. Theoretically, this seems incompatible with the position of early German Romanticism, as Kierkegaard understood it,

---

[23] This is also, I think, the context in which to understand Eremita's comment that the last and the first aphorism have to be read together (EOI, 8; SKS 2, 16). The gift *A* receives in the last aphorism is to always have laughter on his side, which constitutes a self-negating form of authority.

and as it is often described. The extent to which this difference can be established more firmly would greatly benefit from a more detailed comparison of *A's* aphorisms to the fragments authored by Schlegel or Novalis, for example. Such a comparison lies beyond the present scope, but it is at least worth noting that the characteristics of *A's* poetic project as described above approximates the sharp distinction Heinz Krüger draws, without reference to Kierkegaard, between aphorism and romantic fragment. According to Krüger, the fragment is inherently systematic in nature, since it always involves a relation to a totality – that with respect to which it *is* a fragment – and as such must disclose its own determinate position within that whole (Krüger 1988, 62, 66). The aphorism, in contrast, negates its own tools of communication, and thereby cannot disclose a positive relation to an absolute, but only its negative absence (Krüger 1988, 68).

Aphorism could in this sense be said to be the ethics most suited to an ironic dialectic because it occurs between finitude and infinity, unable to accept the former or to reach the latter. In the *Diapsalmata*, the strongest expression of this position as *A's* proper sphere arguably comes in the remarkable thirteenth aphorism, where *A* writes: "There are particular occasions when one may be most painfully moved to see a person standing utterly alone in the world. The other day I saw a poor girl walking utterly alone to church to be confirmed" (EOI, 21; SKS 2, 29). This is one of the few expressions of sympathy we ever get from *A*, and it would seem to derive from the way the girl finds her isolation in the position between the immediacy of childhood and the ideality of Christianity that confirmation brings. The pause between them is where the aesthetic in *A's* sense occurs.

On this basis, it is tempting to summarize *A's* ethical position as belonging to what Kierkegaard elsewhere calls "humor" rather than irony, precisely because it undermines the subject's own claims to authority and because it seems aware of a higher positive ideality which it cannot reach, that of Christianity.[24] Or it may be that the best description of *A* is the one provided by Brian Söderquist, who terms him "post-ironic," and suggests he may have read Kierkegaard's critique of romanticism (Söderquist 2007, 210). Such terminological questions, however, are ultimately of less interest than the existential situation that the *Diapsalmata's* ethical exercise gives voice to. Nihilism the way Kierkegaard presents it here is not simply the unconditional negation of the world, nor the creation of a new one to substitute for ours. It is, instead, the negation of the world by reference to a higher principle to which we have no positive ac-

---

[24] On this issue, also see aphorism forty-nine. On the distinction between irony and humor more generally, see Söderquist 2007, 183–185, 194–196.

cess. And this, in fact, might find its best articulation not in the domain of philosophy narrowly conceived but in Franz Kafka's comment on nihilism to Max Brod. As Kafka puts it, unforgettably, there is "plenty of hope – [...] just not for us" (Brod 1962, 95). Or, in the corresponding image from the *Diapsalmata:* "Alas, the door of happiness does not open inward so that one can push it open by rushing at it; but it opens outward, and therefore one can do nothing about it" (EOI, 23 [translation modified]; SKS 2, 32).

One last point related to the Discipline of Ethics in the *Diapsalmata* is worth making. It is notable that Hadot repeatedly emphasizes that ancient philosophy does not distinguish between theory and praxis, since the philosophical life just is the embodiment of a fundamental rule. For that reason, Hadot, in his book on Marcus Aurelius, distinguishes between a discourse *about* philosophy and philosophy *proper:* only in the former do we find the abstract theoretical exposition of the distinct parts of philosophy (logic, physics, ethics), while the latter gives us the concrete exercise of those three parts in a single act or disposition (Hadot 2001, 81f.). It would seem this must mean that a discourse can only be philosophical insofar as its mode of presentation stands in a constitutive relation to its fundamental rule, and, indeed, Hadot frequently emphasizes the importance of Aurelius' style. Yet, oddly, the only function he ever explicitly ascribes to the aphoristic form of the *Meditations* is as an aid for memory: the brief form serves as a reminder for Aurelius of longer theoretical proofs that he knew from elsewhere (Hadot 2001, 37f.). As Hadot puts it at the end of his study of the *Meditations:* "The tripartite structure of the disciplines [...] has no influence on the work's literary form" (Hadot 2001, 263).

I am in no position to assess the correctness of Hadot's claim. It may well be that, indeed, Aurelius' aphoristic form makes no contribution to his philosophy, but if that is so, then the *Meditations* are not philosophy in Hadot's own sense, but only the means towards it, a kind of instruction manual, at best. In the *Diapsalmata*, however, the aphoristic form becomes precisely what it ought to be in a conception of philosophy as spiritual exercise: an embodiment of a fundamental rule, the enactment – not just the theoretical description – of what it means to live with nihilism.[25] The failure of Kierkegaard's writing, from this perspective, is not that it does not discuss philosophical issues, as Jon Stewart suggests, but that it *is* philosophy.

---

[25] That the aphorism is an embodiment of a philosophical position rather than merely a means toward it, can also be seen in A's reference to the idea of "living aphoristically" later in volume one of *Either/Or* (EOI, 220; SKS 2, 214).

# Bibliography

Brod, Max, 1962: Franz Kafka. Eine Biographie. Frankfurt a.M.: Fischer
Hadot, Pierre 1997: Philosophy as a Way of Life: Spiritual Exercises from Socrates to Foucault, ed. with an introduction by Arnold I. Davidson, translated by Michael Chase, Oxford and Malden, Mass.: Blackwell
Hadot, Pierre 2001: The Inner Citadel: The Meditations of Marcus Aurelius, translated by Michael Chase, Cambridge, Mass.: Harvard University Press
Hegel, G.W.F. 1986: Glauben und Wissen, Werke, vol. 2, ed. by Eva Moldenhauer and Karl Markus Michel, Frankfurt a.M.: Suhrkamp
Kleinert, Markus 2005: Sich verzehrender Skeptizismus: Läuterungen bei Hegel und Kierkegaard, Berlin / New York: Walter de Gruyter (KSMS 12)
Krüger, Heinz 1988: Über den Aphorismus als philosophische Form, Munich: Text + Kritik
Nagley, Winfield 1966: Kierkegaard's Irony in the 'Diapsalmata', in: Kierkegaardiana VI, Copenhagen
Nietzsche, Friedrich 2003: The Birth of Tragedy out of the Spirit of Music, translated by Shaun Whiteside, ed. by Michael Tanner, London: Penguin Books
Söderquist, Brian K. 2007: The Isolated Self: Truth and Untruth in Søren Kierkegaard's "On the Concept of Irony", Copenhagen: C.A. Reitzel
Stewart, Jon 2003: Kierkegaard's Relations to Hegel Reconsidered, Cambridge: Cambridge UP

Pierre Bühler
# 6 Die unmittelbaren erotischen Stadien oder das Musikalisch-Erotische: Mozarts Don Juan als ästhetische Gestalt

(EO1, 57–163; SKS 2, 53–136)

## 6.1 Zur Grundthematik der Untersuchung

Nach den aphoristischen „Diapsalmata" bildet der Text „Die unmittelbaren erotischen Stadien oder das Musikalisch-Erotische" die erste grosse Studie (vom Autor oft als „kleine Untersuchung" bezeichnet) in den Papieren von A. Von ihrem Umfang her stellt sie etwa ein Fünftel dieser Papiere dar. Während spätere Teile die Thematik des Ästhetischen stärker aus der Sicht des Theaters und mit Hilfe von Theatergestalten behandeln (so etwa „Der Reflex des antiken Tragischen in dem modernen Tragischen"; Marie Beaumarchais aus Goethes *Clavigo*; Gretchen aus Goethes *Faust*; Scribes Lustspiel *Erste Liebe*), geht es hier, wie in der Überschrift bereits angekündigt, um die Verbindung von Eros und Musik und deshalb um die Kunstgattung der Oper. Parallel zur Auffassung des Erotischen wird also zugleich eine kleine Philosophie der Musik entwickelt, obschon der Autor öfters seine Inkompetenz in Hinsicht auf das Musikalische betont. Im Zentrum dieser Erörterungen steht eindeutig Wolfgang Amadeus Mozarts Oper *Don Juan*, die zur Oper *par excellence* erklärt wird, obschon gelegentlich auf andere Opern Mozarts Bezug genommen wird. Der Aspekt des Theaters fehlt zwar auch nicht ganz: Im Kontrast zu Mozarts Oper wird auf Molières Komödie *Don Juan* ausführlich Bezug genommen, wie auch, in beschränkterem Ausmass, auf J.L. Heibergs Bearbeitung des Stoffes als Marionettenspiel.

In dieser Schrift geht es, unter verschiedenen Aspekten, um *Ästhetik* im klassischen Sinne, als Lehre von der Kunst, vom Kunstwerk, von den verschiedenen Künsten, und natürlich vornehmlich von der musikalischen Kunst. Zugleich aber erörtert A auch, damit zusammenhängend, die *ästhetische Lebenseinstellung*. Sie wird in der Gestalt Don Juans als des *Verführers* zum Ausdruck gebracht. Durch diese Betonung der erotischen Verführung wird eine Beziehung zwischen dieser Studie zu Don Juan und dem letzten Teil der „Papiere von A", dem *Tagebuch des Verführers* (ca. ein Drittel des Ganzen!) hergestellt. Das betont die Wichtigkeit dieses Verführungsmotivs, an dem sich, wie wir weiter unten sehen werden, eine grundlegende Dimension ästhetischer Existenz offenbart: die augenbliche Unmittelbarkeit, die den ästhetisch existierenden Don Juan vor jeglicher tiefergreifenden Bestimmung fliehen lässt und ihn deshalb unablässig von Verführung zu Verführung treibt.

Der Text verläuft in seiner recht komplexen, trotz gewissen lyrischen Abschweifungen sehr dichten Argumentation nicht gradlinig. Vielmehr kommt der Autor in kreisförmigen Gedankengängen immer wieder auf seine Grundthese zurück, die den *cantus firmus* der Studie bildet: Letztlich kann das Erotische nur musikalisch zum Ausdruck kommen, und das zeigt sich am besten in Mozarts Oper *Don Juan*. So ist die Studie denn auch eine ausführliche, sachkundige Besprechung von Mozarts Oper, ihren verschiedenen Gestalten und ihrem inneren musikalischen Aufbau. Aus der Biographie weiss man von Kierkegaard, dass *Don Juan* ganz eindeutig seine Lieblingsoper war und dass er in den Jahren vor *Entweder – Oder* den Aufführungen dieser Oper im Königlichen Theater in Kopenhagen mehrmals beiwohnte. „Sören Aabye war ja dort so gut wie Stammgast, wenn Mozarts *Don Juan* auf dem Programm stand, [...] von Mitte der 1830er Jahre bis zur Fertigstellung von *Entweder – Oder* wimmelt es in den Tagebüchern von Aufzeichnungen über den grossen Verführer" (J. Garff 2004, 158 f.). Das führt den Autor unserer Untersuchung an verschiedenen Stellen auch zu Lobreden auf Mozarts musikalisches Genie. So kann es etwa heissen: „Unsterblicher Mozart! Du, dem ich alles verdanke" (EO1, 59; SKS 2, 56), ein Ausruf, der eine lange Reihe von Dankesgründen eröffnet. An solchen Stellen spricht *A* auch gerne von seinem Verliebtsein in Mozarts Musik: ich bin „wie ein junges Mädchen in Mozart verliebt und muss ihn obenan stehen haben, koste es, was es wolle" (58 f.; SKS 2, 56).

Schließlich sei noch hervorgehoben, dass die Untersuchung von ihrem Vorgehen her auch etwas Ironisch-Spielerisches enthält, das dem Autor erlaubt, auf Distanz zu gehen und, im Sinne der ästhetischen Unmittelbarkeit, den Ernst und die Tiefe seiner Analyse unter rhetorischer Leichtigkeit zu tarnen. Das zeigt sich gleich zu Beginn daran, dass die Studie mit einer 35seitigen Einleitung beginnt, die als „nichtssagende Einleitung" bezeichnet wird, die aber bereits viel Entscheidendes enthält, während das zwölfzeilige „nichtssagende Nachspiel" (163; SKS 2, 136) in der Tat nicht mehr viel Neues bringt, sondern noch einmal die Grundthese (das „Lieblingsthema" der Untersuchung) wiederholt.

## 6.2 Zur Struktur

Die äusserliche Gliederung des in unserer Ausgabe 105-seitigen Textes ist relativ einfach. Wie soeben betont, wird der eigentliche Reflexionsgegenstand von einer langen „nichtssagenden Einleitung" (57–91; SKS 2, 55–81) und einem ganz knappen „nichtssagenden Nachspiel" (163; SKS 2, 136) umrahmt. Dazwischen steht die eigentliche Abhandlung (91–163; SKS 2, 81–136), die in drei Stadien gegliedert ist, in denen eine progressive Vertiefung der Begierde entfaltet wird, von anfänglichen Formen bis hin zu ihrer vollendeten Gestalt. Die zwei ersten sind kurz (erstes Stadium: 91–95; SKS 2, 81–84; zweites Stadium: 95–102; SKS 2, 84–89), während das dritte (102–163; SKS 2, 89–136) viel ausführlicher und seinerseits nochmals in drei Abschnitte aufgeteilt ist. Der erste Abschnitt (106–125; SKS 2, 92–107) widmet sich der sinnlichen Genialität, wie sie im Motiv der Verführung zum Zuge kommt; im zweiten (125–140; SKS 2, 107–118) kommt der Autor auf den musikalischen Aspekt zurück und behandelt vergleichend andere, nicht-musikalische Bearbeitungen, vor allem die theatralische; der dritte schließlich (140–163; SKS 2, 118–136) hebt die zentrale Rolle von Don Juans Gestalt noch einmal hervor, indem der „innere musikalische Bau der Oper" (140; SKS 2, 118) erörtert wird.

Im Folgenden gehen wir dieser Struktur entlang, bemühen uns aber dabei, bei den längeren und komplexeren Abschnitten auch die detailliertere Strukturierung des Gedankenganges herauszuarbeiten. Es erfolgt auch eine Konzentration auf die Entfaltung der Grundthematik der Untersuchung, um dem Leser in einem sehr dichten Text einige Verstehensschneisen freizulegen.

## 6.3 „Nichtssagende Einleitung" (57–91; SKS 2, 55–81)

In der Einleitung lassen sich *vier* Gedankenkreise unterscheiden.

a) Zunächst wird in einem ersten Schritt (57–62; SKS 2, 55–59) ausführlich erörtert, was die Klassizität und Unsterblichkeit eines Kunstwerkes ausmacht. In Anlehnung an die „fröhliche griechische Betrachtung der Welt" als Kosmos, als „einer höheren Ordnung der Dinge" (57; SKS 2, 55), betont der Autor, dass es für ein klassisches Werk eines glücklichen Zusammentreffens bedarf, das nicht einfach als zufällig abgetan werden kann. Dieses glückliche, ja sogar göttliche Zusammenspiel wird mit vier Beispielen erörtert: Es bedarf der Verküpfung „Axels mit Walburg, Homers mit dem trojanischen Krieg, Raphaels mit dem Katholizismus, Mozarts mit Don Juan" (ebd.). In der weiteren Argumentation werden vor allem die Beispiele Homers und Mozarts beibehalten. Es bedarf eines genialen Autors (Homer) und eines vorzüglichen epischen Stoffes (der trojanische Krieg): „Darin liegt die tiefe Harmonie, die in jedem Kunstwerk, das wir klassisch nennen, wiederklingt" (58; SKS 2, 56). Etwas später wird *A* auch von einem „Gleichgewicht" sprechen (61; SKS 2, 58), und das gilt hier nun auch für Mozarts *Don Juan*: „es ist ein Glück, dass das in tieferem Verstande vielleicht einzige musikalische Sujet keinem anderen gegeben wurde als – Mozart" (ebd.). So tritt Mozart mit seinem Don Juan in die kleine Schar der unsterblichen Künstler. Um diese Auffassung der Klassizität zu vertiefen, werden zwei Schulen einander gegenübergestellt: Hegel habe die ästhetische Bedeutung des Stoffes betont, während eine Ästhetiker-Schule (Kierkegaard scheint hier an Chr. H. Weisse oder an J.L. Heiberg zu denken) einseitig die Bedeutung der Form hervorhob. „Beides gehört indessen wesentlich zusammen" (ebd.). Wem dies in einem Kunstwerk gelingt, der schafft ein *klassisches* Kunstwerk, und das ist bei Mozart mit *Don Juan* der Fall.

b) „Alle klassischen Kunstwerke stehen [...] gleich hoch, weil ein jedes unendlich hoch steht" (62; SKS 2, 59). Doch war ab und zu in diesen ersten Seiten bereits angeklungen, dass für die Verliebten Mozarts Don Juan an oberster Stelle unter den Klassikern steht. Das führt den Autor dazu, in einem zweiten, komplexen Gedankengang (62–74; SKS 2, 59–68), danach zu fragen, ob es unter den klassischen Kunstwerken eine Hierarchie geben kann. Was hier reflexiv zu erreichen ist, wird mit vielen Nuancen versehen: Es können keine *Beweise* geliefert werden, sondern nur gewisse *Winke* wahrgenommen werden (70; SKS 2, 65); es kann nicht um Wesentliches gehen, sondern nur um Unwesentliches, und deshalb auch um Zufälliges (62; SKS 2, 59); es handelt sich hier nicht mehr um eine Aufgabe des Denkens, sondern betrifft die Bewunderung, die Sympathie, die Pietät, „das Kind in mir, das Weib in mir" (71; SKS 2, 65). Deshalb kann der Autor gegen Schluss seines Versuchs auch in selbstkritischer Bilanz sagen: „Doch ich gebe diese ganze Untersuchung auf. Sie ist nur für Verliebte geschrieben" (70; SKS 2, 65). Viel wichtiger sei die Aufgabe, ganz von Mozart ausgehend, „die Bedeutung des Musikalisch-Erotischen darzutun und zu diesem Ende wiederum auf die verschiedenen Stadien hinzuweisen, die, wie sie das miteinander gemein haben, dass sie alle unmittelbar erotisch, zugleich darin übereinstimmen, dass sie alle wesentlich musikalisch sind" (72; SKS 2, 66). Damit ist die eigentliche Aufgabe der Abhandlung formuliert, wie sie sich dann ab S. 91 entfaltet, in der unablässigen Bemühung, Mozart immer besser zu verstehen, obschon der Autor überzeugt ist, „dass, würde Mozart mir je ganz begreiflich, er mir erst vollkommen unbegreiflich würde" (74; SKS 2, 68).

Trotzdem aber wollen wir seine Überlegungen zu einer zufälligen Hierarchie der klassischen Kunstwerke kurz nachvollziehen, um einige für die weitere Reflexion wichtige Hinweise einzusammeln. Es werden zunächst verschiedene Kunstarten (Architektur, Skulptur, Malerei, Poesie, Musik) in Betracht gezogen, um sie in Hinsicht auf das Verhältnis von Stoff und Form vergleichend einzuschätzen. Wie von den vorangegangenen Reflexionen zu erwarten war, ist das Ergebnis jedoch negativ: Es ergibt sich hier keine Rangordnung (66; SKS 2, 61f.), was den Autor dazu führt, einen anderen Weg einzuschlagen (66ff.; SKS 2, 61ff.), nämlich in diesen verschiedenen Kunstarten das Verhältnis von Idee (oder Stoff) und Medium in Hinsicht auf Abstraktheit und Konkretheit zu prüfen. Das Prinzip wird folgendermassen formuliert: „Je abstrakter und also je ärmer die Idee ist, je abstrakter und also je ärmer das Medium ist, um so grösser die Wahrscheinlichkeit, dass sich keine Wiederholung denken lässt [...]. Je konkreter hingegen und also je reicher die Idee, und ebenso mit dem Medium, umso grösser die Wahrscheinlichkeit einer Wiederholung" (66; SKS 2, 62). Konkret wird eine Idee dadurch, „dass sie vom Geschichtlichen durchdrungen ist" (66 f.; SKS 2, 62), und „das konkreteste aller Medien" ist die Sprache. Dadurch ergibt sich nach längerer Besprechung der verschiedenen Kunstarten eine zufällige Rangordnung zugunsten von Mozarts *Don Juan:* Die abstrakteste, in ihrer Unmittelbarkeit am stärksten von geschichtlichem Stoff abgehobene Idee ist die *sinnliche Genialität*; das abstrakteste Medium, „das Medium, das der Sprache am fernsten steht" (68; SKS 2, 63), ist die *Musik*. Die sinnliche Genialität, als „eine Kraft, ein Wetter, Ungeduld, Leidenschaft", vollzieht sich „in einer Sukzession von Momenten" (69; SKS 2, 64); sie hat deshalb epischen Charakter, aber lässt sich in ihrer Unmittelbarkeit nicht in Worte fassen. Die Musik hat auch „ein zeitliches Moment in sich" (ebd.), ohne jedoch das Geschichtliche in der Zeit ausdrücken zu können. So folgt nun der Schluss (ebd.): „Die vollendete Einheit dieser Idee und der ihr entsprechenden Form haben wir nun in Mozarts Don Juan". Deshalb bleibt dieses Werk „das einzige in seiner Art" (70; SKS 2, 65), so dass Mozart höchstwahrscheinlich nie einen Konkurrenten haben wird. Der wichtigste Gewinn aus diesem ganzen Versuch für die weitere Reflexion ist die *absolute Musikalität:* Don Juan ist das einzige Werk, „von dem man sagen kann, seine Idee sei absolut musikalisch, dergestalt dass die Musik nicht als Begleitung hinzutritt, sondern in der Offenbarung der Idee zugleich ihr eigenes innerstes Wesen offenbart" (ebd). Deshalb kann der Autor später auch sagen, es genüge nicht einfach, *Don Juan* als die allerbeste Oper zu bezeichnen; man muss zwischen ihr und allen anderen unbedingt einen qualitativen Unterschied betonen, der „in nichts anderem zu suchen sein kann als in dem absoluten Verhältnis zwischen Idee, Form, Stoff und Medium" (87; SKS 2, 78).

c) Mit S. 74 Mitte setzt ein ganz neuer Gedankenkreis ein, der den Autor bis S. 79 beschäftigt, wo er dann nochmals ein neues „nichtssagendes Zwischenspiel" eröffnet. Auf den S. 74–79 (SKS 2, 68–72) geht es nun um die Klärung des *Verhältnisses zum Christentum*, die eine religiöse Bestimmung der soeben betonten sinnlichen Genialität erlaubt, wie auch deren geschichtliche Einordnung. Die Grundidee, zunächst als „gewagte Behauptung" gekennzeichnet, lässt sich hier folgendermassen formulieren: Das Christentum hat die Sinnlichkeit in die Welt gebracht, und zwar, weil es den Geist gesetzt hat, hat es auch die Sinnlichkeit gesetzt, als das, was vom Geist ausgeschlossen wird. Das führt dazu, dass die Sinnlichkeit als Prinzip, als Macht bestimmt wird, die im Gegensatz zum Prinzip des Geistes steht.

Sinnlichkeit gab es zwar schon früher, so vor allem im antiken Griechenland, aber, wie der Autor gleich präzisiert, nicht geistig bestimmt, nicht als Prinzip. Oder, anders gesagt: „nicht Gegensatz, Ausschliessung, sondern Harmonie und Einklang" (75; SKS 2, 69). In der Gräzität ist die Sinnlichkeit kein Feind, der unterworfen werden muss: „sie war befreit zu Leben und Freude in der schönen Individualität" (76; SKS 2, 69), und die Götter wie auch die Menschen kannten glückliche und unglückliche Liebesabenteuer. In diesem Sinne kann A sagen, dass vor dem Christentum die Sinnlichkeit *seelisch* bestimmt ist.

Auf diese Abgrenzung folgt ein wichtiger Gedanke, der später erneut aufgenommen werden wird: Die Griechen führen die Liebe auf Eros zurück, doch ist dieser selbst nicht verliebt. „Was die Kraft des Gottes ist, das ist nicht im Gotte, sondern in all den übrigen Individuen [...]; er selber ist gleichsam kraftlos, ohnmächtig" (77; SKS 2, 70). Mit dem Christentum tritt hingegen die Idee der *Repräsentation* in die Welt, wie sie sich in der Inkarnation zeigt: „In der Inkarnation hat das einzelne Individuum die ganze Lebensfülle in sich, und diese ist für die übrigen Individuen nur dadurch, dass sie sie in dem inkarnierten Individuum anschauen" (ebd.). So ist es auch für die Sinnlichkeit, wenn sie als Prinzip verstanden wird, das der Geist ausschliesst: Dann ist sie „in einem einzigen Individuum konzentriert" (78; SKS 2, 71), in dem eine Umkehrung dessen geschieht, was der Inkarnation zugrunde liegt. Don Juan als Umkehrung Christi: Das ist hier wohl das implizit Anvisierte.

Abschliessend wird auch das Medium noch religiös charakterisiert: Als Unmittelbarkeit kann die „sinnlich-erotische Genialität" nur in Musik ausgedrückt werden, sie bildet den „absoluten Gegenstand" der Musik (79; SKS 2, 71). Als solche erweist sich die Musik als „eine christliche Kunst, oder richtiger als diejenige Kunst, die das Christentum setzt, indem es sie von sich ausschliesst, als Medium für das, was das Christentum von sich ausschliesst [...]. Mit anderen Worten, die Musik ist das Dämonische" (78; SKS 2, 71). Die Musik kann zwar noch viel anderes ausdrücken, aber das ist ihre vornehmliche Bestimmung. Etwas später in der Einleitung wird dieser Gedanke noch vertieft, und zwar aus der Sicht des religiösen Eifers (88 f.; SKS 2, 78 f.): Für das unmittelbar Geistige ist die Musik, weil sinnlich, ein unvollkommenes Medium, und auch wenn man sie deshalb nicht als Teufelswerk abtun muss, gilt doch das Prinzip, dass „je strenger die Religiosität, um so mehr verzichtet man auf die Musik und hebt das Wort hervor" (88; SKS 2, 78).

d) Das nächste „Zwischenspiel" (79–89; SKS 2, 72–79) ist einer Klärung der Musik als Medium gewidmet, wobei der Autor gleich zweifelt, ob er imstande sei, „etwas Befriedigendes darüber zu sagen" (79; SKS 2, 72), weil er in Sachen Musik ein Laie sei, außerhalb der Musik stehe. Der ihm bekannte Bereich ist der der Sprache, und deshalb will er versuchen, die Musik so zu entdecken, dass er an die äusserste Grenze des ihm gewohnten Bereichs der Sprache geht und sie von dort her erfasst. Tastend und in verschiedenen Anläufen, hier auch wieder die verschiedenen Kunstarten aufnehmend, unternimmt es A zu erörtern, in welchem

Sinn man sagen kann, dass Musik auch eine Sprache sei, und wofür sie es sei. Zwar ist Sprache vornehmlich das Medium des Geistes, der Idee. Doch, da der Geist alles, was nicht Geist ist, ausschliesst, braucht es für dieses Ausgeschlossene ein vom Geist her bestimmtes Medium, und das ist die Musik. Um diese These zu begründen, arbeitet der Autor mit zwei Analogien: „Ausser der Sprache ist die Musik das einzige Medium, das sich an das Ohr wendet" (83; SKS 2, 74), und: Allein die Sprache und die Musik haben ihr Element in der Zeit, während die anderen Medien den Raum zum Element haben (vgl. ebd.). In der Sprache jedoch liegt die Reflexion, und sie kann deshalb nicht das Unmittelbare ausdrücken. Das ist aber keine Armut der Sprache, sondern ihr Reichtum, denn: „Das Unmittelbare ist nämlich das Unbestimmbare" (85; SKS 2, 76), und so liegt im Unmittelbaren ein Mangel. Dieses Unmittelbare, geistig bestimmt, kommt im Musikalischen zum Ausdruck, und deshalb ist Musik nicht höher, sondern tiefer als Sprache. Aber es folgt daraus, „dass ich überall, wo die Sprache aufhört, dem Musikalischen begegne", anders gesagt: „dass die Musik überall die Sprache begrenzt" (84; SKS 2, 76).

A präzisiert nun noch die Art des Unmittelbaren, das in der Musik zum Ausdruck kommt. Wenn es in den Bereich des Geistes fällt, dann kann es auch immer noch durch Sprache ausgedrückt werden; nur wenn das Unmittelbare ganz aus dem Bereich des Geistes fällt, kommt die Musik zu ihrem absoluten Gegenstand. „Das Unmittelbare aber, das solchermassen aus dem Geiste ausgeschlossen wird, ist die sinnliche Unmittelbarkeit" (86; SKS 2, 77).

Damit kommt der Autor zum Abschluss seiner „nichtssagenden Einleitung": „Das bisher Gesagte halte ich in bezug auf diese kleine Untersuchng für einigermassen ausreichend, da es hier wesentlich dazu dienen soll, den Weg zu bahnen für die Bezeichnung der unmittelbaren erotischen Stadien, so wie wir sie bei *Mozart* kennenlernen." (87 f.; SKS 2, 78) Damit sind wir, nach der sehr reichhaltigen Einleitung, beim eigentlichen Thema der Abhandlung.

## 6.4 Die drei Stadien

Jedes Stadium wird mit Hilfe einer Operngestalt erläutert: der Page in der Oper *Figaro* für das erste, Papageno in der *Zauberflöte* für das zweite und Don Juan für das dritte. Die zwei ersten geben auch Anlass zur kritischen Evaluation der betreffenden Opern in Hinsicht auf ihre musikalischen Mängel. Bereits bevor er mit der Beschreibung der Stadien beginnt, präzisiert *A* am Schluss der Einleitung, wie hier „Stadium" zu verstehen sei: Die Stadien existieren nicht selbständig, jedes für sich. Es gehe eigentlich mehr um eine „Metamorphose" (90; SKS 2, 80), die die Stadien zusammennimmt, um sie progressiv auf das Wesentliche auszurichten.

Deshalb „wird man erkennen, dass die einzelnen Stadien mehr die Offenbarung eines Prädikats sind, dergestalt, dass alle Prädikate in den Reichtum des letzten Stadiums hinabstürzen, da dies das eigentliche Stadium ist" (ebd.). Von dieser Bemerkung her lässt sich verstehen, warum die zwei ersten Stadien schnell behandelt werden (91–95; SKS 2, 81–84; 95–102; SKS 2, 84–89) und das dritte um so ausführlicher (102–163; SKS 2, 89–136). Deshalb kann A später auch sagen, dass die zwei ersten Stadien eigentlich nur einseitige „Ahnungen von Don Juan" seien (103; SKS 2, 90).

Zwei weitere knappe Hinweise der Einleitung sind hier noch wichtig. Man solle bei den Stadien nicht an „Stufen im Bewusstsein" denken, denn bis am Schluss gilt: „ich habe immer nur mit dem Unmittelbaren in seiner vollkommenen Unmittelbarkeit zu tun" (90; SKS 2, 80). Und weil es um den absoluten Gegenstand der Musik geht, kann diese alles viel besser als die Sprache ausdrücken, und deshalb sollten die nun folgenden Reflexionen auch immer wieder zum Hören führen (vgl. 91; SKS 2, 81).

Erst in der Erläuterung des zweiten und des dritten Stadiums werden die Stadien auch im Überblick miteinander verglichen. So heisst es etwa auf S. 98 (SKS 2, 86), dass die Begierde in allen drei gegenwärtig sei: Im ersten sei sie träumend, im zweiten noch suchend und im dritten wirklich begehrend. Im ersten Stadium erwacht das Sinnliche als Begierde, aber noch nicht zur Bewegung, sondern „zu stiller Quieszenz" (92; SKS 2, 81), noch in Sehnsucht und Melancholie gefesselt: eine Begierde, die nicht zum Begehren kommen kann, weil das Begehrte noch nicht von ihr geschieden ist, so dass sie in schmerzlichem Widerspruch steht. Im zweiten Stadium geht die Begierde auf Wanderschaft, „auf Entdeckungen aus" (98; SKS 2, 86), weil sich ihr die Gegenstände in Mannigfaltigkeit zeigen, rasch erscheinend und verschwindend, so dass sie hin und her flattert. Deshalb ist Papageno auf seiner Rohrflöte „ohne Unterlass in aller Müssigkeit sorglos fortzwitschernd" (100; SKS 2, 87). Don Juan hingegen ist „ein Ritter, der auf Siege ausgeht (*veni – vidi – vici*)" (98; SKS 2, 86). Er ist zwar auch auf Entdeckungen aus, aber im Sieg seiner Begierde liegt die Entdeckung bereits hinter ihm, so dass die sukzessiven Entdeckungen dem Diener Leporello anvertraut werden, der Liste führt. „*Papageno* späht aus, *Don Juan* geniesst, *Leporello* prüft nach." (ebd.)

Zu Beginn des dritten Stadiums werden die Stadien noch einmal, für das ganze Vorgehen klärend, in Beziehung zueinander gebracht (103; SKS 2, 89 f.): Im ersten Stadium war der Widerspruch, „dass die Begierde keinen Gegenstand fand, sondern, ohne begehrt zu haben, schon im Besitze ihres Gegenstandes war und daher nicht zum Begehren kommen konnte". Im zweiten Stadium zeigt sich der Gegenstand der Begierde als mannigfaltig, und deshalb hat die Begierde „doch in tieferem Sinne keinen Gegenstand". Im dritten Stadium, bei Don Juan, „ist die Begierde absolut als Begierde bestimmt" und bildet deshalb die Einheit der zwei anderen Stadien. Alles Weitere vorbereitend kann deshalb A folgendermassen zusammenfassen: „Das erste Stadium begehrte ideal, das Eine; das zweite begehrte das einzelne unter der Bestimmung des Mannigfaltigen, das dritte Stadium ist die Einheit hiervon." Darin liegt das grundlegende Verführungsprinzip: Deshalb kommt in diesem Stadium die Begierde als Prinzip zum Zuge. Sie ist „absolut gesund, sieghaft, triumphierend, unwiderstehlich und dämonisch", und das alles allein in Musik ausgedrückt. Deshalb geht es im Weiteren auch nur darum, durch Sprache, durch Reflexion „immer mehr und mehr das Territorium, in dem die Musik heimisch ist, zu umstellen, zu ängstigen, bis sie hervorbricht" (104; SKS 2, 91). Letztlich gilt also nur die Anweisung: „Hört!" (ebd.). In diesem Zeichen seien jetzt die Merkmale der Gestalt Don Juans ausführlicher erörtert.

## 6.5 Sinnliche Genialität, als Verführung bestimmt (106 – 125; SKS 2, 92 – 107)

A steigt in diesen Paragraphen ein mit der Frage nach einer historischen Verortung: Wann die Idee Don Juans entstanden ist, wisse man zwar nicht; sicher jedoch sei, dass sie dem Christentum gehört, und deshalb dem Mittelalter. Aus dem Mittelalter ist die Idee der Repräsentation geschöpft, die schon weiter oben erörtert wurde: Das Totale wird in einem einzelnen Individuum dargestellt. Diesem totalen Individuum wird meistens zum Ausgleich der Kräfte eine Nebenfigur hinzugefügt: wie der Narr zum König, wie Sancho Pansa zu Don Quichotte, so gehört Leporello zu Don Juan. Als repräsentative Figur stellt Don Juan „die Inkarnation des Fleisches oder die Begeisterung des Fleisches aus des Fleisches eigenem Geist" dar (107; SKS 2, 93). Der Autor diskutiert kurz, ob Don Juan somit dem frühen oder dem späten Mittelalter angehört. Das entscheidet sich an der Beziehung zur Erotik der Ritterzeit: Für A wird diese Erotik in Don Juan nicht antizipiert, sondern weitergeführt, und deshalb wird das Motiv dort angesiedelt, „wo das Mittelalter sich aufzuheben im Begriff ist" (108; SKS 2, 94), eine Zeit, in welcher der Geist sich von der Welt loslöst und die Sinnlichkeit um so mehr diese Welt als Wohnstatt ergreift. Das Mittelalter erzählt vom Venus-Berg. „Dort hat die Sinnlichkeit ihr Heim, dort hat sie ihre wilden Freuden", und: „Der Erstling dieses Reiches ist *Don Juan*" (109; SKS 2, 94).

Die Ansiedlung im späten Mittelater führt den Autor zu einem Vergleich von Don Juan und Faust, diesen zwei „Titanen und Giganten des Mittelalters" (ebd.). Hier nimmt der Autor noch einmal die Idee des Dämonischen auf: Beide sind Ausdruck des Dämonischen, Don Juan als des Sinnlichen und Faust als jenes Geistigen, das der christliche Geist ausschliesst. Ging Faust als Sage auf ein Volksbuch zurück, so war Don Juan als Stoff wohl eher als Schaubudenstück aufbewahrt, mit einer komischen Anlage. Das wird den Autor im nächsten Abschnitt dazu führen, die theatralische Bearbeitung Don Juans, insbesondere in Molières Komödie, gesondert zu thematisieren.

Faust ist Idee, aber zugleich wesentlich Individuum; in Don Juan ist das Sinnliche nicht als Individuum zu denken, sondern eigentlich nur als Idee: Er ist die Naturmacht, die des Verführens nie müde wird. Das zeigt sich gerade eindrücklich an der Anzahl der in Spanien verführten Frauen: 1003, als ungerade und zufällige Zahl, erweckt den Eindruck, „dass die Liste keineswegs abgeschlossen, sondern dass Don Juan noch im besten Zuge ist" (113; SKS 2, 97), und dass Leporello weiterhin wird Buch führen müssen... In diesem Sinne wird nun die bisher betonte sinnlich-erotische Genialität Don Juans grundsätzlich als *Verführung* bestimmt: „die Erotik ist hier Verführung" (ebd.).

Um diese Dimension zu vertiefen, greift *A* auf den folgenden Seiten noch einmal auf seinen Vergleich mit der griechischen Auffassung der Liebe zurück. Als seelisch bestimmte Liebe ist die griechische Liebe treu, während Don Juan in seiner Sinnlichkeit „absolut treulos" ist (114; SKS 2, 98). Er liebt nur im Moment, und deshalb ist seine Liebe eine unaufhörliche Wiederholung. Seelische Liebe kann individualisieren und nuancieren, unterscheiden. Sinnliche Liebe „kann alles in einen Topf werfen", oder, wie später in einem fiktiven Diskurs zum Ausdruck gebracht: „was mich glücklich macht, hat ein jedes Mädchen, und deshalb nehme ich sie alle" (118; SKS 2, 101), ein einfaches Bauernmädchen (Zerline, z. B.) wie auch „sechzigjährige Koketten" (ebd.). Das Epos Don Juans besteht in Leporellos Liste der Verführten, episch darin, „dass er beständig fertig wird und beständig von vorne anfangen kann" (117; SKS 2, 100). Alle endlichen Unterschiede verschwinden, weil er „in jedem Weibe die ganze Weiblichkeit" begehrt und so durch sinnliche Idealisierung „seine Beute zugleich verschönt und besiegt" (121; SKS 2, 103). Deshalb werden ihm die verführten Frauen, sowohl die einfache Zerline als auch die edle Elvira, sobald sie besiegt sind, zu gefährlichen Feindinnen (vgl. 118; SKS 2, 101), denn sie haben als Verführte ein Bewusstsein, das Don Juan in seiner sinnlichen Unmittelbarkeit nicht hat: Er „hastet in ewigem Verschwinden dahin", und *A* fügt hinzu, im Sinne absoluter Musikalität: „geradeso wie die Musik, von der es gilt, dass sie vorbei ist, sobald sie aufgehört hat zu tönen" (123f.; SKS 2, 106).

Interessant sind die Implikationen in Hinsicht auf das *Zeitverständnis*. „Die seelische Liebe ist ein Bestehen in der Zeit, die sinnliche ein Verschwinden in der Zeit" (115; SKS 2, 99). Das folgt daraus, dass Don Juan immer nur im Moment liebt. Deshalb ist sein Leben nicht zusammenhängend, sondern eigentlich nur additiv, summierend konstituiert: „sein Leben ist die Summe repellierender Momente, [...] als der Moment die Summe von Momenten, als die Summe von Momenten der Moment" (117; SKS 2, 100). Deshalb ist es unwesentlich zu überlegen, wie Don Juan aussehen könnte; in seiner absoluten Musikalität gilt es, ihn zu hören, gerade in seinem ewigen Verschwinden: „höre seine wilde Flucht, an sich selber eilt er vorüber, immer schneller, immer unaufhaltsamer, höre der Leidenschaft zügelloses Begehren, höre das Rauschen der Liebe, höre das Raunen der Versuchung, höre den Wirbel der Verführung, höre des Augenblicks Stille – höre, höre, höre *Mozarts Don Juan!*" (125; SKS 2, 107).

## 6.6 Zur Vertiefung, andere, nicht-musikalische Bearbeitungen (125 – 140; SKS 2, 107 – 118)

Wenn jetzt andere, nicht-musikalische Bearbeitungen der Gestalt Don Juans betrachtet werden, so präzisiert der Autor, geschehe das nicht „um dieser Bearbeitungen willen [...], sondern lediglich, um die Bedeutung der musikalischen Auffassung vollständiger zu beleuchten" (128; SKS 2, 109).

Seine Erläuterungen beginnt A dadurch, dass er den bereits früher eingeführten Vergleich von Faust und Don Juan noch einmal aufnimmt. Faust ist Gegenstand vieler Auffassungen geworden und wird es wohl auch immer wieder werden. Das hängt letztlich damit zusammen, dass die Idee konkret, geschichtlich verankert ist, und deshalb auch geistige Verarbeitung fordert. Für Don Juan hingegen gilt, dass, seit dieser Stoff bei Mozart im Medium der Musik seine höchste Würdigung gefunden hat, wegen des abstrakten Charakters der Idee der Sinnlichkeit keine bessere Gestaltung mehr bekommen kann: „einen Don *Juan* nach *Mozart* schaffen, hiesse immer eine *Ilias post Homerum* schreiben zu wollen, in noch viel tieferem Sinne, als es von *Homer* gilt" (127; SKS 2, 108).

Das heisst nun aber nicht, dass es nicht einzelne andere begabte Bearbeitungen gab. Der Autor erwähnt explizit Heiberg, Hauch und Byron, aber vor allem betont er „die Tatsache, dass der Typus für alle anderen Auffassungen im wesentlichen *Molières Don Juan* ist" (ebd.). Deshalb konzentriert er sich im Folgenden vor allem auf Molière. Eine kleine Ausnahme macht er mit Heiberg: Dieser habe zwar sein Stück als teilweise nach Molière verfasst bezeichnet; es sei aber nicht ausgeschlossen, dass er sich in seiner Gestaltung des Stoffs indirekt von Mozart habe inspirieren lassen. Indem er das Stück als Marionettenspiel bestimmt, sei ihm gelungen, komische Züge auf originelle Weise zu inszenieren.

Das Grundproblem aller anderen Bearbeitungen liegt in der Reflexion: Sobald Don Juan als reflektierend dargestellt wird, kommt er „aus jener Dunkelheit heraus, in der er nur musikalisch hörbar ist" (128; SKS 2, 109). Deshalb überlegt sich A einen Augenblick lang, ob sich Don Juan nicht am besten in reiner Bewegung, als Ballett, auffassen liesse. Diese Hypothese wird aber schnell wieder verlassen: „Don Juan ist eine Bestimmung nach innen" (129; SKS 2, 109) und kann deshalb nicht in Formen und Bewegungen des Körpers sichtbar werden. Wenn man sich nun aber des Wortes als Medium bedient, wird Don Juan „zu einer reflektierten Persönlichkeit" (ebd.). Die Musik hingegen drückt ihn nicht als Individuum aus, sondern als Macht. Man hört dann „die ganze Unendlichkeit der Leidenschaft, zugleich aber ihre unendliche Macht, der nichts widerstehen kann" (ebd.). Daraus folgt eine grundlegende Gegenüberstellung: Im musikalischen Don Juan findet man den extensiven, unmittelbaren Verführer; im nicht-musikalischen hingegen den intensiven, reflektierten Verführer, der mit Schlauheit, Hinterlist verführt. Der erste „geniesst die Befriedigung", der zweite „geniesst den Betrug, geniesst die List" (130 f.; SKS 2, 111). Was dann beschäftigt, ist nicht die Verführung selbst, sondern das *Wie* der Verführung. Beim musikalischen Don Juan ist es „ein Handumdrehen, die Sache eines Augenblicks" (ebd.). Er braucht zur Verführung keine Mittel. Bei Molière hingegen wird mit den Mitteln gespielt: Es wird eine komische Wirkung erzeugt, dadurch, dass Don Juan in Geldverlegenheit ist und durch Gläubiger bedrängt wird. So verliert in den nicht-musikalischen Bearbeitungen Don Juan die Idealität, die er in der Oper besitzt, indem er lächerlich gemacht wird, manchmal sogar seine ritterliche Dimension einbüsst, zum Raufbold wird, mit der gar armseligen Kunst von Heiratsversprechungen verführt usw.

Etwas zwar von der Idealität Don Juans hat Molière aufbewahrt, jedoch immer mit komischer Abwandlung, die das Mächtige an ihm immer versagt: so etwa bei Sganarels langer Liste der Verführungen Don Juans oder in der Schlussszene beim Auftritt der Statue des Komturs. Es ist hier die Stimme des Komturs mächtig zu hören, aber das Ganze bleibt in den „trivialen Schranken der Wirklichkeit" (136; SKS 2, 115). Wenn aber Don Juan ideal aufgefasst ist, „so muss der Himmel selbst sich in Bewegung setzen" (ebd.). Deshalb wird musikalisch die Stimme des Komturs zur Stimme eines Geistes, eines Gespenstes.

So bestätigt sich in allem des Autors These, dass die ganze sinnliche Genialität Don Juans nur in musikalischer Gestaltung auszudrücken ist. Wenn deshalb gesagt wird, „Molières *Don Juan* sei moralischer als der Mozarts", dann ist das, „wenn man es recht versteht, gerade ein Lob für die Oper" (139; SKS 2, 118). Gerade so soll es sein, und das macht auch ihre Grösse aus.

## 6.7 Der innere musikalische Bau der Oper (140–163; SKS 2, 118–136)

Auch in diesem dritten und letzten Abschnitt unterstreicht der Autor seine Inkompetenz in Sachen Musik und zugleich seinen Zustand einer „rätselhaften Verliebtheit" (155; SKS 2, 130). Von Heinrich Gustav Hotho Abstand nehmend, der das Stück Szene nach Szene besprochen hatte, will *A* nicht die einzelnen Teile gesondert besprechen, also nicht die ganze Oper behandeln, sondern „die Oper in ihrer Ganzheit" (141; SKS 2, 119). Er nimmt diese Aufgabe dadurch in Angriff, dass er zunächst den Typus der Oper dem Typus des Dramas gegenüberstellt (142 f.; SKS 2, 120 f.). Im Drama, so des Autors These, besteht alles in Handlung und Situation, so dass der Gesamteindruck ein Gedanke, eine Idee ist, während es in der Oper ein *Grundton* ist. Das Drama bemüht sich um Einheit der Handlung; obschon die Oper auch dramatisch ist, hat sie ihre Einheit in der *Stimmung*. Das hat mit der Lyrik zu tun: „Je weniger Handlung, um so mehr überwiegt das lyrische Moment." (143; SKS 2, 120). Vom Ablauf her heisst das: Während das Drama „ein rasches Fortschreiten, einen bewegten Takt" verlangt, ist der Oper „ein gewisses Verweilen eigen, ein gewisses Sichausbreiten in Zeit und Raum" (ebd.). Das kann *A* auch als eine unmittelbare Handlung bezeichnen.

Diese Vorüberlegung erlaubt dem Autor nun, die Rolle Don Juans als Helden den anderen Personen der Oper gegenüber zu bestimmen, wobei der Begriff der *Zentralität* wichtig wird. Don Juan ist die zentrale Figur, der Generalnenner, oder besser: der Grundton der Oper, als deren Grundkraft, absolut musikalisch, „weil er nicht Charakter, sondern wesentlich Leben ist" (144; SKS 2, 121). Und dieses Leben wirkt als Kraft in den weiteren Gestalten, ist ihr Lebensprinzip. Das macht die Zentralität Don Juans aus, die die Stimmung der gesamten Oper stiftet, rein musikalisch zu hören: „Seine Leidenschaft setzt die Leidenschaft der anderen in Bewegung, seine Leidenschaft hallt allenthalben wider, sie hallt darin wider und trägt den Ernst des *Komturs*, den Zorn *Elvirens*, *Annas* Hass, *Ottavios* Wichtigtuerei, *Zerlinens* Angst, *Mazettos* Erbitterung, *Leporellos* Verwirrung." (ebd.). Diese Zentralität Don Juans kann *A* später im Text mit der Rolle der Sonne im Planetensystem vergleichen: Sie erhellt die um sie herum kreisenden Körper, und zwar immer nur zur Hälfte, „nämlich auf jener Seite, die der Sonne zugekehrt ist" (150; SKS 2, 126).

Ein wichtiger Gedanke folgt auf die Bestimmung von Don Juans Zentralität mit dem Begriff der *Ironie*, der auf Kierkegaards Dissertation von 1841 zurückverweist, zugleich aber auch die spätere Bestimmung der Ironie als Grenzgebiet zwischen der ästhetischen und der ethischen Existenzsphäre in der *Abschließenden unwissenschaftlichen Nachschrift zu den Philosophischen Brocken* von 1846 zu antizipieren scheint: „die Ironie ist und bleibt der Zuchtmeister des unmittelbaren Lebens" (146; SKS 2, 123), und deshalb ist es berechtigt, dass Ironie in *Don Juan* so sehr vorherrscht. Am klarsten wird das in der Gestalt des Komturs. Sein Erscheinen am Ende des Stücks wird als „ungeheure Ironie" bezeichnet: „denn Don Juan mag zwar jedes Hindernis besiegen, aber ein Gespenst kann man bekanntlich nicht erschlagen" (ebd.).

Deshalb wird *A* etwas später im Text, dort, wo er die Beziehung der anderen Personen zu Don Juan noch einmal thematisiert, Folgendes betonen: „Mit Ausnahme des Komturs stehen alle Personen in einer Art erotischer Beziehung zu Don Juan." (151; SKS 2, 127). Die Begründung der Ausnahme ist: Der Komtur ist Bewusstsein, und deshalb kann Don Juan keine Macht über ihn ausüben. Der Komtur bleibt stets im Hintergrund, in nebelhafter Gestalt, aber durch sein zweimaliges Erscheinen setzt er für Don Juan die Grenzen: „Der Komtur ist der kraftvolle Vordersatz und der derbe Nachsatz, zwischen denen Don Juans Mittelsatz liegt" (150; SKS 2, 126). Beim ersten Auftritt hört man ihn in der Nacht durch Don Juans Degen fallen, und beim zweiten kommt er als Geist, als Gespenst, „und die Donnerstimme des Himmels ertönt in seiner ernsten, feierlichen Stimme, [...] er spricht nicht mehr, er richtet" (151; SKS 2, 126).

Diesen letzten Abschnitt der Untersuchung schliesst A damit, dass er noch kurz drei Stücke der Oper aufgreift, um zu zeigen, wie Don Juan das Ganze der Oper musikalisch trägt. Es sind dies die Ouvertüre, das epischste und das lyrischste Moment.

a) Die Aufgabe einer Ouverüre ist, „eine Stimmung zu erzeugen" (152; SKS 2, 128). Sie darf also weder einfach dasselbe enthalten, wie die Oper selbst, noch etwas absolut anderes. Im Verhältnis zur Oper ist sie eine Prophetie und bereitet auf die Oper selbst vor, ist ein Anlauf zu ihr: „Infolgedessen muss man sich das Finale in einer nahen Beziehung zum ersten Teil der Ouvertüre denken" (154; SKS 2, 129), wie sich das an der Figur des Komturs zeigt. Und so kann dann „ein aufmerksames, erotisches Ohr" wahrnehmen, wann man „in der Ouvertüre zum ersten Mal einen Wink erhält über dieses leichte Spiel der Lust" (ebd.), wie es sich nachher in der Oper ausbreitet. So geschieht in der Ouvertüre das erste Auftreten Don Juans, wie ein Aufblitzen, und „es ist eine Angst in jenem Aufblitzen"; in Don Juan ist eine Angst, „aber diese Angst ist seine Energie. [...] die ganze Macht der Sinnlichkeit, in Angst geboren, und Don Juan selbst ist diese Angst" (156 f.; SKS 2, 131).

Womit soll die Oper nach der Ouvertüre beginnen? Mit Leporello, und darin zeigt sich die Meisterschaft Mozarts. Don Juan und der Komtur waren bereits in der Ouvertüre, und nun kommt Leporello, neben ihnen die wichtigste Figur. Meisterhaft vor allem ist dieser Anfang, weil in Leporello Don Juan widerhallt, obschon man ihn nicht sieht. In der Oper allgegenwärtig, ist er zugegen „selbst wenn er fort ist" (159; SKS 2, 133).

b) Das zeigt sich nochmals im epischsten Moment der Oper, nämlich Leporellos zweiter Arie, der Liste der 1003 Verführungen. Diese Arie ist „eine Reproduktion von Don Juans ganzem Leben" (160 f.; SKS 2, 134), und da Leporello sich beim Vorlesen hinreissen lässt und sich in Don Juan vergisst, widerhallt auch hier wieder der Herr im Diener.

c) Für das lyrischste Moment zögert A zwischen zwei Szenen, entscheidet sich dann doch für die eine, nämlich die Champagnerarie: An dieser Stelle ist der lyrische Erguss maximal. Mit einer Vitalität wie nie zuvor ist hier Don Juan „gleichsam ideell in sich selbst berauscht", und er löst sich dabei „vor uns gleichsam in Musik auf, er entfaltet sich zu einer Welt von Tönen" (162f.; SKS 2, 136).

## 6.8 Ästhetische Existenz

An der Gestalt Don Juans offenbart sich, was Kierkegaard in späteren Werken das ästhetische Stadium auf dem Lebensweg oder die ästhetische Existenzsphäre nennen wird. Kurzum: was es heisst, ästhetisch zu existieren. In dieser Hinsicht seien abschliessend einige Aspekte eingesammelt, die im Laufe der Untersuchung bereits auf das Existieren bezogen wurden.

Dafür steigen wir gleich bei der Evokation der Champagnerarie ein: „So ist sein Leben", heisst es hier im Anschluss an das soeben Zitierte, „schäumend wie Champagner. Und wie die Perlen in diesem Wein, während er siedet in innerer Glut, an Tönen reich in seiner eigenen Melodie, aufsteigen und immer wieder aufsteigen, so tönt die Lust des Genusses wider in der elementarischen Wallung, die sein Leben ist" (163; SKS 2, 136).

Diese Metapher des Champagners hat in der Untersuchung an vielen Stellen ihre begrifflich-reflexive Entsprechung: Als sinnlich-erotische Genialität vollzieht sich Don Juans Leben in steter Unmittelbarkeit. Er vermeidet dadurch jegliche konkrete Bestimmung, bleibt entschieden abstrakt, denn das Unmittelbare ist auch das Unbestimmbare. Er lebt deshalb in der ständigen Wiederholung, absolut treulos, eine Frau nach der anderen verführend, in jeder einzelnen nur die absolute Weiblichkeit liebend. So wird sein Leben rein additiv, eine Summe repellierender Momente. Von der Leidenschaft der Begierde als einem Getöse, einem Sturm, einem Unwetter beherrscht, flieht er stets dahin, hastet in ewigem Verschwinden dahin, eilt an sich selber vorüber und verliert sich selbst.

An der Stelle, wo *A* vom ersten Aufblitzen Don Juans in der Ouvertüre spricht, verbindet er mit diesem ästhetischen Verschwinden in der Zeit die Angst, was auf den *Begriff Angst* von Vigilius Haufniensis (1844) verweist. In diesem Kontext entwickelt er ein eindrückliches Bild, das die ästhetische Existenz bestens zusammenfasst: „Wie ein Stein, wenn man ihn so wirft, dass er die Oberfläche des Wassers schneidet, eine Zeitlang in leichten Sprüngen darüber hinhüpfen kann, wohingegen er, sobald er zu springen aufhört, augenblicklich im Abgrund versinkt, so tanzt Don Juan über den Abgrund hin, jubelnd in seiner kurzen Frist" (157; SKS 2, 131).

## Literatur

Cappelørn, Niels, et al. 1997: Kommentarer til Enten – Eller. Første del, in: SKS K2–3, vor allem 114–142

Garff, Joakim 2004: Sören Kierkegaard. Biographie. Aus dem Dänischen von H. Zeichner und H. Schmid, München / Wien: Hanser, vor allem 158–160 und 255–267

Hiles, Karen / Morgan, Marcia 2015: Papageno: An Aesthetic Awakening of the Ethics of Desire, in: Kierkegaard Research: Sources, Reception and Resources, Volume 16, Tome II, Farnham/Burlington, VT, 171–179

Kemp, Ryan 2015: „A" the Aesthete: Aestheticism and the Limits of Philosophy, in: Kierkegaard Research: Sources, Reception and Resources, Volume 17, Farnham / Burlington, VT, 1–25

Liu, Zizhen 2014; Immediacy / Reflection, in: Kierkegaard Research: Sources, Reception and Resources, Volume 15, Tome III, Farnham/Burlington, VT, 215–222

McDonald, William 2014: Music, in: Kierkegaard Research: Sources, Reception and Resources, Volume 15, Tome IV, Farnham / Burlington, VT, 2014, 213–221

Sousa, Elisabete M. de 2009: Wolfgang Amadeus Mozart: The Love for Music and the Music of Love, in: Kierkegaard Research: Sources, Reception and Resources, Volume 5, Tome III, Farnham/Burlington, VT, 137–167

Yaffe, Martin D. 1995: An Unsung Appreciation of the ‚Musical-Erotic' in Mozart's „Don Giovanni": Hermann Cohen's Nod toward Kierkegaard's „Either/Or", in: Perkins, Robert L. (Hg.), International Kierkegaard Commentary. Either/Or Part I, Macon, GA: Mercer University Press, 73–89

Zabalo, Jacobo 2015: Don Juan (Don Giovanni): Seduction and its Absolute Medium in Music, in: Kierkegaard Research: Sources, Reception and Resources, Volume 16, Tome I, Farnham / Burlington, VT, 141–157

Angelika Jacobs
# 7 Der Reflex des antiken Tragischen in dem modernen Tragischen / Die erste Liebe. Lustspiel in einem Akt von Scribe: Die Spur des Erhabenen im Tragischen und Komischen

(EO1, 165–196 / 271–327; SKS 2, 137–162 / 225–270)

Lachen und Weinen zu erregen sind die angestammten kathartischen Funktionen von Komödie und Tragödie, die im ersten Teil von *Entweder – Oder* ausführlich thematisiert werden. Zusammen mit der prominenten Abhandlung über die Stadien des Musikalisch-Erotischen in Mozarts *Don Giovanni* bilden die Ausführungen zum Tragischen und Komischen den ‚theatralen' Teil der Papiere des anonymen Ästhetikers, der sich mit dem Verhältnis von Vernunft und Affekten in der Kulturgeschichte des Christentums befasst. Dies kündigt schon das Motto von Edward Young an, das dem ersten Teil vorangestellt ist: „Ist denn die Vernunft allein getauft, / sind die Leidenschaften Heiden?" (EO1, 10; SKS 2, 9). Der historische Wandel der Affekte wird auch in der sozialen Klugheitslehre, die von der postmetaphysischen Grundstimmung der Langeweile handelt, und den Tagebuchaufzeichnungen des reflektierenden Verführers dargestellt, welche die romantische Liebe als die größte aller Illusionen entlarven.

Auf den ersten Blick scheint der affektgeschichtliche Zusammenhang nur sehr lose, in echoartigen Variationen einiger zentraler Sujets und Motive zu bestehen, da die fraglichen Abschnitte des ersten Teils eine Mischung unterschiedlichster Themen sowie narrativer, szenischer und begrifflich reflektierender Texturen darstellen, deren unkommentierte Abfolge den Leser eher verwirrt. Der Desorientierungseffekt wird jedoch durch die novellistische Rahmenerzählung von der zufälligen (oder doch schicksalhaften?) Entdeckung der ungeordneten Papiere des Ästhetikers durch den fiktiven Herausgeber Victor Eremita beglaubigt. Erst auf den zweiten Blick erweisen sich die losen Papiere als rhetorisch subtil arrangiert und konzeptuell verknüpft, allerdings nicht im Sinne eines traditionellen Redeaufbaus oder einer stringenten thematischen Entwicklung (Jacobs ²2016, 200–221). Der Leser bekommt es vielmehr mit der Verkehrung rhetorischer Muster, mit wechselseitigen Rahmungen und rhizomatischen Strukturen zu tun. So können Klugheitslehre und Tagebuch vom szenischen Horizont des Musik- und Wortdramas her gelesen werden; umgekehrt stellen Tragödie und Komödie Denkmodelle für einen Bezirk existenzieller Dispositionen dar, der vom Wissen wie von der Kunstreligion gesondert ist und als Projektionsfläche für die abstrakten Konstellationen des Affektiven dient.

Mit dieser wechselseitigen Rahmung unterschiedlicher Sujets wird die romantische Mischung der Gattungen des Denkens und Darstellens fortgeschrieben. Schon Friedrich Schlegels Ausführungen *Über die Unverständlichkeit* (1800) sahen das Besondere der romantischen Schreibart darin, dass sie Scherz und Ernst wie ein Vexierbild ineinander überkippen lässt und den Leser desorientiert, ihm aber den verborgenen Integrationspunkt und damit den notwendigen „Anstoß" zum aktiven Verstehen des Textganzen mitliefert (Schlegel 1958 ff., Bd. I,2 (1967), 367, 369 f.). Die reflektierende Aktivität des Rezipienten fordert auch die ironische Grundstruktur von *Entweder – Oder*, die zwei sich gegenseitig negierende Positionen kommentarlos aufeinander folgen lässt. Daher ist das Konzept der progressiven Gattungsmischung zum Verständnis des Ganzen, der subtilen Ordnung in den Papieren des Ästhetikers und des von ihm erörterten Verhältnisses von Tragödie und Komödie unabdingbar.

Innerhalb der Beiträge zu den musik- und wortdramatischen Spielformen, in denen sich die affektiven Modi antiker und moderner Selbst- und Daseinsauslegung artikulieren, stellen die Ausführungen zum Tragischen und Komischen einen eigenständigen Argumentationszusammenhang dar, der die gegenwärtige Situation historisch erhellen soll. Dabei steht das Tragische, das seit Hegel, Schelling und Schopenhauer prominenter Bestandteil aufklärungsdialektischer Selbstreflexion ist, dem begrifflich reflektierenden philosophischen Diskurs denkbar nahe, während entsprechende Valenzen des Komischen erst über den Bezug zum Tragischen und zum idealistischen Konzept des Erhabenen erschlossen werden müssen. Deshalb wird das Tragische auch zuerst und mit explizitem Bezug auf das Komische und Lächerliche (EO1, 166 – 172; SKS 2, 140 – 145) abgehandelt. Beide Dramengattungen werden als historische Gesamtkonstellation betrachtet, die im Sinne einer Epochensignatur Auskunft über die Spezifika moderner Affektivität gibt. Die Überlegungen zur Tragödie im dritten Abschnitt (EO1, 165 – 196; SKS 2, 137 – 162) gehen von der aristotelischen Tragödientheorie und von Hegels Reflexionen über Sophokles' *Antigone* aus. A präsentiert sie als Vorlesung vor den „Symparanekromenoi", einem Bund innerlich Gestorbener, die den Tod als erstrebenswertestes Gut und höchstes Geheimnis verehren und statt des Gegenwärtigen die Präsenz des Vergangenen in fragmentarischer Form zur Darstellung bringen (EO1, 181; SKS 2, 151). Die Ausführungen zur Komödie im sechsten Abschnitt (EO1, 271 – 327; SKS 2, 225 – 270) stellen eine Theaterkritik des ästhetischen Anonymus dar, die Eugène Scribes Komödieneinakter *Les premières amours ou Les souvenirs d'enfance* als Krönung des seinerzeit in ganz Europa populären Vaudeville feiert. Der lächerliche Charakter erfährt hier – anders als bei

Hegel, der ihm im Unterschied zum komischen keine unmittelbare philosophische Relevanz zuspricht (Iber 2011, 285 f.) – seine Würdigung, da gerade das Lächerlich-Nichtige der Scribeschen Figuren diejenigen affektiven Dispositionen entlarvt, die den Mythos der romantischen Liebe lebendig halten. Hatte Kierkegaard diesen Mythos schon in seiner Magister-Dissertation über den romantischen Ironie-Begriff scharf kritisiert, so erweitern die Ausführungen zur Tragödie und Komödie in *Entweder – Oder* die Kritik mit einer Analyse, die an Hegels Romantikkritik anknüpft, ohne dessen historisch-dialektischer Methode zu folgen.

Hegels *Phänomenologie des Geistes* zufolge führt jede Negativitätserfahrung notwendig zu Einsicht und Erkenntnis und ermöglicht so das geschichtliche Fortschreiten des Weltgeistes von der Kunst zur begrifflich reflektierenden Philosophie. Dem Modell einer progressiven Sicherung objektiven Wissens durch die reflexive Eindämmung menschlicher Selbsttäuschung kann die Ausweglosigkeit der alten Tragödie nicht umstandslos eingegliedert werden. Dies ist nur möglich, wenn sie als dialektische Selbstüberschreitung des vorwissenschaftlichen Bewusstseins interpretiert wird, bei der die Negativitätserfahrung der tragischen Katastrophe indirekt dem Fortschritt der Vernunft den Weg bahnt (Wesche 2011, 307 f.). Demgegenüber sieht Kierkegaard in der antiken Tragödie ein Ereignis höherer Art, dessen existenzielle Ausweglosigkeit die historische Selbstaufklärung des Geistes ad absurdum führt. In seinem konstanten Rekurs auf das Tragische, das auch in *Furcht und Zittern* (1843) und *Stadien auf des Lebens Weg* (1845) erörtert wird, zeichnet sich eine religiöse Position ab, die sich außerhalb der Hegelschen Versöhnungsmetaphysik und der geistphänomenologischen Parole von der Überwindung der Kunst durch die Philosophie (Rocca 2010, 123 f.) verortet.

## 7.1 Die Wiedergeburt des Christentums aus dem Geist des Tragischen

Gleichwohl teilt der Ästhetiker Hegels Wertschätzung des Dramas. Seine fragmentarischen Ausführungen zum *Reflex des antiken Tragischen in dem modernen Tragischen* postulieren nichts weniger als ein neues Tragödienkonzept, das antike und moderne Tragödie auf höherer Stufe zum ‚wahren Tragischen' (EO1, 167; SKS 2, 140) verbindet. Um zu eruieren, was das wahre Tragische sei, wird zunächst die begriffliche Repräsentation von Wahrheit ausgeschlossen. Die einleitende Sprachreflexion über die aristotelischen Bestimmungen des Tragischen zeigen die Ahistorizität und Abstraktheit normativer Begriffe auf und belegen, dass das modische Denken in Begriffen weder semantisch stabil noch absolut wahr sein könne (EO1, 165 ff.; SKS 2, 139 ff.). Anschließend wird der Präsentation des Tragischen als implizitem Theologicum (Schmidt-Biggemann 2011, 70–82) in vier

Schritten die Bühne bereitet: Zunächst werden antike und moderne Tragödienformen in der traditionellen Form der Parallele poetologisch miteinander verglichen, dann in einen umfassenderen kulturgeschichtlichen Rahmen gestellt, der im Folgenden durch ein drittes, religiöses Kriterium transzendiert wird. Dieses besetzt die Funktionsstelle der historisch-phänomenologischen Mediation um und fundiert das wahre Tragische, das abschließend anhand des Gedankenexperiments zur ‚neuen Antigone' konkretisiert wird, christologisch als Ereignis.

Die normative Tragödientheorie der aristotelischen *Poetik* leitet die Tragödienhandlung primär aus dem lyrischen Pathos des Monologs und den Kommentaren des Chors ab. Diese stehen laut *A* so lange im Widerspruch zur Handlung, wie das tragische Subjekt von seiner familiären und schicksalhaften Vorgeschichte getrennt ist. Der Hiatus muss durch dialogische Handlung und Reflexion überbrückt werden, bis sich die Kluft zwischen der Geschichte des Einzelnen und der seines Geschlechts schließt und in die Erkenntnis tragischer Schuld mündet. Wie in Hegels *Ästhetik* ist das antike Tragödiensubjekt für *A* noch nicht in sich reflektiert, sondern unbewusst in überindividuelle Bezüge zu Familie, Geschlecht, Polis und einem undurchschaubaren Schicksal eingebunden. Auch *A* reduziert den Charakter des antiken Helden auf den Bezug zum Schicksal, das seinen Untergang verursacht und den unverfügbaren Grund seines Leidens darstellt. Im Unterschied dazu sieht er den Untergang des von Descartes und Hegel geformten Subjekts der christlichen Kultur ausschließlich als Folge seines selbstbestimmten und selbstverantworteten Handelns (EO1, 170; SKS 2, 142f.). Dementsprechend gehe die moderne Tragödie in der Individualität der Charaktere und der handlungstreibenden Funktion von Situationen und Dialogen auf, während Monolog und Chor, welche die Verbindungen zur Genealogie und zum Schicksal herstellten, an Bedeutung verlören.

Aus der poetologischen Parallele zwischen Antike und Moderne ergibt sich die zentrale Opposition bezüglich der Auffassung tragischer Schuld. *A* definiert sie, gegen Hegels Überbetonung der Tat argumentierend, mit dem aristotelischen Schlüsselbegriff der *hamartia*, dessen Interpretation auf Nietzsches Abhandlung über Schuld und Gewissen in der *Genealogie der Moral* (1887) vorausdeutet (Greenspan 2008, 146 ff.). *Hamartia* meint die Ambivalenz des schuldlosen Schuldigwerdens, eine Position zwischen Handeln und Leiden, die *A* als ästhetischen Ausdruck epischer ‚Unmittelbarkeit' (EO1, 170; SKS 2, 143) auffasst, weil sie über das Individualschicksal hinaus auf die „epische" Umgebung von Familie, Geschlecht und Polis verweist. Mit dem Konzept der zweideutigen („ästhetischen") Schuld und dem zugehörigen heteronomen Subjektbegriff, der durch das epische „Mehr" geprägt ist, wendet *A* sich sowohl gegen die historisch objektivierende Lesart Hegels als auch gegen die moralisierende Lessings, die von der willentlichen Kontrolle der Affekte ausgeht (Greenspan 2008, 144 f.) und der ethischen

Position des Gerichtsrats entspricht. Stattdessen betont er das Schuldkonzept der modernen Tragödie, der die epische Weite fehle, da sie ausschließlich vom Handeln des Individuums und von dessen selbstverantworteter Schuld her konzipiert sei. Der Schuldgedanke gründe wiederum in den christlichen Reflexionskonzepten des Bösen und der Sünde und sei darum wesentlich unerbittlicher als die Antike. *A* umschreibt auf diese Weise die kulturgeschichtliche Metamorphose des „mütterlich"-ambivalenten Schicksals der Alten zum restlos selbstverantworteten Handeln des modernen Individuums, das nur mit ethisch eindeutigen Kategorien zu erfassen sei (EO1, 173; SKS 2, 145). Durch die „väterlich"-harten Kategorien des Ethischen und den zugehörigen autonomen Subjektbegriff werde das unabweisliche Schicksal der alten Tragödie, das den tragischen Helden durch kollektive und metaphysische Zusammenhänge entlastete und seine individuelle Schuld milde beurteilte, auf die Kausalkette von Handlung und Konsequenz verkürzt:

> Ist das Individuum isoliert, so ist es entweder absolut der Schöpfer seines eigenen Schicksals und dann gibt es nichts Tragisches mehr, sondern nur noch das Böse – denn es ist auch nicht tragisch, wenn das Individuum verblendet oder in sich selbst befangen war, das ist sein eigenes Werk; – oder aber die Individuen sind bloße Modifikationen der ewigen Substanz des Daseins, und dann ist das Tragische wiederum fort. (EO1, 191; SKS 2, 158f.)

Nach *A* dringt die moderne Auffassung tragischer Schuld nicht zum wahren Kern des Tragischen vor: „In gewissem Sinne ist es daher schon ein sehr richtiger Takt, wenn unsere Zeit das Individuum für alles verantwortlich machen will; das Unglück aber ist, dass sie es nicht tief und innerlich genug tut" (EO1, 174; SKS 2, 146). Aus dem Mangel an Innerlichkeit entstehe eine Verzweiflung, welche die Reflexionsautonomie des modernen Subjekts durchbreche. Der dialektische Zusammenhang zwischen der reflexiven Hypostasierung von Schuld und der Verzweiflung als affektiver Signatur der gegenwärtigen Epoche äußere sich als epochale Symptomatik innerer Desorientierung und Unruhe:

> Dies gehört mit zu jener Verwirrung, die sich in unserer Zeit so vielfach geltend macht: man sucht eine Sache dort, wo man sie nicht suchen sollte; man will sich im Theater erbauen, in der Kirche ästhetisch beeinflussen, von Romanen bekehren lassen, Erbauungsschriften genießen, man will die Philosophie auf der Kanzel haben und den Pfarrer auf dem Katheder. [...] [D]ie Macht, von der das Leiden kommt, hat ihre Bedeutung verloren [...], der Zuschauer hat das Mitleid verloren, das Mitleid ist aber sowohl im subjektiven als auch im objektiven Sinne der eigentliche Ausdruck des Tragischen. (EO1, 177; SKS 2, 148)

Laut *A*, der hier bekannte Motive der Romantik- und Ironiekritik aufnimmt, ist die tragische Kernerfahrung des schuldlos-schuldigen Leidens und kathartischen Mitleidens verloren gegangen. Hatte sie dem Einzelnen durch die Einbettung in kollektive und schicksalhafte Bezüge die Möglichkeit zur Trauer geboten und ihn des Phantasmas seiner restlosen Schuld und Autonomie enthoben, so herrscht in der Moderne statt der Trauer die subjektive Reflexionsform des Schmerzes vor. In ihrer alltäglichen Erscheinungsform als permanente Sorge verhindert sie nicht nur die kathartische Entlastung, sondern bewirkt auch die Verkehrung des Tragischen zur unfreiwilligen Komik des absoluten Selbstverlustes:

> Geht also das [moderne, A.J.] Individuum unter, so ist dies nicht tragisch, sondern es ist schlecht. [...] [D]ie Kraftfülle, der Mut, der solchermaßen seines eigenen Glückes Schöpfer, ja sein eigener Schöpfer sein will, ist eine Illusion, und indem die Zeit das Tragische einbüßt, gewinnt sie die Verzweiflung. Es liegt eine Wehmut und eine Heilkraft in dem Tragischen, die man wahrlich nicht verschmähen soll, und indem man auf übernatürliche Art, wie unsere Zeit es versucht, sich selbst gewinnen will, verliert man sich selbst, und man wird komisch. (EO1, 172; SKS 2, 144)

Die moderne Unfähigkeit zur Trauer indiziert den Verlust des (religiösen) Selbstverhältnisses. Spätestens mit dieser Diagnose wechselt *A* von der poetologischen Parallele der antiken und modernen Tragödie zur kulturgeschichtlichen Ebene des Tragischen an sich. Der Vergleich zwischen den Tragödienformen, in dem die antike Gattung auf den ersten Blick als Korrektiv der modernen erscheint, mündet nicht in die ahistorische Rückbewegung zur Antike, sondern gibt den Blick auf eine dritte Komponente frei, die als neue, religiöse Kategorie eingeführt wird. Der Ästhetiker spricht jetzt vom abstrakten „Reflex" des Antik-Tragischen im modernen und ordnet antike wie moderne Formen einem Schema zu, in dem sich die Stadienlehre ankündigt. Der verborgene religiöse Maßstab, der sich im Gegensatz zwischen dem milden Prinzip der antiken und dem strafenden Prinzip der modernen Tragödie andeutet, wird als Frucht dieser Antithetik vorgestellt, die ästhetische und ethische Schuld, antike und moderne Tragödie zu einem höheren Dritten verbinde.[1] Die Synthese erfolgt jedoch nicht innerhalb des kulturhistorischen Explikationsrahmens, der noch in der Nähe der Hegelschen Phänomenologie steht; die Deduktion des wahren Tragischen springt vielmehr ohne Mediation von der historischen Phänomenologie zur Denkform der Parallele zurück, aber nicht zum Vergleich zwischen antik und modern, sondern zur biblischen Typologie. *A* spricht nun vom Wandel des alten Bundes, den Gott mit dem jüdi-

---

[1] Das in der indirekten Mitteilung häufig wiederkehrende Narrativ der Liebesverbindung von Mann und Frau stellt ein Modell misslingender Mediation dar, die durch die ambivalenten Übergänge zwischen schwärmerischen, verführerischen, treuen oder entsagenden Spielarten von Liebe unterlaufen wird. Auch die erkenntnistheoretische Einleitung der akademischen Ironie-Schrift mahnt ein respektvolles und erotisches Verhältnis zwischen Verstandesbegriffen und sinnlichen Phänomenen an, aus dem idealiter die Erkenntnis des Wahren hervorginge.

schen Volk schließt, zum neuen Bund, der durch den Tod des Gottessohnes am Kreuz gestiftet wird und als Zeichen göttlichen Mitleids eine neue Heilsordnung begründet – nach neutestamentlicher Auffassung wird dem Menschengeschlecht erst durch die Hingabe des Gottessohnes, der die menschlichen Sünden auf sich nimmt, die Möglichkeit der Gnade eröffnet.

Neben dem abrupten Wechsel von der Dialektik und Ästhetik zur Parallele im Religiösen liegt das eigentlich Überraschende dieser Argumentation in der Tatsache, dass es ausgerechnet der nihilistisch orientierte Ästhetiker ist, der die Verwandlung von Strafe in Gnade zum Signum des wahren Tragischen erklärt. *A* begründet seine Argumentation vordergründig damit, dass eine Rückwendung zum antiken Modell des tragischen Schicksals unmöglich sei: Historisch gesehen könne der Ansatz der Antike nicht auf das christliche Konzept selbstverantworteter Sünde antworten, weil er ästhetische Ruhe gewähre, „*bevor* noch der tiefe Gegensatz der Sünde geltend gemacht ist", während der ethisch-moderne Ansatz die Unruhe auf die Spitze des christlichen Gewissens und seiner Verzweiflung treibe, ohne sie auflösen zu können; nur das religiöse Paradigma könne die verlorene innere Ruhe wiederherstellen, „*nachdem* dieser Gegensatz in seinem ganzen Schrecken sichtbar wurde" (EO1, 173, Herv. A. J.; SKS 2, 145), weil es, anders als das antike Schicksal, der Erbsünde die Möglichkeit göttlichen Mitleidens und göttlicher Gnade entgegensetze. Damit sprengt die christliche Religiosität, die zunächst als Pendant der antiken Katharsis in der Moderne auftritt, das Denkmuster der Parallele zugunsten einer absoluten christologischen Norm. *A* postuliert, dass der Gegensatz zwischen dem ästhetisch-antiken und dem ethisch-modernen Modell nur durch das ereignishafte Erscheinen und Sterben Christi als einzigem Exempel des wahren Tragischen überwunden werden könne: Durch die innere Rückbindung an die Hingabe des Gottessohnes und die Anerkennung göttlicher Macht und Gnade könne das vermeintlich autonome Bewusstsein des aufgeklärten Menschen entlastet, sein hypostasiertes Schuldbewusstsein und Schmerzempfinden gelindert werden. Der hier nur angedeutete Unterschied zwischen dem antiken und dem christlichen Modell wird am Beginn der *Wiederholung* (1843) präzisiert: Das antike Schicksal wird dem Einzelnen in der rückwärtigen Wiederholungsbewegung der Anamnesis zugänglich, wohingegen die Paradoxie des christlichen Erinnerns darin besteht, dass es „vorlings", im Hinblick auf die Möglichkeit künftiger Gnade erfolgt (GW1 W, 3).

Ähnlich, aber knapper begründet *A* seine unvermittelte These von der Entlastungsfunktion göttlicher Gnade. Ihm zufolge realisiert sich nur in Jesus Christus das paradoxe Wesen des Religiösen als Kern des Tragischen. Er habe gleichzeitig als Mensch mit freiem Willen existiert, der sich gegen den Weg des Selbstopfers hätte entscheiden können, und als Gottessohn, der die Liebe des Vaters zu den gefallenen Menschen inkarniert und sie erlöst. Nur im Paradox einer menschlichgöttlichen Doppelnatur,[2] die Gott aus freiem Willen absoluten Gehorsam erweist, können das überindividuelle, schicksalhafte Leiden der unreflektierten antiken Subjektivität und das absolute Handeln des reflektierten modernen Subjekts zusammenfinden und die ästhetische Ambiguität tragischer Katharsis unter den ethischen Bedingungen rationaler Autonomie wiederbeleben. In *A's* Kritik an der christlichen Gewissenskultur blitzt ein Nihilismus auf, der verdeutlicht, wie sehr die Vision eines neuen tragischen Kultus aus christlichem Geist in Analogie zur ästhetischen ‚Unmittelbarkeit' der heidnischen Antike entwickelt und als Kippfigur zwischen Ästhetik und Religiosität gestaltet ist. Dies kann auch dadurch nicht verdeckt werden, dass die heilsamen ästhetischen Kategorien der alten Tragödie im Gedankenexperiment der ‚neuen Antigone' durch Gnade und Barmherzigkeit als Heilmittel gegen die Erbsünde substituiert werden und somit als Erfüllung antiker *und* christlicher Metaphysik erscheinen:

> Die Identität eines absoluten Handelns und eines absoluten Leidens geht über die Kräfte des Ästhetischen und gehört dem Metaphysischen an. In Christi Leben ist diese Identität, denn sein Leiden ist absolut, da es absolut freies Handeln ist, und sein Handeln ist absolutes Leiden, da es absoluter Gehorsam ist. Das Moment der Schuld also, das übrig bleibt, ist nicht subjektiv reflektiert, und dies macht die Trauer tief. Die tragische Schuld ist nämlich mehr als die bloß subjektive Schuld, sie ist Erbschuld; Erbschuld aber ist, wie Erbsünde, eine substanzielle Bestimmung, und eben dieses Substanzielle macht die Trauer tiefer. Die seit je bewunderte tragische Trilogie des *Sophokles*: *Ödipus auf Kolonos*, *König Ödipus* und *Antigone* dreht sich wesentlich um dieses echt tragische Interesse. (EO1, 178f.; SKS 2, 149)[3]

Wenn also der kulturgeschichtliche Wert der Ödipus-Trilogie darin besteht, die vergessene Differenz zwischen Schuld und Erbschuld, Sünde und Erbsünde ins Bewusstsein zurückzurufen, so verkörpert die Figur des sterbenden Gottmenschen, in dem ‚ästhetische' Unschuld und totale, reflektierte Schuld zusammenfallen, eine sündentheologische Auffassung menschlichen Existierens, die das spezifisch christliche Freiheitsmoment voraussetzt.

Dementsprechend gehen die abschließenden Reflexionen über die wahre Tragödie vom Freiheitsproblem aus, das Schellings Ontotheologie auch für Kierkegaard wegweisend ausformuliert hatte (Greenspan 2008, 149; Jacobs ²2016,

---

[2] Vgl. die semiotische Analyse dieses Zusammenhangs in der Schrift *Einübung im Christentum* (1850) im Abschnitt „Der Gott-Mensch ist ein ‚Zeichen'", Kierkegaard 2005, 147–150.
[3] Im Alten Testament wird der Begriff der Erbschuld nicht verwendet. Es geht um die Versuchbarkeit des Menschen, der Gottes Geboten zuwiderhandeln und sich anderen Göttern zuwenden kann, was ein Freiheitsmoment voraussetzt. Auch Gottes Mitleid und Gnade, die später in der Hingabe des einzigen Sohnes offenbar werden, können sich nicht an einen vom Schicksal determinierten Menschen, sondern nur an dessen freien Willen richten – es bleibt stets die Entscheidung des Einzelnen, ob er dem Bösen nachgeben will oder nicht.

224 ff.). Die Überlegungen des Ästhetikers zur ‚neuen Antigone' konkretisieren den Schritt vom tragischen Schicksal der Antike zum wahren Tragischen unter dem Vorzeichen der Sünde, die auf der Möglichkeit zur freien Wahl beruht. Dafür muss *A* die sophokleische Trilogie signifikant verfremden. In seinem Antigone-Entwurf wird Ödipus' Schuld weder öffentlich bekannt noch weiß Antigone, ob ihr Vater sie in vollem Umfang realisiert hatte. Die Tochter bleibt somit als letzte Hüterin des schrecklichen Familiengeheimnisses zurück, das ihre Existenz dominiert. *A* überschreibt mit seiner Version Hegels Interpretation des Antigone-Konflikts als Zusammenprall von menschlichem und göttlichem Gesetz und kritisiert sie als Verabsolutierung der Tat. Gemäß der Definition des modernen Tragischen verschiebt der neue Dramenplot den Konflikt ganz in die Innerlichkeit der Heldin: Antigone ist zerrissen zwischen der Sorge um die Vergangenheit (dem zu wahrenden Geheimnis des Vaters) und um ihre Zukunft mit Haimon, dem sie als künftige Gattin zur Aufrichtigkeit verpflichtet ist. Sie leidet an der Schuld des Vaters, dessen Tod ihr die Möglichkeit genommen hat, sich von der Last des Geheimnisses zu befreien; denn sie kann weder klären, ob der Vater um seine Schuld und um den Schmerz der Tochter angesichts seiner Vergehen wusste, noch kann sie sich Haimon anvertrauen, weil sie damit Schande über das väterliche Haus brächte. Die Liebe zum Vater zieht Antigone „von ihr selbst fort, in die Schuld des Vaters hinein" (EO1, 191 f.; SKS 2, 159) und entfremdet sie ihrer Liebe zum künftigen Gatten wie zu allen geliebten Menschen. Dieser Konflikt (dessen Struktur auch für die Abraham-Figur in *Furcht und Zittern* verwendet wird) führt dazu, dass sich Antigone aus dem antiken Modus des Präsentischen herausreflektiert, wie *A* formuliert. Da sie sich ihrer Trauer nicht öffentlich hingeben darf, müsse sie diese in rein geistigen Schmerz verwandeln, der sich als permanente innere Unruhe äußere und dem Bedürfnis nach unmittelbarem Ausdruck zuwiderlaufe. Ihr Schmerz fände seine Ausdrucksform im Monolog, dem epischen Element der alten Tragödie, das hier das moderne Übergewicht des situativen Handelns und die Dominanz des dramatischen Dialogs rekompensiere.

Antigone kann die handlungstreibende, tragischen Schmerz gebärende Kollision der Liebe zum Vater mit der Liebe zum Bräutigam nur überwinden, wenn sie sich Haimon anvertraut. Mit der Preisgabe ihres Geheimnisses wird sie zur Braut, opfert jedoch durch ihren Tod ihre Zukunft als Haimons Ehefrau dem vergangenen Familienschicksal. Die verbotene Bestattung des Bruders und der Konflikt mit dem von Kreon vertretenen Gesetz bleiben ganz im Hintergrund. Für *A* ist allein Antigones „unglückliche Liebe der Anlaß [...], daß die Erinnerung sie tötet" (EO1, 196; SKS 2, 162), ihr Selbstopfer der einzige Ausweg aus einem inneren Konflikt, der sich als „Geistersszene" dem Zugriff rationaler Erkenntnis entzieht (EO1, 187 f.; SKS 2, 155 f.). Antigone verschließt den Schmerz des Bewusstseins in sich. Sie lebt wie eine lebendig Gestorbene, gepeinigt durch die geschärfte Zeitwahrnehmung der

Angst und die fruchtlose Reflexion über das väterliche Geheimnis. Hierzu bietet *A* eine schwache und eine starke Lesart an. Seine Heldin ist zum einen die handlungsunfähige ‚Braut der Trauer', die Modell für die automatenhafte Psyche der betrogenen Frauen aus den *Schattenrissen* steht. Zum anderen verkörpert sie den modernen Antitypos der *virgo mater* Maria (EO1, 188; SKS 2, 156), die statt des göttlichen Geheimnisses das Geheimnis des väterlichen Verbrechens in sich trägt (Rocca 2010, 61f.). *A* zufolge erneuert ihr Tod den Sinn für die Bindung an das kollektive Schicksal, indem er dem modernen Rezipienten die Verbindung zwischen individueller Schuld und ererbter Familienschuld vor Augen führt und ihm die verlorene Möglichkeit zu trauern wiedereröffnet – auf diese Weise werde dem modernen Tragischen der kindlich-pietätvolle Reflex des antiken erstattet (EO1, 189ff.; SKS 2, 157ff.). Die Analogie zu Christus, dessen Tod für die Rückbindung des Menschen an die Geschichte seiner Verfehlungen vor Gott sorgt, ist dabei impliziert. Sie liegt darin, dass Antigone durch ihren Tod die Abhängigkeit von einer höheren Macht anerkennt, die ihre Bindung an Haimon verunmöglicht und den Mythos von der absoluten Entscheidungsfreiheit des Menschen relativiert.

Das neue Tragödienmodell des Ästhetikers beschreibt somit die moderne Aporetik der Freiheit, die sich über die Reflexionsautonomie des Individuums definiert, sich in der Kollision individueller und universeller Werte jedoch als hilflos und abhängig erweist. In seiner Lesart wird die griechische Tragödie zur absoluten Unmöglichkeit des Wählens radikalisiert und als *innere* Form der Nemesis beschrieben. Nicht das Opfer der Tochter für den Staat und die Unvermeidlichkeit ihres Verlustes stehen im Zentrum, sondern die freie Wahl der Heldin, die sie zwar entlastet, dafür aber zwangsläufig einer Seite Gewalt antut. Hinter dem tragischen Paradox, dass sich der Moment der Freiheit nur im Augenblick existenzieller Vernichtung ereignen kann, steht das christologische. Beide erteilen der Autonomie des reflektierten Subjekts eine Absage und reanimieren den spezifisch religiösen Sinn für Freiheit, der auf der Fähigkeit zur Entsagung aus Demut vor der göttlichen Allmacht beruht. In diesem Sinne fungieren die Reflexionen über das Tragische als implizites Theologicum und vollziehen die im Young-Motto angekündigte ‚Taufe der Leidenschaften'.

Das Gedankenexperiment des Ästhetikers desavouiert die ästhetische wie die ethische Autonomie eines postmetaphysischen Subjekts, das Tragik nur noch unter der Signatur des Komischen und Lächerlichen wahrzunehmen vermag. Treibt schon die antike Tragödie den Widerspruch des Komischen hervor, weil sie das Individuum als Marionette des Schicksals agieren lässt, so fällt die individuelle Freiheit in der modernen Tragödie aus Sicht des Ästhetikers universellen Tugend- und Rechtskategorien zum Opfer, die das Subjekt ausschließlich über seine Rationalität definieren. Die ‚wahre Tragödie' sähe hingegen im Tod Christi das paradoxe Ereignis, welches der alten Verbindung von individuellem und universellem Schicksal und dem kathartischen Mitleid strukturell vergleichbar sei und zudem die Schuld des Menschen durch göttliche Liebe und Gnade transzendiere. Dahinter steht der Appell an den reflektierten Menschen der Moderne, das Exempel Christi nachzuvollziehen, sich mit der tragischen Grunderfahrung der Angst und Rettungslosigkeit zu konfrontieren, um aus seiner inneren Lähmung durch Sorge und Schmerz wieder zu entlastender Trauer und zur Freude religiösen Vertrauens zu finden. Dass und wie er diese Konfrontation umgeht, zeigt die Analyse der zeitgenössischen Komödie.

## 7.2 Romantische Liebe als Fetisch: Das ‚verkehrte Gesicht' der Komödie

Bevor der Ästhetiker mit der ausführlichen Besprechung des gefeierten Vaudeville-Einakters *Erste Liebe oder Erinnerungen an die Kindheit* (1825) von Eugène Scribe beginnt, spricht er ausführlich über die paradoxe Struktur künstlerischer Produktivität (EO1, 271–279; SKS 2, 227–233), die sich aus dem Zusammenspiel zweier Komponenten ergibt: dem „notwendigen" Zustand der Begeisterung, der dem Musenanruf folgt, und dem „zufälligen" Augenblick, der die eigentliche Verwirklichung der Inspiration ermöglicht. Letzteren bezeichnet A als „Anlass" und konstatiert, dass dieser für den „wahren ästhetischen Wert" eines „in sich abgerundete[n]" Kunstwerks (EO1, 274; SKS 2, 229) wichtiger sei als der enthusiastische Prozess selbst, weil er ihm – wie ein „zarte[s], fast unsichtbares[s] Spinngewebe, in dem die Frucht hängt" (EO1, 274; SKS 2, 229) – zu realer Wirkung verhelfe. Mit der paradoxen Aussage, dass die Wirklichkeit ein Geheimnis und auch das scheinbar Zufällige letztlich notwendig sei (EO1, 272; SKS 2, 228), postuliert er den Chiasmus von Notwendigkeit und Zufall. Hierfür bedient er sich des theologisch wie ästhetisch lesbaren Schöpfungsbegriffs: „Eine Schöpfung ist eine Hervorbringung aus dem Nichts, der Anlaß hingegen ist das Nichts, das alles zur Erscheinung kommen läßt" (EO1, 274f.; SKS 2, 230). In dieser Formel, die auch der Rahmenfiktion des Vorworts zugrunde liegt (EO1, 14, 19; SKS 2, 13f., 17), verbirgt sich eine weitere Figur ästhetischer Heteronomie: Weder der gottgleiche Künstler oder sein Zerrbild, der sich selbst überschätzende Gelegenheitsschriftsteller, noch das autonome Kunstwerk spielen die entscheidende Rolle bei der Genese bedeutender Werke, sondern der scheinbar zufällige Anlass (EO1, 273; SKS 2, 228). Ist der göttliche Ursprung des Enthusiasmus seit jeher verbürgt, so blitzt auch im flüchtigen Anlass eine göttliche Perspektive auf. Begeisterung und Anlass sind für A die Begleiter alles Großen und Erhabenen, das niemals nur dem Menschen allein zuzurechnen ist (EO1, 276; SKS 2, 231). Anlässe sind Stellvertreter göttlicher Vorsehung. Sie relativieren das vermeintlich autonome menschliche Treiben ironisch, weswegen der Mensch sie verspottet, um dem Selbstbetrug der eigenen Autonomie weiter anhängen zu können. Auch der Anlass wird als paradoxe „Kategorie des Übergangs von der Sphäre der Idee zur Wirklichkeit" eingeführt, die sich in ihrer Flüchtigkeit und Subtilität den universellen Kategorien der Logik entzieht. Wie ein Schelm stört er die Ordnung, indem er göttliche Vorsehung und menschliche Hybris gleichermaßen aufs Korn nimmt, Ernst und Scherz, Bedeutendes und Unbedeutendes ineinander überkippen und so das „Dasein auf einen Scherz [...], einen Spaß, eine Scharade" hinauslaufen lässt (EO1, 277; SKS 2, 231). *A* knüpft an die im Tragödienkapitel gegebene Analyse der Gegenwart an, die von Leere und Verzweiflung dominiert wird und in ihrer Unfähigkeit zu tragischem Mitleid dem Lächerlichen und Komischen anheimfällt. Damit avanciert der Anlass zum Motor einer göttlichen Komödie im postmetaphysischen Zeitalter.

Zur Analyse des Stückes überleitend, illustriert *A* die Wirkungsmächtigkeit des ‚nichtigen' Anlasses, welcher der Idee zur Erscheinung verhilft, zunächst am eigenen Beispiel (EO1, 279–288; SKS 2, 234–240). Auch er sei in seiner Jugend schwärmerisch verliebt gewesen, habe sich wie eine Romanfigur gefühlt und in der Erwartung, dass Scribes Stück die erste Liebe als einzig wahre verherrlichen werde, eine Aufführung besucht, bei der er unerwartet auf seine Angebetete gestoßen sei. Der gemeinsame Theaterbesuch habe eine Annäherung ermöglicht, die *A* für den Beginn der wahren Liebe gehalten habe, während die Angebetete nicht ihn, sondern ihre eigene erste Liebe im Sinn gehabt und diese später geheiratet habe. Ihn selbst habe die Enttäuschung dazu gebracht, eine Besprechung des Stückes zu verfassen, die erst wesentlich später gegen seinen Willen gedruckt worden sei, um einen zufällig ruinierten Artikel zu ersetzen. Somit ist die Publikation der Scribe-Kritik, in der sich die Rahmenfiktion wiederholt, ein Beweis für die Notwendigkeit des Zufalls, der die Wirkungsmacht der Illusionen durchbricht und der Idee zur Erscheinung verhilft. Der Konflikt zwischen Illusion und Zufall liegt nach *A* auch Scribes Vaudeville-Komödie *Erste Liebe* zugrunde.

Beim Vaudeville handelt es sich um ein denkbar kurzes Singspiel, das zwischen derber Posse und rührender Komödie angesiedelt ist und seit dem 18. Jahrhundert von Frankreich aus seinen europäischen Siegeszug antritt. Kierkegaard mag Scribe, der wegen seiner fabrikmäßigen Vaudeville-Produktion von den Zeitgenossen auch als ‚Don Juan dramatique' tituliert wird, unter die von *A* kritisierten Gelegenheitsschriftsteller gezählt haben, die in allem und jedem einen Anlass zum Dichten und Geldverdienen finden und sich dafür stets der gleichen Formen bedienen (EO1, 273; SKS 2, 228).[4] Der Franzose verschreibt sich ganz der

---

4 Dennoch reüssieren einige Stücke Scribes, der seinerzeit als Inbegriff eines schlechten, aber erfolgreichen Literaten gilt (Scribe 1991, 134), an der Comédie Française und bringen ihrem Autor,

seriellen Produktion des Boulevardgenres, mit dem er unmittelbar auf die ‚ridicules du jour', die tagesaktuellen Gesellschaftsskandale, reagiert, die er allabendlich unter Assistenz vieler Mitarbeiter in enormer Geschwindigkeit zu Papier und ebenso schnell zur Aufführung bringt. Dass diese Stücke, die sich mehr dem Lächerlichen als dem Komischen widmen, weder von poetischer Sprache noch von reflektierter Innerlichkeit geprägt sein können und oft unvollkommen sind (EO1, 289; SKS 2, 241), ergibt sich aus dem Produktionsprozess. Scribes Vaudeville-Komödien leben von einer extrem kurzen und temporeichen Handlung, der sich sprachlicher Ausdruck, Figurenzeichnung und Problementfaltung durch größte Verknappung anzupassen haben (Scribe 1991, 146–155). Die offene Form des Vaudeville stellt somit das Gegenteil des existenziell tragischen Konflikts mit den ins Epische und Lyrische ausgreifenden Funktionen von Chor und Monolog dar. Laut *A* besteht das Besondere des Vaudeville gerade in der Unvollkommenheit seiner kurzen Form, aus der sich seine interessante und witzige Wirkung erklärt (EO1, 277; SKS 2, 232). *Erste Liebe* repräsentiert für ihn das „neue Drama" der Moderne, in dem alles leicht und schnell geschieht. Dass *A* dieses Stück (im Gegensatz zu anderen Scribe-Komödien) zum makellosen „kleinen Meisterwerk[]" erklärt (EO1, 289, 306; SKS 2, 241, 255), liegt an der offenen Struktur von Form und Inhalt. Dem Inhalt wird erneut ein religiös konnotierter Begriff zugewiesen, der des Fetischismus. Die Überhöhung einer profanen Sache durch Attribuierung übernatürlicher Eigenschaften wird für *A* im offenen Vaudeville, wo der Zufall die entscheidende Rolle spielt, durch die aufrüttelnde Wirkung der unvollkommenen Form umgesetzt: Das Stück sei nur eine Skizze, was zum einen Unruhe erzeuge, zum anderen aber die Langeweile vertreibe (EO1, 289f.; SKS 2, 241). Unruhe und Langeweile sind die dominierenden Affekte des postmetaphysischen Zeitalters.

In Scribes Stück ergibt sich der Fetischismus aus der romantisierenden Verklärung der ersten Liebe zum Schicksal. Die Nichtigkeit dieser Illusion wird durch Zufälle, Verwechslungen und Intrigen zutage gefördert. Wenn *A* zudem konstatiert, dass Scribes Vaudeville den Fetischismus jenes Zufälligen illustriere, das den Anlass konstituiert (EO1, 272; SKS 2, 228), so meint dies, dass es den romantischen Liebesmythos selbst zum Vorschein bringt, der über sentimentale Romane wie ein Virus von Generation zu Generation weitergegeben wird (EO1, 290f.; SKS 2, 242f.). Der rote Faden der Handlung resultiert aus einer Fundamentalkritik der poetischen Illusion, die von Tante Judith durch sentimentale ‚Romanbildung' an die Kinder Charles und Emmeline vermittelt wurde. Während Emmeline der fixen Idee

---

der die feste Entlohnung von Theaterschriftstellern in Form von Tantiemen durchsetzt, einen Sitz in der Académie Française ein. Scribe verkörpert somit den antiromantischen Typus des ökonomisch versierten Gelegenheitsautors, der sich wie ein Journalist am aktuellen Geschehen orientiert.

folgt, dass nur ihre erste Liebe, Cousin Charles, sie glücklich machen werde und noch als Backfisch von ihm schwärmt, obwohl sie ihn seit acht Jahren nicht gesehen hat, beschönigt der ungebildete, kleinkriminelle Charles seine eigene Erbärmlichkeit vor allem vor sich selbst und versucht Kapital aus Emmelines Sentimentalität zu schlagen. Für A ist er die komischste Figur des Stückes, weil er sich permanent einredet, ein autonomes und erfolgreiches Leben zu führen (EO1, 293f.; SKS 2, 244f.) und keinerlei Selbstironie besitzt. Emmeline und Charles betrügen sich selbst und bilden „gemeinsam eine völlig phantastische Welt" (EO1, 295; SKS 2, 245), die durch Rinville, den von Emmelines Vater Derviére gewünschten Schwiegersohn, „in Beziehung zur Wirklichkeit" (EO1, 295; SKS 2, 245), das heißt ins Wanken gebracht wird. Wie Charles hat auch der gebildete Rinville, den Emmelines Sprödigkeit reizt, ihr Erbe im Auge. Er versucht, den Nebenbuhler dadurch auszustechen, dass er ihm einen Rollentausch vorschlägt: Emmeline soll ihn für Charles halten und umgekehrt. Trotz geschickter Improvisationen misslingt die Intrige, womit sich Emmelines Liebe zum vermeintlichen Charles als irreal und lächerlich erweist, ebenso wie der Rest der Charaktere. Sie sind nicht viel mehr als leicht austauschbare Schablonen aus Illusionen und egoistischen Interessen. *A* vergleicht sie mit Brentanos ungarischen Nationalgesichtern, die mit wenigen Pinselstrichen zu individualisieren und allzu leicht zu vervielfältigen seien.[5] Am Ende zieht jede Figur ihren eigenen Schluss aus den Verwechslungen: Vater Derviére konstatiert, dass die erste Liebe nie die letzte bleiben könne, der listige Rinville stellt fest, dass die Treue zur ersten Liebe nicht weit führe, der verheiratete Charles preist notgedrungen die letzte Liebe als die beste und die verwöhnte Emmeline besteht weiterhin auf dem Glück, zur ersten, wahren Liebe zurückzufinden (Scribe 1991, 53f.). Zurück bleibt die zirkuläre Struktur des Reigens, die wie bei der Tragödie keinen Fortschritt zulässt.

*A*'s Kritik analysiert vor allem diejenigen Strukturen, die den romantischen Liebesmythos in seiner Dysfunktionalität entlarven. An erster Stelle wird das offene Ende genannt. Es sorge dafür, dass das Stück nicht zur belanglosen Boulevard-Komödie verkomme, was der Fall wäre, wenn Emmeline sich geläutert in ein Leben an Rinvilles Seite fügte. Stattdessen münde das Stück in einen unabschließbaren Witz, was den Rezipienten in seinem Bedürfnis nach Deutung und Moral verunsichere: „Indem der Zuschauer meint, das Stück sei aus, und er habe jetzt sicheren Grund unter den Füßen, entdeckt er plötzlich, daß das, worauf er tritt, nichts Festes ist, sondern gleichsam das Ende einer Wippe, und indem er

---

[5] EO1, 304; SKS 2, 253. Clemens Brentanos Erzählung *Die mehreren Wehmüller und ungarischen Nationalgesichter* (1817) spielt in mehrfacher Rahmung ironisch mit dem Widerspruch von serieller Vervielfältigung und Identität.

darauf tritt, wippt er das ganze Stück über sich hinweg." (EO1, 302; SKS 2, 251) Es folgt die Verkettung von Ursache und Wirkung in einer temporeichen Handlung, der sich alle anderen Komponenten fügen müssen. Der Nomenklatur des Tragödienkapitels folgend, konstatiert *A*, dass die Individualität der Figuren in der modernen Komödie nur im Dialog und dieser nur im Rahmen der komischen Situation zum Tragen komme.[6] Scribes Darstellung wird als meisterhafte Transformation von epischer Breite und zeitlicher Tiefe in die Oberfläche des komischen Augenblicks gelobt: Die Vorgeschichte der knapp skizzierten Figuren sei unmittelbar zu erahnen und müsse nicht durch Monologe zur komplexen Charakterzeichnung mit epischer Vorgeschichte ausgearbeitet werden (EO1, 291, 317; SKS 2, 243, 263);[7] so bleibe die Handlung zirkulär und reversibel (EO1, 302; SKS 2, 251). Zentral ist das Verhältnis von dialogischer Replik und umgebender Situation. Für *A* werden Repliken schnell vergessen, während Situationen im Gedächtnis bleiben und zur Kontemplation anregen. Der Unterschied zwischen Tragödie und Komödie besteht darin, dass die Tragödiensituation zur Kontemplation in wehmütiger Ruhe anregt, während die Komödiensituation die Reflexion in eine unabschließbare Bewegung versetzt, die den Verstand des Zuschauers ins Schwindeln bringt und in meditative Tiefe führt (wie der Theaterbesuch in der *Wiederholung* ausführlich demonstriert); so kann der Zuschauer die Lächerlichkeit der Situation mit zunehmender Schärfe wahrnehmen und genießen (EO1, 308 f.; SKS 2, 255 f.).

In gesteigerter Form geschieht dies, wenn sich eine Situation ironisch auf eine frühere bezieht. Emmeline glaubt, ihren geliebten Charles wiederzuerkennen, den sie de facto nicht kennt und daher bereitwillig mit Rinville verwechselt. Dies führt zum abstrakten Eindruck, dass Identitäten und Ideale austauschbar sind. Einen analogen Effekt hat die Vertauschung auf der Ebene der Gesamtkonfiguration, wo sich durch die wechselseitige Rahmung der Figuren völlig neue Blickwinkel auf deren Worte und Taten ergeben. Mit den Figuren wechseln die Töne des Komischen und Ernsten, Realen und Phantastischen, moralisch Bewussten und Unbewussten (EO1, 314 f.; SKS 2, 260 f.), so dass am Ende nur noch vielfache Kippfiguren existieren, die jeden soliden Begriff von Liebe, Treue und Identität lächerlich machen. „Die unmittelbar wirkliche Situation ist die unwirkliche Si-

---

6 Vgl. EO1, 288 f.; SKS 2, 240 f.: „Wollte man mit wenigen Worten das Verdienst der modernen [...] Komödie im Verhältnis zur älteren andeuten, so könnte man es vielleicht folgendermaßen ausdrücken: der persönliche Gehalt der poetischen Figur wird dem Dialog kommensurabel, die Ergüsse des Monologs werden überflüssig; der Gehalt der dramatischen Handlung wird der Situation kommensurabel, novellistische Aufklärungen werden überflüssig; der Dialog endlich wird vernehmbar in der Durchsichtigkeit der Situation. Es sind also keinerlei Aufklärungen nötig, um den Zuschauer zu orientieren, keine Pausen im Drama, um Winke und Berichte zu geben."
7 *A* erachtet vor allem Rinvilles Monolog als konzeptuellen Fehler, vgl. EO1, 317 ff.; SKS 2, 263 ff.

tuation, dahinter zeigt sich eine neue Situation, die nicht minder verkehrt ist und so fort. In der Situation hört man die Replik; wenn sie am allervernünftigsten ist, erweist sie sich als am unsinnigsten" (EO1, 324; SKS 2, 268 f.). Dies ist die Handschrift des syntheselosen Widerspruchs der Ironie, die *A* als „Sprache einer Weltkraft" bezeichnet, die im Gelächter der Komödie ihren vornehmsten Ausdruck finde (EO1, 320; SKS 2, 265). Spielball der Ironie wird vor allem Emmeline. Sie verkörpert das (von Hegel unterschätzte) menschliche Bedürfnis nach Selbsttäuschung. Da ihre Vorstellung von Liebe auf Romanideen und nicht auf Erfahrungen beruht (EO1, 315 f.; SKS 2, 261 f.), ist ihr der Ring, der sie einst mit Charles verband, wichtiger als jeder reale Eindruck von ihm. Als Charles ihr gesteht, dass er verheiratet ist, bleibt ihr Zornesausbruch inhaltsleer und ihr Cousin hat „das Vergnügen, persönlich zugegen zu sein, während er selber *in effigie* hingerichtet wird" (EO1, 323; SKS 2, 267).

In *Erste Liebe* wird jeder Ansatz von Einsicht und Selbstreflexion von der „wahnwitzige[n] Kreuzung von Situationen" annulliert, so dass am Ende niemand mehr weiß, wer genau wen und wie täuscht (EO1, 305 f., 313 ff.; SKS 2, 253 f., 260 ff.). Aus der Nichtigkeit zufälliger Situationen tritt eine latente epochale Gefühlsdisposition hervor, die Leere und Lächerlichkeit des romantischen Liebesmythos, deren substanzlose Leidenschaft laut *A* eines weiblichen Don Quijote würdig wäre (EO1, 301 Fn. 2; SKS 2, 249 Fn. 1). Sie zeigt ein ironisch „verkehrtes Gesicht" von Identität, das noch „Spuren der romantischen Grimassen" trägt (EO1, 326 f.; SKS 2, 270): „Der Vorhang fällt, das Stück ist aus, nichts blieb bestehen; nur die großen Umrisse, in denen jenes phantastische Schattenspiel der Situation, das von der Ironie dirigiert wird, erscheint, bleiben für die Kontemplation zurück." (EO1, 324; SKS 2, 268) In dieser Feststellung finden Tragödie, Schattenrisse und Komödie zu einer gemeinsamen Fluchtlinie.[8]

## 7.3 Tragische und komische Ironie: Die Spur des Erhabenen

Die Analysen von Tragödie und Komödie weisen *A* als Kenner des Dramas und seiner Poetologien aus. Wie Hegel reduziert er den Helden auf objektive, universelle Ziele, die im dramatischen Charakter realisiert werden. Er übernimmt die Auffassung der modernen Tragödie als Beginn des inneren Subjektivitätsprinzips,

---

**8** Schauspieler wie Zuschauer müssen sich der Schwindelbewegung der Komödienhandlung anpassen. Während die Kunst des Komödianten darin besteht, die Widersprüchlichkeit eines denkbar einfachen Charakters in situative Oberfläche zu verwandeln, soll der Zuschauer zwischen dem Blick auf die Bühne und dem Blick in sein Inneres hin- und herwechseln, indem er die Augen in schnellem Tempo öffnet und schließt, um die eigene Reflexion zu mobilisieren und zu vertiefen.

das die antike Verkörperung ethischer Mächte ablöst und in der Komödie hypostasiert wird. Anders als bei Hegel münden die tragischen und komödiantischen Formen des modernen Dramas für *A* jedoch in dieselbe Kreisbewegung, welche die unter der Oberfläche der Langeweile verborgene innere Unruhe des reflektierten Subjekts zum Vorschein bringt. Diese wirkt im schwindelerregenden Effekt des Lächerlichen und Komischen nachhaltiger als in der tragischen Katharsis. Mit dieser Umwertung des traditionellen Verhältnisses von hoher Tragödie und niederer Komödie schreibt *A* die romantische Theorie von der Auflösung der alten Tragödie in das ästhetische Spiel der Komödie fort. Anstatt diesen Prozess teleologisch zu denken wie Hegel, nähert sich seine Argumentation Jean Pauls ironischer Bestimmung des Humors als permanenter Doppelbewegung zwischen unendlicher Vernunft und endlichem Verstand und damit einer wirkungsästhetischen Theorie des Erhabenen an. Jean Paul zufolge sprengt der Humor als das ‚umgekehrte Erhabene' die Grenzen des gesunden Menschenverstandes und initiiert den reflexiven Wechsel zwischen der Erhebung über sich selbst und der unvermeidlichen Rückkehr in die eigene Endlichkeit (Jacobs ²2016, 241). Ähnlich versteht Friedrich Theodor Vischers Dissertation *Über das Erhabene und Komische* (1837) das Komische als Verdeutlichung des schicksalhaften Tragödienpathos in der ironischen Brechung durch das Alltäglich-Banale:

> Veranlaßt ist sie [die tragische Erwartung, A.J.] durch ein sich ankündigendes, in mehr oder minder pathetischem Schwung begriffenes *Erhabenes*; aufgelöst wird sie durch das Bagatell eines bloß der niederen Erscheinungswelt angehörenden Dings, das diesem Erhabenen, vorher verborgen, nun auf einmal unter die Beine gerät und es zu Falle bringt. Man kann dies auch so ausdrücken […]: das Komische sei ein *deutlich* gemachtes Erhabenes. Denn die Deutlichkeit besteht im Hervorheben der sinnlichen Einzelheiten, und diese sind es, die alsbald den Schein des Unendlichen aufheben. (zit. in: Jacobs ²2016, 242)

Im 18. Jahrhundert konzentriert sich das Erhabene, das sich im Barock als Erschütterung der Affekte aus der Stillehre der antiken Rhetorik und Tragödientheorie herleitet, auf die Erfahrung der Übermacht der Natur. 1790 betritt es in Kants *Kritik der Urteilskraft* als das Andere des Schönen die Bühne des ästhetischen Urteils. Das Schöne wird lustvoll über den Natur-Gegenstand erfahren, der sich durch bildhafte Ganzheit und klare Konturen auszeichnet: Es repräsentiert einen unbestimmten Begriff des Verstandes, der als sinnlich-lebendige Form in der Anschauung erfahrbar ist. Hingegen erzeugt das Erhabene aufgrund seiner Formlosigkeit eine Mischung von Lust und Unlust, die spannungsgeladene Affekte wie Erstaunen, Ernst, Rührung, Bewunderung oder Achtung freisetzt. Seine unzweckmäßige Form repräsentiert einen unbestimmten Vernunftbegriff ohne direkte Anschauung, so dass das Subjekt gezwungen ist, den Eindruck des Übermächtigen durch die Beschäftigung mit der Idee zu kompensieren. Während das

Gefühl des Schönen also eher passiv und spielerisch-lustvoll durch das Objekt erfahren wird, provoziert der Ernst des Erhabenen eine konstruktive Aktivität des Geistes, für die das Objekt nur der schockhafte Anlass ist. Das selbstbewusst denkende Subjekt kann die chaotische Formlosigkeit des Erhabenen zur souveränen Erfahrung der eigenen Vernunftautonomie umwenden, solange es sich auf sicherer Distanz befindet, sein Gemüt mit passenden Ideen gefüllt und richtig gestimmt ist. Ist dies nicht der Fall, gewinnt der Eindruck der übermächtigen Natur die Oberhand und muss als Grässliches und Hässliches abgespalten werden. Am Erhabenen zeigt sich nach Kant die menschliche Fähigkeit, das Inkommensurable mittels Vernunftideen zu fassen und ruhigzustellen. Im Geltungsbereich des Erkenntnisvermögens leistet das Konzept eine Übersetzung religiöser Affekte gegenüber dem Großen und Heiligen in theoretische Urteilsformen, in dem des Begehrungsvermögens eine Übersetzung in praktisches Handeln (Jacobs ²2016, 166). Aufklärungsdialektisch betrachtet beschreitet Kierkegaard zum einen den Rückweg von Hegel zu Kant, zum anderen konfrontiert er die Autonomie des kritischen Denkens mit den beunruhigenden Paradoxien des Religiösen. Auch hier schließt er bei aller Kritik letztlich an die Ironie-Konzeptionen der Romantiker an, die der Vernunft die Lizenz zur Bewältigung des erhabenen Entmächtigungsschocks entziehen. Für sie ist das Erhabene eine Selbstbehauptungsstrategie, die neben der Vernunft der poetischen Fiktion bedarf (Jacobs ²2016, 166). Demgegenüber verortet Hegels *Phänomenologie des Geistes* das Erhabene historisch im Bilderverbot der jüdischen Tradition: Da es weder für Gott noch für die Idee einen Gegenpart in der Natur geben kann, dient die Natur nur als Medium, in dem sich das Göttliche dem Menschen symptomatisch zeigt.

Kierkegaard knüpft insofern an Hegel und die Romantiker an, als er die Spielformen des Poetischen (Warning 2009, 27) in vollem Umfang zur Darstellung des undarstellbaren Göttlich-Erhabenen nutzt, wie der schockhafte Einbruch des Erhabenen in *Furcht und Zittern* oder die ironische Grundkonstruktion von *Entweder – Oder* nach dem Muster des Agon belegen. Im ersten Teil von *Entweder – Oder* wird das tragisch-ironische Spannungsverhältnis von Zufall und Schicksal ebenso zur Kritik der begrifflichen Reflexion als Movens des Vernunftfortschritts eingesetzt wie das komische Spannungsverhältnis von Täuschung und ironischer Auflösung derselben. Tragisches und Komisches konvergieren in einem Habitus ironischer Skepsis, der die Wahrnehmung des Missverhältnisses zwischen den endlichen Modi des Denkens und der unendlichen (göttlichen) Idee ermöglicht und dabei die Rolle der Affekte und individuellen Selbsttäuschungsstrategien mit einbezieht. Beide Komponenten, Denken und Affekte, werden auf das Religiöse zurückgewendet. Dementsprechend muss die implizite These des Ästhetikers zur Bestimmung der Moderne über die ästhetische Alternative von Tragödie und Komödie hinausgehen. Während Hegel vom Verlust der Tragödie in der Moderne spricht (Iber 2011, 287), führt A das Tragische einer neuen sündentheologischen Bestimmung zu, die auf antike Muster und das christliche Ereignisdenken gleichermaßen zugreift, um die Schärfe der christlichen Gewissenskultur durch Gnade und Mitleid zu mildern. Damit werden die romantischen und frührealistischen Thesen von der Depotenzierung des Tragisch-Erhabenen im Komischen zum permanenten Drama des Alltagsbewusstseins gewandelt, dessen Kipp- und Kreisbewegungen letztlich auf die Undarstellbarkeit ihres Gegenstandes verweisen. Sie laufen auf die Unerreichbarkeit eines Göttlich-Erhabenen zu, dessen omnipräsente Kehrseite der Nihilismus des Ästhetikers ist. Das von A beschriebene Drama der modernen Innerlichkeit, das allererst durch die Unterbrechung und Zerstörung von Illusionsbildungen zutage tritt, produziert Unruhe und führt zur Mobilisierung des individuellen Denkens *und* Fühlens, ohne eine immanente Lösung anzubieten. Sakralisierte Ironie und profaniertes Erhabenes begründen bei Kierkegaard ein ateleologisches Drama des religiösen Bewusstseins, das in den Verwandtschaftsstrukturen von Drama, Rhetorik, Philosophie und Theologie gründet und wirkungsmächtige Fortschreibungen in den Poetiken der Moderne und in der Tiefenpsychologie findet.

## Literatur

Greenspan, Daniel 2008: The Passion of Infinity. Kierkegaard, Aristotle and the Rebirth of Tragedy, Berlin, New York: De Gruyter (KSMS 19)

Iber, Christian 2011: Tragödie, Komödie und Farce. Zur geschichtsphilosophischen Ortsbestimmung der Tragödie bei Hegel und Marx. In: Lore Hühn, Philipp Schwab (Hg.): Die Philosophie des Tragischen. Schopenhauer – Schelling – Nietzsche, Berlin, Boston: De Gruyter, 281–295

Jacobs, Angelika [2]2016: Stimmungskunst von Novalis bis Hofmannsthal, Hamburg: Igel

Kierkegaard, Sören 2005: Einübung im Christentum; Zwei ethisch-religiöse Abhandlungen; Das Buch Adler, München: dtv

Rocca, Ettore 2003: The Secret: Communication Denied, Communication of Domination. In: Poul Houe, Gordon D. Marino (Hg.): Søren Kierkegaard and the Word(s). Essays on Hermeneutics and Communication, Kopenhagen: Reitzel, 116–126

Rocca, Ettore 2010: Ästhetisches und religiöses Geheimnis. Kierkegaards heteronome Kunst. In: Markus Kleinert (Hg.): Kunst und Religion. Ein kontroverses Verhältnis, Mainz: Chorus, 57–77

Schlegel, Friedrich 1958 ff.: Kritische Friedrich-Schlegel-Ausgabe. 4 Abt., hg. v. Ernst Behler unter Mitwirkung v. Jean-Jacques Anstett u. Hans Eichner, Paderborn u. a.: Schöningh

Schmidt-Biggemann, Wilhelm 2011: Existenzial-Semantik. Überlegungen über das Verhältnis von Tragödie, Theodizee und Philosophie. In: Lore Hühn, Philipp Schwab (Hg.): Die Philosophie des Tragischen. Schopenhauer – Schelling – Nietzsche, Berlin, Boston: De Gruyter, 60–82

Scribe, Eugène 1991: Erste Liebe oder Erinnerungen an die Kindheit. Aus dem Französischen übertragen und mit einem Nachwort versehen von Reinhard Palm. Mit einem Essay von Sören Kierkegaard und zahlreichen Abbildungen, Frankfurt: Insel

Warning, Rainer 2009: Heterotopien als Räume ästhetischer Erfahrung, München: Fink

Wesche, Tilo 2011: Wissen und Wahrheit im Widerstreit. Zu Hegels Theorie der Tragödie. In: Lore Hühn, Philipp Schwab (Hg.): Die Philosophie des Tragischen. Schopenhauer – Schelling – Nietzsche, Berlin, Boston: De Gruyter, 296–315

Zimmermann, Bernd 2011: Über das Tragische bei den Griechen. In: Lore Hühn, Philipp Schwab (Hg.): Die Philosophie des Tragischen. Schopenhauer – Schelling – Nietzsche, Berlin, Boston: De Gruyter, 133–141

Konrad Paul Liessmann
# 8 Schattenrisse / Das Tagebuch des Verführers: Im Schatten des Eros

(EO1, 197–254 / 351–521; SKS 2, 163–209 / 291–432)

Die Schriften des Ästhetikers A sind in mehrfacher Hinsicht eine Herausforderung. Einerseits stellt sich immer die Frage nach dem Stellenwert dieser Texte im Kontext der Komposition von *Entweder – Oder*. Die Verlockung oder auch Gefahr, sie als Dokumente einer ästhetischen Lebensform zu lesen und gegen die Briefe des Gerichtsrats, die eine ethische Existenz exponieren, zu stellen, ist stets gegeben und durchzieht auch die Forschungsliteratur. Andererseits sind diese Texte in Form und Inhalt so divergent und formal avanciert, dass die Verlockung oder Gefahr, sie als eigenständige Abhandlungen, Aphorismen oder Essays zu lesen, jenseits des Kontextes, in die sie das Herausgeberpseudonym gestellt hat, nicht von der Hand zu weisen ist. Vielleicht weniger in der Forschung als in der Publikationspraxis erfreut sich dieser Zugang einer großen Beliebtheit. Zumal das *Tagebuch des Verführers* wurde unzählige Male aus *Entweder – Oder* ausgekoppelt und als singuläres Werk veröffentlicht, versehen mit mehr oder weniger ingeniösen Einleitungen oder Vorworten, in einer englischsprachigen Ausgabe immerhin von John Updike. In diesen zeigt sich mitunter eine weitere Quelle eines Missverständnisses, zu dem das *Tagebuch des Verführers* zu verführen scheint: den philosophisch-literarischen Text mit der Biographie Søren Kierkegaards kurzzuschließen und das *Tagebuch* als Reflex auf Kierkegaards unglückliche Beziehung zu Regine Olsen zu lesen. John Updikes Vorwort mündet dann überhaupt in eine Apotheose Regines, die nicht nur Kierkegaard und ihren späteren Ehemann Frederik Schlegel überlebte, sondern durch das *Tagebuch* unsterblich geworden sei (Updike 2013, XV).

Dass das *Tagebuch* wie *Entweder – Oder* überhaupt zahlreiche und unübersehbare autobiographische Elemente enthält, steht ja außer Streit. Kierkegaard selbst hat in Notizen, in denen er sich über sein Verhältnis zu Regine Olsen Rechenschaft ablegen will, deutlich gemacht, dass er das *Tagebuch des Verführers* „ihretwegen" verfasst hatte, „um abzustoßen" (DSKE 3, 475; SKS 19, 437). Offenbar wollte er Regine damit suggerieren, dass er selbst solch ein „Schurke", ja ein „ausgemachter Schurke sei", um ihr „die Fahrt in eine Ehe" zu erleichtern (DSKE 3, 475; SKS 19, 436). Gleichzeitig macht er im selben Atemzug klar, dass die Verführung die „größte Galanterie" darstellt, da der Verführer als „Kenner" nicht blind sei wie ein Liebhaber, und deshalb seine Verführung einer objektiven Wertschätzung gleichkomme, zu der ein Verliebter nie fähig wäre, weshalb es auch wenig brächte, den Verführer durch ein verführtes Mädchen „bekehren" zu lassen (DSKE 3, 476; SKS 19, 437). Allein an solchen Überlegungen zeigt sich, dass das autobiographische Moment immer von grundsätzlichen und widersprüchlichen ästhetischen Reflexionen durchsetzt ist, und es ist kein Zufall, dass Kierkegaard diesen Erinnerungen nicht nur den Titel *Mein Verhältnis zu „ihr"*, sondern auch den Untertitel „etwas Dichterisches" gegeben hatte (DSKE 3, 469; SKS 19, 431). Ob die strikt biographische Orientierung den richtigen Leitfaden für eine angemessene Lektüre darstellt, darf füglich bezweifelt werden. Zu sehr operiert Kierkegaard selbst mit den Strategien der Täuschung, Fiktionalisierung und Irreführung, zu sehr sind diese Texte durchzogen von literarischen, philosophischen und mythologischen Anspielungen und Referenzen, als dass man dieses dichte Textgewebe auf eindeutige biographische Botschaften und Referenzen reduzieren könnte. Das Prinzip der „Mehrstimmigkeit" durchzieht Kierkegaards ästhetisches Oeuvre nicht nur als permanentes „Wechselspiel" literarischer Figuren (Schmidt 2006, P 1531), sondern kann auch als immanentes Konstruktionsprinzip dieser Texte aufgefasst werden. Wir schlagen deshalb eine Lesart vor, die versucht, dem Prinzip der von Kierkegaard vorgeschlagenen Pseudonymisierung der Autorschaften ebenso Rechnung zu tragen wie den eigenwilligen und differenten Gattungen und Schreibstilen, deren sich der Herausgeber Victor Eremita, der Ästhetiker *A* und der Verfasser des *Tagebuchs* befleißigen.

Im Zentrum der folgenden Überlegen stehen zwei Texte, die zumindest thematisch in einem gewissen Nahverhältnis zueinander stehen, aber selten gemeinsam gelesen und behandelt werden: *Schattenrisse* und das *Tagebuch des Verführers*. Die *Schattenrisse* stellen ihrer Form nach eine Reihe von Abhandlungen dar, die den ominösen *Symparanekromenoi*, den Mitverstorbenen – so wie zuvor schon die Arbeit über den *Reflex des antiken Tragischen in dem modernen Tragischen* und später auch die Ansprache über den *Unglücklichsten* – zu Gehör gebracht worden sind (EO1, 197; SKS 2, 163). Thema dieser Vorlesungen sind drei unglückliche, weil verlassene Frauen: Marie Beaumarchais aus Goethes *Clavigo*, Donna Elvira aus Mozarts *Don Giovanni* und Gretchen aus Goethes *Faust*. Das *Tagebuch des Verführers*, dessen Verfasser nicht eindeutig mit *A* identifiziert werden muss, schildert hingegen die Verführung eines jungen Mädchens, das am Ende, nachdem es sich seinem Verführer hingegeben hat, von diesem sofort verlassen wird. Also auch hier das Thema der verlassenen, betrogenen Frau, betrachtet allerdings aus der Perspektive des männlichen Akteurs. Noch etwas aber verbindet diese beiden ansonsten so heterogenen Texte: Die Trauer der verlassenen Frauen der *Schattenrisse* ist keine unmittelbare, sondern eine reflektierte Trauer, der Autor dieser Vorlesung geht den Bewegungen dieser Reflexion nach; und der Verführer des *Tagebuchs* ist nicht wie Don Giovanni aus der Abhandlung *Die unmittelbaren erotischen Stadien oder das Musikalisch-Erotische* ein sinnlicher, betörender oder schmeichelnder, sondern ein reflektierter Verführer, dessen Reflexionen das *Tagebuch* nachzeichnet.

Wie immer bei Kierkegaard ist nicht nur ein besonderes Augenmerk auf Pseudonymisierungen, sondern auch auf eigenwillige Gattungsbezeichnungen und Untertitel zu legen. Die Abhandlungen der *Schattenrisse* werden als „psychologischer Zeitvertreib" charakterisiert (EO1, 197; SKS 2, 163). Dies verweist nicht nur auf eine spielerische Annäherung an eine ernste Thematik, sondern auch auf die Kunstform des Schattenrisses, die zu jenen Praktiken gehörte, mit denen man sich in gehobenen Gesellschaftskreisen einst die Zeit zu vertreiben pflegte. Seitdem Johann Caspar Lavater in seiner *Physiognomik* von 1772 und den wenige Jahre später folgenden *Physiognomischen Fragmenten* versucht hatte, die Charaktereigenschaften von Menschen an ihre Gesichtszüge zu binden und diese durch Schattenrisse zu illustrieren und zu veranschaulichen, war diese Technik offenkundig auch in den Dienst der Psychologie gestellt. Lavaters Intention war es ja gewesen, durch seine Physiognomik die „Menschenkenntnis und Menschenliebe" zu befördern (Lavater 1984, 1), was Kierkegaard, der die *Physiognomischen Fragmente* besaß (Thulstrup 1984, 204), zur Klassifizierung des Schattenrisses als eines psychologischen Zeitvertreibs angeregt haben mag. In dem vielgelobten Roman *Die Pfaueninsel* hat der Schriftsteller Thomas Hettche die Wirkung eines Schattenrisses – hier in der einfachen Form eines Scherenschnitts – anschaulich beschrieben: „Nie sieht man sich im Profil, wie die anderen es tun, und insofern ist ein Scherenschnitt immer fremd und vertraut zugleich. Natürlich, das war sie, sie erkannte all das, was sie an sich haßte, nichts war übertrieben, ihre Nase war so, ihre Stirn, ihre Lippen, sie wußte es. Und doch war die Linie, die all das aus dem Schwarz geschnitten hatte, so fein und sorgsam geführt, als spielte es überhaupt keine Rolle, welche Empfindungen man mit dem, was diese Linie erfaßt hatte, verbinden mochte" (Hettche 2014, pos. 1098). Der Schattenriss orientiert sich an einer äußeren Kontur, lässt jede Binnendifferenz in das Schwarz und Weiß von Figur und Hintergrund verschwinden, verdeutlicht aber gerade dadurch jene Momente einer Physiognomie, die zu mannigfachen psychologischen und selbstreflexiven Betrachtungen Anlass geben mögen. Die scharfe Beobachtung des Romanciers Hettche, dass für einen Schattenriss das Profil am besten geeignet war, da jede andere Darstellung zu wenig sichtbare Merkmale aufgewiesen hätte, unterstreicht den reflexiven Charakter dieser Praxis: Vor der Erfindung der Fotografie war der Schattenriss die einfachste und wohl auch billigste Form, sich so zu sehen, wie man in der Regel nur von anderen gesehen wurde: im Profil. Auch vor einem einfachen Spiegel ist es nicht möglich, den Kopf so zu drehen, dass man sich tatsächlich im Profil betrachten könnte. Der Schattenriss ermöglicht also einen Blick auf sich selbst, der ansonsten verwehrt bleibt. Die Schattenrisse von *A* skizzieren die Konturen einer seelischen Situation, von der vieles unsichtbar, im

Dunkeln bleiben muss, aber das, was gezeigt werden kann, steht von Anfang an unter einem Reflexionsvorbehalt.

## 8.1 Schattenrisse

Was zeigen nun die von *A* skizzierten Umrisse dreier von ihren Geliebten verlassener Frauen? Sie zeigen die Konturen einer psychischen Dynamik, die *A* „reflektierte Trauer" nennt (EO1, 200; SKS 2, 167). *A* war es ursprünglich, wie seine „improvisierte Ansprache" zu seiner Lesung nahelegt, in erster Linie gar nicht um diese Trauer, sondern um die ästhetische Frage gegangen, ob sich bestimmte Formen der Trauer überhaupt künstlerisch darstellen lassen. Die reflektierte Trauer nun ist für *A* eine Trauer in Bewegung, eine Trauer, die sich ihrer selbst noch gar nicht gewiss ist, eine Trauer, die keine Ruhe findet, und die deshalb „nicht zum Gegenstand einer künstlerischen Darstellung werden kann" (EO1, 201; SKS 2, 168). Malerei und Bildhauerei scheiden also aus, nicht aber, so *A* mit Verweis auf Lessings *Laokoon*, die Poesie (EO1, 199 f.; SKS 2, 167).

Die Trauer kann nur indirekt erschlossen werden, und daran erinnert das Verfahren des Schattenrisses. *A* geht es allerdings nicht nur um das Verhältnis von einem scharf konturierten Profil und den im Dunkeln bleibenden Details eines Gesichts, sondern um das dadurch bestimmte Verhältnis von Innen und Außen. *Schattenrisse* nennt er diese Untersuchungen, um einerseits daran zu erinnern, dass sie von der „dunklen Seite des Lebens" genommen sind, andererseits weil die durch dieses Verfahren evozierten Bilder der reflektierten Trauer wie in einem Schattenriss nicht „unmittelbar sichtbar sind"; *A* will ein „inneres Bild" zeigen, das erst bemerkt wird, wenn „das Äußere" durchschaut werden kann (EO1, 204; SKS 2, 170 f.). Dieses Äußere kann durchaus unauffällig sein, vielleicht zeigt sich die Trauer in einigen Spuren, sie erschließt sich aber erst, wenn man den Schattenriss „gegen das Tageslicht" hält und hindurchschaut, um dann ein „feine[s] innere[s] Bild" zu erblicken (EO1, 205; SKS 2, 171). Das Äußere – so eine weitere etwas merkwürdige Metapher, die *A* in diesem Zusammenhang verwendet – hat die Bedeutung einer „telegraphischen Nachricht", die signalisiert, dass sich „tief innen etwas verberge" (EO1, 206; SKS 2, 172). Die reflektierte Trauer ist, wie vielleicht jede Reflexionsbewegung, dem unmittelbaren Zugriff verborgen. In den Konturen des Schattenrisses wird sie offenbar, so wie sich nach Lavaters Physiognomik in den scharfen Rändern der in einem Schattenriss gezeigten Gesichtszüge der Charakter eines Menschen zeigen sollte.

*A* demonstriert die reflektierte Trauer an drei poetischen Figuren: Marie Beaumarchais, Donna Elvira, Margarete. Das Bild, das die Dichter von diesen Frauen zeichneten, liefert gleichsam die Konturen, unter denen die innere Bewegung der Trauer aufzuspüren ist. Erwähnenswert ist in diesem Zusammenhang vielleicht, dass ein Jahrzehnt nach Kierkegaards Tod der deutsche Silhouettenschneider Paul Konewka mit einer Serie von Schattenrissen zu Goethes *Faust*, darunter auch etliche Darstellungen von Gretchen, einige Bekanntheit erlangte. *A* geht es allerdings weder um die Illustration einer literarischen Figur noch um die hermeneutische Erschließung eines ästhetischen Objekts, sondern diese Frauennamen sind für ihn gleichzeitig auch *nomina appellativa*, Gattungsbezeichnungen, die jederzeit durch einen anderen „teureren" Namen ersetzt werden könnten (EO1, 209; SKS 2, 174). *A* versucht an diesen literarischen Gestalten existentielle innere Bewegtheiten zu erkennen, die an der Oberfläche der literarischen Darstellung verborgen bleiben. Seine Lektüre dieser Texte hält diese gegen das Licht seiner eigenen Imagination, das nun das Innere dieser Figuren und damit das Wesen einer bestimmten Form von Trauer freilegt.

Nicht jede Trauer ist reflektiert. Wer den Verlust eines Menschen beklagt, wer von einem geliebten Menschen verlassen worden ist, wer Abschied nehmen muss von einem Menschen, einer Phase seines Lebens, einer lieb gewordenen Gewohnheit, kann unmittelbar und unreflektiert trauern, denn er kennt den Grund und Gegenstand seiner Trauer. Die reflektierte Trauer trauert, aber sie weiß nicht, warum: „Die Pointe in der reflektierten Trauer ist, daß die Trauer immerfort ihren Gegenstand sucht, dieses Suchen ist die Unruhe der Trauer und ihr Leben." (EO1, 211; SKS 2, 175) Marie Beaumarchais aus Goethes *Clavigo* verkörpert für *A* diese suchende Bewegung einer Trauer, die gar nicht weiß, was der eigentliche Grund ihrer selbst ist. An Goethes Drama interessiert *A* weder die Handlung, noch die Hofintrige, noch der Charakter des Helden. Den Inhalt des Stücks fasst *A* kongenial und denkbar knapp zusammen: „Clavigo hat sich mit [Marie] verlobt, Clavigo hat sie verlassen" (EO1, 209; SKS 2, 174). Ob Clavigo moralisch richtig handelte, als er seine Liebe zugunsten seiner Karriere verriet, beschäftigt *A* ganz und gar nicht. *A* ist nur interessiert an der Gefühlslage eines jungen Mädchens, das nicht weiß, warum sie verlassen wurde. War Clavigo ein Betrüger? Aber was heißt das? Verließ er sie, weil er sie nicht mehr liebte, dann war es kein Betrug, sondern Ehrlichkeit; verließ er sie, obwohl er sie noch liebte, waren es vielleicht tragische Umstände, aber kein Betrug; spiegelte er ihr eine Liebe vor, obwohl er sie – zumindest innerlich – schon verlassen hatte, war es Betrug.

Marie war aufgrund ihres sozialen Status und ihrer vornehmen Familie gegenüber dem Emporkömmling Clavigo, der glaubt, seiner Karriere seine Liebe opfern zu müssen, nicht unbedingt in der Lage einer dem Mann auf Gedeih und Verderb ausgelieferten Frau (Janic 2014, 74). *A* imaginiert deshalb ein „Verhör", das im Inneren Maries stattfindet, das Clavigo auf der Anklagebank sieht, das aber zu keinem Ende und zu keinem Urteil kommen kann, weil „immerzu Stockungen eintreten" und jeder Urteilsspruch nur eine „Stimmung" darstellt, nicht die zwingende Schlussfolgerung aus einer Indizienkette (EO1, 223; SKS 2, 185). Und deshalb kann Maries Trauer auch nicht „gedeihen", denn sie hat den Geliebten nicht einfach „verloren" (EO1, 224; SKS 2, 185), sondern ist mit dem nicht auflösbaren Verdacht konfrontiert, betrogen worden zu sein: ein Verharren in Ungewissheit ist die Folge, dem die junge Frau nicht gewachsen ist. Bei Goethe stirbt Marie, mit Clavigos Namen auf den Lippen, an Schwindsucht. *A* identifiziert die reflektierte Trauer jedoch als eine in sich unabschließbare innere Bewegung: „So wird die Zeit für sie hingehn, bis sie den Gegenstand ihrer Trauer aufgezehrt hat, der nicht identisch war mit ihrer Trauer, sondern der Anlaß dazu, daß sie beständig einen Gegenstand für die Trauer suchte" (EO1, 224 f.; SKS 2, 186).

Ein zweites Modell der reflektierten Trauer findet der Ästhetiker in Donna Elvira, der tausendfach betrogenen Gattin Don Giovannis. Der Ästhetiker orientiert sich dabei weniger an Mozarts Musik als an der Übersetzung bzw. Bearbeitung des Librettos Lorenzo da Pontes durch Laurids Kruse, dessen Fassung des *Don Giovanni* unter dem Titel *Don Juan* seit 1807 auch zum Repertoire des Königlichen Theaters in Kopenhagen gehörte (Grage 2005, 421; Eckerson 2014, 180 f.; vgl. auch EO1, 231; SKS 2, 192). Kruse lässt – anders als Da Ponte – erahnen, dass Donna Elvira, bevor sie den Verführungskünsten Don Giovannis erlag, in einem Kloster war. Für *A* ist dieser Hinweis von entscheidender Bedeutung: „Sie war Nonne, aus dem Frieden eines Klosters hat *Don Juan* sie gewaltsam herausgerissen" (EO1, 225; SKS 2, 187). Entscheidend ist dies deshalb, weil für *A* damit deutlich wird, dass Elvira kein „albernes Ding" ist, sondern in der „Zucht des Klosters" aufgewachsen war, was ihrer Leidenschaft eine besondere Intensität, damit ihrer Trauer aber eine besondere Gestalt verleiht. Don Juan wird diese Leidenschaft hervorlocken, befreien, sie wild und ungezügelt machen, aber sie wird auch nur in seiner Liebe befriedigt werden können, und deshalb gilt: „In ihm hat sie alles und das Vergangene ist nichts, verlässt sie ihn, so verliert sie alles, auch das Vergangene" (EO1, 226; SKS 2, 187). Elvira hatte in der Deutung von *A* der Welt entsagt, aber mit Don Juan erscheint eine Gestalt dieser Welt, der sie nicht entsagen kann. Deshalb entsagt sie ihrer Entsagung, um mit dem notorischen Verführer zu leben. In dem Moment, in dem Don Juan auch Elvira, wie alle anderen Frauen, verlässt, findet nicht nur eine Desillusionierung, eine Enttäuschung, eine Erkenntnis statt – für Elvira bricht nicht eine, nein, es bricht *die* Welt zusammen: „Sie hat alles verloren, den Himmel, als sie die Welt gewählt, die Welt, als sie Don Juan verloren hat" (EO1, 231; SKS 2, 191). Elvira kann deshalb Don Juan auch nicht einfach aufgeben, sich in die Trauer der Betrogenen und Verlassenen zurückziehen, sie folgt ihm, um mit ihm ihr Leben zurückzugewinnen – und wird doch nur eine weitere Zeugin seiner weiteren Taten oder Untaten. In einem Anflug von „Galanterie für das weibliche Geschlecht" (EO1, 232; SKS 2, 192) stellt sich *A* aber vor, dass Elvira auch die Stärkere sein könnte, die mit der Leidenschaft des Hasses und dem Gedanken an

Rache um ihre Liebe kämpft – eine kämpferische, leidenschaftliche Schönheit, der Don Juan verfällt, die er noch einmal verführen möchte, an der er aber scheitert: Elvira würde sich nicht „abwenden", aber „sich gegen ihn wenden" (EO1, 234; SKS 2, 193). Wie gesagt, dies bleibt ein galantes Experiment, das vielleicht eine Stärke der verführten und verlassenen Frau antizipiert, die noch nicht gekommen war.

Aus der Perspektive des Ästhetikers bleiben Elvira nur zwei Möglichkeiten: Entweder sie kehrt, in welcher Verfassung auch immer, in ein Kloster zurück – dann wird sie ästhetisch uninteressant, abgesehen davon, dass es, wie A süffisant anmerkt, doch zweifelhaft wäre, ob sie einen Priester finden könnte, der „mit gleichem Nachdruck das Evangelium der Reue und Zerknirschung zu künden vermag, wie Don Juan die frohe Botschaft der Lust verkündet hat". Oder Elvira hält um ihres Lebens willen an ihrer Liebe zu Don Juan fest, ohne sich dieser Liebe gewiss sein zu können – „und dies ist der Sporn der Reflexion, der sie zwingt, auf dieses Paradox zu starren: ob sie ihn lieben könne, ungeachtet dessen, dass er sie betrogen hat" (EO1, 235; SKS 2, 194). Anders als Marie, die nicht loskommt von der Frage, ob sie von Clavigo überhaupt betrogen wurde, kommt Elvira nicht los von der Frage, ob sie den Betrüger noch lieben kann, lieben will oder lieben muss. Dass Elvira sich einfach mit der Liebe eines anderen Menschen trösten könnte, hält A nicht nur für undenkbar, sondern das wäre das „Allerschrecklichste" (EO1, 235; SKS 2, 194). Und so kann sich auch Elvira aus dieser Reflexionsbewegung nicht befreien. Soll sie Don Juan hassen, soll sie ihn lieben, war er nur der, der er war, als er sie betrog, soll sie an ihn denken, muss sie ihn vergessen: Elvira gleicht – so das bestechende Bild, das A abschließend von ihr entwirft – einem Menschen, der in Seenot gerät, und dennoch an Bord bleibt, weil er etwas retten will, aber nicht weiß, was dies sein soll (EO1, 241; SKS 2, 199).

Die Dritte im Bunde der Trauernden ist Goethes Gretchen. Feinsinnig beobachtet der Ästhetiker, dass Margarete von allem Anfang an in ein Hin und Her, in eine Reflexionsbewegung versetzt gewesen war. Wie erinnerlich, pflückt Gretchen nach der ersten Begegnung mit Faust eine Blume, um sie zu entblättern: Er liebt mich, er liebt mich nicht. „Armes Gretchen", so der Ästhetiker, „du kannst mit diesem Spiel ja fortfahren und bloß die Worte verändern: Er hat mich betrogen, hat mich nicht betrogen [...]" (EO1, 242; SKS 2, 200). Allerdings ist auch dem Ästhetiker klar, dass bei Faust und Gretchen diese Sache ein wenig anders liegt als bei den bisher behandelten Paaren. Denn Faust hat, im Gegensatz zu Don Juan, Gretchen nicht mit einer Unzahl anderer Mädchen betrogen; wohl ist Faust für A eine „Reproduktion" des Don Juan, aber er unterscheidet sich sowohl in seinem Begehren als auch in seiner Methode von dem klassischen Verführer. Fausts Sinnlichkeit ist nicht unmittelbar wie die Don Juans, sie ist schon Reflex seines Erkenntnisstrebens, Konsequenz seiner „zweifelnden Seele", weshalb er im Sinnlichen weniger den Genuss als die Zerstreuung sucht: „Seine Lust hat darum nicht jene Heiterkeit, die einen Don Juan auszeichnet [...] die jungen Mädchen tanzen nicht in seine Umarmung, sondern er ängstigt sie zu sich her" (EO1, 244; SKS 2, 201). Schon hier deutet sich ein Begriff der Angst an, der untrennbar mit der Lust verbunden ist, eine Angst, die die Abkehr in eine Hinwendung verkehrt.

Faust sucht – in der Deutung des Ästhetikers – nicht nur die „Lust der Sinnlichkeit", sondern begehrt vor allem die „Unmittelbarkeit des Geistes", die er vorzüglich bei jungen Mädchen zu finden glaubt und durch die er sich „verjüngen und stärken kann" (EO1, 244; SKS 2, 201). Bemerkenswert, dass der Ästhetiker im Versuch, Faust und Don Juan zu parallelisieren, auch dem gelehrten Doktor und Magister die Opfer seiner Verführung im Plural zuschreibt, obgleich wir von Goethes Faust nur die tragische Geschichte mit Gretchen kennen und Fausts Beziehung zu Helena aus *Faust II* wohl einer anderen Kategorie des Erotischen zuzurechnen ist. Entscheidend aber ist, dass Faust nicht um seiner Lust willen verführt, sondern um seinem Verfall, seiner Endlichkeit zu entgehen und sich „für einen Augenblick" an der „Fülle der Unschuld und der Kindlichkeit" zu erquicken (EO1, 245; SKS 2, 202). Faust begehrt Gretchen um seinetwillen, sie ist der Quell, an dem sich seine Verzweiflung, ja sein Nihilismus laben kann (Fimiani 2015, 103). Fausts Betrug ist schon in dieser Haltung seinem Opfer gegenüber angelegt, seine Liebe ist von Anfang durch diese Funktionalisierung kontaminiert, er betrachtet Gretchen – kantianisch formuliert – stets nur als Mittel, nie als Zweck.

Anhand der stillschweigend vorausgesetzten berühmten Gretchenfrage – „Nun sag, wie hast du's mit der Religion" (Goethe 1994, V. 3415) – demonstriert der Ästhetiker die Dialektik der Unmittelbarkeit, in die sich Faust verstrickt. Faust ist der religiöse Zweifler, Gretchen die naiv und unschuldig Glaubende. Diese Naivität macht Gretchen aber für Faust begehrenswert; wohl wäre es ein Leichtes für ihn, sie in diesem Glauben zu erschüttern, aber das kann keine Aufgabe für ihn sein, so sehr es im Wesen des Zweiflers liegt, aus „Neid" andere in der Sicherheit ihres Glaubens zu erschüttern. Nein, Faust fühlt, dass Gretchen „allein durch diesen Glauben das Große ist, das sie ist" (EO1, 247; SKS 2, 204). Er muss also ihren Glauben bewahren, ohne dass er den Zweifler, der er ist, vor Gretchen verleugnet. Deshalb windet sich Faust, um Gretchen dann ein unwiderstehliches Angebot zu machen: „Gefühl ist alles." (Goethe 1994, V. 3456) Damit bestärkt, ja entwickelt er ihren Glauben und bindet sie umso stärker an sich, denn dass Gefühl alles sei, ist es ja, was sie intuitiv als ihre Wahrheit erfährt. Damit entzieht ihr Faust aber letztlich doch das Fundament ihres ursprünglichen Glaubens: „Sie versteht ihn eigentlich gar nicht; wie ein Kind schließt sie sich fest an ihn" (EO1, 247; SKS 2, 204). Nein, so der Ästhetiker, Faust ist kein Heuchler in einem strengen Sinn, aber hätte er sich Gretchen gegenüber als radikaler Zweifler gezeigt, hätte sie vielleicht eine Chance gehabt, sich ihren Glauben zu bewahren. So ist und bleibt sie ihm ausgeliefert.

Faust verführt, so der Ästhetiker, nicht durch die „verführerische Gabe" eines Don Juan, sondern durch seine „ungeheure Überlegenheit". Diese bringt Gretchen in eine doppelte Abhängigkeit. Einmal bewundert sie diese Überlegenheit und zum anderen muss sie fragen, was diese Überlegenheit an ihr findet: „Faust ist ihr viel zu groß, und ihre Liebe muß schließlich ihre Seele zerreißen" (EO1, 249; SKS 2, 205). Dies geschieht in dem Moment, in dem Faust Gretchen verlässt, verlassen muss, da er spürt, „daß sie in dieser Unmittelbarkeit nicht bleiben kann". Faust verlässt also Gretchen und versetzt sie in einen Zustand einer „völligen Ohnmacht" (EO1, 249; SKS 2, 206), die sich nur langsam und mit Mühe in eine reflektierte Form der Trauer verwandeln kann. Gretchen ist nicht nur verlassen und betrogen worden, sie ist dadurch in ihrem Sein existentiell getroffen: „[...] sie verdankt ihm alles, und dies ‚alles' besitzt sie bis zu einem gewissen Grade noch, nur daß es sich jetzt als ein Trug erweist" (EO1, 250; SKS 2, 206). Aus dieser Konstellation entwickelt sich die Reflexionsbewegung der Trauer bei Gretchen: „Kann ich ihn vergessen?" (EO1, 251; SKS 2, 207). Eine Frage, die weniger auf die Zeit hofft, die angeblich alle Wunden heilt, sondern die radikal das eigene Sein an das des Betrügers knüpft. Vergessen können würde bedeuten, „ein anderer zu werden", ja, „noch einmal geboren [zu] werden von einer Mutter, die meine Mutter nicht ist" (EO1, 251; SKS 2, 207). In diesem imaginierten Selbstgespräch Gretchens deutet der Ästhetiker übrigens so nebenbei an, was es tatsächlich hieße, ein „Anderer" zu sein – etwas, das auch für Gretchen unmöglich ist, und das heißt, sie bleibt in ihrem Sein an Faust gebunden. Kann sie vergessen? Nein. Kann sie erinnern? Auch nicht. Nicht nur wegen des Schmerzes der Erinnerung; als Erinnerung bleiben Fausts Worte schal, „sinnlos klingen sie tauben Ohren" (EO1, 252; SKS 2, 207). Kann Gretchen Faust ersehnen, ihn verfluchen, kann sie trauern? Nein, und abermals nein. Sie bleibt in diesen Bewegungen und Fragen, aus denen es keinen Ausweg gibt, gefangen. Der Ästhetiker hat es nicht nötig, Gretchens bitteres Ende zu erzählen. Der Leser weiß auch so, dass es für diese Trauer kein Entkommen gibt.

Die durch *A* exponierten Varianten der reflektierten Trauer ließen sich knapp auf drei Frageformen reduzieren, die diese Trauerweisen als innere Bewegung fundieren. Marie kommt nicht los von der Frage: Hat er mich betrogen? Elvira muss sich fragen: Kann ich ohne ihn leben? Und Gretchen sieht sich mit der Frage konfrontiert: Kann ich ihn vergessen? Der Ästhetiker beschließt diese drei Abhandlungen – genauer: Reden – mit einer kühnen Imagination. Er evoziert ein Bild, das Marie, Elvira und Gretchen, diese „drei Bräute der Trauer", in einer Umarmung vereint, „im Zusammenklang der Trauer". Und an dieses Bild stellt er jene Frage, die er nur als Ästhetiker, nicht als Ethiker stellen kann: Ob wir den Trauernden das Verlorene zurückwünschen sollten, ob dies überhaupt ein Gewinn für sie wäre: „Haben sie denn nicht schon eine höhere Weihe empfangen? Und diese Weihe wird sie vereinen und eine Schönheit über ihre Vereinigung werfen und ihnen in der Vereinigung Linderung schaffen" (EO1, 254; SKS 2, 209). Es bleibt die stumme Kommunikation der Trauer, die, bei aller Unterschiedlichkeit der Konstellationen, einen Trost gewährt, der zwar nicht mit dem Schicksal versöhnt, diesem aber einen ästhetischen Mehrwert abpresst: die Schönheit einer Geste, die die Reflexionsbewegung der Trauer nicht beenden, aber umhüllen kann.

## 8.2 Das Tagebuch des Verführers

Mit den Dokumenten der Trauer eines verlassenen Mädchens beginnt auch das ominöse *Tagebuch des Verführers*. Wie bei kaum einem anderen Text ist die Autorschaft dieser Eintragungen mehrfach verschleiert worden. Victor Eremita, der fingierte Herausgeber von *Entweder – Oder* findet sie in den Papieren, die er dem Ästhetiker *A* zuordnet, allerdings gibt der Ästhetiker an, diese Papiere in einer stillen Stunde ohne Wissen des ihm offenbar gut bekannten Autors kopiert und später ins Reine geschrieben zu haben. Victor Eremita hält dies für einen „alten Novellistenkniff", der ihn allerdings stört, weil dadurch auch seine eigene Position in Frage gestellt wird, „indem der eine Verfasser schließlich in dem anderen drinsteckt wie die Schachteln in einem chinesischen Schachtelspiel." Trotz dieser Verwicklung vertritt Eremita die Hypothese, dass der Ästhetiker *A* auch tatsächlich der Autor des *Tagebuchs* ist, allerdings einen anderen Verfasser fingiert hat, so als hätte er vor seiner eigenen Autorschaft „Angst bekommen" (EO1, 18; SKS 2, 16). Eremita kann allerdings nicht nur psychologische, sondern auch sachlich-ästhetische Argumente für diese Hypothese anführen. Er verweist darauf, dass das Thema des Verführers auch in anderen Abhandlungen des Ästhetikers zentral gewesen war, und dass in der Abhandlung über das Unmittelbar-Erotische und in den *Schattenrissen* angedeutet wird, dass es in Analogie zu Don Juan, der dem Prinzip der sinnlichen Unmittelbarkeit verpflichtet ist, auch den Typus eines „reflektierten Verführers" geben müsse, „der innerhalb der Kategorie des Interessanten liegt, wo es also nicht darum geht, wieviele er verführt, sondern um das Wie" (EO1, 18; SKS 2, 17). Viele Interpreten des *Tagebuchs* sind Victor Eremita in dieser Deutung gefolgt, ohne die Warnung zu berücksichtigen, die Eremita selbst gegeben hat: Dass er womöglich seine „Stellung als Herausgeber" dazu „mißbraucht" habe, die Leser mit seinen „Betrachtungen zu belasten" (EO, 19; SKS 2, 17).

Vielleicht sollte man diese Warnung aber doch ernster nehmen und die Frage nach der Identität von *A* und dem Verfasser des *Tagebuchs* zumindest in dem Sinne offen lassen, als der Ästhetiker durch die dadurch möglich gewordene Idee einer getrennten Autorschaft eine Distanz und damit eine weitere reflexive Ebene eingezogen hat. Tun wir also so, als ob tatsächlich ein gewisser Johannes, der nicht identisch mit *A* ist, das *Tagebuch des Verführers* geschrieben hat. Was wissen wir von ihm? Nicht nur Eremita als Herausgeber des gesamten Konvoluts, sondern auch *A* als Entdecker und Dokumentarist des *Tagebuchs* macht sich über dessen Autor so seine Gedanken und gibt den einen oder anderen Hinweis: „Sein Leben ist ein Versuch gewesen, die Aufgabe eines poetischen Lebens zu realisieren. Mit einem scharf entwickelten Organ, das Interessante im Leben ausfindig zu machen, hat er es zu finden gewußt […]" (EO1, 353; SKS 2, 294). Das Poetische, so behauptet *A,* sei das „Mehr" gewesen, das der Verfasser des *Tagebuchs* in der Wirklichkeit genoss, aber in der Form dichterischer Reflexion auch wieder zurücknahm, um sein Leben darin ein zweites Mal zu genießen, denn „auf Genuß war sein ganzes Leben berechnet". In der Wirklichkeit, so mutmaßt *A,* „genoß er persönlich das Ästhetische", in der Reflexion „genoß er ästhetisch seine Persönlichkeit" (EO1, 354; SKS 2, 295). Die These, dass es sich beim *Tagebuch* vor allem um eine „Einübung im Genuß" handle, hat einiges für sich (Rehm 2003, 177). Zu diesem Genuss in der Reflexion gehört aber auch eine Ungewissheit über das, was sich in der Wirklichkeit tatsächlich zugetragen hat – nicht immer sind diese Sphären genau zu trennen, so dass *A* vielleicht mit Fug und Recht behaupten kann: „Sein Tagebuch ist darum nicht historisch genau oder einfach erzählend, nicht indikativisch, sondern konjunktivisch" (EO1, 353; SKS 2, 294). Dies hat nicht nur *A*, sondern auch manche Leser des *Tagebuchs* dazu gebracht, Zweifel daran zu äußern, ob die Rollen zwischen dem Verführer und seinem Opfer wirklich so klar verteilt erscheinen, wie es eine flüchtige Lektüre vielleicht nahelegte. Wenn es dem Verführer möglich gewesen sein soll, „als der Verführte aufzutreten" (EO1, 357; SKS 2, 297) – wer garantiert, dass er dies nicht auch war? Eine „komplementäre Lektüre" des Tagebuchs ventiliert genau diese Möglichkeit: dass sich „der Verführer im Verlauf dieser Intrige als der betrogene Betrüger erweisen könnte" (Bauer 2012, 124).

Das *Tagebuch* schildert und reflektiert die Verführung eines jungen Mädchens durch Johannes in Kopenhagen im Jahre 1834 – wie es Victor Eremita penibel ausrechnete, da das Tagebuch nur wenige und unvollständige Kalenderdaten enthält (EO1, 20; SKS 2, 18). Der Ästhetiker erklärt, nicht nur Johannes, sondern auch das verführte Mädchen gekannt zu haben. Sie habe wirklich Cordelia geheißen, allerdings nicht, wie das *Tagebuch* angibt, Wahl mit Nachnamen. Von ihr hat der Ästhetiker auch jene Briefe bekommen, die Cordelia, nachdem sie von Johannes verlassen worden war, diesem geschickt, aber ungeöffnet zurückbekommen hatte. Der Ästhetiker stellt diese Briefe nun dem eigentlichen Tagebuch voran, er beginnt also mit der Stimme der Verführten und ihrer in diesen Briefen angedeuteten Form einer Trauer, die wiederum andere Momente von Reflexion aufblitzen lässt. Marie Beaumarchais, Donna Elvira und Margarete erscheinen so als literarische Vorläuferinnen Cordelias.

Cordelias Trauer ist anders bestimmt als die ihrer Leidensgefährtinnen. Sie wurde verführt und betrogen, das heißt, sie wurde in dem Glauben gelassen, geliebt zu werden, und wurde verlassen, sie weiß nun, dass sie geliebt hatte, aber sie weiß nicht, ob sie je geliebt worden war, sie weiß nicht, ob sie womöglich nur das Objekt in einem Spiel gewesen war, tragendes Element in einer raffiniert angelegten erotischen Komposition. Ändert dieser Betrug etwas an ihrer Liebe? War ihre Liebe tatsächlich ebenfalls ein Produkt der ästhetisch angelegten Strategie eines anderen? Sind Emotionen erzeugbar? Aus dieser inneren Bewegung erklären sich Cordelias Briefe: „Du hast Dich vermessen, einen Menschen so zu betrügen, daß Du alles für mich geworden bist, so daß ich alle meine Freude darin setzen wollte, Deine Sklavin zu sein, Dein bin ich, Dein, Dein, Dein Fluch" (EO1, 362; SKS 2, 301f.). Die Hingabe und Überantwortung, die der Verführer subtil erzwungen hat, lässt sich nicht einfach rückgängig machen. Der dreifache Fluch ist der Fluch einer Zugehörigkeit, die nicht einseitig auflösbar ist. Bis zuletzt wartet Cordelia deshalb auf ein Zeichen, dass doch nicht alles vorbei sei: „Ist denn gar keine Hoffnung mehr? Sollte Deine Liebe nie wieder erwachen? Denn daß Du mich geliebt hast, das weiß ich, wenn ich auch nicht weiß, was es ist, das mich davon überzeugt" (EO1, 363; SKS 2, 302). Die Trauer Cordelias kennt auch eine Frage, die ihre Reflexion motiviert: Was lässt mich wissen, dass du mich geliebt hast?

Aus der Perspektive des Verführers sieht alles anders aus. Cordelias Überzeugung, geliebt worden zu sein, entbehrt jeder Grundlage. Oder doch nicht? Liebte Johannes sein Opfer? Und wenn ja, welche Form der Liebe hätte das sein können? Diese Frage stellte sich Johannes tatsächlich auch einmal selbst: „Liebe ich Cordelia? ja! aufrichtig? ja! treu? ja! – in ästhetischem Sinne, und das hat doch wohl etwas zu bedeuten." Was ist unter diesem „ästhetischen Sinne" aber zu verstehen? Die saloppe Antwort, die Johannes sich selbst an dieser Stelle gibt, hat wohl nur begrenzte Gültigkeit: „Was hülfe es diesem Mädchen, wenn sie einem Tolpatsch von treuem Ehemann in die Hände gefallen wäre? Was wäre aus ihr geworden? Nichts" (EO1, 449; SKS 2, 373).

Möglich, dass der Gedanke, Cordelia vor der Enge einer bürgerlichen Ehe zu schützen, eine Rolle gespielt hat – aber diese pädagogische Besorgnis gehorchte selbst einem veritablen ästhetischen Apriori: „[...] es gehört ein wenig mehr als Ehrlichkeit dazu, ein solches Mädchen zu lieben. Dieses Mehr besitze ich – es ist Falschheit." (EO1, 449; SKS 2, 373) In diesem „Mehr", in dieser Falschheit liegt jenes „Poetische", das der fiktive Herausgeber A als Zentrum jenes Programms benannt hatte, das für Johannes das Ästhetische selbst zu einem Modus der Existenz werden lassen sollte. Die Lesart, dass es sich auch bei dieser Verführung vorrangig um „die Geschichte eines erotischen Bildungsprozesses" handle

(Wennerscheid 2008, 158), ist zwar nicht von der Hand zu weisen. Die Innenperspektive des Verführers, der nicht im Erotischen, sondern im Ästhetischen das Telos dieser Geschichte sieht, sollte allerdings nicht nur als eine subjektive Legitimationsstrategie gesehen werden. Wohl stimmt es, dass das *Tagebuch* ein „erotisches Wissen" auch und vor allem in Bezug auf die Differenz der Geschlechter enthält, das eine kritische Lektüre freilegen kann (Wennerscheid 2008, 159). Dieses Wissens ist aber sowohl erzähltechnisch als auch seiner verstörenden Idee nach an das Ästhetische gebunden.

Die Wege und Umwege, die Botschaften und Signale, die Kniffe und Täuschungsmanöver, die Johannes einsetzte, um ein junges Mädchen zu verführen, wären also in erste Linie nicht als Strategien zum Erreichen eines sexuellen Genusses zu lesen, sondern als Verfahren zur Herstellung einer ästhetischen Konstellation, eines Kunstwerks, das auch als solches von seinem Schöpfer genossen werden konnte. Die Charakterisierung von Johannes als einen reflektierten Verführer hat hierin ihren entscheidenden Grund. Weder reflektiert Johannes die moralische Legitimität seiner Verführung noch die möglichen lebensweltlichen Konsequenzen derselben für sein Opfer. Die Reflexion bezieht sich darauf, ob die eingesetzten Mittel in einer Weise zum Ziel führen, die ästhetischen Ansprüchen genügen kann. Es ist in der Tat das „Wie", um das das Denken des Verführers kreist und das gleichzeitig demonstriert, was es hieße, ein Leben oder einen Abschnitt des Lebens als einen poetischen Akt zu gestalten.

Es ist hier nicht der Ort, die Etappen dieser Verführung und die dabei inszenierten Verfahren und Kunstgriffe im Einzelnen nachzuzeichnen (vgl. Liessmann 2005, 47 ff.). Dennoch soll nicht verschwiegen werden, dass das Raffinement, mit dem Johannes als Verführer zu Werke geht, auch in psychologischer und kommunikationstheoretischer Hinsicht bis heute so avanciert erscheint, dass das *Tagebuch* in fast keiner rezenten Handreichung zur Kunst der Verführung fehlen darf. In einem dieser Ratgeber wird zum Beispiel als ein „Gesetz" der Verführung folgender Imperativ formuliert: „Halten Sie die Spannung – Was passiert als Nächstes" und mit einem Zitat aus dem *Tagebuch* gestützt: „Dies ist stets auch das Gesetz für das Interessante [...] Wenn man nur zu überraschen weiß, hat man stets gewonnenes Spiel" (Greene 2014, P. 1356; vgl. EO1, 426; SKS 2, 354). Mit dem Hinweis auf das Gesetz des Interessanten hat der Verführungsratgeber allerdings jenes Prinzip erkannt, um das sich Johannes' Anspruch einer Verführung nach den Gesichtspunkten der Kunst insgesamt rankt. Das Gesetz des Interessanten erlaubt nicht nur den Einsatz zweckmäßiger Mittel, sondern bestimmt auch den Begriff des Ästhetischen, dem sich der Verführer verpflichtet fühlt.

Es ist vorrangig die Kategorie des Interessanten, die die Handlungen und Reflexionen des Verführers und Tagebuchschreibers leitet und der er sich „bis zur Ermüdung und Ausleerung verschreibt" (Rehm 2003, 118). Das beginnt schon mit der Wahl seiner Opfer, mit dem Eingeständnis, dass er seine „Beute" nicht unter Frauen, sondern unter jungen Mädchen suche: „Eine Frau hat weniger Natur, mehr Koketterie, das Verhältnis zu ihr ist nicht schön, nicht interessant, es ist pikant, und das Pikante ist immer das Letzte –" (EO1, 377; SKS 2, 314). Warum dies? Die Koketterie einer (verheirateten) Frau resultiert aus ihrer Ehe, das heißt, einem Versprechen, das sie eingegangen ist. Kokett ist der Gedanke an das Brechen dieses Versprechens. Deshalb ist das Verhältnis zu ihr pikant – denn es inkludiert den Betrug an einem Dritten. Der Genuss daran wird aus der Verletzung einer Norm gezogen. Nicht daran aber stößt sich der Verführer – diese Form des Genusses rangiert für ihn ausschließlich aus ästhetischen Gründen an letzter Stelle.

Die Fixierung auf das Interessante setzt sich fort im Eingeständnis, dass es erst die Reflexion der erotischen Gefühle ist, die diese in einem ästhetischen Sinn disponibel macht: „Wie schön ist es, verliebt zu sein, wie interessant ist es zu wissen, daß man es ist" (EO1, 388; SKS 2, 323). Möglich, ja wahrscheinlich, dass der Verführer dabei auf den bedeutendsten Theoretiker des Interessanten anspielt, auf Friedrich Schlegel, mit dessen Konzept der Ironie sich Kierkegaard ebenso beschäftigt hatte wie mit den Fragen der Erotik, wie sie Schlegel in seinem umstrittenen Roman *Lucinde* verhandelt (vgl. Söderquist 2008). In dem zentralen Essay *Über das Studium der griechischen Poesie* erscheint das Interessante bei Schlegel vorab als jene Bestimmung, die den allgemeinen und objektiv gültigen Charakter eines klassischen Schönheitsideals außer Kraft setzt. Das Schöne, das sich in den großen Werken der Kunst zeigt, ist mitnichten das Interessante. Das, was das Interessante so interessant macht, ist nach Schlegel sein völliger „Mangel an Allgemeingültigkeit" (Schlegel 1988, 84). Das Interessante gehorcht keiner verbindlichen ästhetischen Norm, es verkörpert kein Objektives, strebt nicht nach künstlerischer Vollkommenheit, sondern besticht einzig und allein durch die exzessive Zeichnung seiner Besonderheit. Die Herrschaft des Interessanten ist eine Herrschaft des „Manierierten, Charakteristischen und Individuellen" (Schlegel 1988, 84). Dieser Zusammenhang des ästhetisch Interessanten mit dem zur Schau gestellten Individuellen gehört zu den entscheidenden Aspekten, die Schlegel am Interessanten erkannt hat: „Interessant nämlich ist jedes originelle Individuum, welches ein größeres Quantum von intellektuellem Gehalt oder ästhetischer Energie enthält" (Schlegel 1988, 84).

Es mögen ähnliche Überlegungen gewesen sein, die den Autor des *Tagebuchs des Verführers* folgende Reflexionen zum Interessanten veranstalten lassen: „Ein junges Mädchen darf darum auch nicht interessant sein, denn das Interessante enthält stets eine Reflexion auf sich selbst [...] Interessant wird so ein junges Mädchen eigentlich erst durch das Verhältnis zu Männern" (EO1, 394 f.; SKS 2, 329). Kierkegaard spielt in diesen Passagen das Interessante nicht nur gegen den objektiven Charakter der idealistischen Kunst aus, sondern auch und vor allem gegen die unmittelbare Sinnlichkeit. Dass das Interessante immer schon eine Reflexion über sich selbst voraussetzt, lässt sich dahin deuten, dass Interessantheit im Wesentlichen als autobiographisches Moment reflexiv inszeniert werden muss. Das Besondere, das, was letztlich auch das erotisch Begehrenswerte an einem Menschen ausmachen soll, erweist sich als gebrochen, wenn es als Interessantes in Erscheinung tritt – denn es ist das Begehren selbst, das als reflektiertes Begehren die Unschuld des jungen Mädchens zu etwas Interessantem macht. Im Interessanten liegt die Kraft einer Subjektivität, die ihren Gegenstand nobilitiert, indem sie ihn zu einem Gegenstand macht, wie es Johannes unverblümt in einen Brief an Cordelia formuliert: „[...] ich bin nur ein interessanter Mensch, Du der interessanteste Gegenstand" (EO1, 468; SKS 2, 389).

Mit diesem Superlativ allerdings distanziert sich Johannes in einem entscheidenden Punkt von Schlegels Theorie des Interessanten. Friedrich Schlegel hatte die feinsinnige Beobachtung gemacht, dass das Interessante wohl immer einen impliziten Komparativ enthält, aber keinen Superlativ zulässt. Es kann kein „höchstes Interessantes" geben (Schlegel 1988, 84). Wohl ist jedes Interessante durch etwas Interessanteres überbietbar, es gibt Interessantes hier und auch dort, aber es gibt nicht das Interessanteste, das schlechthin Interessante in der Form, wie eine klassische Ästhetik noch das Schöne schlechthin oder das Vollkommene hatte denken können. Dies erlaubt es auch dem Verführer, sein Objekt zu feiern, und gleichzeitig zu wissen, dass es an einem anderen Ort und zu einer anderen Zeit noch interessantere Objekte und mit diesen verbundene interessante Erfahrungen geben wird. Weil Interessantes immer durch noch Interessanteres überbietbar ist, das Interessante allein allerdings zu flüchtig ist, um dem Geschmack auf Dauer zu genügen, muss sich – so schon Friedrich Schlegel – das Interessante in eine Steigerungsspirale flüchten, aus der es kein Entkommen mehr gibt: „Geht die Richtung mehr auf ästhetische Energie, so wird der Geschmack, der alten Reize je mehr und mehr gewohnt, nur immer heftigere und schärfere begehren. Er wird schnell genug zum Piquanten und Frappanten übergehn" (Schlegel 1988, 85). Wer das Interessante zu einem ästhetischen Prinzip erklärt, ist damit in eine Bewegung versetzt, aus der es kein Entkommen gibt. Immer wartet die Aussicht auf etwas noch Interessanteres. Diese Erfahrung wird auch Johannes machen. Ob er deshalb ein Verzweifelter genannt werden kann, der sich „am Ende selbst verlaufen" wird, wie *A* mutmaßt (EO1, 357; SKS 2, 297), bleibe dahingestellt.

Dass der Verführer das Pikante für die kokette Frau reserviert und die Unschuld des jungen Mädchens davon ausnimmt, ist also aus dieser Perspektive einerseits verständlich, andererseits sucht Johannes in der Unmittelbarkeit eines jungen Mädchens einen Reiz, der erst durch seine Intervention zu etwas Interessantem wird. Die Steigerungsformen des Interessanten hängen dann nicht mehr von immer stärkeren Reizen ab, sondern von immer raffinierteren Konstruktionen.

Dass Johannes in dem oben genannten Brief an Cordelia dem Mädchen das Attribut des *Interessantesten* zugesteht, mag vielleicht der Empfindung eines Augenblicks geschuldet sein; anzunehmen ist eher, dass der reflektierte Verführer diesen Superlativ strategisch einsetzt. Es ist, in der Perfidie, noch Schmeichelei, und in der Schmeichelei noch Perfidie: „Es ist keine Kunst ein Mädchen zu verführen, ein Glück aber ist es, eine zu finden, die es wert ist, verführt zu werden" (EO1, 389; SKS 2, 324). Über diesen Wert entscheidet aber ausschließlich der Gesichtspunkt, wie interessant die Sache zu werden verspricht. Und interessant wird diese dann, „wenn man es dahin bringen kann, daß ein Mädchen für ihre Freiheit nur eine einzige Aufgabe hat, nämlich die, sich hinzugeben", wenn dieses Mädchen also seine „ganze Seligkeit" darin sieht und diese Hingabe „geradezu erbettelt", aber dabei dennoch frei ist und diese Freiheit in der Hingabe realisiert – erst solch eine Konstellation ergibt den wahren „Genuß". Um diesen zu erreichen, ist aber stets, so der Verführer, „ein geistiger Einfluß" notwendig (EO1, 398; SKS 2, 331).

Durch diese Parameter ist das Drehbuch der Verführung festgelegt. Es geht entscheidend um das Verhältnis von Kunst und Freiheit, von Sinnlichkeit und Geist, von Unschuld und Reflexion. Die Rationalität des Verführers gibt ihm eine Überlegenheit, die noch die Angst des Opfers in ein Begehren verwandeln kann. Hinter der Liebe „muß eine tiefe, angstvolle Nacht brüten", diese Angst fesselt am meisten und sie macht die Liebe interessant (EO1, 496; SKS 2, 411). Der Verführer reflektiert nicht nur das Geschehen, seine Intellektualität ist eine Vorbedingung dafür, um einen Menschen so zu verführen, dass dieser den Eindruck hat, aus Angst *und* aus Freiheit zu handeln. Friedrich Schiller hatte in den sogenannten *Kallias-Briefen* einmal die Schönheit als „Freiheit in der Erscheinung" definiert (Schiller 1993a, 400). Kierkegaard war ein Kenner zumindest von Schillers dramatischen Werken gewesen (vgl. dazu Nagy 2008), und Schillers Einfluss ist an manchen Stellen spürbar. Wenn etwa der Verführer nach einer strengen Prüfung Cordelia als „anmutig" charakterisiert und hinzufügt, dass er sich dieses Mädchen nicht so „unreflektiert vertraut mit den Stürmen des Lebens" vorgestellt habe (EO1, 401; SKS 2, 333f.), dann erinnert dies durchaus an Schillers Konzept der „schönen Seele", wie er es in dem Aufsatz *Über Anmut und Würde* entwickelt hatte (Schiller 1993b, 468f.). Auch wenn der Verführer Schillers erst 1847 publizierte *Kallias-Briefe* nicht gelesen haben konnte: er inszeniert seine Verführung genau nach deren Modell von Schönheit. Die Verführung ist ästhetisch gelungen, wenn sie Cordelias Freiheit zur Erscheinung bringt. Dazu dienen all die komplizierten und langwierigen Arrangements dieser Verführung, das Spiel von Annäherung und Entfernung, die Funktionalisierung eines Dritten, die Verlobung und Entlobung, und schließlich jene raffinierte Verweigerung, die Cordelia erst zu jener Hingabe animiert, die in einer einzigen Nacht das Schicksal des Mädchens besiegelt.

Das *Tagebuch des Verführers* ließe sich auch von seinem umstrittenen Ende her lesen. Darf der Verführer überhaupt triumphieren? Nachdem Johannes sich von Cordelia zurückgezogen hatte, ergreift sie selbst die Initiative. Eine Nacht in einem Landhaus wird vereinbart, nicht ohne dass der Diener – er heißt, wie sinnig, Johann – von Johannes vorher instruiert worden war, alles so zu arrangieren, dass „nichts vergessen [ist], was irgendwelche Bedeutung für sie haben könnte", aber nicht direkt an den Verführer erinnert, der doch gleichwohl „unsichtbar überall gegenwärtig" sein will (EO1, 517; SKS 2, 429). Die Illusion ist vollständig, und Cordelia verfällt dieser Illusion – oder sie durchschaut das Arrangement und akzeptiert es dennoch. Am 25. September, ein halbes Jahr nach der ersten Begegnung, kann Johannes seinem Tagebuch anvertrauen: „Warum kann eine solche Nacht nicht länger währen?" Und er setzt hinzu: „Doch nun ist es vorbei, und ich wünsche sie nie mehr zu sehen" (EO1, 521; SKS 2, 432). Dass Cordelia für ihn nun im wahrsten Sinn des Wortes uninteressant geworden ist, da sie ihre Unschuld, ihres „Wesens Gehalt" nun verloren hat, damit jeder Widerstand, der für Johannes die Bedingung seiner Liebe gewesen war, unmöglich geworden ist, markiert die eine Seite dieser Trennung. Die andere besteht darin, dass die Verführung als ästhetisches Experiment den Maßstab ihres Gelingens eben an diesem letzten Akt hatte. Zwar hatte Johannes schon am Beginn seiner Annäherungen an Cordelia dekretiert: „Es ist mir gar nicht darum zu tun, das Mädchen in äußerlichem Sinne zu besitzen, sondern darum, sie künstlerisch zu genießen" (EO1, 434; SKS 2, 360), aber das soll nicht dazu verführen, den sexuellen Genuss aus dieser ästhetischen Konzeption überhaupt zu verbannen. Tatsächlich vertrat Johannes immer schon die „private Meinung", „daß jede Liebesgeschichte höchstens ein halbes Jahr dauert und daß jedes Verhältnis zu Ende ist, sobald man das letzte genossen hat" (EO1, 429; SKS 2, 356 f.). Es kann kein Zweifel herrschen, dass sein ästhetisches Experiment auch diese „Meinung" bestätigen sollte.

Sich nach solch einer gemeinsamen Nacht zu trennen, folgt also einem *ästhetischen* Prinzip. Jede Fortsetzung des Verhältnisses zu Cordelia hätte sich – in welcher Form auch immer – einem *ethischen* Prinzip überantworten müssen. In der Reflexion auf dieses ästhetisch notwendige Ende wird Johannes allerdings von einem Hauch des Ethischen berührt: „Wär' ich ein Gott, so wollt' ich für sie tun, was Neptun für eine Nymphe tat: sie verwandeln in einen Mann" (EO1, 521; SKS 2, 432). In diesem Konjunktiv drückt sich weder eine Verachtung für die Frau aus, noch sollte dies als eine Geste des Mitleids interpretiert werden. Der Verführer spielt auf eine mythologische Szene an, die Ovid im zwölften Buch der *Metamorphosen* überliefert hat: Neptun vergewaltigte die Nymphe Cænis und verwandelte sie auf ihren eigenen Wunsch hin in den unbesiegbaren Kämpfer Cæneus: „Unbill wie die [...] macht groß mir den Wunsch, daß ich nimmer zu leiden vermag. Gib, daß ich kein Weib sei" (Ovid 1990, 445; vgl. Bauer 2012, 148).

Johannes hatte allerdings diesen Gedanken schon im Vorfeld der Verführung ventiliert und Cordelia unterstellt: „Vielleicht mag sie in einzelnen Augenblicken wünschen, daß sie kein Mädchen, sondern ein Mann wäre" (EO1, 399; SKS 2, 332). Im Gegensatz zu Neptun hat Johannes Cordelia aber nicht vergewaltigt, sondern verführt. Sie in einen Mann zu verwandeln bedeutete nicht, ihr jene Körperkräfte zu geben, die sie gegen physische Gewalt schützen, sondern ihr jenen Geist zuzuerkennen, der es ihr erlaubte, die Intrigen des reflektierten Verführers zu durchschauen und zu unterlaufen.

Johannes spielt so am Ende noch einmal auf eine These an, die zu seinen Voraussetzungen zählt: Dass die Bestimmung des Mannes „Reflexion" sei, die der Frau aber „Substanz" (EO1, 505; SKS 2, 419). Das Wesen der Frau, „kategorisch" gedacht, ist durch ein „Sein für Anderes" bestimmt (EO1, 503; SKS 2, 417). Dieses findet in der Jungfräulichkeit seinen Ausdruck. Das mag nicht nur den Vorurteilen des 19. Jahrhunderts über die Differenz der Geschlechter geschuldet sein. Man könnte das Verhältnis zwischen Johannes und Cordelia auch als Konflikt zwischen Reflexion und Sinnlichkeit, zwischen Verstand und Gemüt deuten, ein Konflikt, der sich in jeder erotischen Beziehung spannungsreich entladen muss und dessen Pole nicht festgelegt sein müssen. Die von Johannes dafür strapazierten Vokabeln wie „Krieg" oder „Sieg" unterstreichen das. Eine kurze Nachricht des Verführers an sein Opfer hatte gelautet: „Meine Cordelia! Ist eine Umarmung ein Kampf? Dein Johannes" (EO1, 490; SKS 2, 407). Natürlich ist der Verführer geneigt, diese Frage zu bejahen, und der Hinweis auf Neptun und Cænis ließe sich als koketter Wunsch deuten, dass dieser Kampf auch einen anderen Ausgang nehmen könnte.

Johannes selbst aber bleibt auch im Ende seiner poetischen Konzeption des Lebens treu. Diese hatte er schon früh formuliert: „Sich in ein Mädchen hineinzudichten, ist eine Kunst, sich aus ihr herauszudichten, ein Meisterstück" (EO1, 429; SKS 2, 357). Nun, Johannes weiß, dass er sich im Wortsinn in Cordelia hineindichten, ihr Leben mit seinen poetischen Fiktionen durchdringen konnte. Das Meisterstück aber steht noch aus: Sich aus einem Mädchen so „herauszudichten", „daß man sie so stolz machte, daß sie sich einbildete, sie selbst sei des Verhältnisses überdrüssig". Das könnte, so der Verführer, ein „interessantes Nachspiel" ergeben, das nicht nur „an sich" „psychologisches Interesse" beanspruchen könnte, sondern auch reich wäre an so manchen „erotischen Beobachtungen" (EO1, 521; SKS 2, 432). Vielleicht aber vergaß Johannes der Verführer bei der Antizipation dieses Arrangements etwas: Dass die letzte Gewissheit darüber, wer sich in Fragen des Erotischen und der Liebe etwas einbildet und wer aus freien Stücken handelt, letztlich nicht zu haben ist. Dass dem Tagebuch die klagenden und anklagenden Briefe Cordelias vorangestellt sind, dass diese Dokumente der Trauer und des Verlustes keinen Zweifel lassen sollen über die Authentizität und Intensität der Gefühle Cordelias, kann auch als eine – womöglich verzweifelte –

poetische Strategie des Verführers gedeutet werden, durch die er sich selbst von einer emotionalen Eindeutigkeit überzeugen will, von der niemand besser als er wusste, dass sie in diesem Leben nicht zu bekommen sein wird.

## Literatur

Bauer, Matthias 2012: in suspenso: „Das Tagebuch des Verführers" und der postromantische Liebesdiskurs. Versuch einer Komplementärlektüre, in: Matthias Bauer / Markus Pohlmeyer (Hg.): Existenz und Reflexion. Aktuelle Aspekte der Kierkegaard-Rezeption, Hamburg: IGEL, 114–153

Eckerson, Sara Ellen 2014: Donna Elvira: The Colossal Feminine Character, from *donna abbandonata* to the Embodiment of Modern Sorrow, in: Katalyn Nun / Jon Stewart (Hg.): Kierkegaard's Literary Figures and Motifs. Tome I, Aldershot (Hampshire): Ashgate, 171–186

Fimiani, Antonella 2015: Margarete: The Feminine Face of Faust, in: Katalyn Nun / Jon Stewart (Hg.): Kierkegaard's Literary Figures and Motifs. Tome II, Aldershot (Hampshire): Ashgate, 95–110

Goethe, Johann Wolfgang von 1994: Faust. Sämtliche Werke I, 7/1, München: Deutscher Klassiker Verlag

Grage, Joachim 2005: Durch Musik zur Erkenntnis kommen? Kierkegaards ironische Musikästhetik, in: KSYB, 418–439

Greene, Robert 2014: Die 24 Gesetze der Verführung, München: Hanser (Kindle eBook)

Hettche, Thomas 2014: Die Pfaueninsel, Köln: Kiepenheuer & Witsch (Kindle eBook)

Janic, Susana 2014: Marie Beaumarchais: Kierkegaard's Account of Feminine Sorrow, in: Katalyn Nun / Jon Stewart (Hg.): Kierkegaard's Literary Figures and Motifs. Tome I, Aldershot (Hampshire): Ashgate, 71–78

Lavater, Johann Caspar 1984: Physiognomische Fragmente zur Beförderung der Menschenkenntnis und Menschenliebe. Eine Auswahl, hg. von Christoph Siegrist, Stuttgart: Reclam

Liessmann, Konrad Paul 2005: Ästhetik der Verführung. Kierkegaards Konstruktion der Erotik aus dem Geiste der Kunst, Wien: Sonderzahl

Nagy, András 2008: Schiller: Kierkegaard's Use of a Paradoxical Poet, in: Jon Stewart (Hg.): Kierkegaard and His German Contemporaries. Tome III: Literature and Aesthetics, Aldershot (Hampshire): Ashgate, 171–184

Publius Ovidius Naso 1990: Metamorphosen. In deutsche Hexameter übertragen und hg. von Erich Rösch, München und Zürich: Artemis

Rehm, Walther 2003: Kierkegaard und der Verführer, Hildesheim: Olms (Nachdruck der Ausgabe München 1949)

Schiller, Friedrich 1993a: Kallias oder Über die Schönheit. Briefe an Gottfried Körner. In: Friedrich Schiller, Sämtliche Werke, Bd. 5, hg. von Gerhard Fricke und Herbert G. Göpfert, München: Hanser, 394–433

Schiller, Friedrich 1993b: Über Anmut und Würde, in: Friedrich Schiller, Sämtliche Werke, Bd. 5, hg. von Gerhard Fricke und Herbert G. Göpfert, München: Hanser, 433–488

Schlegel, Friedrich 1988: Über das Studium der griechischen Poesie. Kritische Schriften und Fragmente Bd. 1, hg. von Ernst Behler und Hans Eichner. Studienausgabe in 6 Bänden, Paderborn: Schöningh, 62–136

Schmidt, Jochen 2006: Vielstimmige Rede vom Unsagbaren. Dekonstruktion, Glaube und Kierkegaards pseudonyme Literatur, Berlin / New York: De Gruyter (KSMS 14) (Kindle eBook)

Söderquist, K. Brian 2008: Friedrich Schlegel: On Ironic Communication, Subjektivity and Selfhood, in: Jon Stewart (Hg.): Kierkegaard and His German Contemporaries. Tome III: Literature and Aesthetics, Aldershot (Hampshire): Ashgate, 185–234

Thulstrup, Niels 1984: Commentary on Kierkegaard's Concluding Unscientific Postscript, Princeton, NJ: Princeton University Press

Updike, John 2013: Foreword, in: Søren Kierkegaard: The Seducer's Diary. Edited and translated by Howard V. Hong and Edna H. Hong, Princeton, NJ: Princeton University Press

Wennerscheid, Sophie 2008: Das Begehren nach der Wunde. Religion und Erotik im Schreiben Kierkegaards. Berlin: Matthes & Seitz

Ettore Rocca
# 9 Der Unglücklichste / Die Wechselwirtschaft: Die Autonomie des Ästhetischen angesichts der Langeweile

(EO1, 255–269 / 329–349; SKS 2, 211–223 / 271–289)

## 9.1 Ästhetisch leben als Unmittelbarkeit und Heteronomie

Im zweiten Teil von *Entweder – Oder* gibt Wilhelm bekanntlich folgende Definition des Ästhetischen:

> Was heißt es aber, ästhetisch leben, und was heißt es, ethisch leben? Was ist das Ästhetische in einem Menschen, und was ist das Ethische? Hierauf möchte ich antworten: das Ästhetische in einem Menschen ist das, wodurch er unmittelbar ist, was er ist; das Ethische ist das, wodurch er wird, was er wird. Wer in und von dem Ästhetischen, durch und für das Ästhetische in ihm lebt, der lebt ästhetisch. (EO2, 729; SKS 3, 173f.)

Der ästhetische Mensch lebt in der Unmittelbarkeit und in unmittelbarem Kontakt mit der Wirklichkeit. Der unmittelbare Kontakt besteht vor allem im Genießen. Der Mensch „soll das Leben genießen" (EO2, 731; SKS 3, 175), so lautet der Imperativ des Ästhetikers. Aber das Genießen setzt laut Wilhelm voraus, dass der Mensch seine Autonomie als Mensch preisgibt. Im Genießen ist der Mensch immer abhängig von Etwas, das nicht völlig in der Macht des Individuums ist. „*Wer aber sagt, er wolle das Leben genießen, der setzt stets eine Bedingung, die entweder außerhalb des Individuums liegt, oder im Individuum ist, doch so, dass sie nicht durch das Individuum selbst ist.*" (EO2, 731; SKS 3, 175) Bedingungen des Genusses sind sowohl die Präsenz eines Objekts, das den Genuss wecken kann, als auch die subjektive Reaktion des Menschen auf das Objekt. Die Präsenz des Objekts liegt nicht in seiner Macht, aber auch seine Reaktion mit Genuss ist nichts, was er wählen könnte. Dasselbe Objekt kann manchmal Genuss wecken, manchmal nicht, es kommt auf verschiedene Faktoren an, über die der Mensch nicht bestimmt. Unmittelbarkeit und Heteronomie sind die zwei Hauptmerkmale des Ästhetischen, so wie es Wilhelm beschreibt und kritisiert.

## 9.2 Langeweile als Grundeinstellung zum Leben

Die Darstellung des Ästhetischen in der Schrift *Wechselwirtschaft* ist jedoch eine ganz andere. *Die Wechselwirtschaft. Versuch einer sozialen Klugheitslehre* ist die siebte und vorletzte Schrift des ersten Teils von *Entweder – Oder* und wahrscheinlich die am stärksten theoretisch angelegte. Der Aufsatz versucht, durch ein raffiniertes Verhältnis zur Wirklichkeit im ästhetischen Leben Autonomie aufzubauen. Als „Klugheitslehre" skizziert diese kleine Abhandlung gleichzeitig eine Ethik des ästhetischen Lebens.

Der Ausgangpunkt ist, „dass alle Menschen langweilig sind" (EO1, 331; SKS 2, 275). Diese Behauptung nimmt *A* als „Grundsatz". Die Menschen sind langweilig und Langeweile ist die Grundeinstellung des Menschen zum Leben. Langeweile ist die natürliche Reaktion des Menschen auf eine Welt, die auf kein höchstes Prinzip zurückgeführt werden kann und die am Ende keinen Sinn hat. Langeweile „ist auf Leere gebaut, [...] [sie] ruht auf dem Nichts, das sich durch das Dasein schlingt" (EO1, 338; SKS 2, 280). Wie Poul Lübcke bemerkt, ist Langeweile „not just a psychological term, but designates instead the experience of the absence of metaphysical first principles" (Lübcke 1989, 76 f.). Deshalb ist Langeweile der *locus naturalis* des Menschen. „Adam langweilte sich allein, dann langweilten Adam und Eva sich gemeinsam, dann langweilten Adam und Eva und Kain und Abel sich *en famille*, dann nahm die Volksmenge in der Welt zu, und die Völker langweilten sich *en masse*" (EO1, 332; SKS 2, 276). Sogar die Kinder langweilen sich, sofern sie sich nicht unterhalten (EO1, 331; SKS 2, 275). Langeweile ist phylogenetisch und ontogenetisch ursprünglich. In diesem Sinne ist Langeweile „eine unmittelbare Genialität" (EO1, 337; SKS 2, 279), die Auswirkung des unmittelbaren Kontakts des Menschen mit der Wirklichkeit. Die unmittelbare Genialität ist jedoch nur eine der von *A* unterschiedenen zwei Formen von Langeweile, die andere ist die „erworbene Unmittelbarkeit" (EO1, 337; SKS 2, 279). Diese Einteilung entspricht einer anderen, die der Ästhetiker vornimmt:

> Das Wort langweilig kann ebensowohl einen Menschen bezeichnen, der andere, wie einen, der sich selbst langweilt. Diejenigen, die andere langweilen, sind Plebs, der Haufe, der unendliche Menschenklüngel im allgemeinen; die sich selbst langweilen, sind die Auserwählten, der Adel; und so sonderbar ist es: diejenigen, die sich nicht selbst langweilen, langweilen gewöhnlich die andern, diejenigen dagegen, die sich selbst langweilen, unterhalten die andern. (EO1, 335; SKS 2, 278)

Die Menschen, die die anderen langweilen, sind sich nicht dessen bewusst, selbst langweilig zu sein, und sind sich daher auch nicht dessen bewusst, sich selbst zu langweilen. Sie haben ihre Grundeinstellung zum Leben verdrängt. Demzufolge ist ihre Langeweile unbewusst, ein unmittelbarer und damit unreflektierter Umgang mit der Welt. Diese Form von Langeweile wird auch als „Indolenz" bezeichnet (EO1, 337; SKS 2, 279). Man kann sich fragen, warum A diese unmittelbare Langeweile Genialität nennt. Das Beispiel, das A anführt, ist nicht gerade das Vorbild eines Genies im romantischen Sinne. „Die Inkarnation dieser Genialität" ist der „reisende Engländer, [...] ein schwerfälliges unbewegliches Murmeltier, dessen ganzer Sprachreichtum sich in einem einzigen einsilbigen Wort erschöpft, einer Interjektion, mit der er seine höchste Bewunderung und seine tiefste Gleichgültigkeit ausdrückt, weil Bewunderung und Gleichgültigkeit in der Einheit der Langeweile indifferent geworden sind" (EO1, 337; SKS 2, 280). Ein solcher Mensch ist ein Genie im Bereich der ursprünglichen Fähigkeit, sich und die anderen zu langweilen, und zugleich die anderen zu amüsieren. Man könnte auch fragen, welche Kunst am besten dazu imstande ist, eine solche Entdifferenzierung der menschlichen Sprache und Gefühle auszudrücken. Im Essay über *Don Giovanni* wird die Musik als diejenige Kunst geschildert, die am besten die sinnliche Genialität ausdrücken kann. Welche Kunst veranschaulicht am besten die Langeweile? Der Ästhetiker gibt keine Antwort auf diese Frage, obwohl er in seinem kurzen Porträt des reisenden Engländers eine ausgesprochen witzige Theaterszene skizziert.

## 9.3 „Langeweile ist der dämonische Pantheismus"

Über die zweite Art der Langeweile, die erworbene Unmittelbarkeit, später. Zuerst einige Überlegungen über eine merkwürdige Definition der Langeweile: „Langeweile ist der dämonische Pantheismus" (EO1, 337; SKS 2, 279).

> Im Pantheismus liegt im allgemeinen die Bestimmung der Fülle; mit der Langeweile ist es umgekehrt: sie ist auf Leere gebaut, ist aber eben deshalb eine pantheistische Bestimmung. Langeweile ruht auf dem Nichts, das sich durch das Dasein schlingt, ihr Schwindel ist wie jener, der uns befällt, wenn wir in einen unendlichen Abgrund blicken, unendlich. (EO1, 338; SKS 2, 280).

Warum dämonischer Pantheismus? In der Kladde zur *Wechselwirtschaft* findet sich nach den Worten „Langeweile ruht auf dem Nichts" ein Satz, der das Dämonische zum Teil erläutert: „det Intet, hvoraf Gud skaber, det Intet Djævelen førgjeves tygger paa", „dem Nichts, aus welchem Gott schafft; dem Nichts, an welchem der Teufel vergeblich kaut" (Pap. III B 122,5). Der Pantheismus lehrt die Einheit von Gott und Welt: die Welt ist die Emanation oder die Manifestation oder die Verwirklichung Gottes. Die Langeweile verhält sich hingegen zu einer Welt, in der Gott völlig abwesend ist. Die Welt ist von Gott entleert: von göttlicher Ordnung, Kausalität, Zweckmäßigkeit, Sinn. Die Welt ist nicht an sich Nichts, sie ist aber das

Nichts von Gott; eine Welt ohne Schöpfungsakt oder von Gott verlassen. Selbst der Teufel kann der Welt keinen einheitlichen oder zusammenhängenden Sinn schenken (er „kaut vergeblich" an der Welt). Deshalb ist die Welt ein unendlicher Abgrund. So verstanden ist die Welt als Pan-Leere weder göttlich noch dämonisch. Das Dämonische tritt erst durch die Langeweile ein. Denn die Langeweile ist als menschliche Grundeinstellung zu einer gottlosen Welt „eine Wurzel alles Übels", sie ist „verderblich" (EO1, 331; SKS 2, 275). „Bleibt man bei ihr als solcher stehen, so wird sie das Böse." (EO1, 336; SKS 2, 279) Das kann man laut *A* schon an Kindern beobachten: Solange die Kinder sich nicht langweilen, „so lange sind sie stets artig" (EO1, 331; SKS 2, 275).

## 9.4 Der Aufbau der Autonomie des Ästhetischen

Langeweile als das „Negative" ruft im Menschen eine Reaktion hervor, sie ist sowohl „abstoßend" als auch „abschreckend":

> Es ist recht sonderbar, dass Langeweile, die selbst ein so ruhiges und gesetztes Wesen ist, eine derartige Kraft hat, etwas in Bewegung zu setzen. Es ist eine durchaus magische Wirkung, die die Langeweile ausübt, nur dass diese Wirkung nicht anziehend, sondern abstoßend ist. (EO1, 331; SKS 2, 275)

So muss auf die Langeweile als das Negative immer wieder reagiert, die Langeweile immer wieder negiert werden, um sie begrenzen zu können, obwohl sie als Grundeinstellung des Menschen nie beseitigt werden kann. Normalerweise empfiehlt man die Arbeit, um sich gegen die Langeweile zu wehren. Doch die einzig wirksame Reaktion ist nach der Behauptung des Ästhetikers, sich zu unterhalten, „*ergo* muss man sich unterhalten" (EO1, 337; SKS 2, 279). Daher die soziale Klugheitslehre, die der Ästhetiker vorschlägt. Sie ist eine Kunst des Sich-Unterhaltens. Doch handelt es sich nicht darum, immer neue Unterhaltungsweisen zu finden. Das wäre die „grenzenlose Unendlichkeit der Veränderung", die „vulgär" und „unkünstlerisch" ist (EO1, 339; SKS 2, 281). In der Landwirtschaft entspricht dem das Verfahren, immer neuen Boden zu suchen und so immer neue Gebiete zu kolonisieren. Die Methode des Ästhetikers ist eine andere:

> Die Methode, die ich vorschlage, liegt nicht darin, dass man immer wieder den Boden wechselt, sondern wie bei der wahren Wechselwirtschaft im Wechsel des Bewirtschaftungsverfahrens und der Fruchtarten. Hier liegt gleich das Prinzip der Beschränkung, welches das einzig Rettende in der Welt ist. Je mehr man sich selbst beschränkt, um so erfinderischer wird man. (EO1, 339; SKS 2, 281)

Diese Sätze könnten als Motto der ökologischen Nachhaltigkeit gelten. Die vom Ästhetiker vorgeschlagene Nachhaltigkeit bezieht sich aber nicht auf die Ressourcen der Natur, sondern auf die Ressourcen des Menschen: Es geht um die Nachhaltigkeit der menschlichen Erfahrung, die sich gegen die Langeweile verteidigen muss. Wie kann die menschliche Erfahrung nachhaltig sein, wie kann sie die Kunst des Sich-Begrenzens verwirklichen? Die Voraussetzung dafür ist die Aufgabe der Hoffnung. „Die Hoffnung war darum auch eine der bedenklichen Gaben des Prometheus; statt des Vorauswissens der Unsterblichen gab er den Menschen die Hoffnung." (EO1, 340; SKS 2, 282) Die Hoffnung ist der Versuch, die Grenzen der Erfahrung Sterblicher zu überwinden. Sie ist eine Öffnung auf das Unendliche hin, ein Streben nach dem Unendlichen. Man kann die Pointe des Ästhetikers so erweitern, dass die Hoffnung aufzugeben bedeutet, auch auf den Glauben zu verzichten, denn der Glaube ist „eine feste Zuversicht auf das, was man hofft" (Hebr 11,1). Der Verfasser der *Wechselwirtschaft* ist der Bannerträger einer radikalen Philosophie der Endlichkeit.

Die Kunst der Nachhaltigkeit der menschlichen Erfahrung besteht darin, die Hauptdimensionen des Lebens, Erinnern und Vergessen, zu organisieren. Normalerweise würde man bezweifeln, dass Erinnerung und Vergessen vom Individuum geregelt werden können; sie sind zumindest partiell unbewusste und heteronome Aktivitäten des Menschen. Man kann nicht einfach wählen zwischen den Erfahrungen, die man vergessen will, und denjenigen, die man in Erinnerung behalten will. Das ist aber gerade die paradoxe Haltung des Ästhetikers: Man muss sich darin üben, damit Erinnern und Vergessen zu autonomen, selbstgewählten Aktivitäten werden. Auf dieselbe Weise muss man lernen, „notwendig die Stimmungen in seiner Gewalt [zu] haben". Obwohl der Ästhetiker anerkennt, dass es unmöglich ist, die Stimmungen bei sich selbst und anderen beliebig zu erzeugen, muss man lernen, wie die Stimmungen „auf einen selbst und der Wahrscheinlichkeit nach auf andere" wirken, um im gegebenen Fall die richtigen einsetzen zu können (EO1, 347; SKS 2, 287) – nun also der paradoxe Versuch, so weit wie möglich Autonomie über Stimmungen (die eigenen und die der anderen) zu gewinnen.

> *Nil admirari* ist darum die eigentliche Lebensweisheit. Jedes Lebensmoment darf nur so viel Bedeutung für einen haben, dass man es in jedem beliebigen Augenblick vergessen kann; jedes einzelne Lebensmoment muss aber andererseits so viel Bedeutung für einen haben, dass man sich jeden Augenblick seiner erinnern kann. (EO1, 340f.; SKS 2, 282)

Jeder Erfahrung soll weder zu viel noch zu wenig Bedeutung zugeschrieben werden; im Grunde genommen muss jede Erfahrung gleich bedeutsam sein, also gleich gültig und daher gleichgültig. Der Ästhetiker zitiert den Anfang eines Briefes von Horaz: Nil admirari. Die ersten beiden Verse lauten in der Übersetzung Herders: „Nichts bewundern, o Freund Numicius! Dies ist das Erste / Und das Einzige wohlzuseyn und sich wohl zu erhalten".[1] Horaz ist ein Eklektiker, in seinem *Nil admirari* klingt die *athambia* (Unbeirrbarkeit) Demokrits mit, die *ataraxia* (Seelenruhe) Epikurs und auch die *apatheia* (als Befreiung von Gemütsbewegungen) der Stoiker. Der Verfasser der *Wechselwirtschaft* ist ein echter Nachfolger des Horaz.

Obwohl das Gegenmittel gegen die Langeweile der Genuss ist, darf man sich dem Genuss nicht hingeben.

> Genießt man frischweg bis zum letzten, nimmt man beständig das Höchste mit, was der Genuss gewähren kann, so wird man weder imstande sein, sich zu erinnern, noch zu vergessen. Man hat dann nämlich nichts, dessen man sich erinnern könnte, als eine Übersättigung, die man nur zu vergessen wünscht, die einen aber nun mit unfreiwilliger Erinnerung plagt. Wenn man daher spürt, dass der Genuss oder ein Lebensmoment einen zu stark hinreißt, so hält man einen Augenblick inne und erinnert sich. [...] Man hält von Anfang an den Genuss im Zaume[.] (EO1, 341; SKS 2, 282f.)

Wenn man sich dem Genuss hingäbe, wäre es danach schwierig, diese Erfahrung zu vergessen. Der erlebte Genuss dauerte „unfreiwillig" in der Erinnerung fort. Das ist gerade die Heteronomie des Vergessens und der Erinnerung, die der Ästhetiker vermeiden will. In diesem Falle könnte man nicht freiwillig vergessen und wäre gezwungen, sich unfreiwillig zu erinnern. Daher muss man von jeder Erfahrung Abstand nehmen, in eben dem Augenblick, in dem man sie erlebt, selbst von den Erfahrungen, die den höchsten Genuss bedeuten. „Es ist ein eigenes Gefühl, wenn man mitten im Genuss auf ihn sieht, um sich zu erinnern." (EO1, 341; SKS 2, 282)

## 9.5 Die Freiheit des Ästhetischen

Im sozialen Bereich bedeutet die Kunst des Vergessens und des Erinnerns, dass man sich von keinem Lebensverhältnis binden lassen darf, sei es Freundschaft, Ehe oder Berufsarbeit. So wird „das vollkommene Schweben" über der Erfahrung gesichert (EO1, 343; SKS 2, 284).

Der Ästhetiker versucht, eine Ethik des freien Willens in einer postmetaphysischen Welt aufzubauen. Das wird bestätigt durch die unveröffentlichte Antwort, mit der Kierkegaard unter dem Pseudonym Constantin Constantius auf einen

---

[1] Johann Gottfried von Herder's sämmtliche Werke, Abt. 2, Teil 11 (Zur römischen Literatur. Antiquarische Aufsätze), hg. von Chr. G. Heyne, Tübingen: Cotta 1809, 40.

Artikel von J.L. Heiberg reagiert hat. Heiberg hatte in dem Artikel *Det astronomiske Aar* (Das astronomische Jahr) die Kategorie der Wiederholung kritisiert (Heiberg 1843, 97–102), wie sie zuvor von Kierkegaards Pseudonym Constantin Constantius in dem Buch *Die Wiederholung* dargestellt worden war. An der Antwort auf Heibergs Artikel arbeitete Kierkegaard zwischen Dezember 1843 und Mai 1844 (cf. SKS K15, 72–76), also zur Zeit seiner Arbeit an *Der Begriff Angst*. Am Ende gab er das Projekt auf. Das Manuskript ist gleichwohl von großer Bedeutung, weil es eine bessere Definition der Wiederholung bietet als das Buch selbst. In dem unveröffentlichten Aufsatz diskutiert Kierkegaard die Wiederholung in drei Stadien einer kleinen Phänomenologie der Freiheit. Zunächst ist die Freiheit „als Lust oder in der Lust" bestimmt, die aber zur Verzweiflung führt.

> Im selben Augenblick zeigt sich die Freiheit in einer höheren Form. [...] Die Freiheit, die als Klugheit zu bestimmen ist. Die Freiheit befindet sich noch in einem bloß endlichen Verhältnis zu ihrem Gegenstand, und ist selbst nur ästhetisch-zweideutig bestimmt. [...] Dieses Stadium hat, um auf eine neuere Schrift zu verweisen, in der „Wechselwirtschaft" (in „Entweder – Oder") seinen Ausdruck gefunden. [...] Da jedoch die Freiheit, die als Klugheit zu bestimmen ist, nur endlich bestimmt ist, muss sich die Wiederholung hier von neuem zeigen [...]. Die Klugheit verzweifelt.[2]

Im dritten Stadium tritt die Freiheit als Wiederholung im eigentlichen Sinne auf, als Transzendenz. In der *Wechselwirtschaft* ist die Freiheit hingegen als Klugheit bestimmt, behauptet Constantin Constantius, und besteht in einem endlichen Verhältnis zu ihrem Gegenstand. Wie bei Kant ist die Freiheit hier negativ die Unabhängigkeit von sinnlichen Antrieben; doch positiv ist sie nicht das Übersinnliche in uns, das zeitunabhängige Noumenon. Stattdessen ist sie ein endliches und begrenztes Vermögen, das immer wieder versucht, die Sinnlichkeit und die menschlichen Verhältnisse durch Erinnerung und Vergessen zu steuern. Erinnerung und Vergessen sind die Mittel, um eine endliche ethische Autonomie zu gewinnen.

---

[2] *Et lille Indlæg af [Ein kleiner Beitrag von] Constantin Constantius*, dt. in: Sören Kierkegaard: Die Wiederholung, hg. von Hans Rochol, Hamburg: Meiner 2000, 119 f.; cf. SKS 15, 67.

## 9.6 Die ästhetische Klugheitslehre als Abwehr und Karikatur des Erhabenen

Bis jetzt wurde auf die ethische Autonomie der sozialen Klugheitslehre des Ästhetikers fokussiert. Aber diese Klugheitslehre schlägt auch eine Theorie der ästhetischen Autonomie vor.

Zuerst ist festzuhalten, dass es das Ziel einer solchen Klugheitslehre ist, „künstlerisch zu leben" (EO1, 340; SKS 2, 282). „Wenn man sich dergestalt in der Kunst des Vergessens und der Kunst des Erinnerns perfektioniert hat, so ist man imstande, mit dem ganzen Dasein Federball zu spielen." (EO1, 341; SKS 2, 283) Erinnern und Vergessen sind eine Kunst, die so ausgeübt und vollführt werden soll, dass sie am Ende ganz natürlich wirkt. Auch hier gilt das alte Motto, *ars est celare artem*. Das Ästhetische liegt darin, dass man zu jeder Erfahrung Abstand einnimmt und sie kontempliert, während man sie erlebt. Diese Kontemplation ist aber gleichzeitig eine Selbstkontemplation. Man fühlt und gleichzeitig nimmt man wahr, dass man selbst fühlt, damit eine freiwillige Erinnerung ermöglicht wird. Die Möglichkeit der ethischen Autonomie liegt in der synthetischen Fähigkeit: Ich erfahre, dass ich selbst erfahre. Und diese Synthese ist nicht logisch, sondern ästhetisch, weil sie ein „eigenes Gefühl" ist. Überdies ist sie ästhetisch, weil sie ein künstlerisches Vermögen ist, das ein künstlerisches Leben erlaubt.

Man könnte behaupten, dass sich in der Langeweile eine paradoxe Erhabenheit verbirgt, denn der Ästhetiker stellt in einem schon zitierten Satz fest: „Langeweile ruht auf dem Nichts, [...] ihr Schwindel ist wie jener, der uns befällt, wenn wir in einen unendlichen Abgrund blicken, unendlich." (EO1, 338; SKS 2, 280) Dies wäre eine *negative* Erhabenheit, weil sie sich auf das Gefühl der unendlichen Leere und der unendlichen Abwesenheit Gottes gründet, und es wäre eine *dämonische* Erhabenheit, weil sie nicht auf die Überlegenheit des Guten in uns verweist, sondern auf Langeweile als Wurzel des Übels.

Dass die Langeweile eine umgekehrte Erhabenheit ist, wird von der Definition der Langeweile als dämonischer Pantheismus bekräftigt. In den *Vorlesungen über die Ästhetik* behandelt Hegel den Pantheismus in der Kunst als eine Form der Erhabenheit. Für Hegel ist „das Erhabene überhaupt [...] der Versuch, das Unendliche auszudrücken, ohne in dem Bereich der Erscheinungen einen Gegenstand zu finden, welcher sich für diese Darstellung passend erwiese" (Hegel 1986, 467). In seiner Einteilung der Kunstform des Erhabenen ist die pantheistische Kunst die erste Auffassungsweise des Erhabenen. Der Dichter „erblickt und bewundert" das Eine und Göttliche in allem, und „[versenkt] wie die Dinge so auch sich selber in diese Anschauung" des Einen (Hegel 1986, 469). Hegel stellt fest, dass der Pantheismus nicht nur die Vorstellung der Immanenz Gottes in den verschiedenen Gegenständen enthält, sondern auch die Vorstellung, dass „die

Einzelheiten und Partikularitäten als aufgehobene und verschwindende" in der absoluten Einheit Gottes erscheinen, „denn nicht jedes Einzelne ist dies Eine, sondern das Eine ist diese gesamten Einzelheiten, welche für die Anschauung in die Gesamtheit aufgehen" (Hegel 1986, 471). Die einzelnen Dinge bewahren ihre Individualität nicht in Gott, sie verschwinden in ihm. „[Der Pantheismus] gehört vornehmlich dem Morgenlande an, das den Gedanken einer absoluten Einheit des Göttlichen und aller Dinge als in dieser Einheit auffasst." (Hegel 1986, 470) Der Pantheismus findet laut Hegel seinen künstlerischen Ausdruck in der indischen Poesie, in der islamischen (besonders in der persischen) Poesie und in der christlichen Mystik.

In seiner Abhandlung *Über den Begriff der Ironie* hatte Kierkegaard auf das Kapitel über den Pantheismus der Kunst in Hegels *Vorlesungen über die Ästhetik* hingewiesen, als er die Rolle des Mythischen und dessen Verhältnis zur Spekulation in den frühen Dialogen Platons diskutierte: „Das Mythische ist somit der Enthusiasmus der *Phantasie* im Dienst der Spekulation und in gewissem Maße dasjenige, was Hegel den Pantheismus der Phantasie nennt" (GW1 BI, 102 f.; SKS 1, 154 f.).[3] Kierkegaard bezeichnet das Mythische bei Platon als Enthusiasmus der Phantasie und vergleicht ihn mit Hegels Bezeichnung der indischen Poesie als erhabenen Pantheismus der Phantasie. Das Mythische als Enthusiasmus der Phantasie wird somit in *Über den Begriff der Ironie* indirekt erhaben genannt. Dagegen ist die Langeweile in der *Wechselwirtschaft* als „geniale Indolenz" definiert (EO1, 337; SKS 2, 279). Wenn der Enthusiasmus der Gegensatz von Indolenz ist, muss der künstlerische Ausdruck des Enthusiasmus (das Erhabene) seinen Gegensatz im Ausdruck der Indolenz (als umgekehrtem Erhabenen) finden.

In Kants *Kritik der Urteilskraft* ist die Bewunderung eine wesentliche Komponente des Gefühls des Erhabenen. Wie bekannt deutet Kant das Gefühl des Erhabenen als „negative Lust", eine Lust, die mit der Unangemessenheit unserer Einbildungskraft, die Unendlichkeit anzuschauen, verbunden ist; eine Lust, die „Bewunderung oder Achtung enthält" (Kant 1974, 165, § 23, B 76). Bewunderung und Achtung sind nur indirekt auf die Natur gerichtet, denn sie sind eigentlich „Achtung für unsere eigene Bestimmung" (Kant 1974, 180, § 27, B 97), für unsere übersinnliche ethische Bestimmung, die das Erhabene der Natur darstellt. Kant unterscheidet zwischen Verwunderung und Bewunderung. Verwunderung ist ein „Affekt in der Vorstellung der Neuigkeit, welche die Erwartung übersteigt"; Bewunderung ist „eine Verwunderung, die beim Verlust der Neuigkeit nicht aufhört"

---

3 Übersetzung leicht verändert. Der Ausdruck „Pantheismus der Phantasie" findet sich nur in der ersten Ausgabe der Vorlesungen, die Kierkegaard benutzte (Hegel, Vorlesungen über die Ästhetik, Bd. 1, Berlin: Duncker und Humblot 1835, 472), nicht in der zweiten Ausgabe, auf die die Theorie-Werkausgabe des Suhrkamp-Verlags zurückgeht.

(Kant 1974, 199, B 122). Die vom Ästhetiker beschriebene „vulgäre" Reaktion auf die Langeweile verlangt immer wieder Neuigkeit; die mit dem Gefühl des Erhabenen verbundene Bewunderung braucht hingegen keine Neuigkeit. Sie ist selbst immer wieder neu und kann daher von der Langeweile nicht angefochten werden.

Deshalb lautet das Motto des Ästhetikers „nil admirari", nichts bewundern, und das bedeutet die Abwehr jeder Form von Erhabenem und ist gleichzeitig die Reaktion auf das umgekehrte Erhabene der Langeweile. Die Lebensweisheit des Ästhetikers weist das Unendliche in der Form eines Gefühls der Fülle, d. i. der unendlichen Präsenz Gottes ab. Aber sie wehrt sich auch gegen das Unendliche in der Form der drohenden Leere, d. i. der unendlichen Abwesenheit Gottes, indem sie den dämonischen Pantheismus der Langeweile bekämpft. In dieser radikalen Philosophie der Endlichkeit und der Begrenzung gibt es keinen Platz für das Unendliche. Am Ende ist das Erhabene nur als Spott erlaubt:

> Man genießt etwas ganz und gar Zufälliges, man betrachtet das ganze Dasein von diesem Standpunkt aus, lässt die Realität dieses Daseins daran scheitern. Ich will ein Beispiel anführen. Es war ein Mensch, dessen Geschwätz ich mir dank eines bestehenden Lebensverhältnisses notwendigerweise anhören musste. Bei jeder Gelegenheit war er mit einem kleinen philosophischen Vortrag bei der Hand, der äußerst langweilig war. Der Verzweiflung nahe, entdeckte ich plötzlich, dass er ungewöhnlich stark schwitzte, wenn er sprach. Dieser Schweiß zog nun meine Aufmerksamkeit auf sich. [Es folgt eine genaue Beschreibung der Bewegung der Schweißtropfen auf dem Gesicht des Mannes.] Von diesem Augenblick an war alles verändert [...]. Man macht etwas Zufälliges zum Absoluten und als solches zum Gegenstand absoluter Bewunderung. (EO1, 348; SKS 2, 288)

Etwas Zufälliges, das man willkürlich wählt, zum Absoluten machen: das ist die Karikatur des Erhabenen. Und das ist auch die Karikatur des Christentums, das eine historische und damit zufällige Begebenheit (das Leben Christi) zum Absoluten macht.

Zufälligkeit ist das Gesetz einer Welt, die keinen Zweck und höheren Sinn hat. Auf sie reagiert man durch die Willkürlichkeit einer Wahl, die ästhetische und ethische Bedeutung hat. Willkürlich wählt man, was man ästhetisch genießen will, und das soziale Verhalten wird auf einen so gewählten willkürlichen Genuss hin ausgerichtet. Im Zufall der Begebenheiten ist Willkür für den Ästhetiker die einzige Weise, die menschliche Autonomie zu bewahren.

## 9.7 Die Langeweile als erworbene Unmittelbarkeit?

„Langeweile ist teils eine unmittelbare Genialität, teils eine erworbene Unmittelbarkeit" (EO1, 337; SKS 2, 279). Der erste Teil des Satzes wurde im Vorigen schon erklärt; der zweite ist noch erklärungsbedürftig. In welchem Sinne kann Langeweile eine erworbene Unmittelbarkeit werden? Meines Erachtens hat man die Äußerung nicht so zu verstehen, dass *die Langeweile selbst*, sondern dass *die menschliche Haltung angesichts der Langeweile* eine erworbene Unmittelbarkeit werden kann. Durch die soziale Klugheitslehre, die der Ästhetiker vorschlägt, kann man eine mittelbare Art des Genießens entwickeln, die erworbene Unmittelbarkeit genannt werden kann. Doch kann man es trotz der perfektionierten Kunst des Vergessens und des Erinnerns nicht vermeiden, dass selbst die erworbene, reflexive und selbstbewusste Unmittelbarkeit am Ende langweilig ist. Langweilig ist paradoxerweise auch die erworbene Unmittelbarkeit des Genießens, das doch die Langeweile aufheben sollte.

Kann diese Unmittelbarkeit überhaupt erreicht werden? Markus Kleinert antwortet: „Es ist durchaus doppeldeutig, dass der Ästhetiker von Anfang an auf die Verständigkeit seiner Ausführungen hinweist. Einerseits ist die verständige Entwicklung des Programms der ‚Wechselwirtschaft' natürlich satirisch: die Darstellung des Programms folgt den Regeln der Reflexion, deren Totalisierung für die Langeweile verantwortlich ist, gegen die sich das dargestellte Programm wendet. [...] Andrerseits ist die ‚Wechselwirtschaft' in der Tat verständig: das ironische Programm befestigt mit ungeheurem Reflexionsaufwand die Selbstbehauptung des Subjekts" (Kleinert 2005, 196). Es ist hier nicht die Aufgabe, diese Doppeldeutigkeit zu lösen. Als indirekte Mitteilung muss die Frage nach der Verständigkeit des Programms der *Wechselwirtschaft* offen bleiben.

Später wird Kierkegaard den Glauben als neue Unmittelbarkeit, als „die Unmittelbarkeit nach der Reflexion" bezeichnen (DSKE 4, 414–416; SKS 20, 363 f.). Noch einmal erscheint die radikal endliche Klugheitslehre als eine Alternative zum Glauben. Die *Wechselwirtschaft* stellt nicht so sehr ein Entweder-Oder zwischen dem Ästhetischen und dem Ethischen dar, sondern zwischen dem Ästhetischen und dem christlichen Glauben.

## 9.8 Der Unglücklichste: Erinnerung und Hoffnung

*Der Unglücklichste. Eine begeisterte Ansprache an die Συμπαρανεκρωμενοι. Peroration in den Freitagszusammenkünften* ist die fünfte und kürzeste Schrift des ersten Teils von *Entweder – Oder*. Nach der Schrift über das Tragische und *Schattenrisse* ist sie außerdem die letzte einer Trias von Aufsätzen, die in der Fiktion als Vorträge vor den Symparanekromenoi gehalten werden. Der Aufsatz ist auch einer der Teile von *Entweder – Oder*, die wirkungsgeschichtlich hervorstechen. Als Beispiel kann man den Maler Johan Thomas Lundbye (1818–1848) anführen, der zusammen mit Christen Købke zu den wichtigsten dänischen Malern der ersten Hälfte des 19. Jahrhunderts zählt. Lundbye zitiert aus *Entweder – Oder*, das am 20. Februar 1843 erschien, schon am 1. März in seinem Tagebuch.[4] Bis zu Lundbyes frühem Tod wurden die Werke Kierkegaards fast sein geistlicher Begleiter. Am 14. Oktober schreibt er im Tagebuch einige Passagen aus *Der Unglücklichste* ab, zuvor findet sich die Bemerkung:

> Ich lese in „Entweder – Oder": denn es durchzulesen würde meine Geduld gewiss bei weitem überfordern, gar nicht zu reden von der Schwierigkeit, die ich beim Verständnis des Buches habe. Was ich habe, ist der erste Teil, und ich bin höchst erstaunt über die Gedankenstärke, die den Standpunkt des Verfassers als durchgängig entrückt, wenn nicht verrückt bezeichnen lässt. Es kommt mir bisweilen vor wie eine wahnsinnige Vernunft; aber ich kann nicht leugnen, dass sich darin hie und da eine Größe findet, die erstaunt, so muss ich hier den Schluss eines Stückes abschreiben, das er „der Unglücklichste" nennt.[5]

Fast vier Jahre später bemerkt Lundbye in einem Brief an Svend Grundtvig, den Sohn des Schriftstellers und religiösen Reformators N.F.S. Grundtvig: „Du hast Recht, wenn Du sagst: Es graust einen beim Lesen seines Unglücklichsten, so großartig weiß er das Unglück zu schildern, so ungeheuerlich!"[6]

*Der Unglücklichste* beginnt mit der Schilderung eines leeren Grabes:

> Bekanntlich soll es irgendwo in England ein Grab geben, das sich nicht durch ein prachtvolles Monument oder eine wehmütige Umgebung auszeichnet, sondern durch eine kleine Inschrift – „Der Unglücklichste". Man soll das Grab geöffnet, aber keine Spur von einer Leiche gefunden haben. (EO1, 255; SKS 2, 213)

Das Bild des leeren Grabes spielt an auf die Erzählung der Evangelien über die Frauen, die das Grab Jesu früh am Morgen nach dem Sabbat leer finden (v. a. Mk 16,1–8; Lk 24,1–4). Hier handelt es sich aber nicht um das Grab Jesu, sondern um das Grab des unglücklichsten Menschen. Der Aufsatz unternimmt gleichsam eine kleine Reise auf der Suche nach der Identität des Unglücklichsten. Die Suche wäre sofort beendet, bemerkt der Ästhetiker, „wenn es einen Menschen gäbe, der nicht

---

[4] Johan Thomas Lundbye: Et Aar af mit Liv, hg. von M. Lebech, Kopenhagen: Nyt nordisk Forlag / Forening for Boghaandværk 1967, 147. Zur Datierung der Aufzeichnung über *Entweder – Oder* vgl. Ettore Rocca, En ny umiddelbarhed. Søren Kierkegaard læst af Johan Thomas Lundbye, in: Bente Bramming, Hans Edvard Nørregård-Nielsen und Ettore Rocca: Længsel. Lundbye og Kierkegaard, Aarhus: Aarhus Universitetsforlag 2013, 196 f.

[5] Johan Thomas Lundbye: Afskrifter af digte 1840–43. Dagbog for perioden 5. april 1843–16. december 1844 (Manuskript), Kopenhagen: Den Kongelige Kobberstiksamling, Statens Museum for Kunst, inv. nr. 14024, 59–63 (dt. Übers. von H.D. und M.K.).

[6] Johan Thomas Lundbye: Brief an Svend Grundtvig, 31. Juli – 5. August 1847 (Manuskript), Kopenhagen: Det Kongelige Bibliotek, NKS 3388, 4° (dt. Übers. von H.D. und M.K.).

sterben könnte" (EO1, 257; SKS 2, 214). Dann hätte man den Unglücklichsten gefunden, und den Grund, weshalb das Grab leer ist. Aber „der Tod ist das allen Menschen gemeinsame Glück" (EO1, 257; SKS 2, 214). *Die Krankheit zum Tode* (1849) gebraucht eine ähnliche Pointe, indem es dort heißt, dass die Verzweiflung die Erfahrung der Unmöglichkeit ist, das Ewige im menschlichen Selbst zu töten (vgl. GW1 KT, 14; SKS 11, 134).

Der Ästhetiker stellt die Merkmale des Unglücks fest. Sein Ausgangspunkt ist folgender: „Der Unglückliche ist nun derjenige, der sein Ideal, seinen Lebensinhalt, die Fülle seines Bewusstseins, sein eigentliches Wesen irgendwie außer sich hat." (EO1, 259; SKS 2, 216) Die Abhängigkeit von etwas, das außerhalb des Individuums ist und was das Individuum daher nicht besitzt, macht unglücklich. Dieser Mangel führt eine Abwesenheit sich selbst gegenüber herbei. „Der Unglückliche ist immer sich abwesend, nie sich selbst gegenwärtig" (EO1, 259; SKS 2, 216). In den Reden *Die Lilie auf dem Felde und der Vogel unter dem Himmel* (1849) wird dieser Gedanke wiederholt: „Was ist Freude, was ist fröhlich sein? Es ist, dass man in Wahrheit sich selbst gegenwärtig ist" (GW1 LF, 67; SKS 11, 43). Zurück zu *Der Unglücklichste*. Zwiefältig sind die Dimensionen der Abwesenheit: Man ist abwesend „entweder in der vergangenen oder in der zukünftigen Zeit" (EO1, 259; SKS 2, 216). Also sind Erinnerung und Hoffnung die zwei Dimensionen des Unglücks. Man erinnert etwas, was nicht (mehr) ist, und hofft auf etwas, was (noch) nicht ist. Aber das heißt nicht, bemerkt der Ästhetiker, dass Erinnerung und Hoffnung als solche notwendigerweise Unglück herbeiführen. Wenn das Erinnerte bzw. das Gehoffte Realität für die Gegenwärtigkeit des Individuums haben, dann sind sie nicht Quelle von Unglück. In diesem Falle kollidieren das Erinnerte bzw. das Gehoffte nicht mit der Gegenwärtigkeit des Menschen, sie stützen sie; das Individuum ist dann „präsentisch", d. i. sich selbst gegenwärtig, in der Hoffnung oder in der Erinnerung (EO1, 260; SKS 2, 216). Hoffnung und Erinnerung sind die Quelle von Unglück erst dann, wenn man sich selbst gegenüber durch sie abwesend wird.

Wenn die hoffende Individualität auf eine zukünftige Zeit hoffen will, die für sie doch keine Realität erhalten kann, oder der sich Erinnernde sich an eine Zeit erinnern will, die keine Realität gehabt hat, so haben wir die eigentlich unglücklichen Individualitäten (EO1, 261; SKS 2, 217). Einerseits ist man unglücklich, wenn man auf etwas hofft, von dem man überzeugt ist, dass es unmöglich ist. Man hat die Hoffnung verloren, und trotzdem hofft man. Die Individualität „hofft auf etwas, von dem sie selbst weiß, dass es nicht realisiert werden kann" (EO1, 261; SKS 2, 217). Um unglücklich zu sein, ist es aber nicht genug, dass man auf etwas hofft, was *objektiv* betrachtet unmöglich ist. Das könnte allerdings als Definition des christlichen Glaubens verstanden werden, insofern dieser an Christus als widersprüchlichen Gott-Menschen glaubt (vgl. GW1 EC, 117–140; SKS 12, 128–147). Der Gott-Mensch ist ein objektiver Widerspruch und damit real unmöglich. Man könnte auch an Paulus denken, wenn er im Römerbrief über den Glauben Abrahams sagt: „Er hat geglaubt auf Hoffnung, wo nichts zu hoffen war" (4,18). Hier aber hofft der Unglückliche auf etwas, von dem er *weiß und glaubt*, dass es unmöglich ist. Also hofft man auf etwas, was *auch subjektiv* betrachtet unmöglich ist.[7] Als Beispiel kann man sich einen Menschen vorstellen, der auf einen unmittelbaren, naiven und völlig unreflektierten Zugang zur Welt hofft, aber überzeugt ist, dass diese Unmittelbarkeit unmöglich ist. „[S]tatt eine sich erinnernde Individualität zu werden, [will sie] weiterhin eine hoffende bleiben" (EO1, 261; SKS 2, 217). Statt sich zu begrenzen, sich an seine kindliche und verlorene Unmittelbarkeit zu erinnern, hofft der Mensch, diese Unmittelbarkeit trotz seines Mangels an Hoffnung wieder erreichen zu können.

Andererseits ist man unglücklich, wenn man sich an etwas erinnert, von dem man weiß, dass es nicht stattgefunden hat. Der Text führt das Beispiel von einem Menschen an, der „Lehrer für Kinder würde, [und daher] all das Schöne entdeckte, das in der Kindheit liegt" (EO1, 261f.; SKS 2, 218). Er selbst hat aber keine eigentliche Kindheit gehabt und deshalb deren Schönheit nicht erlebt. „Wenn eine Individualität, indem sie die Erinnerung verliert, oder weil sie nichts hat, woran sie sich erinnern könnte, keine hoffende werden, sondern weiterhin eine sich erinnernde bleiben will, so haben wir eine Formation von Unglücklichen." (EO1, 261; SKS 2, 217f.). Auf das Beispiel angewandt: Das Individuum bildet sich eine inszenierte glückliche Kindheit ein, an die es sich erinnern kann, obwohl es weiß, dass sie erfunden ist, statt auf die Möglichkeit zu hoffen, dass irgendeine neue, künftige glückliche Kindheit kommen kann.

Der Ästhetiker bemerkt, dass das sich zur Erinnerung verhaltende Unglück schmerzlicher ist als das sich zur Hoffnung verhaltende. Auf jeden Fall sind die zwei erwähnten Formen von Hoffnung und Erinnerung zwei Weisen der Abwesenheit von sich selbst und des bewussten Selbstbetrugs. Jedoch ist man so noch nicht zum Unglücklichsten vorgedrungen. Dieser wird dadurch gefunden, dass man die beschriebenen Formen von unglücklichen Individualitäten kombiniert.

Die Kombination kann nur darin bestehen, dass das, was den Menschen hindert, in seinem Hoffen präsentisch zu werden, die Erinnerung, das, was ihn hindert, in der Erinnerung präsentisch zu werden, die Hoffnung ist. Das liegt einerseits daran, dass er immerfort auf das hofft, woran er sich erinnern sollte; seine Hoffnung wird immer wieder enttäuscht, aber indem sie enttäuscht wird, entdeckt er, dass es nicht daher kommt, dass das Ziel weiter hinausgeschoben

---

[7] Trotz dieses Arguments bleibt es bei der Ähnlichkeit zwischen dem glaubenden Abraham im Römerbrief 4,18 („er hat geglaubt auf Hoffnung, wo nichts zu hoffen war") und der unglücklichen Individualität („sie hofft auf etwas, von dem sie selbst weiß, dass es nicht realisiert werden kann").

wird, sondern daher, dass er am Ziel schon vorüber ist, dass es bereits erlebt ist oder erlebt sein sollte und somit in die Erinnerung übergegangen ist (EO1, 262; SKS 2, 218).

Die erwähnten Beispiele führen schon in die Kombination der zwei Arten von Unglück ein. Der Mensch hofft auf einen naiven und unmittelbaren Zugang zur Welt. Er ist immer wieder enttäuscht in seiner Hoffnung, nicht weil er immer wieder erkennen muss, dass diese Unmittelbarkeit *noch nicht* da ist, sondern weil er auf diejenige ursprüngliche, kindliche Naivität hofft, die er *einmal* erlebt hat (oder erlebt haben sollte). Er sollte sich an diese Unmittelbarkeit erinnern; stattdessen hofft er auf sie. „Das, worauf er hofft, liegt also hinter ihm" (EO1, 263; SKS 2, 219). Er wünscht das Unmögliche: die Zeit umzukehren. Er hofft auf die genaue Wiederholung des einmal Erlebten und jetzt Vergangenen, statt die Erinnerung des Erlebten zu genießen.

„Andererseits erinnert er sich immerfort an das, worauf er hoffen sollte; denn das Zukünftige hat er schon im Geiste aufgenommen, im Geiste hat er es erlebt, und an dieses Erlebte erinnert er sich, statt zu hoffen." (EO1, 262 f.; SKS 2, 218 f.) Um nicht unglücklich zu sein, sollte der Mensch auf eine neue, unbekannte Zukunft hoffen, über deren Gestalt er nicht im Voraus entscheiden kann. Er sollte für dieses neue, unbestimmte Leben offen sein. Stattdessen hat er genau bestimmt, wie die Zukunft aussehen soll. Diese Vorstellung von der Zukunft steht in seiner Erinnerung fest, sie wird gleichsam eine fixe Idee, mit der die gehoffte Zukunft gemessen und vernichtet wird: „[...] das, woran er sich erinnert, liegt vor ihm" (EO1, 263; SKS 2, 219).

Diese Kombination einer Vergangenheit, die „noch nicht gekommen" ist, mit einer Zukunft, die „schon vorüber" ist, macht schließlich die Merkmale des Unglücklichsten aus. Sein Leben ist der Zeitlichkeit beraubt. „[E]r hat keine Gegenwart, an die er anknüpfen, keine Vergangenheit, nach der er sich sehnen kann, [...] keine Zukunft, auf die er hoffen kann" (EO1, 264; SKS 2, 219). Selbst der Tod als zeitliche Dimension des Lebens ist ihm entzogen: „er kann gewissermaßen nicht sterben, denn er hat ja nicht gelebt; er kann gewissermaßen nicht leben, denn er ist ja schon gestorben" (EO1, 264; SKS 2, 219 f.). Er kann nicht lieben, „denn die Liebe ist immer präsentisch"; er ist ohnmächtig, „weil seine eigene Kraft ihn ohnmächtig macht" (EO1, 264; SKS 2, 220).

Die Beschreibung des Unglücklichsten stimmt sowohl mit vielen Aphorismen in den *Diapsalmata* als auch mit der Beschreibung der Persönlichkeit der Symparanekromenoi in *Der Reflex des antiken Tragischen* und in *Schattenrisse* überein. *Der Unglücklichste* kennzeichnet die Kulmination jener drei Schriften, insofern dieser Text die Galerie der unglücklichen Persönlichkeiten vollendet, denen man bis dahin begegnet ist: des Dichters als unglücklichen Menschen und des erzählenden Ichs in den *Diapsalmata*, der Antigone und der Symparanekromenoi in

*Der Reflex des antiken Tragischen*, von Marie Beaumarchais, Donna Elvira und Gretchen in *Schattenrisse*. Als Idealtypus des menschlichen Unglücks muss die Identität des Unglücklichsten aber unbekannt bleiben: „Ich grüße dich, du großer Unbekannter, dessen Namen ich nicht weiß, ich grüße dich mit dem Ehrentitel: der Unglücklichste." (EO1, 268; SKS 2, 222) Die Versuche der Ausleger, dem Unglücklichsten einen Namen zu geben, müssen scheitern, sonst geht das Ziel des Aufsatzes verloren: den Unglücklichsten als Prototyp zu charakterisieren.[8] Das Grab des Unglücklichsten bleibt am Ende so leer wie das Grab Jesu.

## 9.9 Eine Schlussbemerkung: Sind *Der Unglücklichste* und *Die Wechselwirtschaft* vereinbar?

Die Schilderung des Unglücklichsten ist mit der in der *Wechselwirtschaft* dargestellten Klugheitslehre unvereinbar. Einerseits erscheinen das Musikalisch-Erotische und die Klugheitslehre als die Gegenpole des ersten Teils von *Entweder – Oder*: das eine als Spitze der Unmittelbarkeit des Ästhetischen, das andere als Beispiel einer raffinierten Theorie eines atheistischen Existentialismus ante litteram. Andererseits stehen die Darstellung des Unglücklichsten und die Klugheitslehre in einem theoretischen Gegensatz. Die Wechselwirtschaft ist der Versuch, die ästhetische und ethische Autonomie des ästhetischen Stadiums aufzubauen: durch die aktive Regelung des Vergessens und des Erinnerns und den Verzicht auf Hoffnung; der Unglücklichste dagegen stellt die maximale Passivität des Erinnerns und der Hoffnung dar. Die Wechselwirtschaft verherrlicht die Macht des Individuums angesichts seiner Antriebe und sozialen Verhältnisse; der Unglücklichste legt die Ohnmacht des Individuums angesichts seines Lebens und seiner sozialen Umgebung dar. Doch kann man sich einen doppelten Übergang zwischen den beiden vorstellen: die wechselwirtschaftliche Lehre als Lösung für die Ohnmacht des Unglücklichsten; die Kulmination des Unglücks als Resultat des Scheiterns der wechselwirtschaftlichen Lehre.

## Literatur

Heiberg, Johan Ludvig 1843: Det astronomiske Aar, in: Urania. Aarbog for 1844, hg. von J.L. Heiberg, Kopenhagen 1844 (veröffentlicht am 15. Dezember 1843), 77–160

---

[8] Z.B. behauptet Karsten Harries (2010, 74), dass der Unglücklichste „presumably a figure of Kierkegaard himself", und John E. Hare (1995, 98), dass der Unglücklichste der Ästhetiker selbst sei.

Hare, John E. 1995: The Unhappiest One and the Structure of Kierkegaard's „Either/Or", in: International Kierkegaard Commentary. Either/Or Part I, hg. von Robert L. Perkins, Macon: Mercer, 91–108

Harries, Karsten 2010: Between Nihilism and Faith. A Commentary on „Either/Or", Berlin / New York: De Gruyter (KSMS 12)

Hegel, Georg Wilhelm Friedrich 1986: Werke, Bd. 13: Vorlesungen über die Ästhetik I, Frankfurt a.M.: Suhrkamp

Kant, Immanuel 1974: Werkausgabe, Bd. X: Kritik der Urteilskraft, Frankfurt a.M.: Suhrkamp

Kleinert, Markus 2005: Sich verzehrender Skeptizismus. Läuterungen bei Hegel und Kierkegaard, Berlin / New York: De Gruyter (KSMS 12)

Lübcke, Poul 1989: Kierkegaard. Aesthetics and the Crises of Metaphysics, in: Kierkegaard – Poet of Existence, hg. von Birgit Bertung, Kopenhagen: C.A. Reitzel, 75–82

Rocca, Ettore 2016: Kierkegaard, Kopenhagen: Gyldendal

John Davenport
# 10 The Esthetic Validity of Marriage: Romantic Marriage as a Model for Ethical Will: In Defense of Judge Wilhelm

(EO2, 523–703; SKS 3, 13–151; KW IV, 5–154)

## 10.1 Introduction: Higher-Order Will and the Judge's Status within Kierkegaard's Work

In this essay, I will consider Judge Wilhelm's defense of marriage in *Either/Or* as a basis for understanding the "ethical stage" or sphere of existence. Two decades ago, I argued in an essay on Judge Wilhelm's second letter to "A" the Aesthete that Kierkegaard's famous idea of a basic "choice" to become a serious agent whose choices are informed by ethical commitments can be *partly* understood in terms of Harry Frankfurt's contrast between a "wanton" without higher-order volitions and a "person" who forms and sustains cares through his or her higher-order will: a choice to move from wantonness to personhood is like Wilhelm's basic or primordial choice in certain respects.[1] This reference to phenomena of higher-order volition was never meant to be a complete explanation of ethical agency in Wilhelm's sense and its difference from "aestheticism" as a basic practical orientation in living. Among other limitations to this analogy, Frankfurt's initial conception of higher-order will itself was flawed in several ways (not all of which were fixed in his later conceptions of volitional caring and love). Thus I have sought to develop this interpretation in subsequent works by arguing

(1) that the "primordial choice$_p$" by which one leaves the aesthetic orientation and enters the ethical sphere (for it cannot go the other way) is modeled on the Adam's anxious first choice as described in *The Concept of Anxiety* (Davenport 2000, 131–151, esp. 145–46), which is a kind of *felix culpa*;

---

[1] See Davenport 1995, 73–108. I was not the first to make this suggestion: although I did not know it at the time, Edward Mooney had already proposed a similar approach (Mooney 1991, 99). Anthony Rudd had also rightly compared the Judge's conception of ethical commitment to Bernard Williams' notion of personal "ground projects" that give us a lasting identity over time (see Rudd 1993, 85–87).

(2) that in light of Anti-Climacus's account of gaining or losing a conscience, this choice$_p$ need not be (and usually is not) a single conscious act or "sudden leap between life-spheres but rather a continual process" in which the cognitive and epistemic sides of agency develop together (Davenport 2001a, 307–8);

(3) that, as Anthony Rudd first argued, robust forms of *narrative unity* in the structure of one's practical identity involving social relationships, interpersonal devotions, and practices in MacIntyre's sense, are also crucial in explaining the superiority of ethical to aesthetic agency;[2]

(4) and that the Judge conceives the kind of "willing" that gives us a character for which we can be "deeply" responsible (i.e. autonomous character), which *A* self-deceptively avoids, as "projective motivation" that sets, reinforces, or amends an agent's final ends in response to practical considerations that extend beyond her prior desires or existing motives (Davenport 2001b, 166–67).[3]

This distinctive conception of willing, and higher-order will in particular, is implicit throughout the account of weakness of will and demonic agency in *Anxiety*; in descriptions of "spirit" and its role in selfhood at several points in *Sickness Unto Death* (Davenport 2013), and in descriptions of "earnestness" throughout Kierkegaard's authorship (including several edifying discourses and late signed works) (Davenport 2014). For example, this idea of will as a capacity that can respond to perception of goods by generating new motivation towards them is central to Kierkegaard's signed critique of shallow aestheticism and inauthenticity within public life, as seen especially in the lack of commitment to nobler aspirations among the "shrewd" bourgeois of his age.[4] "Will" in this distinctive sense of self-motivating effort, which lies between *willkür* as libertarian freedom and *willë* as practical reasoning, was never clarified by Frankfurt, though arguably it is implicit in his later accounts of volitional caring and love.[5] Kierkegaard's many portraits of ethical agency (leading towards the religious in infinite resignation) also make projective willing dependent on objective values or goods in a way that corrects the problems arising from Frankfurt's contrary subjectivist position.[6]

---

[2] I noted this point in Davenport 2001, but have only recently developed it in dialogue with Rudd's work and John Lippitt's questions in Davenport 2012.
[3] This was the idea behind the claim that the "absolute existential choice$_p$" establishes a "volition which is distinct from an internal desire or tendency to an end that is sufficient for 'acting' in Aristotle's and Hegel's sense" – see Davenport 1995, 83.
[4] See my comments on *Two Ages* in Davenport 2015.
[5] As I argued in: Davenport 2007, chs 13–14.
[6] I offer an extended summary of these corrections in: Davenport 2012, ch. 3.

These clarifications emphasize crucial differences between the conception of morally responsible human agency that we find in Kierkegaard's writings starting with *Either/Or II* and Frankfurt's own account of personal autonomy: in many respects, Kierkegaard offers a more subtle and nuanced picture of existential autonomy and authenticity, which is able to explain more of the relevant phenomena. Points (1) – (4) also suggest that most key aspects of Judge Wilhelm's account accurately reflect Kierkegaard's own considered views, anticipating ideas that are developed in signed works and in later pseudonymous works by more "authoritative" pseudonyms. This is important because many commentators in recent years have argued that the Judge is an unreliable source – because he is a self-satisfied bourgeois; or that he is too confident in the power of human will, confusing ethical striving with religious faith; or even that he takes Hegelian *Sittlichkeit* as the highest mode of life, which authentic religious faith overcomes. It has become increasingly fashionable in Kierkegaard scholarship to bash the Judge as representing a dubious perspective in the cast of Kierkegaard's author-characters, who is little better than "A."[7]

These demotions of the Judge are massively exaggerated, missing the subtle connections between themes in the Judge's letters and Kierkegaard's later works, and liable to miss the importance that Kierkegaard puts on ethical striving as something that must *continue* within religious faith.[8] The Judge's view is designed to be limited in various ways, especially in failing to grasp the full diffi-

---

[7] A more subtle case is ch. 4 of Amy Laura Hall's *Kierkegaard and the Treachery of Love* (Hall 2002). While I think Hall is correct that Wilhelm's relation to his wife is patriarchal in some respects, it seems extreme to claim that he is merely using her as a basis for his own self-development (p. 113). Wilhelm does not portray his wife as his possession or mere adornment; and as I will argue, he is quite emphatic that married love is committed to endure when the beauty that initially triggered first love is altered – an agapic feature. Hall instead reads the critique of preference as selfishness in *Works of Love* in a way that would condemn *any* pro-attitude towards one's spouse that one does not feel towards all other persons as grasping or objectifying – an extreme conclusion that would require religiously sanctioned love to be entirely asexual, unfriendly, and downright cold.

[8] Such Judge-trashing interpretations thus often go together with a tendency to misinterpret *Fear and Trembling*, the *Fragments*, and *Postscript* as teaching that all human reason is worthless and all human volitional effort useless because of original sin – that is, that we are effectively helpless except by the inscrutable grace that enables us to obey divine commands deriving their authority from God's power. My essays on these pseudonymous works have tried to correct such misinterpretations of the religious stage; but for similar conclusions derived from careful study of Kierkegaard's later religious works, see Gouwens 1996, esp. 133–39 on faith, and 188–92 on love in *Works of Love*: following Sylvia Walsh, he concludes that for Kierkegaard, "*Agape* is not a love that eliminates and condemns the erotic, but in dethroning *eros* embraces and transforms it" (191).

culties of infinite resignation and faith – Climacus criticizes him on the grounds that I can leave aesthetic fantasy-life by the choice to despair of it (a productive type of despair), "but if I do this I cannot come back by myself [...] in this moment of decision [...] the individual needs divine assistance" (CUP 257–58). Yet the Judge's texts still express much of Kierkegaard's own views in his signed writings. Crucially, the Judge describes an "ethical agency" that responds not merely to human custom, social mores, or even the deliverances of natural law or Kantian practical reason,[9] but that is also based on *love* – interpersonal love between friends and between married partners as the paradigm for other types of caring or personal devotions informed by ethical ideals. The pervasive references to love throughout *Either/Or II* (and the Judge's later speech on marriage in *Stages on Life's Way*) should be evident to any careful reader: as Ronald Green says in an insightful account of the letter on marriage, "[f]irst love [...] is arguably the central theme of *Either/Or*," from the "Diapsalmata" to the "Seducer's Diary" and the Judge's works.[10] Judge Wilhelm anticipates Johannes de Silentio's focus on Abraham's duty to love his son in *Fear and Trembling*, and the later ethics of commanded agapic love in *Works of Love*. As Michael Plekon argues, the Judge's deeper insights are closer to those of the Jutland priest in the "Ultimatum" than to the platitudes of "bourgeois moralism" (Plekon 1995, 130). His view of ethical choice anticipates more of Kierkegaard's "second ethics" than is often recognized:

> This choosing [of oneself] must always be concrete, social, interpersonal, that is, in relation to one's spouse, children, parents, colleagues. This is not a duty as a burden, but a loving action as a joy, a perspective later to be expounded in *Works of Love* (EOII, 170, 176-77).[11]

---

**9** Though none of these ethical sources is simply rejected either: as I argued in my initial article (building on George Stack's work), while the Judge's task is not to offer any *theory* of the ground of moral obligation, one finds both Kantian stringencies and quasi-Aristotelian virtues in *Either/Or II*. While Rudd argued that the Judge's *telos* is largely Aristotelian in content, I argued in "Towards an Existential Virtue Ethics" (Davenport 2001a) that it is existential rather than eudaimonist, or best defined in terms of a fully meaningful life.
**10** Green 1995, 142. Green's argument supports my sense that the findings in the first letter about romantic love are *generalized* in the second letter, making the continuation of first love in marriage a key to understanding the Judge's more abstract later claims about choosing oneself into the ethical.
**11** Plekon 1995, 132–33. Compare Edward Mooney's analysis in his essay, "Kierkegaard on Self-Choice and Self-Reception" in the same volume: 5–32, 16–20; Mooney finds in the Judge's writings hints of the later notion of religious vocation or identity before God that is set out in more explicitly revealed categories in *Sickness*. Note that in *Stages*, the Judge emphasizes that the beloved (and first love) can only be received as a gift from "the god" rather than as chosen (SLW 121).

Following Plekon and Green, I will contend that central themes in Judge's first letter, "The Aesthetic Validity of Marriage", confirm claims (1) – (4) above that ethical "choice" in Kierkegaard's sense depends on higher-order volitions that respond to intrinsic values, and finally to "eternal" goods that obligate or necessitate our allegiance, much as in Kierkegaard's signed discourse on "Purity of Heart" (in UDVS). The Judge's account of romantic love's potential helps explain how the transition from aesthetic to ethical life can be made. And although it may appear more optimistic about love of "particular" others than some parts of *Works of Love* do, in fact Wilhelm's account anticipates Kierkegaard's own later aim to explain how neighbor-love can be *expressed within* the "special" loves between family members, friends, and spouses when these are transformed by "conscience" (WL 141, 146).[12] Along the way, I will offer some further corrections and clarifications of the interpretation of *Either/Or II* that I offered 22 years ago.

## 10.2 Maieutic Appeal, Stage-Transitions, & Retractions on 'Internalism' & 'Incorporation'

Judge Wilhelm's second letter on the "Balance Between the Aesthetic and the Ethical" has received quite a bit of scholarly attention in recent decades because its famous notion of existential choice is philosophically interesting and potentially fruitful. By contrast, his first letter has received less attention, perhaps because its defense of marriage seems to some like a dated theme, especially if Wilhelm means "marriage" as it was conceived in 19th century European Christendom, or in Hegel's portrait of an ideal family in the *Philosophy of Right* which gives little role to eros in marriage. But this is a mistake: for the Judge's main goal in the first letter is to defend the thesis that marriage should be built on erotic or romantic love (compare SLW 105), through a commitment based on eternal ethical ideals that allows romantic love to be sustained through willed "repetition". This commitment to another human person is the paradigm showing how ethically-guided choice enables full narrative development in one's practical identity. This is a form of *ethical romanticism*, in contrast to the naive, jaded, and sentimentalist forms of aesthetic romanticism portrayed in *Either/Or I*, and to the shrewd, materialistic, and calculating approach to life that Kierkegaard always condemned as the nadir of human spiritlessness.

---

12 Consider M. Jamie Ferreira's efforts to explain this possibility of agapic special loves, in contrast to Amy Hall's account (see note 7 above), in: Ferreira 2001, 91–94.

Contrary to the customs of his age, Wilhelm critiques unromantic marriage even more vigorously than the aesthetes in *Either/Or I* had. He condemns marriage understood as a civil arrangement, a mere contract that can be ended at will by divorce (EOII 23), and marriages of "convenience" – e. g. those arranged to promote "making a living" and "social status" (25) – as treachery against our true telos. So this supposed pillar of Victorian society, pictured by his critics in a stiff waistcoat tut-tutting over his wife, vehemently *rejects* the core norm of early modern bourgeois culture which held that marriage is for family and estate! He mocks the hypocrisy of polite parlor society by quoting the seamstress who says of "fine gentleman's love: They love us but do not marry us; they do not love the fine ladies, but they marry them" (28). Much like Jane Austen, Wilhelm rejects this hollow custom and the psychic divisions it causes in favor of the romantic ideal – very much a minority view in Golden Age Denmark – that marriage should be primarily for *romantic love*, giving the latter the "absolute constancy" that it lacks in itself (as pure erotic "first love") through ethical choice and effort (28). His main thesis is that:

> [...] the first love, by being caught up into a higher, concentric immediacy, would [...] be secure against this skepticism so that the married love would not need to plough under the first love's beautiful hopes, but the marital love would itself be the first love with the addition of qualifications that would not detract from it but would ennoble it (29-30).

The geometrical metaphor signifies that the aesthetic finds its proper place *within* the ethical, like two concentric circles: the retention of romantic love in marriage through "the energy of the will" that enables constancy (26) is Wilhelm's paradigm for the way that aesthetic values must be preserved and transfigured in the higher frame of ethical goods. This is part of the cumulative relation among Kierkegaard's existential categories.

There are many other phenomena by which Kierkegaard could have the Judge examine the retention of aesthetic goods within ethically informed projects or relationships, e. g. whatever is interesting or fascinating in scientific discovery, or the beauty of nature appreciated by a farmer devoted to the land, or the child's smile as a wonder to caring parents. Yet the Judge takes romantic marriage as his paradigm illustration of the cumulative relation because it concerns *love* in several senses. This theme sheds light more directly on the nature and existential function of ethical norms and ideals, i.e. how they can give our lives structure and provide a deeper basis for identities that involve complex appreciations of aesthetic goods as part of larger ethical purposes. This focus might also help the Judge in his personal goal of getting young *A* to accept that the fundamental issue of choice into the ethical should concern him personally – the theme of the letter's whole "prologue" (5–17). His efforts to shake A out of his aesthetic spell extend to invoking the prospect of death.[13] But Wilhelm's best chance to reach A probably starts with A's own appreciation of aesthetic values in erotic moods and emotions – especially as revealed in moments charged with erotic interest, e.g. chance encounters, or accidental meetings of glances. Young A has a poetic eye for types of physical and psychic beauty and interest-value. Thus Wilhelm can argue to A that such values can be preserved and given full due only within an ethical troth: "All the beauty implicit in the erotic of paganism has its validity in Christianity insofar as it can be combined with marriage. This rejuvenation of our first love" is not nostalgia but rather "an action," i.e. willed repetition (10).

What this shows, as Green explains, is that the Judge's "sustained defense of marital love as the proper fulfillment of first love's promise" is undertaken to demonstrate the *incompleteness* of aesthetic life-views and thus the existential need for ethical categories. This framing project, which continues into his second letter, involves two components within the "Aesthetic Validity" letter: (a) Wilhelm argues that the duty involved in marital love does not *preclude* "erotic and romantic love" (the Compatibility thesis); and (b) "he insists that first love is not only compatible with the 'ought' of duty, but that it invites and requires it" (the Completion thesis) (Green 1995, 146–47). This second, stronger thesis will explain how A can be given good reasons, recognizable by him *qua* aesthete, for moving into the ethical orientation.

This brings me to the fraught issue of *reasons-internalism:* does Kierkegaard hold that reasons that are practical for us, or that we can recognize as reasons to act in certain ways, necessarily draw their significance from desires or intentions that we already have ("internal" motives)?[14] Some recent commentators have argued that this is the best way to understand Kierkegaard's idea of reasons that

---

[13] The Judge tells A that his effort to avoid action in favor of "imaginary construction" could lead to an experience of death, "when you are no longer shown any further possibilities in life", in which "the earnest and faithful recollection of your conscience" reveals a list "not of actual crimes but of wasted possibilities, shadow pictures it will be impossible for you to drive away" (16). This idea clearly anticipates Kierkegaard's own argument in his signed discourse "At the Graveside": see my discussion in: Davenport 2012, ch. 5.

[14] So understood, reasons-internalism has a Humean provenance, as we see in Bernard Williams's famous essay on "Internal and External Reasons", reprinted in: Williams 1988. Contrast *judgment internalism*, which Connie Rosati defines as the thesis that "a sincere moral judgment" that we ought to φ entails "either justifying reasons or motives for φ-ing" – see Rosati 2006. Thus the motivational variant of judgment internalism does *not* require that motivation arising from sincere moral judgment be rooted in basic desires that are in turn logically or causally independent of our practical judgments.

can matter to us personally, or reasons that we can take to heart (e.g. as "subjective truth" in the *Postscript*). The Judge's first letter emphasizes *A*'s potential: *A* only needs the patience to distribute "coherently over [his] life" the energy that he concentrates into aesthetic moments (11). Wilhelm thus seems to look for 'hooks', or values that his young friend *A* already recognizes or cares about, which could help make the importance of ethical commitment more urgent for *A*. As if reflecting on this strategy, immediately before invoking the thought of death, Wilhelm tells *A* that

> there is an earnestness for which I know you even have an unusually deep respect, and anyone who has sufficient power to call it forth in you or sufficient faith to let it manifest itself in you will, I know, see in you quite a different person (15).

Like Scrooge's nephew in Dickens' *A Christmas Carol*, Wilhelm believes that *A* is near to recognizing the inadequacy of his fragmentary existence, or to seeing that his restless spirit can only find adequate expression in the continuity of an ethical life: this recognition only needs a little midwifery to be born in him. This is *exactly* the kind of "faith" in others that Kierkegaard extols in *Works of Love* as a duty of charity, because believing in the other person's potential for goodness and love may be the very solidarity needed to bring the other to better choices (WL, 253).

Yet in my view, these ideas should not be understood in terms of reasons-internalism. Kierkegaard is no Humean about practical reasons: rather, he holds that considerations of value can be personally appropriated through setting *new* final ends and striving to reach them. Such a volitional response does not require that practical reasons or values *already* motivate us (and even when they do, our volitional response may alter the ways they motivate us). This picture of will as *motivation-generating* (rather than merely responding to one's existing desires) is prevalent throughout Kierkegaard's work: it explains why the leap of first choice in *Anxiety* is not arbitrary even though it is not determined by the agent's prior motive-set and beliefs.[15] The Judge's midwifery, then, lies not in appealing to ethical reasons somehow already "internal" to *A*'s extant motives, but instead in making *more salient* to *A* certain practical considerations of which *A* is already (more or less dimly) aware. To recognize the

---

**15** See Davenport 2001b, 166–68: as I explain here, it is Aristotle's and Aquinas's reasons-internalism which make it appear that the aesthete's choice to enter ethical life must either be arbitrary or already motivated by ethical sentiments (in which case he was not really an aesthete). Because the *Concept of Anxiety* clearly means to reject this false dilemma, Kierkegaard cannot accept reasons-internalism.

relevance of a value as a live option for us, or begin to feel the justificatory force of a reason, or even to take an active interest in goods we have not previously pursued, are all possible without perceiving any instrumental connection between these goods and others that we already happen to desire or pursue. *A*'s capacity for earnestness is the potential, native in any personal agency capable of autonomy or responsibility for character, to be impressed by *the kalon*, i.e. various forms of "nobility" or values higher than commodity-goods and pleasures. This is why Kierkegaard's pseudonyms constantly speak of "knighthood". To notice such a noble good, or even be impressed by it, is (at least at the start) something short of desiring it, let alone deciding to pursue it: appreciating the significance of potential goals is neither as passive as merely given desires nor as active as forming an intention or acting on one. This intermediate, *middle-voiced* process in which we are influenced if we allow it, is the key to understanding the transition from a lower to a higher existence-sphere in Kierkegaard's conception.

This is what I meant in 1995 when I wrote that Kierkegaard follows Kant's idea that we have to "incorporate" a consideration into our "maxim" or plan of action for it to become a motive operative in action (Davenport 1995, 83). But this idea was inadequately formulated, leading to three confusions. First, Ian Duckles rightly argues that Kant's principle is primarily a claim about moral agency, i.e. that individuals are always responsible because "they only act on principles that they have chosen to identify with" (Duckles 2005, 50, note 25). This partly follows my Frankfurt-inspired suggestion that "identification" with the motives on which we act is the main freedom-condition of moral responsibility for action.[16] But identification through higher-order volitions, now redefined to include (explicit or implicit) value-judgment or value-construal, is only essential to fully *autonomous* agency – this is the view I mean to attribute to Judge Wilhelm and Kierkegaard. In later work, I have flagged this distinction, noting that a "wanton" in Frankfurt's sense, like various unreflective aesthetes in Kierkegaard's menagerie, can be responsible in ordinary (Strawsonian) senses for their actions: what they lack is *deep responsibility* for shaping their character through willed efforts – and this was the kind of responsibility I had in mind in my initial essay (see e.g. Davenport 1995, 85), though I did not make it sufficiently clear.

Second, Kant's Incorporation Principle does not demand "identification" in either Frankfurt's or my enriched sense: it merely says that combinations of beliefs with prior desires or inclinations do not directly cause intentions to arise in

---

[16] Duckles quotes this statement (41) but finds a different error in it: he thinks it would imply that no one is ever responsible (50, note 25) – though I don't see why.

us. We have to choose to act on desires, emotions, or pro-attitudes in order to make them *purposive* (embodied in our intentions): this is what I more recently called the Kantian Principle of Action (KPA).[17] Such a choice to accept some inclination or attraction to value is usually tacit, rather than the specific focus of our reflective attention. We could call this a minimal sort of "identification" with a prepurposive motive that happens in "incorporating" it into one's purpose or intention; in this weak sense, we "endorse" a desire as a reason for our action just by intending to act on it. *Minimal identification* then clearly differs from the *volitional identification* that is essential to autonomous agency, however the latter is explained: Frankfurt's wanton "identifies" in the minimal sense with his addictive cravings in deciding to shoot up some heroin, though he is not acting autonomously.[18] This kind of endorsement is far short of striving through higher-order will to cultivate, build up, or sustain a certain pattern of first-order motives and emotions because they respond appropriately to certain values worth caring about.

Kierkegaard does not conflate morally imputable action in general with autonomous action for which we are deeply responsible: the Judge portrays aesthetes who understand basic normative demands or duties as responsible in the everyday Strawsonian sense (of being apt candidates for moral reactions from others who thereby hold them to account). For example, Wilhelm scolds *A* for forgetting "what you owe to those closest to you" and accuses him of a "rebellious insolence" that scorns "everything established by divine and human law" (14). He clearly thinks that *A* can understand duty and responsibility in the familiar sense of sanctions and reproach, even though *A* fails to form any lasting character to which deeper moral predicates of *good and evil* could apply, or to understand himself in terms of such a deeper identity. That is Wilhelm's main point: choice$_p$ is the first effort to form higher-order volitions in response to the (at-first dim, weakly salient) responsibility to shape one's practical identity by molding its given attributes into a worthwhile narrative structure through striving. Or if you prefer, choice$_p$ is the *virtual* choice that is made within

---

[17] See Davenport 2007, 77 and 390. More fully, Kant's Incorporation Principle is KPA (as an analysis of purposive motives) conjoined with an indeterministic conception of how we agent-cause imputable intentions: within the practical standpoint, we must see our choices as originating causes, not fully determined by prior desires and beliefs. Kierkegaard accepts a similar libertarian freedom-condition for responsibility but does not relegate it to the noumenal level.
[18] Weak-willed addicts also minimally identify with their addictive desires (while also accepting contrary reasons on which they could act); unwilling addicts do not minimally identify with their cravings if they are literally unable to resist, i.e. if their desires and beliefs directly cause their intention, contrary to their higher-order will (in violation of the Incorporation Principle).

our more specific commitments – choices that shape our character as we begin to make more deliberate resolutions about other persons, political causes, and goods in the world beyond ourselves. It is the inward-reflexive aspect of outward-interpersonal caring.

Note that a reasons-internalist can accept KPA as compatible with the idea that all our purposive motives (on which we act or intend to act) derive from or depend on our extant prepurposive motives (as per Hume). But this internalist idea is not compatible with human agents forming *new purposes* in response to reasons that extend beyond the causal reach of their prior desires and purposes – which is also the most natural way to explain how someone can transition from aesthetic to ethical agency under the *guidance of reasons*. And in *Either/Or II*, we see the Judge continually encouraging A to open his eyes to reasons for accepting that the goods of love can only be fully realized through commitments that are grounded on moral duties. Such reasons are presently *external to A's motive-set*; yet they are *accessible* to A.

Consider the meta-internalist alternative, according to which a motive such as a general desire for happiness, or for a meaningful life, or for an integrated self or authentic identity is just innate in us.[19] Now suppose that A already recognizes some meaning-value in "first love" that would be worth preserving, and Wilhelm can persuade A to believe that this value can be fully unfolded only in marital love. But such an argument could only move A to try out ethical commitment *as a means* to preserving his erotic love in order to gain a more meaningful life; it could not move him to care about ethical bases of commitment *for their own sake*. Thus the Judge rejects the motive of marrying in order to build character (EOII, 64–66) – just as he rejects marrying mainly in order to have children (68–76), or marrying "in order to have a home" or make a place of one's own (76–80). He sees all these benefits of marriage as properly *by-products* of intending the beloved's happiness and lasting relationship with her as ultimate goals: "it is always an insult to the girl to marry her for any other reason than that one

---

**19** In their doctoral theses, Ryan Kemp adopts the reasons-internalist approach, while Walter Wietzke adopts the meta-internalist option of a motive that is constitutive of agency. I do not deny the latter's appeal, for several passages suggest basic constitutive motives. For example, the Judge tells A that "Your life will amount to nothing but tentative efforts at living" (EOII, 7), as if thereby appealing to an innate desire for a more significant and integrated life through full use of one's highest capacities (something like 'realizing one's potential'). And in commenting on *Either/Or*, Climacus says that "the ethicist in the moment of despair had chosen himself out of the terror of having himself, his life, his actuality in esthetic dreams, in depression, in hiddenness" (CUP 258): this suggests a constitutive desire for a meaningful life. Yet the specter of meaninglessness could also prompt the aesthete to consider more seriously some intrinsic values that he already recognized as potentially worth caring about for their own sake.

loves her" (72). The fruits of ethically secured romantic love cannot become the primary motive for accepting a duty towards one's beloved, even though the fruits are very important.[20]

Hence the Judge claims that only an agent who gives priority to ethical goods *as final ends* can extend and renew his or her initially erotic love in the new form of (lifelong) personal fidelity. This is a reason to take ethical ideals seriously; but ethical commitment to one's beloved requires projecting new motivation that cannot be transferred instrumentally from a desire for a meaningful life. The preservation of erotic interest and pathos within ethical commitment is a consequent confirmation of the richness of ethical life. Wilhelm intends his portrait of aesthetic goods *aufgehoben* within ethically-based cares to provide A with a reason to will a more embracing and overriding goal for his life – that is, to 'project' a final end of a distinctive sort that will be new to *A's* motive-set.[21] His strategy is to shift *A's* attention by showing him how goods of first love, which *A* already appreciates, are transformed and enobled within a larger way of being that *A* has previously mis-imagined as rigid, monotonous drudgery.[22] To test my restat-

---

[20] In particular, Wilhelm discourses on the irreplaceable value and wonder of children (72–76), emphasizing that when seen through the God-relationship, the child is not the parents' possession (73) – agreeing with Kierkegaard's own emphasis on the *alterity* of the loved one in agape-purified special loves. His descriptions of the child as miracle (76) even anticipate to some extent Silentio's characterization of Isaac in *Fear and Trembling*.

[21] Adding to the confusion, in my 1995 essay, I described Kierkegaard as agreeing with Korsgaard's notion of "metaethical internalism", which refers to the idea that the *rightness* of an action, or our sense of its moral necessity, should be our (main) reason for doing it (or intending to do it): see Korsgaard 1996, 43–76. For example, she says "the action is called for or demanded by the situation, and that is the motive for doing it" (49). But Korsgaard did not distinguish this idea, which she convincingly argues is crucial for understanding moral motivation on rationalist moral theories, from the *reasons-internalist* thesis that the rightness or value of some option for us depends on our prior desires, or from the motivational judgment-internalist idea that our moral judgments must motivate us. These distinctions were not all developed in the 1980s. Note that a reasons-externalist, who holds that there are some practical reasons the normative force of which does not depend on prior motives, could also agree with Korsgaard that a moral reason, which may presently be external to the agent's motive-set, should become her main motive for doing the action it recommends: this simply requires the reasons-externalist to accept my proposal that the agent can *make* that external reason motivating for her in willing to act on it – volitionally internalizing it. In 1995, I conflated this idea, which is a form of reasons-"externalism", with Korsgaard's internality-of-moral-reasons-to-moral-motives thesis and with Kant's Incorporation Principle.

[22] In other words, when an agent attends to some good X that is associated in some way with another good Y, it may be possible to shift her attention from X to Y, though she will at first attend to Y as an external practical reason.

ed analysis of the stage-transition, we can take up a few of the Judge's key points about love.

## 10.3 From Erotic to Romantic Love, and on to Marital Love

Wilhelm aims to show the superiority of ethical existence by arguing for the Compatibility and Completion theses: the development of "first love" will illustrate how an aesthetic agent can enter the ethical sphere. As we saw, he supports the Compatibility thesis by arguing that erotic love is the sole appropriate (primary) motive for marriage: he counsels against looking for other reasons to marry extrinsic to love (63). He fears that his age has "annihilated romantic love" (19) and replaced it with sagacity, so that "many marriages are entered into without the deeper eroticism that surely is the most beautiful aspect of purely human existence" (30). He also argues that the values appreciated in our romantic emotions extend beyond sensuous beauty to another kind of "beauty that can be conceived through and in and with the sensuous [...] but in such a way that, continually on the point of manifesting itself, it peeks out through it" (i.e. through the sensuous) (21). Such psychic beauty, as I call it, is imaginatively disclosed in visceral affects, emotions, and thoughts experienced by the other person, along with her or his responses. This inner beauty in the other's embodied mind inclines romantic love towards continuity, giving it an "analogy to the moral, in the presumed eternity which enobles and saves it from the merely sensuous" (Ibid). In other words, romantic love is not mere animal lust; it discloses other aesthetic values inhering in the psyche and spirit of the other person. In *Stages*, the Judge describes such "veiled" beauty as a mystery that we should accept in wonder rather than trying to decode (SLW, 123). There should be no critical analysis of this mystery of embodied beauty: "I observe a portrait, a statute, in that way, not a wife" (SLW, 125). In their uniqueness, individual persons always transcend their iterable properties, and it is a mark of agape to appreciate this.

*Compatibility.* Yet Wilhelm is far from holding that erotic love can perpetuate itself, or that a lover can remain loyal to such a deeper psycho-physical beauty simply by his own efforts. More cynical romantics like Byron recognize the problem that dependence on the immediacy of sensuous beauty grounds erotic attraction on fleeting contingencies. This seems to put marital love, with its duty of continuation in fidelity, at odds with an erotic fascination that must eventually disappear; and this reflective doubt seems to require an altogether different basis for marriage. But is such a higher basis something that can or "cannot promptly enter into combination with first love" as erotic (30, compare 34)?[23] The Judge conceives this challenge in a way that parallels *de Silentio*'s hypothetical theses in *Fear in Trembling*, e.g. that if there is no singular relation to God, then Hegel is correct in viewing ethical life as the highest; hence if Hegel is wrong, then the ethical can be suspended in faith, or "preserved in the higher" telos of salvation through faith (FT, 54). Analogously, Wilhelm says that "if marital love has no place within itself for the eroticism of first love, then Christianity is not the highest development of the human race" (EOII, 31), because pagan eros is untranscended; so by transposition, if Christianity is correct, then marital love *can* sublate the aesthetic goods of first love (36). This comparison does not mean that Wilhelm understands faith as well as *Silentio* does; Wilhelm largely conflates the ethical and religious in all his works. But the comparison of Wilhelm's sublation to Silentio's reflects Kierkegaard's own view that the religious life-orientation must retain both ethical and aesthetic devotions within it.[24]

The Judge's Compatibility thesis thus requires that a cumulative combination or sublation of eros within marriage is possible through a life-commitment raised to the status of moral duty. He writes that for marriage,

> the real constituting element, the substance, is love [*Kjerlighed*] – or, if you want to give it more specific emphasis, erotic love [*Elskov*] [...] love, whether it is the superstitious, romantic, chivalrous love or the deeper moral, religious love filled with a vigorous and vital connection, has precisely the qualification of eternity in it (32).

It is striking how the Judge here implies that erotic love can live within, or even be an expression of, the same type of spiritual or volitional love that Kierkegaard later describes in his own voice as agapic in *Works of Love*, i.e. Kjerlighed: "Love for the neighbor has [...] the qualifications of eternity" (WL, 65), because it can continue and persevere despite changes in the one loved. In *Stages*, the Judge notes "the divine equality of the religious", or inner equality between husband and wife (SLW, 168–69; compare 124). He also stresses the wedding ceremony's command to the couple that "they *shall* love one another" and emphasizes the joy of having this "eternal duty" (SLW, 111) – clearly anticipating the language of *Works of Love*. Agapic regard loves the other as spirit, as a unique individual (WL, 68–69), and involves an act of will (WL, 81). Wilhelm also anticipates the

---

[23] The Judge characterizes "the religious" here as a higher principle in a way that anticipates the central idea of faith in *Fear and Trembling* – namely that "nothing is impossible for God" (30).

[24] Note that Wilhelm also says here that "every individual in the generation begins his life from the beginning" (EOII, 31), anticipating a key thesis in *The Concept of Anxiety*.

key contrast in *Works of Love:* both the merit and defect in "earthly love" is its preference, culminating in "love only for one single human being in the whole world"; while "Spiritual love has no preference", and grows towards loving all (62). But this does not make them incompatible; for in marriage, one loves the spouse as a spiritual being bearing the watermark of God while also loving her/him as an embodied being with aesthetic value: "Thus marriage is sensual but also spiritual, free and also necessary", and even anticipates a transformed union in "another life" (Ibid). Kierkegaard agrees when he writes that in "erotic love and friendship" we can also "preserve love for the neighbor", and even describes these earthly loves as a "noble fire within a person" that can lead to agapic love (WL, 62). For Christianity does not hate "erotic love as the sensuous": rather the teachings against "the sensuous, the flesh" refer to "selfishness" (WL, 52), which we see in earthly loves that treat the other as property or as mere instruments for our use. Wilhelm says precisely the same thing: Christianity teaches that there is a "discord between the flesh and the spirit, but the flesh is not the sensuous [as eros] – it is the selfish (EOII, 49). The Church does not describe sex itself, or enjoyment of sensual beauty *per se*, as a sin (EOII, 91). Thus spiritual love, agapic regard, can permeate eros and philia to keep their natural tendency to jealousy and possessiveness in check (WL, 54),[25] as well as constituting a free response to natural inclinations resulting in a more autonomous devotion to the other (WL, 56).

Thus Kierkegaard held that "spirit's love" can infuse the natural loves, or "lie at the base of and be present in every other expression of love" (WL, 146).[26] It is strongly reminiscent of Judge Wilhelm when he advises: "love the be-

---

**25** Amy Hall misrepresents *Works of Love* on this issue (Hall 2002, 114). As evidence against Wilhelm's idea that erotic love can be enobled by Christian marriage, she quotes a section of II.B where Kierkegaard contrasts neighbor-love and the special loves, and adds that it is "bungling and confusion" to argue that "Christianity does indeed teach a higher love but *in addition* praises erotic love and friendship" (WL, 45). But Kierkegaard's point here is manifestly that we should not defend a *heterogenous* amalgam or conceive agapic and erotic love like more and less expensive alternatives on a buffet menu, "like a shopkeeper who carries the best grade of some good but in addition has a medium grade" (ibid). That is why purified erotic love, friendship, and love of family must have agapic regard *within* them, not as a separate add-on. Kierkegaard's point, then, *actually supports* the Judge's thesis that erotic love cannot stand adequately by itself, but needs to be enobled by duty-love.
**26** By the time of his last works, Kierkegaard did lose this conviction that held from *Either/Or* through *Works of Love, Upbuilding Discourses in Various Spirits*, and even into *Christian Discourses* (see CD, 242). In *Judge for Yourselves* for example, he suggests that "Christianity prefers the single state", though his critics will blame a bachelor for saying it (JFY 139). *Practice in Christianity* explains this by suggesting that a spouse, like a friend, may discourage one from the

loved faithfully and tenderly, but let love for the neighbor be the sanctifying element in your union's covenant with God" (WL, 62). We might still question how this combination can work; but the Judge's account offers some further clues. Young *A* believes that erotic emotion and dutiful love are incompatible because he thinks that "feelings can never be commanded", as Green puts it (Green 1995, 147). But, following Schrader, Green notes Kierkegaard's contrary view that a couple can use imagination and effort "to express, rejuvenate, and transfigure the aesthetic-erotic-emotional side of their relationship." (Ibid, 149, citing George Schrader 1968) As Climacus says in his commentary on the Judge's account, "inwardness in erotic love" aims at unique devotion and repetition: "to love one and the same and yet be continually renewed in the same erotic love, so that it continually flowers anew in mood and exuberance" (CUP 259–60). The Compatibility thesis, and the related Infusion thesis, may then depend on connections between will and emotions.

Finally, Wilhelm argues that if we assert the incompatibility or "separation of erotic love and marriage", we face a dilemma. Either we accept that "erotic love cannot be preserved at all" (which even *A* will disdain as weak or insipid) or we imagine that its continuation is somehow threatened by the duty involved in marriage, without which eros stands a better chance of battling "through life victoriously" (EOII, 34). Against the latter horn, Wilhelm argues that erotic love naturally leads beyond its own resources. Yet to understand this will require an intermediate step explaining why eros leads to romantic emotion and caring.

*Completion:* Wilhelm offers evidence from experience for erotic love's *incompleteness:* the idea that the erotically moved person can perpetuate his love by his own efforts alone refers us "either to the untested pathos of immediate love or to the mood and whim of the individual, who would feel able to finish the course under his own power" (34). This is hubris comparable to positive de-

---

sacrifices and efforts needed to do good works in service of God and witness to Christ (PC 117–18) – though this would be flawed forms of conjugal or friendship-love that do not encourage the beloved's agapic devotions to strangers, the downtrodden, the sick, and the poor, as opposed to more enobled forms of romantic love and philia. By the point of *The Moment* No. 7, Kierkegaard has decided that marriage and sex are bad because the begetting of children condemns new people to suffer in a fallen world (TM, 245–48). Describing this late shift away from his former "dialectical balance" between finite goods and the absolute, Sylvia Walsh notes Marie Thulstrup's argument that "in his very last publication [...] Kierkegaard came to view evil as lying not only in the human heart but also as forming the very law of nature, making it unthinkable for a Christian to marry and have children" – see Walsh 2005, 107, citing Thulstrup 1955, 42–54. Relative to this late life-hating despair, the Judge offers us a crucial reminder of the much better Kierkegaard who recognized that if he had had faith, he would have married Regine.

spair or "defiance" as described by Anti-Climacus, which is rendered unstable by refusing any objective ground outside the individual's arbitrary will (SUD, 68): for we cannot "bestow infinite interest and significance" on our goals just by willing them for the sake of self-assertion (SUD, 69). On the contrary, our will must respond to real values apprehended outside ourselves. Erotic love is a response to one kind of value, but a passive one: it "has no actuality"; it "merely lives on the sweet pastry of possibility", because it involves no commitment. Thus an aesthetic couple's relationship is hollow beneath its "infatuated gestures"; these "movements are devoid of [earnest] content" (35). Without commitment, aesthetic love is recognizably lacking a deeper sort of meaning. The Judge offers many other examples of the same problem: for instance, later he tells *A* that his refusal to accept any responsibility for others keeps them at a distance even when *A* helps them: "no one confides in you", and if someone appears to confide a bit, "it still would never truly mean anything, neither for you nor for him [...] because he would sense the arbitrariness implicit in confiding in you" (85–86). In short, *A* enjoys no true I-Thou encounters, and so he is reduced to more superficial interchanges.

Yet insofar as it transcends mere physical attraction, aesthetic love desires a continuation that it cannot assure itself. This is what the Judge means when he praises "first love" as something more than merely an earliest experience of erotic interest, something pregnant with the possibility of deeper meaning: "the first contains the promise of the future" and should be "the motivating, the infinite impulse" to something beyond it, a present moment that is "continually unfolding and rejuvenating" (39).[27] As Randall Colton puts it, "first love contains within itself a desire to last beyond the moment" – and beyond some trivial duration like "the next 10 days" as well.[28] If an experience of novelty does not inspire to continuity, this is partly the individual's own fault (40). Thus even if the individual is unlucky in first love, its spirit can reappear in "the second, the third, the

---

[27] Wilhelm also refers here to the "first sin" of Adam and Eve, but notes that this kind of "first" cannot prompt continuation or repetition because "it is the nature of evil not to have continuity" (40–41) – thus anticipating a crucial theme in *The Concept of Anxiety*. There we learn that although sin can predispose future sin, that is not by way of a willed devotion to something higher that enables authentic repetition.

[28] Colton 2013, 165. However, I think Colton errs when he says that "the Judge explicitly denies that the inner history of a marriage, that is, of a life lived ethically, can be represented in any way, even as a story" (167). On the contrary, Wilhelm's claim is that a history of daily repetition of prosaic tasks and renewal of love in marriage would lack the poetic attractions of a good fictional novel (17–19) – but remember that a person's *living narrative* does not need the aesthetic qualities of a ultra-dramatic plot line.

last"; for "here the first love has the qualification of eternity" (41). In other words, the possibility of authentic romance can be renewed after prior failure.

Until now, I have used the terms "erotic" and "romantic" interchangeably, as do the Hongs in their translation. But what the Judge means by "first love" is romantic love in a distinctive sense: it is "an absolute awakening" to a single other person in her uniqueness, inspiring essentially particularistic devotion or "unswerving knightly faithfulness" (EOII, 42–43) – like the love of the young lad for his princess in *Fear and Trembling*. Such an awakening involves a sense of deeper mystery in the other to which Don Juan is blind, and an inward response to its nobility (thus the "knighthood" metaphor, as we saw). From hereon, I will reserve the "romantic" label for this higher kind of erotic love with an emotional anticipation of continued devotion; romantic love includes a free response to passive erotic interest, and thus involves an enduring change in the lover (43, compare 45). Wilhelm, typically, presents this in paradoxical form: "the individual feels drawn by an irresistible power to another but precisely therein feels his freedom" (45). Such a combination is possible when the agent endorses her love or wills it to continue: it is then personally authoritative for her. As Wilhelm emphasizes, such identification with one's love need not be reflectively articulated: "the work of willing to hold fast to this love" is done prereflectively in the knightly lover, so the erotic is not lost; "and yet it is drawn up into the ethical by the good intention" (47). In his later "Reflections on Marriage", the Judge describes this as a "resolution" that rescues the lover from "becoming a connoisseur" (SLW, 163) like Johannes the Seducer, who responds to higher psychic forms of beauty but without any devotion to a single beloved.

Active romantic love thus points beyond the erotic to a higher *telos*. It is *a bridge from the aesthetic to the ethical* because it grows out of the individual's response to his erotic feelings; he becomes what I have called a "heroic" or knightly aesthete devoted to a more objective and subtle kind of beauty uniquely qualified by another's spirit, e.g. as when *A* perceives in his beloved "a desire in her soul that makes her beauty interesting" (51). Wilhelm paints a scene for *A* in vivid detail so that *A* may imagine himself falling in romantic love with a young woman "whose love I feel could tear me out of all my confusion and give me rebirth" (52–53). *A* would then imagine his own volitional response to such beauty and goodness in another – until he is challenged by the thought that God must seal the bond (53). Like Kierkegaard in *Works of Love*, Wilhelm then argues that God must link the partners in married love (53–55), implying that conjugal love is a sort of synthesis of romantic and neighbor-love. Wilhelm does not distinguish clearly between the universal-ethical and God as an absolute Person who promises eschatological fulfilments, but his argument is forceful nevertheless. It must shock *A* that "a third power", God as the middle term, is needed to make faithful romantic devotion binding (52, 55);[29] but Wilhelm expects *A* to accept his imaginary description of *A's* erotic love, which *A* would "beseech all the powers in heaven and earth" to maintain: "you hereby already manifest a need to seek a higher point of departure for your love" (54). Thus romantic first love naturally seeks a way to bind its troth, or to make its continuation "an obligation". Young *A* has this need to make his first love eternal, but he refuses to satisfy it: "therefore the death of your love is certain" Wilhelm tells him (57). This is the proof of its practical incompleteness.

There is another way to explain this result. The couple faces the dilemma of *precommitment* (as it is called in recent psychology): how can our present decision effectively bind us in perpetuity (which is what players need to escape certain obstacles to cooperation)?[30] Wilhelm's point is like one from contemporary game theory: the lovers' promise or oath can only bind them as they wish if it is "an obligation they impose upon themselves face to face with a higher power" (56). In other words, the binding commitment that reciprocated romantic love wills can be (executively) autonomous, but only if it also has *an authoritative basis* outside the lovers' wills, i.e. one that the lovers cannot later ignore 'at will'. They do not initially see this: for the goodness in their first love makes anything by which they might swear loyalty seem real enough, but this is illusory; swearing "by the moon" cannot survive reflection (56). That does not mean they need a Hobbesian sovereign to threaten them. Rather, the lovers need a *justification* for their love that will *endure:* to make their oath eternally binding as they wish, they must give it a basis with objective validity – an eternal standard to

---

**29** One of Amy Hall's most egregious misrepresentations of the text and Wilhelm's character bears on this theme. She says he is conveniently uncritical in assuming that the lover's erotic interest is "innocent" and so can be baptized by "religious gratitude". So "William's God does not, as he so revealing puts it, 'cramp one's style'. This version of Christianity confronts neither *A's* nor his own predilection to see a woman as a source of pleasure" (Hall 2002, 114). Yet consider the actual passage and its context: the Judge tells *A* that "God, to use a somewhat frivolous expression, is an eyewitness who does not cramp one's style. But that God must not know about it, this is selfishness and reflection" (56). Wilhelm's point is precisely that *A's* love is too objectifying, too willing to treat his beloved as a mere means to "the interesting". That God as middle term does not "cramp one's style" means simply that God is not like a peeping Tom invading the lovers' privacy as *A* would imagine: the lovers have no reason to be offended, because God endorses rather than rejects their intimacy. By contrast, Hall's critique assumes that *any* erotic interest in another person must be misappropriative, using, or objectifying.
**30** As Wilhelm notes in *Stages*, while "resolution is the true beginning of freedom", by itself it is an ideality: "I have the resolution before I begin to act in virtue of the resolution" (SLW, 161–62). In follow-through, the knight is bound to face obstacles, which is why he must turn to God, relating to God through the universal (SLW, 163–64).

which "will, decision, intention" properly respond (58). The only such ground we know, the Judge points out, is ethical obligation:

> duty penetrates the whole body of existence to the uttermost extremity and prepares the way and gives the assurance that in all eternity no obstacle will be able to disturb love (59).

In sum, what the lovers need is to swear by an *eternal authority* that can justify their continuing devotion, and give it the seal of permanent obligation to one another. And that is marriage:

> when the lovers refer their love to God, this thanks will place an absolute stamp of eternity on upon it, upon the intention and the obligation also, and this eternity will be grounded not on obscure forces but on the eternal itself (58).

We can also understand the point in terms of a telos for marriage. Having argued that the best marriages are for their own sake, or for the sake of love (63), Wilhelm adds that "There is only one true 'why', but it also has an intrinsic, infinite energy and power that can quell all 'hows'" (63–64). Like Kierkegaard in the "Purity of Heart" discourse, Wilhelm holds that only the infinite good is a sufficient justification or basis. Marriage enobles us with an infinite, inexhaustible responsibility that can be the basis for wholeness of heart (SLW, 114–17). Acknowledging this allows the true lover to humble himself before God and recognize his beloved as *a gift from God*, rather than as "booty" of a conquest (EOII, 57; compare SLW, 121). In other words, ethically transfigured romantic love loses the possessive pride that can make it selfish: it is purified in the way that *Works of Love* requires for agapic regard to be expressed in and through romantic love.

## 10.4 Conclusion: Love and Narrative Unity

The Judge's argument to *A*, then, is a practical type of transcendental deduction.[31] It starts from the observation that (1) erotic love takes on an existentially richer meaning when "first love" turns into romantic devotion. (2) But such romantic focus on the non-fungible individual, the beauty of a unique spirit beneath and within the fungible sensual qualities, can be fulfilled only through as-

---

[31] As Ronald Green convincingly argues. I interpret Wilhelm's deduction slightly differently, since Green emphasizes the parallel with Kant's ought-implies-can deduction in the *Critique of Practical Reason*, suggesting that the duty involved in marriage implies for Wilhelm that we can maintain erotic interest or romantic intimacy in our relationship if we work at it (Green 1995, 151–52).

## 10 The Esthetic Validity of Marriage — 189

surance of lasting continuity. (3) Thus reciprocating romantic lovers must seek a kind of precommitment to remain loyal to their mutual love forever, i.e. a successful "oath": this is the highest expression of what they feel and what they will for each other, so they naturally seek to make such a troth. (4) But an oath cannot bind – i.e. cannot actually precommit their wills – unless it invokes an authority that can justify their love and give them duty to remain loyal. (5) Yet only eternal ethical ideals or norms offer such an authority; for the individual can always change his or her mind, just as the contingencies that initially inspire erotic feelings can alter with fortune.

Thus the aesthetic sense expressed in first love can only be completed in ethical resolution.

Eros, the most interesting of all aesthetic experiences, is most existentially valuable (or meaningful to the experiencing agent) when it becomes romantic love, as exemplified in the purity and innocence of "first love". Yet such romantic love cannot be fully meaningful in an instant: its existential value is experienced as a *narrative trajectory*, or tendency towards continuation, which can be secured only through willed devotion. The passion of romantic love may be strong, but its bubble can pop instantly upon meeting adversity ( 94). But our will cannot form a lasting devotion on the basis of fungible instances of aesthetic value alone: it can make a sufficiently reliable commitment only on the eternal bases of duty. To accept this is to enter the ethical stage, and thus to give one's life an "inner history", a kind of narrative continuity on the basis of cares willed to the point of infinite resignation (61), or unto death (62).

Thus the Judge proves more than the Compatibility thesis that is necessary for Christian marriage, i.e. that aesthetic goods of eros can continue within married love. In explaining how it is possible for erotic love to continue transformed within an ethically defined relationship such as marriage, Judge Wilhelm also offers compelling evidence for the stronger Completion thesis, i.e. that erotic interest is immature and superficial until it becomes romantic pathos, which in turn is unsatisfied with its insecurity until it is transformed by ethical duty. So Wilhelm recognizes and praises the value for human existence of personal relations to aesthetic goods; but he argues that such existential benefits of aesthetic devotions cannot last on their own without being taken up into the wider circle of willing informed and guided by ethical standards. In Fichtean terms, the aesthetic needs an eternal Anstoß outside itself – an immoveable mast to which it can lash itself to remain on course – but it can only find this in the infinite goods that ground ethical duty.

There is no obvious step where young *A* can get off this path. For he is advanced enough to be enchanted by the idea of romantic love, despite his own cynicism, and he cannot deny that its own form leads romantic love to wish for eternal continuity above all else. If *A* concedes that much, though, he will be hooked: for where else could he find a basis for assurance sufficient to satisfy romantic love's internal tendency? Even if one day it becomes possible for people to have their minds programmed to remain always in love with each other, that would be insufficient. For the lover could always think to herself later: 'I did this, having myself programmed this way, but why? It was a mere whim, because I had no good reason for it, and now it may be more convenient for me if I reverse that programming.' Only an eternal basis can save the knight of romantic love from succumbing to the fungibility that he wills to overcome for the sake of his beloved. Still, what connects the sides of this bridge from aesthetic to ethical life is simply the importance of first-personal meaning, or what I have called (agent-relative) *existential value*. Perhaps we can say that each person "desires" a fully meaningful life, and thus posit a motive essential to personhood that can explain the transition on a reasons-internalist basis. I find it more perspicuous to say that *A* should discover in the Judge's logic of love a *rational connection that justifies* him in internalizing new practical reasons that first appear to him as merely external to his extent motives.

Thus ethical values or considerations that an aesthete already knows as external reasons (probably in abstract form, thinly grasped) can gain a *new relevance* or salience for her: for they can justify her devotion, if she is willing to reconceive her love as a promise bound by obligation. To notice in this way the existential relevance of an ethical ground for action is not the same as being moved by it in the way that many goods attract. Rather, it is perceiving that this external reason could justify willing a final end that expands and completes ones that the agent already wills (on less secure grounds). Thus the model of projective willing as self-motivation in response to objective practical reasons has the resources to explain the aesthetic-to-ethical transition in a way that does not make it irrational. And the substantially modified Frankfurtian account of the "primordial choice" in the Judge's second letter stands: it is confirmed and strengthened by his remarkable defense of romantic marriage in the first letter of *Either/Or II*.

# Bibliography

Colton, Randell 2013: "Repetition and the Fullness of Time: Gift, Task, and Narrative", in Kierkegaard's Upbuilding Ethics, Mercer University Press

Davenport, John 1995: "The Meaning of Kierkegaard's Choice Between the Aesthetic and the Ethical", in: Southwest Philosophy Review 11 no.2 (August), 73–108, reprinted in: Davenport / Rudd 2001, 75–112

Davenport, John 2000: "Entangled Freedom: Ethical Authority, Original Sin, and Choice in Kierkegaard's Concept of Anxiety", in: Kierkegaardiana 21, Copenhagen, 131–51
Davenport, John 2001a: "Towards an Existential Virtue Ethics: Kierkegaard and MacIntyre", in: Davenport / Rudd 2001, 265–324
Davenport, John 2001b: "Kierkegaard, Anxiety, and the Will", in: KSYB, 158–81
Davenport, J. / Rudd, A. (Ed.) 2001: Kierkegaard After MacIntyre, Chicago: Open Court Publishing Co.
Davenport, John 2007: Will as Commitment and Resolve, Fordham University Press, 2007
Davenport, John 2012: Narrative Identity, Autonomy, and Mortality: From Frankfurt and MacIntyre to Kierkegaard, London / New York: Routledge
Davenport, John 2013: "Selfhood and Spirit,", in the Oxford Handbook of Kierkegaard, ed. John Lippitt and George Pattison, Oxford University Press, 2013, 230–51.
Davenport, John 2014: "Earnestness,", in: Kierkegaard's Concepts, Tome II, ed. Jon Stewart and William MacDonald, volume 15 in the series, Kierkegaard Research: Sources, Reception and Resources, Berlin / Boston: De Gruyter, 221–27.
Davenport, John 2015: "Kierkegaard and Frankfurt on BS, Wantonness, and Aestheticism", in: Love, Reason, and Will: Kierkegaard after Frankfurt, ed. Rudd and Davenport, Bloomsbury Publishing, 73–113
Davenport, John 2017: "The Integration of Neighbor-Love and Special Loves in Kierkegaard and von Hildebrand", in: Kierkegaard's God and the Good Life, ed. Stephen Minister, J. Aaron Simmons, and Michael Strawser, Indiana University Press, 46–77
Duckles, Ian 2005: "Kierkegaard's Irrationalism: A Response to Davenport and Rudd", in: Southwest Philosophy Review 21 no.2, 37–51
Ferreira, M. Jamie 2001: Love's Grateful Striving, Oxford University Press
Green, Ronald 1995: "Kierkegaard's Great Critique: Either/Or as a Kantian Transcendental Deduction", in: International Kierkegaard Commentary: Either/Or, Part II, ed. Robert Perkins, Mercer University Press, 139–54
Gouwens, David 1996: Kierkegaard as Religious Thinker, Cambridge University Press
Hall, Amy Laura 2002: Kierkegaard and the Treachery of Love, Cambridge University Press
Korsgaard, Christine 1996: "Kant's Analysis of Obligation in Foundations I", in: Korsgaard, Creating the Kingdom of Ends, Cambridge University Press, 43–76
Mooney, Edward 1991: Knights of Faith and Resignation, Albany: SUNY Press
Plekon, Michael 1995: "Judge William: Bourgeois Morality, Knight of Faith, Teacher?", in: International Kierkegaard Commentary: Either/Or, Part II, ed. Robert Perkins: Mercer University Press, 125–38
Rosati, Connie 2006: "Moral Motivation", in: Stanford Encyclopedia of Philosophy (online)
Rudd, Anthony 1993: Kierkegaard and the Limits of the Ethical, Oxford University Press
Schrader, George 1968: "Kant and Kierkegaard on Duty and Inclination", in: The Journal of Philosophy 65, 688–701
Thulstrup, Marie M. 1955: "Kierkegaards 'onde verden,'", in: Kierkegaardiana I, 42–54.
Williams, Bernard 1988: Moral Luck, Cambridge University Press
Walsh, Sylvia 2005: Living Christianly, Penn State University Press

Elisabeth Gräb-Schmidt

# 11 Das Gleichgewicht zwischen dem Ästhetischen und dem Ethischen in der Herausarbeitung der Persönlichkeit (I): Das Versteckspiel des Lebens und der Ernst der Authentizität

(EO2, 704–914, bes. 704–728; SKS 3, 153–318, bes. 153–173)

## 11.1 Ort und Kontext von Kierkegaards Denken: Die Fokussierung der Existenz als Anerkennung und Überwindung des Nihilismus

„Das Gleichgewicht zwischen dem Ästhetischen und dem Ethischen in der Herausarbeitung der Persönlichkeit" ist nicht nur eine zentrale Passage des ersten großen veröffentlichten Werks Kierkegaards. Unter dem Pseudonym Victor Eremita herausgegeben, ist dieser Text für sein philosophisches Denken im Ganzen von weitreichender Bedeutung. Kierkegaard ist auf der Suche nach einem umfassenden philosophischen Konzept, das der Moderne Rechnung tragen kann. In der Auseinandersetzung mit dem deutschen Idealismus insbesondere in der Gestalt Hegels und Schellings, aber auch mit der Theologie, dem dänischen Luthertum unter den Bischöfen Martensen und Mynster, erkennt Kierkegaard, dass die philosophischen Denkversuche seiner Zeit zwar der Moderne angemessen sein möchten, aber den tiefen Riss, der diese für das Selbst-, Welt- und Gottesverstehen bedeutet, nicht erfasst haben. Diesem aber ist Kierkegaard auf der Spur mit einer Philosophie, die kritisch-metaphysischen bzw. seinstheoretischen Anspruch erhebt. Kierkegaard erkennt die nihilistische Grundstruktur der modernen Wirklichkeitsauffassung als Konsequenz der neuzeitlichen Zäsur der Metaphysikkritik und der kantischen Kritik der Gottesbeweise. Es ist diese Erkenntnis, die Kierkegaard zum herausragenden Protagonisten seiner Zeit macht. Nach Ludwig Wittgenstein ist er der tiefste Philosoph des 19. Jahrhunderts gewesen (vgl. Rhees 1988, 130), der an Diagnosekraft die anderen Geistesgrößen übertraf. Diese Kraft erklärt seine große Wirksamkeit in alle Sparten der Geisteswissenschaften, der Literatur, der Philosophie und auch der Theologie hinein. Sie erklärt sich daraus, dass es ihm um eine metaphysikkritische Metaphysik bzw. metaphysische Metaphysikkritik geht, die sich nicht scheut an Wahrheit festzuhalten. Was Wahrheit ist, ist allerdings in der Moderne neu zu bestimmen. In diese Funktion tritt die Existenz als Kriterium der Wirklichkeitserfassung, die in die Aufgabe mündet, „eine Wahrheit zu finden, die Wahrheit *für mich* ist" (DSKE 1, 24; SKS 17, 24).

Existenz ist mithin der Begriff, der in das Zentrum von Kierkegaards Philosophie führt. Dies tut er aber nicht, weil Kierkegaard Ratgeber für ein gelingendes Leben sein möchte. Das könnte manchem so erscheinen, denn auch Kierkegaards Existenzanalysen stehen im Dienste des guten Lebens. Vielmehr hat die Existenz bei ihm deshalb einen zentralen Stellenwert, weil sich in ihr epistemologische und ethische Weichenstellungen bündeln. Wie es für Kant der Begriff der *Pflicht* war, der ihm den Eindruck der Humanität des Menschen und mit dieser die Aufgabe der Philosophie vermittelte, so ist es bei Kierkegaard die Existenz. Als Aufgabe erscheint diese, indem er sie als *Inter-esse,* als Zwischensein bestimmt. In diesem Inter-esse wurzeln alle Voraussetzungsbedingungen des Denkens und Handelns. Dabei ist dieses Zwischensein mehr als nur eine scheinbar hilflose Beschreibung einer Daseinsinterpretation. In diesem Inter-esse-Sein ist sozusagen die Lehre vom Sein, die Ontologie, generell in die Zange genommen worden. Denn Kierkegaard möchte dieses „Inter" verstanden wissen als das, was die herkömmlichen ontologischen Vorstellungen neu justiert. Jene Vorstellungen der traditionellen Ontologie verstellen in der Moderne die Wirklichkeit menschlichen Seins. Denn nach dem Auseinanderbrechen der antiken Einheitsvorstellung von Idee und empirischer Wirklichkeit bzw. des Durchscheinens der Idee in der sinnlichen Erscheinung vermittelt sich die menschliche Wirklichkeit nicht über das Sein, sondern über ein Verhalten zum Sein. D. h. die menschliche Wirklichkeit vermittelt sich über Zwischenbestimmungen, die aus dem Verhältnis-Sein des Menschen resultieren, das sich in der Weise des Existierens niederschlägt. Dieses fügt sich nicht ohne weiteres in natürliche Ordnungsvorstellungen ein und problematisiert daher die Wahrheitsfrage.

Kierkegaards Einsicht in die Bestimmung der menschlichen Existenz als Selbstverhältnis in der bekannten Definition des Selbst in *Die Krankheit zum Tode* macht dies deutlich. Dort heißt es: „Das Selbst ist ein Verhältnis, das sich zu sich selbst verhält" (GW1 KT, 8; SKS 11, 129). Die entscheidende Weichenstellung ist, dass der Mensch nicht einfach ein Ich hat, sondern ein Selbstverhältnis bildet, das, „indem es sich zu sich selbst verhält, zu einem anderen sich verhält" (KT, 9; SKS 11, 130). In diesem Selbstverhältnis ist die Existenz des Menschen in einen Transzendenzbezug eingebunden, der es ihm nicht erlaubt, unter Absehung von diesem Selbstdurchsichtigkeit und mithin Erfassung der Wirklichkeit zu erlangen. Das Eigentümliche der Philosophie Kierkegaards ist daher, dass die religiöse respektive die christliche Perspektive nicht ein beliebiges Superadditum zu einer philosophischen Wirklichkeitssicht ist. Erhält sich die Philosophie den metaphysischen oder ontologischen Anspruch, so erhebt sie einen solchen Ganzheits-

und Wirklichkeitsanspruch, der durch sich selbst in die transzendente Dimension hineinragt, die die *Inkommensurabilität* des Endlichen mit dem Unendlichen markiert. Beide werden aber für die Existenz- und Wirklichkeitsbestimmung in Anspruch genommen und in ihrer Widersprüchlichkeit zusammengebunden. Dies kann allerdings nur im Vollzug selbst geschehen und daher keine Objektgestalt gewinnen. Abgebildet ist dieser Zusammenhang in der Schrift *Entweder – Oder* in der gleichbedeutenden Berechtigung der ästhetischen und ethischen Position in ihrem kritisch-ironischen Bezug aufeinander. Gerade als gleichzeitig berechtigte Positionen, die sich gegenseitig kritisieren, ohne in ein Drittes finden zu können, zeigen die ästhetische und ethische Daseinsweise die paradoxe Widersprüchlichkeit freiheitlicher Existenz in der Moderne auf. In dieser Spannung kann die Existenz nicht in einem objektiven Sein Ruhe finden, sondern muss sich immer als Verhältnis bestimmen. Begründet ist diese Widersprüchlichkeit in der Bestimmung der Existenz als einer zwischen Endlichkeit und Unendlichkeit in Spannung gehaltenen Relationalität.

Daher lässt sich Kierkegaards Erkenntnisinteresse auch nicht aufteilen auf philosophische Fragen auf der einen und theologische auf der anderen Seite, sondern sie sind – wie die Existenzbestimmungen selbst – beide zusammenzuhalten. Kierkegaard berücksichtigt diese Schwierigkeit der Existenzbestimmung bereits in der Anlage seiner theoretischen Werke, die er als pseudonyme Schriften verfasst. Dabei spiegeln die Pseudonyme die facettenreiche Vielfalt gleichberechtigter Perspektiven wider. In *Entweder – Oder 2* sind das die von dem Pseudonym Victor Eremita herausgegebenen „Papiere von B", des Ethikers, die sich mit der Lebensauffassung des Ästhetikers *A* kritisch auseinandersetzen. In solcher Distanzposition der doppelten Perspektivenanlage versteckt Kierkegaard aber nicht seine eignen Überzeugungen. Vielmehr lassen diese sich nur über das schillernde Spiel der Pseudonyme darlegen. Die Pseudonyme machen daher bereits in kunstvoll genialer Form darauf aufmerksam, unter welchen Bedingungen ein geistiges Sein allein zu seiner Identitätsbestimmung gelangen kann. Man kann Kierkegaard dementsprechend jedenfalls hinsichtlich seiner Werke selbst nicht in eine Eindeutigkeit zwingen. Ebensowenig können seine Werke nur einseitig philosophisch unter Abstraktion der religiösen Bezüge rezipiert werden, wie es von Heidegger unterstellt worden war und seither in der Philosophie zu einem selbstverständlichen Vorurteil heranwuchs (vgl. Heidegger 1979). Michael Theunissens Auseinandersetzung mit dem Sündenverständnis Kierkegaards steht hier paradigmatisch für ein solches Missverständnis (vgl. Theunissen 1991 und 1979). Die theoretisch bedingte Multiperspektivität schlägt sich schließlich auch im Ineinandergreifen philosophischer und theologischer Ebenen nieder, die Vereinseitigungen nicht zulassen.

Gegen solche Vereinseitigung spricht darüber hinaus auch inhaltlich die Zwischenbestimmung der Existenz als Kriterium der Wirklichkeitserfassung, die in Schwierigkeiten und Aporien der Identitätsbestimmung führt, da sie als Vollzug zu bestimmen ist. Festgehalten werden diese Schwierigkeiten durch die Stadientheorie, deren Beginn wir in *Entweder – Oder* mit einer detaillierten Analyse des ästhetischen und ethischen Stadiums vorliegen haben. Kierkegaard fokussiert diese Stadien in psychologischen Annäherungen, die gegen Vereinseitigung und Isolierungen vorbeugen können (2). Solche Vereinseitigungen lassen die Rollen der Personen in Maskeraden erstarren. So sind die Stadien auch nicht als Entwicklungsschemata, sondern als Facetten der Existenzbestimmung zu begreifen. Die Stadien bezeichnen zusammengehörende, weil zugleich bestehende, Momente in der Plastizität der Existenz (3). Die Gefahr der Vereinseitigungen droht aufgrund einer Verdunklung der Vollzugs- ebenso wie der Entscheidungsdimension der Existenz. Existenz vollzieht sich als Selbstwahl (4). Allein die Vollzugsdimension ist es, die in der Fokussierung der Existenz als Vollzug von Freiheit ein Ende der Selbstverstellungen des Menschen herbeiführen kann (5). Es gilt daher die Gleichzeitigkeit der Stadien zu berücksichtigen. Damit wird die Aufgabe, das „Gleichgewicht zwischen dem Ästhetischen und dem Ethischen in der Herausarbeitung der Persönlichkeit" herzustellen, zur Zielbestimmung der sich in der Schwebe des Entweder-Oder haltenden Existenz.

## 11.2 Existenz im Zentrum: Zur fundamentalphilosophischen Bedeutung der Psychologie und der Pseudonyme

Kierkegaards existenzphilosophischer Ansatz macht die in den Zwischenbestimmungen liegende paradoxale Form menschlicher Existenz zum Ausgangs- und Zielpunkt seiner philosophischen Überlegungen. Er setzt diese an als bewusstseinsphilosophische Überlegungen in der Tradition subjektivitätstheoretischer Transzendentaltheorien seiner Zeit. Er wird aber durch seine Überlegungen sogleich über deren Problemstellung hinausgeführt. Insofern das Bewusstsein als zugleich im Werden aufgefasst werden muss, ist nicht Spekulation oder Theorie, aber auch nicht Empirie (GW1 BA, 149; SKS 4, 444), das, wodurch das Sein, die Wirklichkeit, erfasst werden kann. Sein ist nichts Abgeschlossenes und kann daher nicht Gegenstand deliberativer Erwägungen sein. Sein ist eine Zwischenbestimmung, die in der Existenz als Vollzug ihren Ausdruck findet. In solchen Zwischenbestimmungen kann deskriptiv das in den Blick kommen, das diejenige Wirklichkeit kennzeichnet, die nicht nur die Welt der Objekte und nicht nur statisches Sein, sondern die freiheitliche Dynamik unseres Lebens abbilden kann. Dabei ist es die Psychologie, die das dynamische Geschehen der Existenz aufnehmen kann, indem sie die Schnittstelle zwischen den dogmatischen Spekulationen der Metaphysik und den Operationen zeitloser Logik auf der einen und empirischer Reflexion der Naturwissenschaften auf der anderen Seite betrachtet. So kann sie auf den Hiat zwischen beiden aufmerksam machen. Es ist die Doppelbestimmung der Existenz im äußeren sukzessiven und inneren qualitativen Werden, der sich daher die Psychologie allerdings nur in beschreibenden Annäherungen zuwenden kann, denn: „Mit dem, was man die innere Tat nennen könnte, hat die Philosophie gar nichts zu schaffen; die innere Tat aber ist das wahre Leben der Freiheit" (EO2, 724; SKS 3, 170). Die Existenz konzentriert sich in einem Zugleich von evolutiv-sukzessivem Ablauf des Lebens, der psychologisch beschrieben werden kann, und einer Entscheidung, die die eigene Handlung als konstitutiv für das wirkliche Sein voraussetzt und die sich einer solchen Beschreibung entzieht. In dieser Prozessualität kann die Existenz weder empirisch noch logisch fixiert werden. Die in dieser doppelten Bestimmung der Prozessualität wurzelnden Zwischenbestimmungen sind für Kierkegaards neue Philosophie der Existenz entscheidend, die in diesen Zwischenbestimmungen der „Doppelexistenz" (EO2, 725; SKS 3, 171) des Menschen Rechnung tragen können soll.

In seinem ersten großen philosophischen Hauptwerk *Entweder – Oder* wendet sich Kierkegaard (alias Victor Eremitas „Papiere von B") in der entscheidenden Passage (EO2, 704–728; SKS 3, 153–173) genau diesen seins- und wirklichkeitsbestimmenden Fragen zu. Sie werden insofern problematisch, als das Sein der Existenz sich im Selbstsein jeder gegenständlich fassbaren Identität entzieht. Die geistige Wirklichkeit steht aufgrund jener Verhältnisbestimmung des Selbst, d. h. der Tatsache, dass das Selbst ein Verhältnis bildet, das sich zu einem Verhältnis verhält, unter dem Memento des „aut – aut". An der Auffassung dieses Entweder-Oder entscheidet sich aber, ob wir unsere Existenz unserer geistigen Wirklichkeit entsprechend leben und d. h., uns als Selbst verstehen und unser Leben gestalten, oder ob wir diese Möglichkeit verspielen. „Es gibt Lebensverhältnisse, auf die ein Entweder-Oder anzuwenden eine Lächerlichkeit oder eine Art von Geistesschwäche wäre; es gibt aber auch Menschen, deren Seele zu dissolut ist, um zu begreifen, was in einem solchen Dilemma liegt, deren Persönlichkeit es an Energie fehlt, um mit Pathos sagen zu können: entweder – oder" (EO2, 704; SKS 3, 155). Verspielt wird die Existenz, wenn das „aut – aut" entweder als einfache Alternative aufgefasst, oder aber als gleichbedeutende Alternative in der Schwebe gehalten wird, ohne eine Entscheidung zu vollziehen. Das ist dann der Fall, wenn wir die Entscheidung als bleibend spannungsvollen Vollzug der Bedingung unserer Identität ignorieren, um entweder in ästhetischer Distanz oder in ethisch-strikter Entscheidung zu verharren. Beide verkennen jeweils das In-Spannung-sein-Müssen des Daseins. Kierkegaard verschärft diese Problematik in der ironischen

Bezugnahme auf einseitige Verendlichungen seitens des Ethikers *B* und einseitige Verunendlichungsversuche seitens des Ästhetikers *A* in *Entweder – Oder*. Damit ist aber sogleich deutlich, dass das Werk *Entweder – Oder* missverstanden wird, wenn dem Ethiker *B* eine höhere Vollkommenheit attestiert würde als dem Ästhetiker *A*. Vielmehr ist in der Problematisierung der Entscheidung das bleibende Gewicht der ästhetischen Lebensanschauung für den Existenzvollzug markiert. Das muss bei der Auffassung der Stadien berücksichtigt werden.

Am Verhältnis des Selbst zu diesem Entweder-Oder lassen sich nun unterschiedliche Stadien der Existenz auffinden. Kierkegaard unterscheidet drei Stadien: das ästhetische, das ethische und das religiöse. Alle drei sind durch ein bestimmtes Verhältnis zu den polaren Strukturbedingungen des Menschseins gekennzeichnet. Hier geht es zunächst um das ästhetische und das ethische Stadium. Das ästhetische Stadium, dem die Auseinandersetzung des Ethikers, des Gerichtsrats Wilhelm, in diesem Textabschnitt gilt, ist das Stadium der dichterischen Existenz, die das Ästhetische als Lebensform begreift. Der Ästhetiker genießt den Augenblick. Er lebt nach Auffassung des Ethikers in der Unmittelbarkeit. Er sieht sich im Spiel vermeintlich beliebiger Alternativen, die zwar in eine erdichtete Wirklichkeit führen, die aber die Gegebenheiten des Lebens, die ihn und nur ihn betreffen, ausblenden. Gegen allen äußerlichen Anschein hat der Ästhetiker damit offenbar kein Interesse an der Existenz. Das mag überraschen, weil er doch an den schönen Dingen des Lebens orientiert ist. Er ist dies jedoch so, dass er jene Widersprüche, die sich für die konkrete Existenz ergeben, in Gleichgültigkeit aufzulösen versucht: „tu es oder tu es nicht, Du wirst beides bereuen" (EO2, 706; SKS 3, 156). Die Widersprüche sind aber nicht zu vergleichgültigen. Damit zeigt sich bereits das Problem. In der Perspektive des Ethikers täuscht sich der Ästhetiker in seiner Lebensauffassung, denn die vermeintliche Unmittelbarkeit ist keine Möglichkeit der Existenz.

Was der Ethiker *B* sich im Spiel der Alternativen des Ästhetikers *A* verlieren sieht, ist der Ernst des Lebens. Im Spiel der Alternativen begreift man nicht die Existenz als *Zwischensein*. Vielmehr fasst man die Existenz als Sein im Sinne der Dinge auf, die man in vermeintlich beliebigen Rollen durchproben kann, um erst dann das Passende auszusuchen. Der Ernst der Existenz wird dort verfehlt. Denn zu diesem Ernst gehört nach *B* die Wahl als instantane und unwiederbringliche Entscheidung. Die Disjunktion ist daher ernst gemeint, aber nicht im Sinne des „aut caesar – aut nihil", das immer ein Hineinträumen in eine Wirklichkeit bedeutet, ein Spiel mit Möglichkeiten, sondern im Sinne des im Augenblick Gebotenen. Erst diese Entscheidung im Augenblick konfrontiert uns mit der Wirklichkeit. Der Augenblick der Wahl ist insofern „überaus ernst, [...] nicht wegen der Vielfalt der Gedanken, [...] als vielmehr deshalb, weil Gefahr vorhanden ist, dass es schon im nächsten Augenblick nicht mehr so in meiner Macht steht zu wählen, dass dann schon etwas gelebt worden ist, was noch einmal gelebt werden muss" (EO2, 712f.; SKS 3, 161). Das gilt für die Berufswahl, das gilt für die Wahl der Lebensform, das gilt für die Lebensgestaltung. Es sind diese Alternativen, denen der Mensch nicht ausweichen kann, die ihn aber festlegen, selbst wenn er nicht wählt. Das begreift der Ethiker und möchte es dem Ästhetiker mitteilen. Ethisch wird deutlich: Es muss vielmehr überhaupt das „Wählen", mithin das Wollen gewählt werden (vgl. EO2, 718; SKS 3, 165).

Im Gegensatz zum Ästhetiker, der sich in ästhetischen und intellektuell hochtrabenden Gefilden bewegt und sich nicht durch die Niederungen des Lebens anfechten lässt, scheint der Ethiker auf dem Boden der Wirklichkeit zu stehen. In *Entweder – Oder 2* ist es der Gerichtsrat Wilhelm, der dem Ästhetiker, dem Verführer, klar macht, dass die Ehe die verantwortliche Form der Lebens- und Beziehungsgestaltung ist, nicht die Verführungskunst eines Don Juan, der nur den Augenblick genießt, um dann in den nächsten zu versinken. Der Ethiker erkennt in jenen Künsten vielmehr zu Recht ein Hinausstehen aus dem Ernst des Lebens. Die Wirklichkeit rekrutiert sich nämlich nicht aus dem ästhetischen Traum einer Vielzahl von Möglichkeiten. So fragt der Gerichtsrat Wilhelm den Ästhetiker: „Oder kannst Du Dir etwas Entsetzlicheres denken, als dass es damit endete, dass Dein Wesen sich in eine Vielfalt auflöste, dass Du wirklich zu mehreren, dass Du gleich jenen unglücklichen Dämonischen [...] würdest?" (EO2, 707f.; SKS 3, 158). Wir kommen unserer Wirklichkeit nicht näher, wenn wir möglichst viele Möglichkeiten ersinnen, die wir durchspielen und dann zu verwirklichen suchen, indem wir zwischen ihnen springen (Frisch 1964). Eine solche mutwillige „Maskerade" möchte sich allen Entscheidungen entziehen und an einer Art Probeexistenz festhalten. Diese aber führt nach *B* nur dazu „den Hunger des Zweifels [...] am Dasein" zu sättigen. Die Maskerade bleibt ein Ausweichen vor einer Entscheidung der Wahl, um „siebenmal um das Dasein herumzugehen und die Posaune zu blasen und darauf das Ganze untergehen zu lassen" (EO2, 706, 708; SKS 3, 157f.).

Alle solche Maskeraden, die regelmäßig in Versteckspielen münden, sollen nur den Wirklichkeitsverlust des eigenen Daseins verdecken, nicht nur vor anderen, sondern auch vor sich selbst. Indem der Ästhetiker meint, sich dieser Festlegung entziehen zu können, streckt er sich nach einer vermeintlich höheren Wahrheit aus, während ihm das Endliche, der Kampf des Alltäglichen banal und lächerlich erscheint. Damit ist er zwar derjenige, der Esprit und Witz hat, aber – das sieht der Gerichtsrat Wilhelm haarscharf – sich gerade dadurch von den Pflichten des Alltags, die das endliche Dasein stellt, enthoben wähnt. Er sieht sich dem Höheren, der Unendlichkeit verpflichtet. Aber zum Leben gehört nicht die Unendlichkeit allein, sondern immer auch die Endlichkeit. Das ist die polare Spannung, die das menschliche Leben ausmacht, und sie ist nicht nach einer Seite hin aufzulösen. Die Pflicht als Wählen einer konkreten Rolle macht in den Augen des Ethikers den Menschen als freies Wesen aus. Irgendwelche Maskeraden als Ehemann oder als Junggeselle haben hier keinen Ort.

Gleichwohl erübrigen sich die Rollen nicht. Das aber übersieht der Ethiker B. Sie sind vielmehr im Ernst zu übernehmen und daher nicht als Maskeraden zu verstehen. Damit fordert uns diese Widersprüchlichkeit der Existenz zur Entscheidung als permanenter Wahl auf. Kierkegaard macht auf diese Bedeutung der Rollen sogar explizit mit seinen Pseudonymen aufmerksam. Dabei dienen die Pseudonyme ebenso wie die unterschiedlichen Perspektiven des Ethikers *B* und des Ästhetikers *A* in *Entweder – Oder* der Multiperspektivität, die gleichwohl die Positionalität der Existenz als solcher, die nicht einseitig aufgelöst werden kann, nicht ignorieren. Weit entfernt also, sich hinter solchen Pseudonymen zu verstecken, geht es in ihnen darum, auf die doppelten Täuschungen aufmerksam zu machen, die aus einseitigen Festlegungen der Wirklichkeit entstehen, die entweder vorgaukeln, sich in einem vermeintlichen Reichtum der unendlichen Möglichkeiten immer wieder beliebig viele herauszugreifen zu können, oder, mutwillig in Maskeraden zu verharren. Beides beschwört den Fluch der Verdammnis herauf, die „Leidenschaft der Vernichtung" (EO2, 708; SKS 3, 158). Die unendlichen Möglichkeiten verstellen die konkrete Situation der Wahl, die Maskerade verdeckt die Notwendigkeit der Wahl. Gerade darum darf das Wählen nicht nur gedacht, es muss vollzogen werden in der Entscheidung. Dieser Vollzug legt den Menschen fest auf seine Wahl und deren Konsequenz, ohne die Möglichkeit aufzuheben. So ist der Vollzug der Wahl zwar ein bestimmter, aber kein einmaliger Akt. Denn Freiheit zeigt sich im permanenten Ergreifen einer Möglichkeit, das sich gegen das Tauschspiel der omnipräsenten menschlichen Maskeraden wendet, die mich in scheinbar beliebig viele Rollen verstricken. Gegen dieses Tauschspiel der Maskeraden muss sich das Selbstsein immer wieder durchsetzen, ohne jedoch die Rollen, die ihm je und je zufallen, aufheben zu können. Aus diesem Rollenspiel kommt es gerade nicht heraus. Aber dieses Rollenspiel unterscheidet sich von den Maskeraden dadurch, dass das Selbst diese in einem Akt der Freiheit gewählt und im Ernst übernommen hat. Und damit bleibt das Selbst trotz Entscheidung in die Spannung der Möglichkeiten gestellt. Das verkennt die eindimensionale Ethik des Gerichtsrats. Dieser Spannung ausgesetzt zu sein, ist die bleibende Irritation des Ethikers, der er sich nur unter der Gefahr der Borniertheit entziehen kann.

Dass auf solche Rollen nicht verzichtet werden kann, dass über sie auch nicht hinauszukommen ist, ist den endlichen Manifestationen unseres Selbst geschuldet. Diese Rollen sollen daher – das ist die Botschaft des Ästhetikers an den Ethiker – auf ihre Endlichkeit hin relativiert werden. Kierkegaards Stilmittel der Pseudonyme und der Perspektiven der Stadien entlarven das Versteckspiel der Maskeraden ebenso wie eine vermeintliche Eindeutigkeit moralischer Integrität.

So ist die in Maskeraden zum Ausdruck kommende Selbstdistanz nicht jene der Gewinnung der Identität als Selbstverhältnis, sondern ein dämonisches Maskenspiel, das sich in und durch die Masken gerade von sich und einer möglichen Identitätsgewinnung fernhält. Es gehört zur Wahl, das Wählen nicht als Spiel, als träumerisches Rollenspiel im Sinne des Ästhetikers zu begreifen, sondern es ernst zu nehmen in seiner Einmaligkeit, Unverwechselbarkeit und Unhintergehbarkeit im Sinne des Ethikers. Aber diese Einmaligkeit ist selbst nicht in die Endlichkeit als endgültige Bestimmung zu überführen. Dem Ernst des Lebens wird nur dann Rechnung getragen, wenn in dieser Einmaligkeit die Transzendenz als dem endlichen Wählen Inkommensurables durchscheint.

Dies geschieht durch Einbeziehen des zeitlichen Werdens, das den unterschiedlichen situationsbedingten Bezügen gerecht werden muss. In der Akzeptanz solcher Relationalität verlieren die Rollen ihren Maskencharakter. Denn in dieser dynamischen Relationalität scheint jene Möglichkeit auf, die dem Selbst in seiner Freiheit des Wählenkönnens zukommt. Damit meldet sich in dieser Relationalität das Unendliche in den endlichen Festlegungen des Ethikers. Überraschenderweise zeigte sich daher eben auch die Festlegung auf eine Rolle nicht als Einschränkung, sondern als eine Bestätigung der Freiheit. Das Selbst behält in der Relationalität zeitlichen Werdens seinen unendlichen Charakterzug. Und aufgrund dessen erstarrt es weder zur Maske, noch lässt es sich auf seine Endlichkeit festlegen. Dieser Zusammenhang verweist aber bereits auf eine Durchbrechung und Überschreitung beider Stadien.

## 11.3 Die Wirklichkeit der Existenz zwischen Ethik und Ästhetik – Zur Plastizität der Stadientheorie angesichts des Ernstes der Wahl

Für den Ethiker ist die Bestimmung der Existenz kein leichtsinniges Spiel wie für den Ästhetiker. Es ist gerade der Ernst des Ethikers, der sich darin bekundet, sich der eigenen Existenz zu stellen, das heißt der Tatsache, dass man wählen muss. Die Problematik der Wahl ergibt sich nun aber daraus, nicht irgendetwas zu wählen, sondern sich selbst. Sich selbst zu wählen und d. h. zunächst einmal, sich selbst als Wollenden zu wählen, damit steht der Ethiker inmitten des Widerspruchs, der die Existenz vom bloßen Denken unterscheidet. Diese Einsicht birgt eine besondere Schwierigkeit und es zeichnet den Überschritt vom Ethischen zum Religiösen aus, sich dieser Schwierigkeit bewusst zu werden. Sich als Wollenden zu wählen hat eine Voraussetzung, über die der Mensch nicht verfügt und die auch nicht in seiner Entscheidungsmacht steht. Indem das Medium des Ethikers die freie Wahl ist, erfordert diese eine Rationalität, die begründet aus Alternativen die bessere auswählen kann. Dies ist zunächst im Blick auf die alltäglichen Dinge möglich, das kommt der Verendlichungsperspektive des Ethikers entgegen, allerdings nicht im Blick auf diejenigen, die seine Existenz im Ganzen betreffen. Er soll etwas wollen, wofür das Wollen bereits die Voraussetzung bildet. Mit dieser Grundsituation ist der Ethiker nun tatsächlich überfordert: „tu es oder tu es nicht, Du wirst beides bereuen" (EO2, 706; SKS 3, 156). Das ist die empirische Qual des Ethikers, der er sich durch Wahl nicht entziehen kann.

Die Problematik, die in dieser Formulierung der Alternativenwahl für die Existenz ausgesprochen ist, erfahren also beide, der Ethiker und der Ästhetiker. Der Ästhetiker begreift das endgültige Wählen einer bestimmten Lebensform als Verrat seiner Freiheit, als Verrat an seinen Möglichkeiten. Denn alle vorgebrachten Gründe des Ethikers für seine bestimmte Wahl gerinnen angesichts der Unbedingtheit der Wahl zu spießbürgerlicher Borniertheit, der der hoch gestimmte Esprit des Ästhetikers niemals zustimmen könnte. Der Ästhetiker hält damit, wenn auch nur auf der Ebene des Gedankens, unerbittlich an der Widersprüchlichkeit des Lebens fest, die der Ethiker durch seine ethische Entscheidung aufzulösen und in eine Eindeutigkeit zu zwingen versucht. Gerade diese Eindeutigkeit verbietet aber die Paradoxalität menschlicher Existenz, die mit der Dimension des Unendlichen solche eindeutigen Endlichkeiten nicht zulässt. Diese Weigerung, sich selbst festzulegen, fordert der Ästhetiker damit in gewisser Weise auch zu Recht ein. Mit diesen Bedenken widerspricht er zwar dem Ethiker und dessen wohlgemeinten Ratschlägen, nicht aber der Ethik in ihrem Ernst.

Man könnte nun zwar meinen, der Ethiker sei dem Ästhetiker wenigstens insofern überlegen, als er, indem er wählt, doch den Ernst des Lebens begreift. Das aber ist selbst das ethische Missverständnis, dem der Ethiker unterliegt. Entgegen des ersten Anscheins ist die Haltung des Ethikers keineswegs näher an einer Verwirklichung des Selbstseins als die des Ästhetikers, der eine Distanz zu seinem Selbst aufbaut. Er übersieht, dass aus der Situation der Widersprüchlichkeit der Existenz eine weitere Konsequenz folgt, die er selbst nur erleiden, die er aber nicht willentlich bestimmen kann, nämlich, dass er mit der Situation überfordert ist, weil er die Ambivalenz der Entscheidung des Entweder-Oder nicht berücksichtigt. Die Konsequenz ist nun aber nicht, dass er nun seinerseits in das ästhetische Stadium zurückfällt und sich in Distanz zur Wahl hält. Dieser Aporie entgeht er. Dennoch verfällt der Ethiker selbst einer Aporie, indem er das Ethische verabsolutiert. Dies tut er, indem er selbst die Entscheidung spontan-willentlich herbeizwingt. Damit verendlicht er die Möglichkeit. Er provoziert selbstsetzend den Ausschluss von Möglichkeiten, die gegebenenfalls seiner Existenz eher entsprochen hätten. Das heißt die ethische Wahl wird als rationale Zielwahl verstanden. Damit wird sie verendlicht. Der Wahlmodus, der für die technisch-rationalen Entscheidungen gilt, wird auf die Ebene der Existenz übertragen. Das aber verkennt, dass die Existenz nicht methodisch gewählt werden kann. Insofern es sich bei der Existenz um eine Zwischenbestimmung handelt, lässt sie sich nicht verobjektivieren und daher auch nicht als solches Objekthafte bestimmen. Existenz vollzieht sich immer als Werden. Während der Ästhetiker dies ahnt und daraus seine geistige Spannkraft schöpft, verdrängt der Ethiker solche Infragestellungen, die sich aus dieser Liquidität des Seins ergeben. Er schließt sie aus, um sich nur stärker in das Lügengeflecht einer moralisch integren Person zu verstricken. Wer sich dem Ethischen verschrieben hat, belügt daher nicht nur sich selbst, wie der Ästhetiker, sondern auch die anderen. Das zeigen alle Formen des Moralismus, die sich letztlich als Doppelmoral entpuppen, die in feindlichen Aktionen gegen Andere ihre Legitimation erfährt. Solche selbstmächtigen Handlungen sind damit für die Menschen gefährlich. Sie zerstören die Gemeinschaft: die Borniertheit zerstört sie durch Teilnahmslosigkeit, der Rigorismus durch Verfolgungs- und Vernichtungswahn, die Feigheit durch spießbürgerliche Prahl- und Verleumdungssucht.

An diesem Schwindel beteiligt sich der Ästhetiker nicht. Der Ethiker steht hier nicht auf einer höheren Stufe, im Gegenteil. Was nämlich der Ästhetiker klarer sieht als der Ethiker ist, dass die Situation der Wahl nach menschlichem Ermessen tatsächlich aussichtslos ist. Er sieht vielmehr im Verhalten des Ethikers den Widerspruch des Daseins aufbrechen, der im Widerspruch zwischen Endlichkeit und Unendlichkeit, Notwendigkeit und Freiheit besteht und der auf der ethischen Ebene nicht zu lösen ist. Die Mittel der Ethik reichen nicht aus, den Zirkel zwischen dem Sollen und Wollen, zwischen den Voraussetzungen der Freiheit und der Freiheit selbst zu durchbrechen. Mit ethischen Mitteln kann – das sieht der Ästhetiker – nur die Grundlosigkeit der Existenz konstatiert werden, die mit dem Nichts droht. Diesem möchte der Ethiker durch seine ethische Wahl verständlicherweise entgehen. Aber diese ethische Wahl zwingt unter den genannten Bedingungen die Existenz selbstwidersprüchlich in die Endlichkeit rationaler Entscheidungen und verfehlt dadurch gerade ihr Ziel der Selbstbestimmung. Gegen diesen Selbstwiderspruch, in den sich der Ethiker verstrickt, wartet der Ästhetiker mit der Ironie in seiner vollen Schärfe auf. Diese entwickelt er zur höchsten Kunstform, indem sie den falschen Ernst einer im Brustton unerschütterlicher Überzeugung erzwungenen Wahl entlarvt. Was nun aber auch der Ästhetiker nicht hinreichend sieht, ist, dass in der widersprüchlichen Daseinsverfassung auch begründet liegt, dass nicht nur die ethisch erzwungene Wahl als Wahl dem Widerspruch nicht entkommt, sondern auch die ästhetische Entscheidungslosigkeit der Maskeraden. Jede ethische Wahl ist eine Verendlichung des Selbstseins, indem sie selbstsetzend Wirklichkeit fixiert und diese damit von weiteren Möglichkeiten abschneidet. Aber jede ästhetische Entscheidungslosigkeit ist auch eine Wahl, wenn auch in uneigentlichem Sinne. „Die ästhetische Wahl ist entweder völlig unmittelbar und insofern keine Wahl, oder sie verliert sich in der Mannigfaltigkeit." (EO2, 715; SKS 3, 163) Insofern entkommt auch sie den Widersprüchen nicht. Sie hat sich einseitig auf die Seite der Verunendlichung des Daseins geschlagen. Sie entbehrt dadurch der Fixierung, der das Dasein aber ebenso wenig entgehen kann, wie es darin aufgeht. Wie aber kann Dasein gelingen?

Wir können bisher festhalten: Keine der beiden Existenzweisen, weder die ästhetische noch die ethische, kommt zur Selbstverwirklichung. Die Wirklichkeit des Selbst verfehlen beide. Denn die Wirklichkeit der Existenz ist nur dort gegeben, wo die widersprüchlichen Momente in Spannung gehalten werden. Sie können nicht in Einseitigkeit, sei es in Fixierung des Endlichen oder in Distanz aus dem Unendlichen, Anspruch auf Wirklichkeit erheben. Das ethische Stadium ist zwar unter dem Gesichtspunkt der Wahl dem ästhetischen an Tiefe und Ernst überlegen, das ästhetische dem ethischen gegenüber aber an Einsichten in die Fülle der Möglichkeiten der Existenz, die nicht willentlich zu beherrschen sind. Beiden Stadien liegen daher in ihrem Verharren in einem Stadium Vereinseitigungen zugrunde, dem ästhetischen in der Verweigerung der Wahl, die selbst auch eine Wahl bedeutet, dem ethischen in der Erzwingung einer Alternativenwahl, die die Wahl des Wählenkönnens gerade ausschließt. Das aber indiziert selbst die Unmöglichkeit unserer Selbstverwirklichung. Denn das Selbst kann sich nur in der Spannung der Polarität von Endlichkeit und Unendlichkeit gewinnen, die die Wahl des Wählens bedeutet.

Das begreift das religiöse Stadium. Für die Selbstbestimmung ist damit der Überschritt zum religiösen Stadium gefordert. Erst in diesem Stadium wird das Selbst sich als Selbstverhältnis in seinem Selbstsein thematisch sein können. Aber keineswegs ist das religiöse Stadium nun ein vollkommenes Stadium, das die beiden anderen ablöste und einer Lösung zuführte. Es gelangt allein im Blick auf die Erkenntnis der Notwendigkeit, aber auch der Überforderung menschlichen Wahlvermögens zu einer klaren Einsicht. Hingegen besteht auch bei dem religiösen Stadium wiederum die Gefahr, sich zu isolieren und etwa unter dem Deckmantel einer teleologischen Suspension des Ethischen den ethischen Ernst der Wahl abzumildern oder die ästhetischen Möglichkeiten in ihrer Fülle zu übersehen bzw. sie zur Bedeutungslosigkeit herabzumindern. Auch das religiöse Stadium ist daher als Stadium aporetisch, denn auch dieses missversteht die Wahl. Das religiöse Missverständnis bildet gegenüber dem ästhetischen und ethischen Missverständnis sogar eine erhöhte Gefahr. Denn diesem Stadium fehlt das Kontrollinstrument der Rationalität, das die Wahl des Ethischen ebenso wie die Nichtwahl des Ästhetischen immer begleitet und reflektieren kann. Dass auch das religiöse Stadium aporetisch bleibt, liegt nun im Missverständnis der Leistungskraft der Stadien selbst begründet, die Kierkegaard im Zuge der Entwicklung seiner Theorie der Gleichzeitigkeit in der *Unwissenschaftlichen Nachschrift* bekräftigt. Damit zeigt sich, dass die Stadientheorie nicht ein evolutiv-hierarchisches Schema abbildet. Die Stadien folgen nicht aufeinander, indem sie sich ablösen. Sie sind als gleichzeitige Aspekte des Daseins aufzufassen, die unverzichtbare Elemente enthalten, von denen nicht abstrahiert werden darf.

Denn der Vollzug der Existenz ist nicht statisch, sondern nur im Werden zu gewährleisten. Das Ergreifen der Wahl hat in strengem Sinne daher nicht ein Stadium zum Hintergrund. Das Werden kann in einem einzelnen Stadium nicht aufgefangen werden. Es drückt sich als zeitliches in jenem Wollen aus, das gewählt werden soll, aber nicht in Spontaneität, sondern im Anerkennen des Widerfahrens von Möglichkeiten. Das Wollen repräsentiert den Vollzug, der eben nicht in einem Stadium verharren kann, da der Vollzug ein dynamisches Geschehen beansprucht, das die Gleichzeitigkeit der Stadien voraussetzt. Dieser Vollzugszusammenhang von Existenz als Entscheidung in der Zeit wird nun zwar im religiösen Stadium erahnt. Aber der Vollzug selbst kann auch durch dieses Stadium nicht gewährleistet werden. Die Person im Stadium der Religiosität A weiß bloß um die Unmöglichkeit der ethischen Wahl, sie dringt aber noch nicht zum Vollzug der Existenz als Wahl vor. Damit hält sie noch an einem autonomen Selbstvollzug fest, obgleich sie ihn als in der Transzendenz begründet veranschlagt. Der Vollzug verdankt sich einer höheren, nicht selbst herstellbaren Einsicht, die aus der Transzendenz kommt. Für die Wahl bedeutet das, dass sie nicht willentlich gesetzt und vollzogen, sondern ihr nur in passivem Widerfahren entsprochen werden kann. Kierkegaard hat diesen den Einseitigkeiten der Stadien entzogenen Transzendenzbezug als Religiosität B von der Religiosität A, als dem dritten Stadium, unterschieden. Sie ist selbst kein Stadium.

Nicht im autonomen, sondern nur im transzendent hervorgerufenen Selbstvollzug kann der Vollzug der Existenz gelingen. So übersteigt der Existenzvollzug die Möglichkeit der ethischen Wahl, und zwar genau aus dem Grunde, dass die Wahl keine deliberative Abwägung erlaubt. Sie erfordert eine instantane Entscheidung. Indem in der Wahl eine Anerkennung des Entschiedenseins vollzogen wird, anerkennt der Mensch sowohl das Entweder-Oder, in das er gestellt ist, als auch gleichzeitig den Ernst des Wählens einer der Alternativen dieses Entweder-Oder. In diesem Moment wählt er das Wollen. Im Wählen des Wollens wählt man mithin die Situation, dem Entweder-Oder in der Zeit bleibend ausgesetzt zu sein und damit eine bleibende Aufforderung zur Wahl zu akzeptieren. Diese ist dann keine erzwungene, sondern freie Wahl, obwohl im Vollzug der Wahl die Alternative ausgeschlossen ist. Vielmehr ist die Kraft der Entscheidung am stärksten da, wo die Wahl sich sozusagen einstellt. „Wenn man einen Menschen erst dahin bringt, am Scheideweg zu stehen, dergestalt, dass es für ihn keinen Ausweg mehr gibt als den, dass er wählt, so wählt er das Rechte" (EO2, 717; SKS 3, 164). Dies macht deutlich, es kommt also nicht auf den Inhalt an – eine begründete Wahl scheidet somit aus –, sondern „auf die Energie, den Ernst und das Pathos, womit man wählt" (EO2, 716; SKS 3, 164). Es ist die Faktizität des Wählens, in der unsere Freiheit gründet und die uns in die Wirklichkeit führt. In dieser Wahl, sich als Wählenden verstehen zu sollen, bestätigt der Mensch seine Freiheit und übernimmt sie in der bedingten Form, in Permanenz wählen zu müssen. Denn der Gegenstand der Wahl ist die Wahl selbst, nicht der Inhalt. Alle unendlichen Manifestationen der Wahl werden angesichts dieser Permanenz des Wählens relativiert, aber nicht vergleichgültigt. Diese Wirklichkeit dekuvriert alle Maskeraden und endlichen Gründe, indem sie die Zeit als Konstituens des Seins enthüllt, die das Sein aber nicht nivelliert, sondern im Sinne instantaner Bedeutung festhält. Diese Wahl „selbst ist entscheidend für den Gehalt der Persönlichkeit; durch die Wahl sinkt sie in das Gewählte hinab" (EO2, 711; SKS 3, 160). Erst jetzt ist die Existenz in der Wirklichkeit. Denn diese besteht darin, wählen zu müssen, oder eben genauer darin, „dass man das Wollen wählt" (EO2, 718; SKS 3, 165). Dieses aber muss gewählt werden. Dieser Wirklichkeit können wir nicht entgehen, da „einmal eine Mitternachtsstunde kommt, da ein jeder sich demaskieren muss" (EO2, 707; SKS 3, 157). Spätestens diese fordert uns die Entscheidung ab, der wir uns dann nicht mehr entziehen können. Damit aber bedeutet dieses Wählen des Wollens selbst zugleich eine Akzeptanz des Hier und Jetzt, das heißt, dass die Lebenssituation, in die man gestellt ist, anerkannt wird.

Wir können festhalten: Kierkegaard alias Victor Eremita geht es in der hier erläuterten Passage in *Entweder – Oder* um die Frage der Persönlichkeitsbildung, wobei Persönlichkeit für den Ernst der Existenz, d. h. deren Wirklichkeit und mit dieser für die Wirklichkeit überhaupt steht. Indem Kierkegaard die Existenz in Stadien unterteilt, zeigt er nur die unterschiedlichen Wege des Umgangs mit den Möglichkeiten der Existenzerfassung auf. Alle drei sind mehr oder weniger unvollkommene, auf jeden Fall aber aporetische Weisen der Persönlichkeitsbildung. Jedes Stadium ist auf seine Weise ein trotziges Ergreifen oder schüchternes Vorbeigehenlassen von Möglichkeiten angesichts des Nichts der Orientierungslosigkeit der Freiheit und Vernunft. Man hat die Stadien, das ästhetische, ethische und religiöse Stadium, oft in eine hierarchische Abfolge gebracht. Dabei verkennt man aber die Gleichrangigkeit in der Güte wie in der Möglichkeit der Verfehlung der einzelnen Stadien, ebenso wie die Unmöglichkeit ihrer Isolierung. Alle drei Stadien unterliegen Aporien hinsichtlich der Erkenntnis und vor allem Realisierung der Vollzugsdimension des Selbstseins. Diese Aporien verstärken sich, wenn die Stadien sich gegeneinander isolieren, sie werden gemindert je mehr sie sich der Einsicht in die Gleichzeitigkeit ihrer Präsenz nähern. Markiert wird beides im Verhältnis zur Wahl. Ein bestimmtes Verhältnis zur Wahl, nämlich die Wahl des Wollens gewährleistet, dass dem Entweder-Oder in der Ambivalenz des Daseins entsprochen wird. Diese Entsprechung ist nicht in einem einmaligen Akt abgeschlossen, sondern als Wollen im Vollzug der Existenz abgebildet. Der Vollzug aber sprengt das Verharren in einzelnen Stadien. Das Verharren in einem Stadium deutet vielmehr immer auf einen Wirklichkeitsverlust hin. Dies soll im Folgenden an der Identitätsbestimmung noch genauer veranschaulicht werden.

## 11.4 Existenz und Identität im Horizont der (Selbst-)Wahl

Kierkegaard geht in der Tat davon aus, dass sich die Bestimmungen, die eine Identität kennzeichnen, allererst im Konstitutionsprozess generieren, also in einem Zusammenhang, in dem das Selbst wird. Die Ich-Identität konstituiert sich nicht im Rekurs auf Reflexionsmomente. Es gibt keine Identität, die der Wahl vorausgeht, keine Invarianz, die dem Ich explizite Selbstgestalt verleihen könnte. Die Wahl ist grundlos, weil keine Ich-Identität dieser Wahl vorausgeht, die eine Orientierung für die Entscheidung an die Hand geben könnte. Den archimedischen Punkt, von dem aus wir uns das Dasein anschauen könnten, haben wir nicht, können wir nicht einnehmen – ein solcher ist nur Gott zuzugestehen. Wir haben diesen nicht, trotzdem ist er aber für die Wahl vorausgesetzt, sollen wir nicht grundlos wählen, was selbst ein Widerspruch wäre. Aber genau dieser Widerspruch ist gefordert. Wir können ihn nicht negieren. An seiner Forderung müssen wir aber scheitern und tun es auch. Das zeigen alle drei Stadien gleichermaßen. Das Scheitern an der Forderung wird im Rahmen des Ethischen quittiert mit der Reue und im Rahmen des Ästhetischen mit der Trauer. Diese halten zwar die Wirklichkeit fest, aber nur durch ihren Verlust. Anschaulich zeigt Kierkegaard (alias Victor Eremitas „Papiere von B") dies an der Erzählung der Begegnung des jungen Mannes mit dem Ästhetiker, die der Ethiker, der Gerichtsrat, inszeniert. In der Begegnung mit dem jungen Mann, der nach Wirklichkeit fragt (vgl. EO2, 709; SKS 3, 159), soll dieser in der Berührung mit dem Ernst in seiner distanzierten Lebenshaltung irritiert werden. Diese Berührung verfehlt ihre Wirkung nicht, davon ist der Ethiker überzeugt. Denn sie ruft die Reue wach. Damit kommt eine vertikale Dimension in der Ethik zum Vorschein. Die Reue manifestiert mithin den *„character indelebilis"* (EO2, 717; SKS 3, 165) der Ethik, das heißt ihre transzendente Ursprungsdimension. Dieser Charakter kommt dort zum Ausdruck, wo die Begegnung mit dem Ernst der Wirklichkeit die geistvollen, spielerischen, ironischen Bewegungen des Ästhetikers schal werden lässt durch jene Suchbewegung des jungen Mannes, der sich nicht mit einer Entscheidungslosigkeit der ästhetischen Mimikry zufrieden geben möchte. Damit zeigt sich zugleich für Kierkegaard, „dass ich ein radikal Böses nicht annehme, da ich die Realität der Reue statuiere" (EO2, 726; SKS 3, 171). Die Reue lässt alle autonomen Selbstbestimmungsversuche in einer verzweifelten Verstellung der Wirklichkeit enden, wobei die Verzweiflung als Anwalt der Wirklichkeit die Radikalität des Bösen eben dementiert. Denn in der Reue und Trauer scheinen die Widersprüchlichkeit des Menschen als die angemessene Seinsform auf. Wirklichkeit ist daher immer eingespannt in die Widersprüchlichkeit der Existenz. Das Auftauchen der Trauer über versäumte Möglichkeiten der Wirklichkeit, die ihn jene Begegnung mit dem jungen Mann lehrt, überführt den Ästhetiker daher selbst seines Widerspruchs. Denn in Trauer und Reue begegnen die spannungsvollen Momente der Existenz als nicht gelebter. Insofern sind sie Anhalt der Begegnung mit der Wirklichkeit der sich in unwirklichen Widersprüchen verwickelnden Selbstseinsversuche des Individuums. Es kommt die Wirklichkeit durch ihre Verstellungen hindurch zum Vorschein.

In der Reue zeigt sich der Scheideweg unseres Lebens durch die Bedeutung der Wahl als Strukturdimension unserer Existenz (EO2, 717; SKS 3, 164). Dieser Scheideweg liegt genau darin, dass die Wahl nicht aufgeschoben oder sistiert werden kann, „denn wenn man glaubt, man könne seine Persönlichkeit auch nur einen Augenblick blank und bar erhalten oder man könne in strengerem Sinne das persönliche Leben zum Stillstand bringen und unterbrechen, so ist man im Irrtum" (EO2, 713; SKS 3, 161). Die Reue zeigt, dass auch die Nichtwahl eine Wahl ist und dass das, was gewählt wurde, nicht mehr rückgängig gemacht werden kann. Es kann nur bereut und betrauert werden. Insofern hat ein spielerisches Abwägen, um einmal dies und dann jenes zu sein, in der Existenz keinen Ort. Eine Entscheidung ist in der Existenz instantan, aber eben auch permanent gefordert. Zu diesem Entscheidenkönnen bedarf es einer Bedingung. Gerade diese erkennt der Mensch aber erst in der Entscheidung selbst, die ihn im Entweder-Oder Ernst und Spiel unterscheiden und den Ernst wählen lässt. Dieser Ernst erfordert eine Freiheit, die erst im Vollzug der Entscheidung wirklich wird. Damit ist die Entscheidung das ausgezeichnete Medium des Selbstbezugs. Diese ist überhaupt die genuine Weise des Sich-in-Beziehung-Setzens zum Selbst und zugleich das, worin sich das Sein thematisch wird. Insofern gilt es für den Menschen, den Ernst jeder Entscheidung zu begreifen, obwohl immer wieder entschieden werden muss. Dieses Sachverhalts ansichtig zu werden und ihn anzuerkennen, dafür braucht es aber eine über die Stadien hinausgehende Sphäre. Diese ist in der Religiosität B zu sehen, die selbst kein Stadium ist, sondern jedes Stadium übergreift.

## 11.5 Die Existenz als Vollzug der Freiheit in der Wahl des Wollens oder das Ende der Maskerade: die Pseudonyme und das Programm der indirekten Mitteilung im Dienste einer neuen Ethik

Die Wirklichkeit der Existenz vollzieht sich in der Entscheidung zur Wahl als Überwindung des Versteckspiels der Maskeraden. Es ist die Widersprüchlichkeit menschlicher Existenz, die mittels der Pseudonyme aufgedeckt werden soll. Kierkegaards pseudonyme Schriften, die mit den Pseudonymen das Versteckspiel unserer Maskeraden aufnehmen, wollen uns den Spiegel vorhalten. Indem Kierkegaard unter dem Deckmantel des Pseudonyms die Möglichkeiten verfehlten Menschseins, das sich in Maskeraden flüchtet, durch alle Stadien des ästhetischen, ethischen und religiösen aufzeigt, bietet er in kunstvoll genialer Weise das Programm an, das sich als „hineintäuschen in das Wahre" (GW1 GWS, 48; SKS 16, 35) ausweist. Die Pseudonyme stehen im Dienst der Selbsterkenntnis. Dabei sind die Pseudonyme bereits in sich selbst jene indirekte Mitteilung, die uns aufmerksam machen soll auf die Bedingungen des Ernstes unserer Existenz. Denn die Bedingung unserer Existenz kann uns nicht diskursiv mitgeteilt werden, sie muss uns selbst aufgehen. Das ist die Aufgabe der indirekten Mitteilung. In doppelter Negation durch Selbstentlarvung führt sie indirekt zur Selbsterkenntnis. In den Dienst dieser Authentizität des Selbst gegen dessen Dissoziation ins Nichts der Maskeraden stellen sich die Pseudonyme und die Hermeneutik der indirekten Mitteilung, die uns auf die Entscheidungsqualität der Existenz stoßen.

Kierkegaard entdeckt hinter den Maskeraden des Daseins daher die Abgründigkeit menschlichen Lebens. Diese liegt nicht nur darin, sich der eigenen vermeintlichen Freiheit zu entziehen, sondern darin, dass der Mensch seiner Freiheit ansichtig wird allererst, indem er an ihr scheitert. So ist er in der Freiheit gefangen, indem er das Bewusstsein seiner Freiheit nicht mehr los wird, an ihr zu scheitern aber auch nicht zugeben kann. Denn an der Freiheit zu scheitern heißt am eigenen Selbst, der eigenen Identität, zu scheitern, ohne eine andere zur Verfügung zu haben. Damit wird die Ambivalenz der Freiheit zur Paradoxalität gesteigert, die darin liegt, dass wir nicht letztgültig über Gut und Böse entscheiden können und trotzdem wählen müssen. Diese Paradoxalität ist es, die verantwortlich ist für die Möglichkeit des Selbstverlusts, die zum Versteckspiel des Menschen führt, zu seinen Täuschungen und vor allem Selbsttäuschungen. Die paradoxe Freiheit provoziert einen durch die Spannung der Existenz sich verstärkenden Lebenskonflikt, für den die psychologische Kategorie der Angst steht. Angst ist dieses Phänomen menschlicher Freiheit, dass sich gerade in deren

Scheitern meldet bzw. deren Scheitern plausibilisiert, das im Versteckspiel mündet (vgl. Deuser 2006, 166).

Die Entscheidung ist daher, um es mit Nietzsche auszudrücken, wie der Tanz auf einem Seil über dem Abgrund (vgl. Nietzsche 1954, 280), das uns trägt, wenn wir diese Angst vor der Freiheit überwinden. Dies geschieht in der Wahl des Wollens. Diese steht für das Gute, das allein im Vollzug der Freiheit selbst besteht. Diese Wahl ist jedoch – wie wir gesehen haben – eigentlich unmöglich. Denn sie erfordert gleichsam als absolute einen Standpunkt außerhalb der Zeit. Diesen kann das Subjekt aber nicht einnehmen. Denn es ist an Natur und Geschichte und mithin auch an das zeitliche Werden geheftet (vgl. EO2, 724; SKS 3, 170). Freiheit ist es, dieser Bestimmtheit im zeitlichen Werden entsprechen zu wollen. Als Sich-verhalten-Können zu den Bedingungen ist diese Entsprechung im Vollzug selbst das wahre Leben der Freiheit.

Dieser Vollzug kann nicht von außen, weder von Natur noch Geschichte bestritten werden, weil diese beiden selbst als Bedingung in die eigene Lebensperspektive übernommen worden sind. Solche Freiheit folgt einem bestimmten Willen, keinem unbestimmten. Darum ist das Wort, das Kierkegaard mit der „Taufe des Willens" (EO2, 718; SKS 3, 166) ingeniös geprägt hat, der wesentliche Ausdruck menschlicher Freiheit. Diese ist keine spontan sich setzende, sondern eine passiv anerkannte. Mit dieser Taufe des Willens kommt die Freiheit als die Dimension des wirklichkeitsbestimmenden Grundes zu stehen, der uneinholbar sich selbst immer schon voraussetzt und damit die Gleichzeitigkeit der Wahl und des Wollens in der Selbstkonstitution demonstriert. In dieser Gleichzeitigkeit der Wahl wird der Moment zum Augenblick und der Augenblick zum Moment (vgl. EO2, 723f.; SKS 3, 169f.). Erst jetzt kann nach Kierkegaard überhaupt die Ethik in eigentlichem Sinn, d. h. die „*neue Ethik*", ins Blickfeld treten. Diese neue Ethik ist der Ausweis der Freiheit des Menschen, die seiner Sonderstellung, geistbestimmt zu sein, nachkommt. Denn die „Frage, was ich tun soll" (EO2, 720; SKS 3, 167), ist jetzt nicht mehr nur eine spielerisch ästhetisch-spekulative und auch nicht nur eine der ethischen Pflicht. Diese Frage meint jetzt tatsächlich wirken zu wollen, mitzuwirken, dabei zu sein, indem die Wahl im Augenblick zu einem „Moment" im Geschichtsprozess wird (vgl. EO2, 722; SKS 3, 168).

Es ist diese bedingte Freiheit, die den Menschen gleichwohl herausfordert zu einer einsamen Entscheidung. Aus dieser einsamen Entscheidung bildet sich nach Kierkegaard der Ernst der Persönlichkeit. Dieser Ernst verdankt sich jedoch nicht der eigenen Verantwortung, sondern der Anerkennung der Notwendigkeit der Wahl, die der Verantwortung vorhergeht und dem Menschen seinen Weg zeigt. Diese Verantwortung weiß sich dabei in jedem Augenblick der Wahl getragen von einer Macht, die sich auftut und die dem Selbst in dessen Wahl sich selbst vermittelt. Sie überantwortet sich unverstellt ihm selbst und lässt das Selbst so im

Augenblick der Wahl zugleich für die Ewigkeit Bestand haben. In solcher Anerkennung der Bedingungen der Geschichte ist es die Freiheit gegenüber der Ordnung in der Ordnung, die nach Kierkegaard „den Menschen größer macht als die Engel" (EO2, 727; SKS 3, 172).

Die Existenz des Selbst, der Identität, erfordert mithin einen Rekurs auf die Transzendenz. Nur sie vermag es, dem Scheitern der Selbstwahl bzw. der Selbstbestimmung zu entgehen. Denn nur durch die Transzendenz wird die Aufrechterhaltung der Ambivalenz des Daseins und der diese repräsentierenden Wirklichkeitserfassung ermöglicht. Erst unter Aufrechterhaltung der widersprüchlichen Spannung der Lebenssituation kann auch die Komplexität der Identitätsgewinnung als Selbstvollzug, als Vollzug des Geistes und der Freiheit vor Augen treten. Und nur in diesem Vollzug kann der Spannung des Daseins – ausgespannt zwischen Endlichkeit und Unendlichkeit – entsprochen werden, in der jene Ambivalenz verborgen liegt, die der Mensch selbst nicht auflösen, aber auch nicht selbst aushalten kann und die er dennoch selbst aushalten muss. In dieser Wahl, aus der die Taten hervorgehen, die der Geschichte nachfolgen und die bleiben (EO2, 724; SKS 3, 170), wird der Mensch in seinem Selbst – gleichsam einem „Ritterschlag" – geadelt für die Ewigkeit. „Denn das Große ist nicht dieses oder jenes zu sein", oder sich aufzulösen in eine Vielfalt von Persönlichkeiten, „sondern man selbst zu sein; und das kann ein jeder Mensch, wenn er es will" (EO2, 728; SKS 3, 172f.).

## Literatur

Deuser, Hermann 2006: Affekte und Affektkontrolle: Habgier- und Willkürverbot, in: Hans Joas (Hg.), Die Zehn Gebote – ein widersprüchliches Erbe?, Köln / Weimar / Wien: Böhlau, 159–168
Frisch, Max 1964: Mein Name sei Gantenbein, Frankfurt a.M.: Suhrkamp
Heidegger, Martin 1979: Sein und Zeit, 15., an Hand der Gesamtausg. durchges. Aufl. mit den Randbemerk. aus d. Handexpl. des Autors im Anhang, Tübingen: Max Niemeyer
Nietzsche, Friedrich 1954: Also sprach Zarathustra, in: Ders., Werke in drei Bänden, Bd. 2, München: Carl Hanser, 274–560
Rhees, Rush 1988: Wittgenstein. Portraits und Gespräche, Frankfurt a.M.: Suhrkamp
Theunissen, Michael 1979: Das Menschenbild in der „Krankheit zum Tode", in: Ders./ Wilfried Greve (Hg.), Materialien zur Philosophie Søren Kierkegaards, Frankfurt a.M.: Suhrkamp, 496–510
Theunissen, Michael, 1991: Das Selbst auf dem Grund der Verzweiflung. Kierkegaards negativistische Methode, Frankfurt a.M.: Suhrkamp

Anders Moe Rasmussen

# 12 Das Gleichgewicht zwischen dem Ästhetischen und dem Ethischen in der Herausarbeitung der Persönlichkeit (II): Struktur und Kritik der ästhetischen Existenz

(EO2, 728–778; SKS 3, 173–210)

## 12.1 Die ästhetische Existenz

In der eigentümlichen Darstellungsform imaginierter Existenzgestalten bzw. Existenzweisen diagnostiziert, kommentiert und kritisiert *Entweder – Oder*, wie die meisten von Kierkegaards Werken, sowohl die geistigen und kulturellen Strömungen der Zeit als auch die zeitgenössische Philosophie. Diesem zeitdiagnostischen Grundzug von Kierkegaards Denken entstammt das mäeutische Verfahren, das die gesamten pseudonymen Werke durchzieht und Kierkegaards letztendliche Intention, nämlich „aufmerksam zu machen auf das Religiöse, das Christliche" verwirklichen sollte. Aus diesen überzeugenden Darstellungen grundverschiedener Existenzweisen ergibt sich im spezifischen Zusammenhang von *Entweder – Oder* die mehr oder weniger explizite Einbeziehung philosophischer Theorien der klassischen deutschen Philosophie, wobei es nicht immer leicht fällt, zwischen der Darstellung von Lebenspraxis bzw. Einzelanalysen existentieller Phänomene und der Diskussion von Grundbeständen einer philosophischen Theorie zu unterscheiden. Es ist Kierkegaards eigentümliches Talent, Darstellungen von konkreter Lebenspraxis und Lebensproblemen mit philosophischen Grundlehren, hauptsächlich Theorien der Ontologie, Subjektivität und Freiheit, zu verbinden. Wohl lässt sich das pseudonyme Werk Kierkegaards in Schriften, die Präsentationen von konkretem Existenzvollzug intendieren, und in Schriften, die abstrakte Theorieprobleme in begrifflicher Form (*Philosophische Brocken* und *Der Begriff Angst*) behandeln, einteilen. Dennoch aber bleibt die den Phänomenen nahe Darstellung einzelner Formen von Existenz auf die Ebene der theoretischen Reflexion ausgerichtet, wie untergründig dies auch immer sein mag; so wie umgekehrt auch die abstrakten Strukturanalysen immer auf Existenzprobleme konkreter Lebenspraxis bezogen sind. Wenn auch in unterschiedlicher Deutlichkeit geht bei Kierkegaard Phänomenanalyse immer mit Strukturanalyse zusammen. Dadurch unterscheidet sich sein Denken von der Lebensphilosophie

Nietzsches wie auch von manch anderen Theorien phänomenologischer Provenienz, gleicht aber hierdurch auch den Hauptpositionen des deutschen Idealismus sowie dem Denken Heideggers. In Bezug auf diesen allgemeinen Tatbestand von Kierkegaards Werk nimmt *Entweder – Oder* eine Sonderstellung ein, insofern die Schrift nicht nur Darstellungen konkreter Lebensweisen mit abstrakter Begriffsreflexion vermittelt, sondern geradezu philosophische Theorien in Analysen und Darstellungen konkreter Existenzverständnisse überführt. Die eigentliche Stärke und Originalität von Kierkegaards Denken beweist sich nicht nur in den eindringlichen und veranschaulichenden Analysen konkreter Lebensprobleme, sondern ebenso sehr in dem Bemühen, philosophische Grundlehren im Dienste einer überzeugenden Lebensorientierung zu verwenden. Dabei handelt es sich keinesfalls um ein Novum innerhalb der zeitgenössischen Philosophie des deutschen Idealismus. Dies gilt insbesondere für Johann Gottlieb Fichte, dessen Philosophie des Subjektes unter dem Einfluss von Friedrich Heinrich Jacobis Diktum über die philosophische Wissenschaft („Nach meinem Urtheil ist das grösste Verdienst des Forschers, Daseyn zu enthüllen, und zu offenbaren" [Jacobi 1998, 29]) bemüht war, subjektphilosophische Untersuchungen zu Grundfragen des Wissens mit Fragen der praktischen Lebensgestaltung zu verbinden. Kierkegaard blieb zeitlebens der Subjektphilosophie Fichtes verpflichtet. Dies bezeugt insbesondere *Entweder – Oder*, dessen Theorie der Selbstwahl wesentlich von Fichtes Theorie der Subjektivität beeinflusst ist. Darauf werden wir später eingehender zurückkommen.

Der Textabschnitt EO2, 728–778; SKS 3, 173–210 behandelt übergeordnet zwei Themen: Erstens wird teils eine systematische Darstellung, teils eine Kritik der sogenannten ästhetischen Existenz gegeben. Zweitens wird die sogenannte ethische Existenz als Alternative zur ästhetischen Existenz präsentiert. Das Verhältnis zwischen ästhetischer und ethischer Existenz macht selbstverständlich das ganze Thema wie auch den ganzen Rahmen des Werkes aus, aber spezifisch für den Textabschnitt EO2, 728–778 gilt, dass hier auf systematische Weise direkt auf jenes Verhältnis eingegangen wird. Als Grundbestandteil einer solchen systematischen Darstellung verwendet Kierkegaard wiederholt den Begriff „Lebensanschauung", der folgendermaßen introduziert wird: „Jeder Mensch, wie unbegabt er auch sei, wie untergeordnet seine Stellung im Leben auch sei, hat ein natürliches Bedürfnis, sich eine Lebensanschauung zu bilden, eine Vorstellung von der Bedeutung des Lebens und seinem Ziel" (EO2, 731; SKS 3, 175). Ob artikuliert oder unartikuliert gehört es laut Kierkegaard zum Menschsein, dass jeder um die Belange seines Lebens bemüht ist, wobei unterstrichen wird, dass die sogenannte ästhetische Existenz unfähig ist, ein solches Bemühen selbst zu artikulieren. Trotz mangelnder Selbstdurchsichtigkeit oder mangelndem Bewusstsein seiner selbst hat aber auch die ästhetische Existenz eine Vorstellung vom Wert und den Belangen des Lebens.

## 12 Das Gleichgewicht zwischen dem Ästhetischen und dem Ethischen (II) — 215

Leben heißt, das Leben führen, und das Leben führen ist nur durch eine Vorstellung von den höchsten Zielen des Lebens möglich. Wie alles menschliche Leben ist auch das ästhetische Leben von einem Prinzip oder einem Programm geleitet bzw. geführt. Dieses Prinzip wird von Kierkegaard als *Genussstreben* gekennzeichnet. Es heißt: „Wer ästhetisch lebt, tut das [sc. eine Lebensdeutung ausbilden] auch, und der allgemeine Ausdruck, den man zu allen Zeiten und von den verschiedensten Stadien her gehört hat, lautet: man soll das Leben genießen" (EO2, 731; SKS 3, 175). Wilhelm behauptet hier, dass alle Spielarten des ästhetischen Lebens, die in *Entweder – Oder 1* dargestellt werden, vom unmittelbar erotischen Leben eines Don Juan bis zum poetischen Leben des Ästhetikers *A*, Ausdruck des Hedonismus sind.[1] Diese Generalisierung ist für das mäeutische Gesamtziel des Werkes von höchster Bedeutung. Die Grundabsicht Wilhelms besteht darin, den Ästhetiker *A* zu Übernahme der höheren Lebensanschauung des Ethischen zu bewegen. Das aber lässt sich nur unter der Voraussetzung einer generellen Hedonismusdiagnose des ästhetischen Lebens durchführen. Die Bewegung hin zur höheren Lebensanschauung des Ethischen geht restlos von Aporien des Genussstrebens aus. Darum ist die Strukturbeschreibung des ästhetischen Lebens immer auch mit der Kritik des Ästhetischen verschränkt. So folgt gleich nach der generellen Strukturbeschreibung, was als Kern der Kritik des Ästhetischen ausgezeichnet werden kann. „Wer aber sagt, er wolle das Leben genießen, der setzt stets eine Bedingung, die entweder außerhalb des Individuums liegt, oder im Individuum ist, doch so, dass sie nicht durch das Individuum selbst ist" (ibid.). Dieses Zitat enthält zugleich eine Grundbestimmung der ästhetischen Existenz wie auch den Ansatzpunkt zur Kritik derselben.

Obwohl Strukturanalyse und Kritik des Ästhetischen auf das Engste verwoben sind, lässt sich die Darstellung der ästhetischen Daseinsweise doch auch selbständig thematisieren. In dieser Darstellung ist zwischen zwei Grundschichten des Hedonismus zu unterscheiden, wobei Kierkegaard die idealistischen Begriffe der „Unmittelbarkeit" und der „Reflexion" zur Demarkationslinie zwischen einer

---

[1] Wilhelm scheint nur eine Form von Lust zu kennen, nämlich die Form von „Lust zu", d. h. das unruhige Getriebensein zur Realisierung eines bestimmten Zweckes. Fremd scheint ihm dabei die eigenartige Lust am Schönen zu sein, die Kant paradigmatisch in der *Kritik der Urteilskraft* analysiert hat. Laut Kant gehört konstitutiv zur Erfahrung des Schönen ein interesseloses Wohlgefallen, wo alles Streben zur Ruhe gekommen ist. In Gegenwart des Schönen findet sich das Subjekt frei von demjenigen Besitzenwollen, das alle Tätigkeiten mit begrenzten Zwecken charakterisiert. Insofern die Schönheitserfahrung eine Befreiung vom Willen anzeigt, bietet sie eine echte Alternative zum stets unruhigen und labilen Genussstreben. Auch bei Wilhelm geht es grundsätzlich um das Phänomen des Willens, aber laut Wilhelm ist der Wille nicht das Problem, sondern die Lösung. So ist das Grundproblem des Ästhetischen genau der Mangel an Willen.

unteren und einer oberen Schicht verwendet. In diesem Zusammenhang heißt es: „das Ästhetische in einem Menschen ist das, wodurch er unmittelbar ist, was er ist; das Ethische ist das, wodurch er wird, was er wird" (EO2, 729; SKS 3, 173 f.). Mit dem Begriff der Unmittelbarkeit wird hier das naturhaft Vorfindliche in der menschlichen Existenz bzw. was zur Erhaltung des Lebens gehört, wie etwa Triebe und Leidenschaften, angezeigt. Auf dieser Ebene bezeichnet Hedonismus die Befriedigung oder Erfüllung der basalen natürlichen Triebe, beispielhaft dargestellt in den körperlichen Erregungen des Erotischen und von Don Juan in EO1 verkörpert. Kierkegaard zufolge reicht Genussstreben jedoch über die Grenzen der Lebenserhaltung und der natürlichen Selbstentfaltung hinaus. Kierkegaards Interesse gilt vornehmlich dem, was als die obere Schicht des Genussstrebens bezeichnet werden kann, d. h. einem Streben, das vom Bewusstsein oder von einer Reflexion begleitet ist. Diese Präferenz ist durch zwei Umstände begründet: 1) Der mäeutischen Anlage des Werkes zufolge wird der Ästhetiker A direkt adressiert und er gehört nicht nur zu den reflektierten Gestalten der ästhetischen Existenz, sondern macht geradezu deren End- oder Höhepunkt aus. 2) Die Darstellung und Kritik der ästhetischen Existenz gilt auch als kritische Gegenwartsdiagnose, d. h. der romantischen Lebensanschauung, und diese stellt geradezu exemplarisch die reflektierte Form der ästhetischen Existenz dar. In der Darstellung der reflektierten ästhetischen Existenzform entfaltet Wilhelm (Kierkegaard) eine Entwicklungslinie von verschiedenen Gestalten des Ästhetischen, die deutliche Züge einer hegelschen Phänomenologie trägt. Die Nähe zur hegelschen Phänomenologie erweist sich in zweifacher Hinsicht. Wie die hegelsche Phänomenologie ist Wilhelms Beschreibung der ästhetischen Existenz durch eine eigentümliche Vernetzung von interner Binnenperspektive und von externer Außenperspektive bzw. durch Verflechtung von Darstellung und Kritik gekennzeichnet. Außerdem scheint die Entwicklung der verschiedenen Gestalten ästhetischer Existenz dem Prinzip der hegelschen Phänomenologie zu folgen. Drehpunkt der hegelschen Entfaltung von Bewusstseinsgestalten ist das Verhältnis zwischen Bewusstsein und Gegenstand, insofern die Phänomenologie Formen der Bezugnahme des Bewusstseins auf einen Gegenstand in einer Entwicklungslinie darstellt. Dieses Prinzip liegt auch Wilhelms Darstellung verschiedener Stadien ästhetischen Genussstrebens zugrunde, sofern es hier um das vielschichtige Verhältnis zwischen Genussstreben und Gegenstand geht.[2] Wilhelm unterscheidet in diesem Zusammenhang zwischen drei unterschiedlichen Schichten, wobei die Untersuchung durch die im

---

[2] Siehe hierzu Wilfried Greve in seinem Standardwerk zu Kierkegaards Ethik (1990, 53), das auch für diese Darstellung maßgebend gewesen ist.

## 12 Das Gleichgewicht zwischen dem Ästhetischen und dem Ethischen (II) — 217

obigen Zitat angeführte Distinktion zwischen einer äußeren und eine inneren Bedingung geleitet ist.

In der ersten Form herrscht zwischen dem Genussstreben und seinem Gengenstand völlige Einheit, weil das Genießen sich auf lebensfördernde Gegenstände wie Gesundheit, Schönheit, Reichtum und Talent richtet. In der zweiten Form sind Genussstreben und Gegenstand voneinander getrennt, in einer solchen Weise, dass das Streben nicht wie in der ersten Form auf „etwas Einfaches", sondern auf „Mannigfaltigkeit" (EO2, 735f.; SKS 3, 178f.) ausgerichtet ist. Als Paradigma eines solchen, auf Mannigfaltiges sich ausrichtenden Genussstrebens dient der römische Kaiser Nero, dessen Gestalt nicht nur in *Entweder – Oder*, sondern mehrfach in Kierkegaards Werk, und das an entscheidenden Stellen, auftritt. Auf der dritten Stufe, „Epikuräismus" genannt, wechselt das Luststreben auf das Subjekt über. Das Streben bezieht sich nicht länger auf äußere Gegenstände, sondern hat jetzt das genießende Subjekt selbst zum Gegenstand, wobei Genuss sich zum Selbstgenuss wandelt, und so lautet der Imperativ des „Epikuräismus": „genieße dich selbst; im Genuss sollst du dich selbst genießen" (EO2, 744; SKS 3, 184f.). Die Unterscheidung von zwei unterschiedlichen Formen von Genussstreben entspricht der im Text *Die Wechselwirtschaft. Versuch einer sozialen Klugheitslehre* (EO1, 329–349; SKS 2, 271–289) vollzogenen Distinktion zweier Arten von agrarischer Wechselwirtschaft bzw. einer *extensiven* und eine *intensiven* – wobei die extensive mit dem auf die Mannigfaltigkeit gerichteten Genussstreben und die intensive mit dem Hedonismus im Modus des Selbstgenusses korreliert. In diesem Text begegnet auch schon Wilhelms Haupteinwand gegen die ästhetische Existenz, d.i. die Widersprüchlichkeit eines bloß quantitativen Hedonismus, und folgerichtig taucht denn auch hier der Name von Kaiser Nero auf, der in Wilhelms Kritik der ästhetischen Existenz als Paradigma fehlschlagenden Hedonismus' gilt. Es fragt sich, ob die intensive Wechselwirtschaft bzw. ein qualitativer Hedonismus den Aporien des quantitativen Genussstrebens entgeht und somit eine regelrechte Alternative darstellt. Wenn dies der Fall wäre, hätte das für das mäeutische Verfahren von *Entweder – Oder* verheerende Konsequenzen. Als Extremform eines solchen „Epikuräismus", der als die höchste Reflexion ästhetischer Existenz bezeichnet wird, dient das Beispiel des Zynikers, der sein Leben im bewussten und ständigen Verzicht auf alle Genussmöglichkeiten, sowohl der vorgegebenen als auch der zukünftigen, genießt. Im Hintergrund dieses sogenannten Zynismus zeichnet sich ein Bild von romantischdichterischer Lebensanschauung ab und so kulminiert Wilhelms Darstellung verschiedener ästhetischer Existenzformen im poetischen Genuss einer selbstgeschaffenen Wirklichkeit.

Das oben angeführte Zitat, wonach ästhetisch zu leben heißt, stets an eine Bedingung gebunden zu sein, ist und bleibt das Kernstück sowohl in Wilhelms

Darstellung wie auch in seiner Kritik der ästhetischen Existenz. Die stetige und innerhalb des ästhetischen Lebens nie aufzulösende Abhängigkeit und Gebundenheit ist die Achillesferse der ästhetischen Existenzform, die sie letztlich nicht nur zu einer instabilen, sondern regelrecht zu einer widersprüchlichen und krankhaften Daseinsweise macht. Wenn Wilhelm das Wort „Unmittelbarkeit" zur Charakterisierung von ästhetischer Existenz heranzieht, dann bezeichnet er nicht nur die unterste Schicht des ästhetischen Lebens, nämlich das Natur- und Triebhafte, sondern umfasst die ganze konkrete Wirklichkeit einer Person, wozu sowohl geistige („Talente") und physische („Gesundheit" und „Schönheit") Dispositionen wie auch soziale Umstände („Ansehen" und „Reichtum") zählen. Danach bezeichnet „wer in und von [...], durch und für das Ästhetische [...] lebt" (EO2, 729; SKS 3, 174) die ganze vorgegebene Wirklichkeit, die als Material, ob als direkter Gegenstand oder als Mittel, des Genussstrebens gilt. Insofern aber der Hedonismus an die vorgegebene Wirklichkeit gebunden ist, bleibt er der Veränderlichkeit wie auch der Vergänglichkeit unterworfen, und hiermit beginnt und endet Wilhelms Kritik der ästhetischen Existenz. Damit ist auch die Eigentümlichkeit seiner Kritik angezeigt, denn die Kritik kommt nicht von außen im Sinne einer schlichten moralischen Denunziation, sondern sie tritt im Aufzeigen interner Widersprüchlichkeiten auf. Nach einer wiederholten Aufzählung von Gestalten des Ästhetischen, von der Freude an Talent, Gesundheit und Schönheit bis zum zynischen Selbstgenuss heißt es dann: „Und nun will ich die entgegensetzte Bewegung machen. Nichts von alledem (sc. die jeweilige Erfüllung des Genussstrebens) geschieht. Was dann? Dann verzweifeln sie" (EO2, 745; SKS 3, 186). Dieses Zitat macht den Ausgangspunkt von dem aus, was als Psychologie oder eher als Psychopathologie des Ästhetischen bezeichnet werden kann, wobei es vornehmlich um zwei Phänomene bzw. um zwei Psychopathologien, d.i. Schwermut/Langeweile und Verzweiflung, geht. In diesem Zusammenhang macht die Verzweiflung das grundlegende Phänomen aus, in dem Sinne, dass die Verzweiflung, laut Wilhelm, konstitutiv und immanent dem Genussstreben zugehört. Diese Immanenz erläutert Wilhelm durch die Unterscheidung zwischen aktueller und struktureller Verzweiflung, deren Pointe darin liegt, dass die jeweiligen Fälle des Verzweifelns bzw. die jeweiligen Fälle des Misslingens von Genusserfüllung nur das sichtbar machen, was schon vorher der Fall gewesen ist. Somit ist das Bewusstsein von Verzweiflung nur eine beiläufige und keine konstitutive Bestimmung der Verzweiflung: „Der Unterschied ist lediglich der, dass sie es nicht wussten, das aber ist ja ein durchaus zufälliger Unterschied" (EO2, 746; SKS 3, 186), und auf diesem Hintergrund zieht Wilhelm folgende Bilanz: „Es zeigt sich also, dass jede ästhetische Lebensanschauung Verzweiflung ist und dass ein jeder, der ästhetisch lebt, verzweifelt ist, ob er es nun weiß oder nicht" (ibid.).

In der *Krankheit zum Tode* gibt es eine ähnliche Distinktion zwischen aktueller und struktureller Verzweiflung: „Denn wenn oder falls das geschieht, was ihn zur Verzweiflung bringt, so wird es im gleichen Augenblick offenbar, dass er sein ganzes vorhergehendes Leben hindurch verzweifelt gewesen ist. Hingegen kann man, wenn einer Fieber bekommt, keineswegs sagen, jetzt werde es offenbar, dass er sein ganzes Leben hindurch Fieber gehabt habe. Verzweiflung aber ist eine Bestimmung des Geistes, verhält sich zum Ewigen und hat daher etwas vom Ewigen in ihrer Dialektik" (GW1 KT, 20). Dass es eine strukturelle Art von Verzweiflung gibt, hängt damit zusammen, dass Verzweiflung laut Anti-Climacus ein Ausdruck von Geist ist, der wiederum der Ausdruck eines Selbstverhältnisses ist, das von keinem Menschen ausgelöscht werden kann und in diesem Sinne Ewigkeit enthält. Recht besehen geht es in der *Krankheit zum Tode* einzig um die Unmöglichkeit einer Vernichtung oder Vertilgung des Selbst.

Dass ästhetische Existenz in ihrer Abhängigkeit vom Endlichen strukturell der Verzweiflung ausgeliefert ist, impliziert jedoch nicht die Notwendigkeit des Verzweifelns. Wilhelm behauptet nur die Möglichkeit des Misslingens und schließt damit auch nicht den Zustand eines dauerhaften Glücks aus. Somit scheint die entschiedene Kritik an der ästhetischen Daseinsweise keine letztgültige Schlagkraft zu besitzen. Dennoch hält Wilhelm an der Unwahrscheinlichkeit eines dauerhaften Glücks fest, sofern Genuss immer an den Augenblick gebunden ist und der Veränderlichkeit der Zeitfolge unterliegt. Zwar kennt Wilhelm auch ästhetische Gestalten, die, wie es heißt, „eine gewisse Einheit haben, einen gewissen Zusammenhang" (EO2, 735; SKS 3, 178), aber sein Hauptinteresse gilt den Gestalten, „die ihr Leben auf das in sich Mannigfaltige gründen" (ibid.).[3] Diese Gestalten gehören alle der Kategorie höherstufiger bzw. reflektierter Ästhetiker an, deren Merkmal der ständige Wechsel des Genussobjektes ist. Wenn aber Mannigfaltigkeit zum Prinzip des Genusslebens erhoben wird, entwickelt sich, laut Wilhelm, eine eigene Logik, die sich letztendlich als katastrophal erweist. Diese fatale Logik der bloßen Mannigfaltigkeit des Vergnügens wird am Beispiel des römischen Kaisers Nero exemplarisch dargestellt, wobei er die Schlussphase einer Entwicklung darstellt, die mit tiefer Langeweile anfängt und mit Schwermut endet. An den Augenblick des Genusses gebunden zu sein heißt, immer neue Reize aufzusuchen, sich hinzugeben, und im Fall des Ausbleibens immer neuer und

---

[3] Vielleicht repräsentieren diese Gestalten diejenige Form von Genuss, die der oben besprochenen „intensiven Wechselwirtschaft" entspricht. Ist das der Fall, dann taucht mitten in der systematischen Darstellung der ästhetischen Lebensanschauung ein Fall auf, der die ganze Argumentation zu bedrohen scheint. Bemerkenswert ist, dass dies von Wilhelm nicht notiert, geschweige denn diskutiert wird.

immer stärkerer Reize tritt Langeweile ein, die sich allmählich zur pathologischen Grundstimmung der Hoffnungslosigkeit des Genussstrebens festschreibt.

Dieser Zustand der tiefen Langeweile, in dem die ganze Fülle des Genießens ausgeschöpft zu sein scheint, wird von Wilhelm als Schwermut bezeichnet und Kaiser Nero exemplarisch zugeschrieben: „Ich stelle ihn mir schon etwas älter vor, seine Jugend ist vorüber, der leichte Sinn ist von ihm gewichen, und er ist bereits vertraut mit jeder nur denkbaren Lust, ist ihrer müde" (EO2, 738; SKS 3, 180). Solche Müdigkeit und Erschöpfung wird Nero durch immer intensivere Reize nie los, insofern er jene durch diese gerade potenziert. Neros Gestalt ist aus mehreren Gründen für Wilhelm bedeutsam. Erstens stellt er die fatale Logik des mannigfaltigen Genussstrebens paradigmatisch vor und zweitens, auf das Engste damit verbunden, demonstriert er nicht nur die Möglichkeit, sondern die immanente Notwendigkeit des ästhetischen Scheiterns. Das ästhetische Leben in seinem Genussstreben scheitert nicht nur aus kontingenten Gründen, durch die Veränderlichkeit und Vergänglichkeit der Reizobjekte, sondern auch, wenn alle nur denkbaren Bedingungen des Genießens erfüllt sind. So demonstriert gerade Neros Überfluss an Genuss-Bedingungen „das entsetzliche Schauspiel" (EO2, 736; SKS 3, 179), d.i. die selbstzerstörerische Gesetzlichkeit des Hedonismus.

So wichtig die Gestalt Neros auch ist, sein Beispiel macht noch nicht den Abschluss oder die Endgestalt der ästhetischen Lebensformen bzw. der Pathologien des Ästhetischen aus. Denn Wilhelm kennt noch eine weitere Form des pathologischen Hedonismus, den des Ästhetikers *A*, des direkten Adressaten von Wilhelm: „Indessen gibt es noch ein Stadium, eine ästhetische Lebensanschauung, die feinste und vornehmste von allen, die ich auf das sorgfältigste erörtern will, denn nun kommt die Reihe an Dich" (EO2, 748; SKS 3, 187). Mit dieser „feinste[n]" oder höchsten Form des Ästhetischen, der Form der Zynismus, introduziert Wilhelm zugleich eine neue und letztgültige Form von Verzweiflung: „Diese letzte Lebensanschauung ist die Verzweiflung selbst" (ibid.), die darin besteht, dass die Hohlheit des Genusses bzw. die Nichtigkeit der gesamten ästhetischen Existenz durchschaut und erkannt worden ist. Im Unterschied zur Verzweiflung Neros, die eine affektive Form bezeichnet, begegnet uns hier eine intellektuelle: „eine Verzweiflung in Gedanken". Diese als nihilistisch zu bezeichnende Verzweiflung, die einen radikalen Sinn- und Realitätsverlust anzeigt, macht den Schlusspunkt in Wilhelms Darstellung und Kritik des Ästhetischen aus, die nur zwei Auswege offenlässt: Untergang bzw. Tod oder Rettung in Form einer neuen Existenzweise.

## 12.2 Die Wahl und die ethische Existenz

Mit der letzten Gestalt der ästhetischen Existenz, wo Verzweiflung geradezu eine eigene Lebensform ausmacht, ist schon eine neue und andersartige antizipiert. Das hängt mit der eigenartigen Natur von Schwermut und Verzweiflung zusammen. Verzweiflung ist als Krankheit zu bezeichnen, aber sie ist von pneumatischer und nicht von somatischer Art, womit gemeint ist, dass Verzweiflung ein Zeichen des Geistes bzw. das Negativbild des Geistes ist. Dies wird auch in *Die Krankheit zum Tode* bezeugt, wo es heißt: „Hielte man den abstrakten Gedanken der Verzweiflung fest, ohne irgendeinen Verzweifelten zu denken, so müsste man sagen: sie ist ein ungeheurer Vorzug. Die Möglichkeit dieser Krankheit ist des Menschen Vorzug vorm Tiere, und dieser Vorzug zeichnet ihn auf ganz andre Weise aus als der aufrechte Gang, denn sie deutet hin auf das unendliche Aufgerichtetsein oder die unendliche Erhabenheit, da er Geist ist" (GW1 KT, 10; SKS 3, 130 f.).

Die intellektuelle Verzweiflung des *A* ist Zeugnis davon, dass die ästhetische Existenz kein geistloses Leben der bloßen Endlichkeit anzeigt, sondern etwas Höheres enthält. In diesem Zusammenhang heißt es: „Was ist also Schwermut? Sie ist die Hysterie des Geistes. Es kommt im Leben des Menschen ein Augenblick, da die Unmittelbarkeit gleichsam reif geworden ist und da der Geist eine höhere Form fordert, da er sich selbst als Geist ergreifen will. Als unmittelbarer Geist hängt der Mensch mit dem ganzen irdischen Leben zusammen, und nun will der Geist gleichsam aus dieser Zerstreutheit heraus sich sammeln und sich in sich selbst erklären" (EO2, 741 f.; SKS 3, 183). Der Ästhetiker *A* steht mit seiner verzweifelten Erkenntnis der prinzipiellen Auswegslosigkeit des Hedonismus genau in diesem Augenblick und an diesem Punkt. Damit wird auch das scheinbare Paradox, womit die Darstellung des Ethischen im eigentlichen Sinne beginnt, verständlich: „Was ist also zu tun? Ich habe nur eine Antwort: verzweifle!" (EO2, 764; SKS 3, 200).

In der Verzweiflung zeigen sich eine Distanz und eine Ablösung vom Endlichen und darin liegt eine Chance. Diese Chance wahrzunehmen fordert indessen eine neue Einstellung zur Verzweiflung, worin der Begriff der Freiheit eine entscheidende Rolle spielt. Die ästhetische Verzweiflung ist unfrei nicht nur in dem Sinne, dass sie als unumgängliche Folge des Hedonismus bloß hingenommen wird, sondern auch in dem Sinne, dass sie sich nicht aus sich selbst vollendet, sondern willentlich bestimmt ist. Hiermit introduziert Wilhelm die dritte und eigentliche Form von Verzweiflung, nämlich die voluntative. Die Kontur dieser voluntativen Form von Verzweiflung, womit die zentrale Kategorie des Ethischen, d.i. die Wahl, eingeführt wird, zeichnet sich am deutlichsten im Kontrast zur intellektuellen Verzweiflung des *A* ab. Insofern *A* die Hoffnungslosigkeit einer beständigen Existenzerfüllung durchschaut oder erkennt, hat er sich auch in größter denkbarer Weise von der Unmittelbarkeit abgelöst. Jedoch bleibt A der Unmittelbarkeit verhaftet in dem Sinne, dass Verzweiflung hier bloß als Reaktion auf die Unerfüllbarkeit aufgefasst wird, wie auch die Erfahrung von der Erfolglosigkeit ohne Konsequenz im Hinblick auf das Genussprinzip der ästhetischen Existenz verbleibt. In der ästhetischen Verzweiflung wird die Endlichkeit des menschlichen Daseins nur passiv hingenommen, während in der wahren Verzweiflung eine aktive Anerkennung der Endlichkeit enthalten ist. Aus diesem „Ja-Sagen" lassen sich nun die Hauptmerkmale des Ethischen ableiten, wobei es zuerst um dessen Kern, d.i. das Wollen geht. Konstitutiv für das Ethische ist laut Wilhelm die Wahl, die aber ein Erlernen des Wählens voraussetzt und das erfordert wiederum ein Wollen: „Es ist deshalb nicht so sehr die Rede davon, dass man wähle, ob man das Gute oder Böse will, als vielmehr davon, dass man das Wollen wählt" (EO2, 718; SKS 3, 165). Wohl gibt es auch eine ästhetische Wahl, aber diese ist als uneigentliche, weil indifferent zu bezeichnen. Im Kontrast dazu steht Wilhelms Aufruf zu einer engagierten Wahl, womit der entscheidende Unterschied von Ethischem und Ästhetischem eindeutig angegeben ist: im Ästhetischem herrscht die Indifferenz, das Nicht-Wollen, im Ethischen hingegen ein leidenschaftliches Wollen. Alles kommt auf das Wollen an und was daraus folgt, lässt sich am Begriff der gewollten Verzweiflung ablesen. Wenn gewollte Verzweiflung mehr ist als bloßes Hinnehmen der Endlichkeit, wenn das Ethische wirkliche Befreiung meint, dann liegt im Begriff des Ethischen ein starker Begriff von Selbstbestimmung. Diese Selbstbestimmung ist aber mehrdimensional in dem Sinne, dass sie zwei verschiedene und doch nicht zu trennende Bewegungen enthält, worin sich sowohl ein Hauptmerkmal und eine Grundfigur kierkegaardschen Denkens ankündigen. Seine Eigentümlichkeit besteht nicht zuletzt in der Aufzeichnung und Darstellung von Bewegungen oder Vollzügen, in denen sich das Leben abspielt; und genau darin liegt auch der Rechtsgrund, Kierkegaards Werk als „Existenzdenken" zu klassifizieren. Die menschliche Existenz ist weder als ein Ding mit Attributen bzw. Eigenschaften noch als ein unaufhörliches Strömen zu verstehen, sondern als ein strebendes Wesen, das sein Leben auf entgegengesetzten Wegen und in entgegengesetzten Richtungen vollzieht.

Diese Idee von Lebensbewegungen begegnet uns auch in Wilhelms Darstellung des Ethischen bzw. der Selbstbestimmung in der Gestalt einer Doppelbewegung. Dass es mit dem Begriff der Doppelbewegung um eine Grundfigur von Kierkegaards Denken geht, bezeugt nicht zuletzt, dass dieser Begriff den Kern seines Glaubensbegriffs ausmacht. Wie aus *Furcht und Zittern* hervorgeht, ist die

Doppelbewegung konstitutiv für sein Verständnis des Glaubens und der Glaube macht gerade den zentralen Streitpunkt dieses Werkes aus.[4]

Zeichen aller Formen von Verzweiflung ist die Loslösung vom Endlichen, und so bestimmt Wilhelm auch sachgemäß die gewollte als eine Distanzierungsbewegung, eine „unendliche Bewegung" bzw. „eine Verunendlichung". An diese Verunendlichung knüpft Wilhelm eine ganze Reihe von Begriffen, die als konstitutiv für die Bestimmung des Ethischen gelten, so etwa „Geist", „ewige Gültigkeit der Persönlichkeit" (EO2, 773; SKS 3, 206), „das absolute Selbst" (EO2, 777; SKS 3, 209). Das Gemeinsame aller dieser Begriffe ist der Bezug auf einen Einheits- bzw. Identitätsgedanken, und so heißt es denn auch, dass das Resultat der unendlichmachenden Verzweiflung „abstrakte Identität" (EO2, 803; SKS 3, 229) sei. So ist auch der dunkle Satz über die „ewige Gültigkeit der Persönlichkeit" nicht als ontologische Aussage über eine besondere Seinsschicht, sondern als Bewusstsein von sich selbst als Identität all ihrer Bestimmtheiten zu verstehen.[5] Im Geist oder Selbst manifestiert sich eine Identität, die schon in der ästhetischen Mannigfaltigkeit anwesend war, die aber in der scheinbar endlosen Zerstreutheit versteckt bleibt. Die Idee einer in der ästhetischen Existenz latenten Identität bzw. Geistigkeit entspricht dem Gedanken im *Begriff Angst* vom „träumende[n] Geist", dessen Ausdruck gerade die Angst ist. Verzweiflung und Angst sind beide Phänomene oder Ausdrucksformen des Geistes und als solche immer mit einem Sich-Verhalten verbunden. So etabliert sich ein Sich-Verhalten nicht erst in der ethischen Wahl, sondern ist schon der ästhetischen Existenz inhärent. Folglich ist der Unterschied zwischen ästhetischer und ethischer Existenz nicht als der von bewusstlosem Vitalismus und bewusster Lebensführung zu verstehen, sondern als zwei grundverschiedene Formen von Sich-Verhalten zur Endlichkeit bzw. Zeitlichkeit.

---

4 In dem Aufsatz „Kierkegaard's Ethicist" (Kosch 2006) hat sich Michelle Kosch gegen die üblichen Deutungen von *Furcht und Zittern* gewandt, denen zufolge es in dieser Schrift vornehmlich um eine Kritik der ethischen Sichtweise gehe. Ziel sei nicht die Widerlegung der ethischen Sichtweise, sondern eine Auseinandersetzung de Silentios mit einer bestimmten Konzeption von Glauben, insbesondere der Hegels. Diese richtige Beobachtung, die in de Silentio's wiederholter Zurückweisung eines affektiven Glaubensbegriffs zum Ausdruck kommt, schließt nicht aus, dass der Glaube mit Problemen der ethischen Sichtweise verknüpft ist. Davon zeugt die Rede von der „Doppelbewegung des Glaubens", die vielleicht als Vorschlag zur Lösung von Problemen, die der ethischen Sichtweise inhärent sind, zu verstehen ist.

5 Vgl. Greve 1990, 84. Das Wort „Ich" oder „Selbst" hat bei Kierkegaard auch die Bedeutung von „Einheit" und „Meinigkeit", die allen Theorien der Subjektivität des deutschen Idealismus gemeinsam ist und die auf Kants Überlegungen zur sogenannten „transzendentalen Apperzeption" zurückgeht.

Der Geist will „gleichsam aus dieser Zerstreutheit heraus sich sammeln und sich in sich selbst erklären" (EO2, 742; SKS 3, 183). Damit ist nicht nur das Thema Einheit/ Identität/Sammlung eingeführt, das neben dem Begriff der Wahl das Ethische konstituiert, sondern zugleich behauptet, dass Identität immer eine Identität von Differentem ist. Laut Wilhelm ist der Gedanke einer reinen oder absoluten Identität genauso wie der Gedanke einer reinen Differenz ein Unding. Als Manifestation der in der ästhetischen Mannigfaltigkeit latenten Einheit bleibt die ethische Wahl eine *Selbstwahl* in dem Sinne, dass das, was gewählt wird, nichts anderes als die konkrete bzw. vorgegebene Existenz des je Einzelnen ist. Die Wahl markiert eine Zäsur und insofern tritt in der Wahl eine neue Qualität hervor. Die aber beruht nicht auf einer Selbstschöpfung, auf einer „creatio ex nihilo", sondern auf einer neuen Verhaltensweise gegenüber der schon vorgegebenen Existenz. So wird Wilhelm nicht müde, auf die Zusammengehörigkeit von Gegebenem und Gemachtem bzw. von Setzen und Gesetztsein hinzuweisen: „Indem ich also absolut wähle, wähle ich die Verzweiflung, und in der Verzweiflung wähle ich das Absolute, denn ich bin selbst das Absolute, ich setze das Absolute und ich bin selbst das Absolute; aber völlig identisch hiermit darf ich sagen: ich wähle das Absolute, das mich wählt, ich setze das Absolute, das mich setzt" (EO2, 771; SKS 3, 205).

Was mit dem Ethischen hinzukommt, ist eine neue Einstellung zur Endlichkeit, worin das Gegebene sich nun als mehr denn nur eine Vorgabe, nämlich als Aufgabe präsentiert. Die für die ethische Existenz konstitutive Identität ist eine zu vollziehende, die nur unter der Voraussetzung der Freiheit möglich ist. Darum ist der Unterschied zwischen ästhetischer und ethischer Existenz nicht nur eine Frage von Zerstreutheit vs. Einheit/Identität, sondern zugleich auch eine Frage bezüglich Unfreiheit vs. Freiheit. In Wahrheit lassen sich Identität und Freiheit nicht voneinander scheiden. Diese Zusammengehörigkeit kommt in der zweiten Grundbewegung des Ethischen, der der Verendlichung, deutlich zum Ausdruck. In der ersten Bewegung des Ethischen formieren sich Persönlichkeit, Identität und Freiheit, die alle konstitutiv für das Ethische bleiben, und dennoch bezeichnet Wilhelm die Lebensanschauung, die sich in absoluter Distanz zur Welt und Umwelt etabliert, als eine unvollkommene. Die Ablösung vom Endlichen, die der ethischen Wahl inhärent ist, bringt die Gefahr mit sich, die Zeitlichkeit und Wirklichkeit ganz zu ignorieren, womit der Wählende sich in einen Zustand des bloßen Auf-sich-selbst-Starrens versinkt, letztendlich in „Müdigkeit" und „Apathie" (EO2, 792f.; SKS 3, 221), die gerade die Begleiterinnen des ästhetischen Genussstrebens sind. Das absolute Ich, das in der Wahl zum Vorschein kommt, birgt die Gefahr, sich in derselben Wirklichkeits- und Zeitvergessenheit zu verlieren, die für das ästhetische Leben charakteristisch sind, womit die Unfreiheit nur reproduziert wird. Die sich nur auf sich beziehende Subjektivität führt in einen Zustand kontemplativer Weltlosigkeit, die auf ein Leben im Modus des sich aufzehrenden Narzissmus zuläuft, womit sich zugleich die Notwendigkeit einstellt. Die Rede von abstrakter Identität ist sowohl als Charakterisierung als auch als Kritik der fichteschen Theorie vom absoluten Ich zu verstehen. So benutzt Kierkegaard in seiner Dissertation *Über den Begriff der Ironie* gerade diesen Terminus zur Kennzeichnung der fichteschen Philosophie.

Überhaupt spielt Fichtes Philosophie eine entscheidende Rolle in der Darstellung und Ausformung des Ethischen. So meint Michelle Kosch – im Gegensatz zur vorherrschenden Interpretation, welche das Ethische in *Entweder – Oder* als ein Hybrid von kantischer Moralphilosophie und hegelscher Rechtsphilosophie auslegt: „that Fichte was in fact the main historical model for Kierkegaard's ethicist" (Kosch 2006, 262).

Dieser These ist insofern zuzustimmen, als nicht nur die Wahltheorie, sondern die gesamte Anlage und Struktur von *Entweder – Oder* in hohem Maße von Fichtes Philosophie beeinflusst sind. W.v. Kloeden hat nachgewiesen, dass Kierkegaard nicht nur durch sekundäre Darstellungen in Martensens *Geschichte der neueren Philosophie* und Hegels *Vorlesungen über die Geschichte der Philosophie* mit Fichtes Philosophie bekannt war, sondern dass er sich selbständig und intensiv mit der *Anweisung zum seligen Leben* (1806) und der *Bestimmung des Menschen* (1800) befasst hat (v. Kloeden 1979). In diesem Zusammenhang ist die letztgenannte Schrift von besonderer Wichtigkeit, insofern behauptet werden kann, dass die fundamentale Unterscheidung zweier grundverschiedener Lebensweisen in *Entweder – Oder* die von Fichte in der *Bestimmung des Menschen* vollzogene Unterscheidung zweier Denkweisen, d.i. ein Denken im Modus des Dogmatischen und Objektivistischen und ein Denken im Modus der Freiheit und des Praktischen, geradezu spiegelt (Wolsing 2010). Diese Unterscheidung zweier Denkweisen geht wiederum auf Friedrich Heinrich Jacobi zurück, der in seinem, für die nachkantische Philosophie, sehr einflussreichen Buch *Über die Lehre des Spinoza in Briefen an den Herrn Moses Mendelssohn* (1785) zwischen zwei grundverschiedenen und entgegengesetzten Denkformen unterscheidet, d.i. einem reinrationalen demonstrierenden Denken („Alleinphilosophie" genannt) und einem offenbarenden, praktischen und freiheitlichen Denken („Unphilosophie" genannt). *Die Bestimmung des Menschen* ist kurz nach dem sogenannten Atheismusstreit und Jacobis Kritik an Fichte, im *Brief an Fichte* (1799), entstanden und lässt sich als ein Versuch verstehen, der Kritik Jacobis entgegenzukommen bzw. dessen Freiheitsphilosophie im eigenen System zu integrieren. Obwohl Fichtes Unterscheidung zweier Denkweisen und Kierkegaards Unterscheidung zweier Existenzformen weit voneinander zu liegen scheinen, so stimmen sie doch darin miteinander überein, dass die Unterscheidung eine Grunddifferenz zweier Ansichten, die der Notwendigkeit und die der Freiheit, anzeigt. Bei aller Spielhaftigkeit und wechselhaften Betriebsamkeit der ästhetischen Existenz bleibt sie der Notwendigkeit unterworfen. So lässt sich auch die Distinktion zwischen Zweifel und Verzweiflung, die ausführlich von Wilhelm diskutiert wird (EO2, 768–771; SKS 3, 203–205) und die wohl polemisch gegen Hegel gerichtet ist, im Rahmen der jacobischen/fichteschen Unterscheidung verstehen (Rasmussen 2014, 56).

Fichtes Einfluss lässt sich auch in der Wahltheorie erkennen. So ist der durch einen Willensakt vollzogene Übergang von ästhetischer Unmittelbarkeit zur ethischen Selbstbestimmung nach dem Vorbild von Fichtes Begriff eines radikalen Entschlusses strukturiert, wodurch sich das Ich von den Fesseln einer kalten Naturnotwendigkeit ein für alle Mal befreit. So stark ist der Einfluss Fichtes, dass er bis in Wilhelms Terminologie hineinreicht. Als Wilhelm zur entscheidenden Bestimmung der ethischen Wahl fortschreitet, benutzt er gerade den für Fichtes Philosophie charakteristischen Begriff des *Setzens*.

Wie oben erörtert zielt Wilhelms Kritik, wenn auch nicht in direkter Weise, doch auch auf Fichtes Theorie einer absoluten Subjektivität, weil diese gerade als Ausdruck der verfehlten Form der „abstrakten Identität", die zur Weltlosigkeit der „Kontemplation" führt, aufzufassen ist. Hier kehrt die von Hegel inspirierte und schon in *Der Begriff der Ironie* vorgeführte Kritik an Fichte wieder, wie überhaupt auch das wiederholte Unterstreichen der Bedeutsamkeit eines ernsthaften Sich-Einlassens auf das Konkrete bzw. die Bestimmung der Freiheit als verwirklichte von der hegelschen Sittlichkeitslehre geprägt sind. So lässt sich die ethische Theorie Wilhelms eher als ein Hybrid aus fichtescher Subjektphilosophie und hegelscher Rechtsphilosophie denn als ein Amalgam von kantischer Moralphilosophie und hegelscher Sittlichkeitslehre verstehen.[6]

Weder abstrakte Freiheit noch abstrakte Identität bezeichnen einen Fortschritt im Verhältnis zur ästhetischen Existenz, und darum bleibt die im Wahlakt sich vollziehende Verunendlichung nur die notwendige, nicht aber die zureichende Bedingung zum Erreichen des Ethischen. Wilhelm wiederholt denn auch immer wieder, dass Freiheit nur als verwirklichte oder realisierte wahrhaftige Freiheit ist. Das kommt in der Gleichsetzung von Gutem und Freiheit deutlich zum Ausdruck, womit das Böse zugleich als Unfreiheit qualifiziert wird. Der Wählende ist durch diesen Gegensatz zwischen Freiheit und Unfreiheit bestimmt in dem Sinne, dass er mit der Wahl des Guten sich dazu verpflichtet, die Freiheit durchzusetzen bzw. zu verwirklichen.

Um die Verwirklichung der Freiheit bzw. der Identität geht es in der zweiten Bewegung, die das Ethische ausmacht, d.i. die Bewegung der Verendlichung bzw. die Bewegung zur Konkretion. Die ethische Existenz ist durch die Dialektik zweier

---

6 Wilfried Greve triff genau den Punkt, wenn er von „Fichte und der Ansatz der Wahltheorie" und „Hegel und die Fortsetzung der Wahltheorie" spricht. (Greve 1990, 126, 129)

Bewegungen ausgezeichnet, wobei die in der ersten Bewegung gewonnene Freiheit vom Endlichen in der zweiten Bewegung zur Freiheit im Endlichen konkretisiert werden muss. Diese Dialektik zweier Bewegungen entspricht nicht nur der oben dargelegten Dialektik von Setzen und Gesetztsein, sondern sie entfaltet auch den Inhalt dieser abstrakt anmutenden Theorie: Die in der Wahl sich selbst setzende Subjektivität muss sich ihre Unmittelbarkeit bzw. Endlichkeit aneignen. Nur so bietet das Ethische eine Alternative zur ästhetischen Existenz.

Die Realisierung der Freiheit bzw. die freie Aneignung des Endlichen lässt sich in zwei Phasen oder Stufen einteilen, nämlich die der Reue und die der Pflichterfüllung; wobei es um eine Hierarchisierung geht dergestalt, dass die Reue die grundlegende Aufgabe darstellt. Das Überführen der Notwendigkeit in Freiheit, das das Spezifische des Ethischen ausmacht, geschieht konkret in der Übernahme der Verantwortung des je vorgegebenen Daseins. Diese Übernahme der Verantwortung macht den Kern der Reue aus, insofern Reue üblicherweise mit der Übernahme von Schuld und mit der Erkenntnis eigener Bösartigkeit verbunden wird. Laut Wilhelm steckt in der Reue eine enorme Macht der Versöhnung, da sie nicht nur fähig ist, die Folgen bösartiger Taten aufzuheben, sondern auch im Falle, in dem die direkte Wiedergutmachung nicht möglich ist, dazu imstande ist, die Schuldlasten in Trauer und Schmerz umzuwandeln und zu ertragen, ohne damit unterzugehen.[7] Der hohe Stellenwert der Reue kommt deutlich dadurch zum Ausdruck, dass es in der Bewegung der Konkretion um mehr als bloße Affirmation der konkreten Wirklichkeit geht. Insofern im Akt der Reue Böses aufgehoben, wenn nicht vernichtet wird, geht es in der Reue um eine radikale Verwandlung des Konkreten in Gestalt eines Umschaffens. Dieses Umschaffen repräsentiert das, was als die „qualitative" Macht der Reue verstanden werden kann; indessen besitzt die Reue aber auch eine „quantitative" Kraft, insofern sie „Geschichte" schaffen kann: „Und hier zeigt die Reue sich in ihrer ganzen tiefen Bedeutung; denn während sie mich in einer Beziehung isoliert, verknüpft sie mich in anderer Beziehung unlösbar mit dem ganzen Geschlecht" (EO2, 802; SKS 3, 228). Die in der Reue liegende Verantwortung gilt nicht nur der Geschichte eigener Handlungen, sondern sie reicht über das einzelne Individuum hinaus bis zum Menschengeschlecht: „und wäre es auch des Vaters Schuld, die sich auf den Sohn fortgeerbt hätte, er bereut sie mit, denn nur so kann er sich selbst wählen, sich absolut wählen" (EO2, 775; SKS 3, 208). Diese anscheinend widersprüchliche Rede von einem universalen Verschuldungszusammenhang (Schuld ist wohl eigentlich nur dem einzelnen

---

7 Im *Begriff Angst* begegnet uns ein völlig anderes Verständnis von Reue. Im Abschnitt „Angst vor dem Bösen" wird von „wahnsinniger Reue" gesprochen, die, genau wie die Verzweiflung in der *Krankheit zum Tode*, nur noch tiefer in die Unfreiheit hineinführt.

Individuum anzulasten) muss im Lichte der engen Beziehung von Reue und Freiheit verstanden werden. Freiheit ist nur als realisierte wahrhafte Freiheit und verwirklichte Freiheit ist mit dem Aufsichnehmen von Schuld geradezu identisch: „kann ich das Vergangene nicht bereuen, so ist die Freiheit ein Traum" (EO2, 802; SKS 3, 228). Weil es in der Reue und Schuldzusprechung um das Kernproblem des Ethischen, d.i. die Freiheit bzw. die Wirklichkeit der Freiheit geht, können der Schuldzusprechung keine Grenzen gesetzt werden, sondern sie muss auf einen Totalitätszusammenhang ausgedehnt werden. Als Bedingung wirklicher Freiheit ist universale Schuldzurechnung so entscheidend, dass der einzige Kummer, den Wilhelm kennt, folgenderweise beschrieben wird: „dass die Reue eine Täuschung wäre, eine Täuschung nicht hinsichtlich der Vergebung, die sie sucht, sondern hinsichtlich der Zurechnung, die sie voraussetzt" (EO2, 800; SKS 3, 227). Dass es bei Wilhelms Kummer nicht um Vergebung von Schuld geht, die als problemlose Folge der Reue gilt, sondern um die Zurechnungsfähigkeit von Schuld, bewahrheitet noch einmal, in welchem Sinne der Gedanke vom Selbst als ein gesetztes Absolutes und die damit verbundenen Begriffe von Freiheit, Identität und Aneignung den eigentlichen Kern des Ethischen ausmachen.

Die Zusammenhörigkeit dieser drei Grundbegriffe kommt auch im zweiten Schritt der Freiheitsrealisierung zum Ausdruck, dem der Pflichterfüllung, die eine Handlung im praktischen Alltag bedeutet. Hier geht es vor allem um ein Konkretwerden von Identität, die wohl im ersten Schritt der Wahl, dem der Verunendlichung, gewonnen wird, aber an sich abstrakt und unvollkommen bleibt. Drehpunkt dieser Art konkreter Identität ist die Negativfolie fehlgehender Wahlbewegung, wobei die Absonderung von der Endlichkeit zum Weltverlust bzw. absoluter Beziehungslosigkeit führt. Diese Fehlform wird durch Beispiele aus der griechischen wie auch der christlichen Gedankenwelt illustriert, wobei besonders die christliche Mystik Ziel einer vehementen Kritik wird. Der Mystiker kommt, auch wenn er im Unterschied zum Ästhetiker de facto gewählt hat, über die zusammenhangslose Augenblicksexistenz des Ästhetischen keinen Schritt hinaus: „Es ist erschreckend, die Klagen eines Mystikers über die matten Augenblicke zu lesen. Wenn dann der matte Augenblick vorüber ist, so kommt der lichte Augenblick, und dergestalt wechselt sein Leben beständig, es hat zwar Bewegung, aber keine Entwicklung. Seinem Leben fehlt die Kontinuität" (EO2, 805 f.; SKS 3, 231). Wie der Ästhetiker ist auch der Mystiker außerstande, dauerhafte Beziehungen einzugehen, wodurch die Welt letztendlich verlorengegeben wird. Darum kommt alles darauf an, „Geschichte" zu bekommen, und so heißt es in einer zentralen Passage, in der auch der für die ethische Existenz eigentümliche Zusammenfall von Gottesverhältnis und Selbstverhältnis unterstrichen wird: „Die Zeitlichkeit ist darum, wenn ich so sagen darf, nicht um Gottes willen da, damit er in ihr, um mystisch zu reden, den Liebenden prüfen und versuchen könne, sondern sie ist da um des

Menschen willen und ist die größte aller Gnadengaben. Darin liegt nämlich die ewige Würde des Menschen, dass er eine Geschichte bekommen kann, darin liegt das Göttliche an ihm, dass er selbst, wenn er will, dieser Geschichte Kontinuität verleihen kann; denn die bekommt sie erst, wenn sie nicht den Inbegriff dessen darstellt, was mir geschehen oder widerfahren ist, sondern meine eigene Tat, dergestalt, dass selbst das mir Widerfahrene durch mich verwandelt wird und von Notwendigkeit in Freiheit übergeführt wird" (EO2, 815; SKS 3, 238 f.). Hier kommt das Essentielle der ethischen Existenz geradezu paradigmatisch zum Ausdruck: die Gleichzeitigkeit der Verleihung von Geschichte und Kontinuität und die Überführung von Notwendigkeit in Freiheit. Beides geschieht in der Selbstübernahme der Reue wie auch im selbstbestimmten Handeln in seiner Beziehung zur konkret verorteten Lebenslage.

## Literatur

Greve, Wilfried 1990: Kierkegaards maieutische Ethik, Frankfurt/M.: Suhrkamp

Jacobi, Friedrich Heinrich 1998: Werke. Gesamtausgabe hg. von Klaus Hammacher und Walter Jaeschke, Bd. 1.1, Hamburg: Frommann-Holzboog

Kosch, Michelle 2006: Kierkegaard's Ethicist: Fichte's Role in Kierkegaard's Construction of the Ethical Standpoint, in: Archiv f. Gesch. d. Philosophie, Bd. 88, Berlin: W. de Gruyter, 261–295

Kloeden, Wolfdietrich von 1979: Søren Kierkegaard und J.G. Fichte, in: Biblioteca Kierkegaardiana 4, 115–118

Rasmussen, Anders Moe 2014: Glaube, Offenbarung, Existenz: Die Fortführung der Jacobischen Vernunftkritik bei Schelling und Kierkegaard, in: Kierkegaard im Kontext des deutschen Idealismus, hg. von Axel Hutter und Anders Moe Rasmussen, Berlin / Boston: De Gruyter, 47–58

Wolsing, Peter 2010: Existenz- oder moralphilosophische Begründung der Ethik. Kierkegaards Verhältnis zu Fichte, in: Kierkegaard und Fichte, hg. von J. Stolzenberg und S. Rapic, Berlin / New York: De Gruyter (KSMS 22), 47–73

Sergio Muñoz Fonnegra

# 13 Das Gleichgewicht zwischen dem Ästhetischen und dem Ethischen in der Herausarbeitung der Persönlichkeit (III): Die Pflicht als Lebensform. Zur Konkretisierung der Ethik als Aufgabe des Menschen

(EO2, 778–914; SKS 3, 210–314)

Die Frage nach der Konkretisierung der Ethik durch die Übernahme der Formen des Ethischen (Arbeit, Beruf, Ehe und Freundschaft) als Aufgabe des Menschen, als seine Pflicht, spielt eine besondere Rolle im letzten Teil des *Gleichgewichtsaufsatzes*. Damit ist die starke ethische Forderung gemeint, sich selbst als ein konkretes, aufrichtiges und verantwortliches Individuum im Kontext einer Zugehörigkeitsgemeinschaft ununterbrochen zu wählen. Denn erst durch die konkrete Wahl des Selbst, so die Hauptthese, kann das Leben des Menschen tatsächlich gelingen, sich in seiner Schönheit entwickeln und eine feste permanente ethische Lebensstruktur schaffen. Genauer gesagt, ist die konkrete Wahl des Selbst Resultat einer „lebendigen Wechselwirkung" mit bestimmten Umgebungen und Lebensverhältnissen, welche den sozialen und bürgerlichen Charakter der Wahl hervorheben (EO2, 830; SKS 3, 250). So gesehen wird die Wahl nicht verstanden als eine bloß absolute, abstrakte und isolierte, ja als eine subjektive Wahl ohne Welt, sondern vielmehr als eine grundlegende Wahl in Kontinuität mit der Welt. Nach der dialektischen Bewegung der Wahl müssen Isolation und Kontinuität sich permanent entsprechen, um von der Durchführung einer ethischen Lebensanschauung reden zu können (EO2, 816; SKS 3, 239f.). Eine solche Ethik der Durchführung und der wirklichen Konkretion ist sowohl deskriptiv, indem sie durch die indirekte Mitteilung und die Autorität der Zeugenschaft (EO2, 903; SKS 3, 305) Anweisungen über die ethisch gut gelungene Lebensanschauung und misslungene Lebensformen gibt, als auch präskriptiv dank der direkten Forderungen einer vom Individuum selbst gesetzten Pflicht. Werden der soziale und bürgerliche Charakter des konkreten Selbst, die dialektische Bewegung der Wahl nach innen und nach außen und die deskriptiv-präskriptive Auffassung der Ethik nicht übersehen, dann wird die wichtige therapeutische Funktion der Wahl im Sozialisierungsprozess des Individuums deutlicher, wenn es darum geht, treffend zu bestimmen, was es heißt, sich selbst im Zusammenhang mit der Wirklichkeit nach seiner Freiheit zu wählen.

Meiner Interpretation nach beabsichtigt Kierkegaard mit der Forderung nach einer Konkretisierung der Ethik zu zeigen, wie das ethische Leben den modernen Menschen von den negativen Phänomenen des Sozialen, welche die Selbstbestimmung und die Selbstverwirklichung verhindern, befreit und ihn mit dem Leben versöhnt. Arbeit, Beruf, Ehe und Freundschaft sind in diesem Sinne Formen der Befreiung und der Versöhnung, welche dazu beitragen, dass die Wirklichkeit ethisch gewonnen wird (EO2, 901; SKS 3, 304). Dies wird in Auseinandersetzung mit der ästhetischen Lebensanschauung durch die Kritik einer bloß abstrakten Wahl des Selbst (I), durch die Kritik einer bloß abstrakten Auffassung der Pflicht (II) und durch die Darstellung der Formen des Ethischen (III) entwickelt. Dass jene Formen der Befreiung und der Versöhnung jedoch mit der Möglichkeit einer berechtigten Ausnahme verträglich sind, wird als Problem dargestellt (IV). Im Folgenden möchte ich mich diesen vier Momenten der Argumentation zuwenden. Die Methode und Funktion der indirekten Mitteilung, die in *Entweder – Oder* strategisch gesehen von großer Bedeutung ist und der kritischen Diagnose der modernen Zeit dient, die Beschreibung des ästhetischen Lebens durch die damit einhergehenden Begriffe der Unmittelbarkeit, des Genusses und der Verzweiflung und die Darstellung der absoluten Wahl des Selbst werde ich im Laufe meiner Rekonstruktion und Interpretation voraussetzen.

## 13.1 Kann die Wahl des Selbst bloß abstrakt sein?

Die Beschreibung der verschiedenen ästhetischen Lebensanschauungen, welche Ausdruck eines Lebens für den Genuss ohne Kontinuität mit der Wirklichkeit sind, erlaubt dem Gerichtsrat mittels pathologischer Begriffe wie Schwermut und Verzweiflung zu zeigen, inwiefern ihnen die permanente Gefahr des Scheiterns innewohnt. Da im Ästhetischen der Mensch die Grundlage seines Selbst und seines Handelns außerhalb seiner selbst und von daher kein ethisches Zentrum in sich selbst hat, auf das er sich stützen kann, ist der Mensch verzweifelt, unabhängig davon, ob er sich dessen bewusst ist oder nicht. Das soziale und bürgerliche Leben in der modernen Zeit fördert hiermit negative zwischenmenschliche Verhältnisse, die einem zunehmend unbewussten subjektiven Freiheitsverlust entsprechen, da der Mensch in der Illusion lebt, dass der Sinn und die Bedeutung des Lebens im Genuss bestehen. Kierkegaard nennt dies die soziale Nivellierung (GW1 LA, 89 ff.; vgl. Deuser 1974, 189–193; Poulsen 2004, 44–47) des Menschen, der dem anderen gegenüber indifferent bleiben muss, um unmittelbar das zu sein, was er ist. Die Wahl des Selbst ist daher sehr wichtig, um sich der geistigen Situation der Zeit bewusst zu werden, und um sie zu überwinden. In erster Linie ist die Wahl eine Bewegung nach innen, eine Vereinzelung, welche das Selbst begründet. Aber ohne die Bewegung nach außen, ohne die Konkretion, kann es keine Kontinuität des Selbst mit seiner Umgebung geben, sodass es beständig bleibt. Sich selbst in der Isolation und in der Kontinuität als ethische Aufgabe permanent zu wählen bedeutet, die konstitutive Verzweiflung zu überwinden und das eigene Selbst zu ratifizieren, es konkret werden zu lassen.

Die doppelte Bewegung der Wahl, welche das Individuum vor der Zersplitterung seiner Existenz und vor der Verzweiflung rettet, ist, so der Gerichtsrat, eine „Verklärung", welche darin besteht, den „ethischen Mut" dazu zu haben, „im Ernst sein Leben nicht in den Differenzen haben zu wollen, sondern in dem Allgemeinen" (EO2, 789; SKS 3, 218 f.). Der Gerichtsrat im *Gleichgewichtsaufsatz* warnt vor dem Fehler, die ethische Wahl mit der ästhetischen Wahl zu verwechseln oder jene auf die abstrakte Wahl des Selbst zu reduzieren. In beiden Fällen fehlt die Kontinuität mit den Lebensverhältnissen und das Individuum steht in der Gefahr der Aussonderung und des Scheiterns (vgl. Pieper 2000, 99 ff.).

Da der Ästhetiker den Sinn der Wahl missversteht, denkt er auch, dass die Konkretion eine ernste Aufgabe, und zwar eine ästhetische ist. Der ästhetische Ernst verlangt eine totale Entwicklung des außergewöhnlichen Talents, das einen Menschen von einem anderen wesentlich unterscheidet. Und auf diese Weise glaubt er, dass er wird, was er wird, und dass er selbständig wird, obwohl er vielmehr weiter das ist, was er unmittelbar ist. Seine Besonderheit, welche sein Leben bereichert und ihn in den Differenzen hält, ist das Ziel seiner künstlerischen Entwicklung. Er verwandelt sich durch sein ernstliches ästhetisches Tun nicht, sondern vertieft sich in sein Sosein, was ihn nur im Augenblick rettet. Die Konkretion seines Selbst versteht er deshalb als Konkretion des Genusses, d.h. als Konkretion einer Mannigfaltigkeit, die sein ganzes Leben permanent relativiert. Der Ästhetiker vertritt den Wunsch einer ganzen Kultur nach Ersatzvergnügen. Es geschieht in diesem Sinne, wenn gesagt wird, dass im Ästhetischen die Entwicklung mit Notwendigkeit stattfindet. Freiheit ist da nicht möglich, wo das Leben von den Differenzen abhängt. Man kann sich dessen bewusst werden, und dies ist der Fall des Ästhetikers *A*, und sich trotzdem für das Leben im Selbstbetrug entscheiden, da der ethische Mut zum Leben in Kontinuität mit dem Allgemeinen fehlt. Ein *Erwachen aus der Unbekümmertheit* (Jaspers 1932, 24 ff.) wird sogar unbewusst verlangt in einer Zeit, in der die Relativierung des Lebens durch die Differenzen wegen des Mangels am Beständigen soziales Unbehagen verursacht: „Unsere Zeit bedarf in dieser Hinsicht einer Erschütterung, die wohl auch nicht ausbleiben wird; denn er wird wohl kommen, der Augenblick, da sie sehen wird, wie die in ästhetischem Sinne ausgezeichnetsten Individuen, eben die, deren Leben in den Differenzen liegt, über diesen verzweifeln, um das Allgemeine zu finden" (ibid.). Wer ästhetisch lebt, weiß von der Verzweiflung oder ahnt sie, und wissend oder ahnend hat er das Gefühl, dass sein Leben auf einer Stimmung, auf etwas fußt, das vergeht (ibid.), weshalb er, so die starke These des Gerichtsrats, bewusst oder unbewusst Sehnsucht nach dem Allgemeinen hat.

Der Fehler einer solchen Forderung nach Konkretion im ästhetisch ernsten Sinne liegt in der egoistischen Bewegung der Wahl nach innen, in ästhetischem Missbrauch der ethischen Wahl (EO2, 792; SKS 3, 221). Im Gegensatz dazu bringt das ethische Leben Befreiung von der Verzweiflung mit sich. Es beherrscht die Stimmungen und lässt die wirkliche Konkretion so hervortreten, dass das Leben eine permanente Realisation in Freiheit wird.

Was für die ästhetische Wahl gilt, trifft auch auf andere mangelhafte Arten der Wahl zu, die eine bloß abstrakte Wahl darstellen. Um die These noch deutlicher zu verteidigen, dass die Wahl des Selbst keine endgültige, sondern eine ständig zu ratifizierende Wahl nach innen und nach außen in Kommunikation mit den anderen ist, müssen dieses Mal Fälle wie der des Anachoreten und des Mystikers berücksichtigt werden, bei denen das Individuum zwar nach seiner Freiheit gewählt hat, ohne dass dies aber positiven Zugang zur Welt impliziert. Es hält fest an der egoistischen Kontemplation des eigenen Selbst, das es nun in der Abstraktion und inneren Handlung vollkommen und rein sieht. Im Fall der Anachoreten hatte die ethische Haltung die Aussonderung um der Bildung von persönlichen Tugenden willen zum Ziel, mit welchen sie nicht zur Aufrechterhaltung des Ganzen beitragen wollten. Die äußerliche Welt war für sie nur als Stoff der persönlichen Weiterentwicklung interessant, nicht aber als Ort der Konkretion, dem gegenüber Verantwortung getragen wird. Im Fall des Mystikers geht es um die Bildung von religiösen Tugenden und um ein persönliches Verhältnis zu Gott. Das Verhältnis zur Welt ist sozusagen so gut wie nicht vorhanden, weil die Aussonderung eine Verachtung der Mitmenschen ist, die den Mystiker von dem erotisch kontemplativen Verhältnis und der Liebe zu Gott ablenken. Wie es bei dem Ästhetiker und dem Anachoreten der Fall war, wird auch hier das Leben in den Differenzen gelebt, d. h. das Zufällige und Willkürliche werden zum Ausdruck der Konkretion und führen, zugunsten der eigenen Ziele, zur Unabhängigkeit von den anderen und zur Indifferenz ihnen gegenüber. Der Mystiker verwechselt die Forderung nach der Liebe zu Gott mit der Verneinung der Liebe zu den Menschen. Sein „Fehler" sagt der Gerichtsrat, und dies hat der Mystiker mit jenen anderen teilweise gemeinsam, „ist also nicht, dass er sich selbst wählt, denn daran tut er meiner Ansicht nach gut, sondern sein Fehler ist, dass er sich nicht richtig wählt, er wählt nach seiner Freiheit und doch wählt er nicht ethisch" (EO2, 812; SKS 3, 236).

Bis zu diesem Punkt sollte es klar genug geworden sein, dass die Selbstwahl missverstanden wird, wenn sie auf das Moment der Isolation reduziert wird und sie mit einer metaphysischen Bewegung oder mit bloß innerer Handlung um der egoistischen Lebensziele willen verwechselt wird. Die ethische Selbstwahl gelingt erst in der Situation der Wirklichkeit und kann nur durch permanente Realisation aufrechterhalten werden. Sie setzt die Fähigkeit des Menschen voraus, sich zu sich selbst und zu anderen sowohl als Produkt seines eigenen Tuns als auch als Produkt seiner Umgebung verantwortlich zu verhalten. Der Mensch wird dank der Selbstwahl ein soziales und bürgerliches Selbst, welches Vorrang vor seiner Einzelheit und partikulären Lebensmöglichkeiten hat.

## 13.2 Reicht eine bloß abstrakte Auffassung der Pflicht?

Die ethische Wahl, so wurde gezeigt, ist die Wahl einer bestimmten Konkretion in Kontinuität mit der Welt, einer Konkretion, welche das Individuum als seine Aufgabe versteht. Um an eine Formulierung aus dem Vorlesungsentwurf *Die Dialektik der ethischen und der ethisch-religiösen Mitteilung* zu erinnern, setzt die Ethik das Wissen des Individuums um das Ethische voraus und erfordert eine Realisation (T 2, 123 ff.; SKS 27, 389 ff.). Wenn das Individuum weiß, was das Ethische ist, ist es für die Erfüllung seiner Aufgabe verantwortlich und sieht darin seine Autonomie. Und es weiß auch, dass es dies mit allen Menschen gemeinsam hat. Dass der Mensch seine Aufgabe nicht sofort anerkennt und dementsprechend erfüllt, ist ein Zeichen dafür, dass er desorientiert ist, und ferner, dass seine Zeit ihn mit abstrakten moralischen Prinzipien überfordert und verwirrt. Ein höheres Prinzip des Handelns mag angebracht sein, sobald es gleichzeitig zeigen kann, wie das Abstrakte konkret werden kann, wie es auf die Situation der Wirklichkeit angewandt werden kann. Aber wenn das Prinzip abstrakt und formell bleibt und das Ethische abstrakt verstanden wird, als hätte es mit dem konkreten Menschen nichts zu tun, herrscht Verwirrung und Skepsis, triumphiert die Relativierung der Konkretion und somit das Leben in den Differenzen. Das ist es eben, was der Gerichtsrat mit seiner Kritik an einer abstrakten Pflichtenlehre hervorheben möchte. Eine solche Kritik betrifft sowohl die negativen moralischen Tendenzen der Zeit, die durch Ideologien und falsche Vorstellungen das Leben des Menschen prägen (die Macht der Presse und der Kirche, die Mode, die Demokratisierungsbewegungen wären ein Beispiel dafür), als auch die ethischen Auffassungen, welche die Ethik als etwas dem Individuum Äußerliches darstellen und die Pflicht und deren Erfüllung so gegensätzlich verstehen, dass kaum eine Motivation besteht, die Pflicht erfüllen zu wollen.[1]

---

[1] Mit dieser Kritik ist vor allem die Moralphilosophie Kants gemeint, deren Stärke in der Bestimmung der Autonomie des Willens, der sich selbst das Gesetz gibt, und in der Bestimmung des

Für ein richtiges Verständnis des Begriffs der Pflicht, um diejenigen ethischen Auffassungen zu korrigieren, die sie nur abstrakt verstehen, ist ihre Deutung als ein inneres Verhältnis von großer Bedeutung. Die Grundvoraussetzung ist, dass die Pflicht als Aufgabe aus dem Individuum selbst entspringt, indem sie die Aneignung seiner bestimmten Konkretion sowohl als sich selbst konkret gewähltes Individuum – mit diesen Fähigkeiten, mit diesen Leidenschaften, mit diesen Neigungen, mit diesen Gewohnheiten (EO2, 829; SKS 3, 249f.) – als auch als Produkt seiner Umwelt konstituiert. Dies erlaubt es dem Gerichtsrat zu behaupten, dass die Erfüllung der eigenen Aufgabe in Verantwortung bedeutet, dass das Individuum das Einzelne und das Allgemeine gleichzeitig ist, dass das Zufällige und das Allgemeine in der Pflicht wesentlich koinzidieren können. Was mir zufällig entspricht – jenen Fähigkeiten, Leidenschaften usw. –, soll allgemeingültig werden. Es handelt sich um eine positive Deutung der Pflicht, nach der jede Konkretion dessen, was man zufällig ist, das Allgemeine zum Ausdruck bringt und zu ihm beiträgt, ohne dass diese Konkretion ein Akt der Willkürlichkeit wird. Der Grund dafür ist zum einen, dass für alles, was man durch die Konkretion wird, Verantwortung übernommen wird, und zum anderen, dass „[d]ie Aufgabe, die das ethische Individuum sich setzt, darin [besteht], sich selbst in das allgemeine Individuum zu verwandeln" (EO2, 828; SKS 3, 248f.), ohne dabei aufzuhören, ein einzelnes Individuum zu sein. Dahinter steht, was der Gerichtsrat die Dialektik der Pflicht im inneren Verhältnis nennt: „Ich sage von einem Menschen nie: er tut die Pflicht oder die Pflichten, sondern ich sage: er tut *seine* Pflicht, ich sage: ich tue *meine* Pflicht, tue du die *deine*. Dies zeigt, daß das Individuum zugleich das Allgemeine und das Einzelne ist. Die Pflicht ist das Allgemeine, sie wird von mir gefordert; bin ich also nicht das Allgemeine, so kann ich auch die Pflicht nicht tun. Andererseits ist meine Pflicht das Einzelne, etwas für mich allein, und doch ist es die Pflicht und also das Allgemeine." (EO2, 831; SKS 3, 251)

Die Dialektik der Pflicht lässt erkennen, dass das Unbedingte im Bedingten bleibt, dass, wie auch immer die Situation der Wirklichkeit sich verändert, die bestimmte Konkretion als Aufgabe eine permanente Pflicht um der Kontinuität

---

moralischen Gesichtspunkts liegt. Die Kritik daran teilt Kierkegaard mit Hegel, welcher in den *Grundlinien der Philosophie des Rechts* scharf betont: „So wesentlich es ist, die reine unbedingte Selbstbestimmung des Willens als die Wurzel der Pflicht herauszuheben, wie denn die Erkenntnis des Willens erst durch die *Kantische* Philosophie ihren festen Grund und Ausgangspunkt durch den Gedanken seiner unendlichen Autonomie gewonnen hat (s. § 133), so sehr setzt die Festhaltung des bloß moralischen Standpunkts, der nicht in den Begriff der Sittlichkeit übergeht, diesen Gewinn zu einem *leeren Formalismus* und die moralische Wissenschaft zu einer Rednerei von *der Pflicht um der Pflicht willen* herunter [Hervorhebungen von Hegel – SMF]" (vgl. Hegel 1986, § 135). Alle Hervorhebungen im Folgenden so im Original.

willen ist. Das Ethische enthält beide Momente und denkt sie in Bezug aufeinander. Wieder erfährt das Individuum dadurch eine Befreiung, da es sich in „lebendiger Wechselwirkung" mit seiner Zugehörigkeitsgemeinschaft befindet und „es in seinem Leben die persönlichen, die bürgerlichen, die religiösen Tugenden entwickeln [wird]" (EO2, 829; SKS 3, 249). Sein Leben wird durch die verschiedenen Stadien, in denen es diese seine Tugenden bildet und sich ständig bewegt, bereichert, ergänzt und von der Gefahr der Isolation und der Entfremdung gerettet. Was die ethische Wahl hier leistet, ist die Bildung eines in sich selbst orientierten bürgerlichen und sozialen Selbst, das auch eine private Sphäre für seine Entwicklung hat. Die lebendige Wechselwirkung zwischen dem privaten und dem öffentlichen Leben bewirkt, dass sein Leben weder auf das Zufällige noch auf das Allgemeine reduziert wird, weil beide ein wichtiger Bestandteil seiner Bewegung, seiner Entwicklung und seiner Geschichte sind. Wäre das Zufällige wichtiger, dann würde sein relativiertes Leben sich auf die Differenzen und auf selektive zwischenmenschliche Verhältnisse richten, bei denen die eigenen selbstisch verfolgten Ziele die Priorität hätten. Wäre das Allgemeine dagegen wichtiger, dann würde sein Leben von abstrakten Vorstellungen und Forderungen geprägt, welche ihn dazu bewegen würden, blind zu handeln. Hier hätten abstrakte Mandate, die außerhalb des Menschen liegen, die Priorität. Im Gegensatz zu diesen beiden Abweichungen garantiert die durch die ethische Selbstwahl hervorgerufene lebendige Wechselwirkung in Kontinuität mit der Wirklichkeit Ausgewogenheit, eine ethisch angelegte Lebensgrundlage, ja Orientierung und Motivation zum richtigen Handeln.

Noch klarer wird Letzteres ausgehend von der Auseinandersetzung zwischen der gesinnungsethischen und der verantwortungsethischen Haltung. Während von dem Individuum gesinnungsethisch gefordert wird, dass es immer nach einem allgemeinen Vernunftprinzip handelt, ohne die Konsequenzen seines Handelns zu berücksichtigen, weil das Wichtigste das Befolgen des allgemeingültigen Mandats ist, wird von dem Individuum verantwortungsethisch gefordert, *seine* Pflicht so zu erfüllen, dass es in seinem inneren Verhältnis den Ursprung seines Handelns entdeckt, für das es unbedingt Verantwortung zu tragen hat. Die Konsequenzen seines Handelns können dem Individuum nicht gleichgültig sein, weil seine wirkliche Konkretion sowohl von der Umwelt abhängt als auch Wirkungen auf sie hat. Ein allgemeines Vernunftprinzip, das mit der wirklichen Welt gesinnungsethisch nichts zu tun haben will, um allgemeingültig sein zu können, ist „stets eine abstrakte Vernichtung des ursprünglichen Selbst" (EO2, 826; SKS 3, 247). Aber mit Verantwortung zu handeln heißt eher, das ursprüngliche Selbst in lebendiger Wechselwirkung mit der Umwelt und mit den anderen wirklich zu konkretisieren, das Allgemeine wesentlich zu wollen. Es geht darum, die „Doppelheit" des ethischen Lebens des Menschen anzuerkennen und festzuhalten, die für seine

Bewegung, seine Entwicklung und seine Geschichte gemäß seiner Freiheit relevant ist, nämlich „dass das Individuum sich selbst außerhalb seiner selbst in sich selbst hat" (ibid.). Die Reduzierung des Selbst auf eines von diesen Momenten seiner Doppelheit ist stets, wie gesagt, seine „Vernichtung". Und dies ist der Fall bei einer gesinnungsethischen abstrakten Auffassung der Pflicht oder bei einer individualistischen Auffassung der Lebensaufgabe. Wie die Ethik konkretisiert werden kann, sodass sie den Menschen befreit und mit dem Leben versöhnt, hängt im Grunde genommen von der Klärung dessen ab, was es heißt, ein allgemein menschliches Leben zu führen, also von der Beschreibung der ethischen Lebensformen (Arbeit, Beruf, Ehe und Freundschaft), die das Individuum sich als seine Pflicht aneignen muss, wenn es es selbst und das Allgemeine sein will.

## 13.3 Die ethische Konkretion als Aufgabe

Die Pflicht hat ein grundlegendes Gewicht im Leben des Menschen; sie bewegt ihn zum verantwortlichen Handeln und befreit ihn vom Willkürlichen, auf diese Weise wurde es dargestellt. Anders gesagt, die Pflicht, das Allgemein-Menschliche durch die ethischen Lebensformen (Arbeit, Beruf, Ehe und Freundschaft) auszudrücken, rettet den Menschen vor der Dispersion, die ihm permanent droht, befreit ihn von dem Gewicht der etablierten Ideologien, allgemeinen Vorstellungen und Zeittendenzen. Nun gilt es zu zeigen, wie ein ethisches Leben Sicherheit, Wahrheit, Sinn mit sich bringt, wie es in seiner Schönheit betrachtet werden kann (EO2, 840; SKS 3, 257 f.). Dieses Mal wird wieder an die Auseinandersetzung mit der ästhetischen Lebensanschauung appelliert, nach deren Überzeugung ein ethisches Leben einen Bruch mit dem eigenen, nach hervorragenden Begabungen geführten Leben impliziert und ein schönes Leben vielmehr jenes nach der Entwicklung der Eigentümlichkeit des Zufälligen ist. Der Ethiker sieht das Schöne in der Ganzheit, durch die der Mensch seine bestimmte Konkretion realisiert, der Ästhetiker in dem Moment, durch das der Mensch sich vom Ganzen trennend außerordentlich wird. In diesem Kontext schlägt der Gerichtsrat vor, sich mit einzelnen Lebensverhältnissen (Arbeit, Beruf, Ehe und Freundschaft) ethisch und ästhetisch zu konfrontieren, welche der ethischen Forderung nach einer Konkretisierung der Ethik als Aufgabe des Menschen dienen. Es geht um das mentale Experiment, sich die Situation vorzustellen, dass ein Individuum X sich zuerst an einen Ästhetiker und dann an einen Ethiker wendet und um Orientierung bittet. Was für Anweisungen bekommt es, wenn der Sinn seines Lebens auf dem Spiel steht, wenn es sich für ein Leben aktiv und produktiv entschließen muss? Und wie bekommt es solche Anweisungen? Die Methode der indirekten Mitteilung setzt hier den Akzent auf die ethische Betrachtung (GW1 EC, 135 ff.; SKS 12, 144 ff.), weil sie vom Selbstsein in

## 13 Das Gleichgewicht zwischen dem Ästhetischen und dem Ethischen (III) — 239

Kommunikation mit den anderen und nicht vom bloßen Sosein in Isolation handelt.

Das Individuum X, wie jedes Individuum, hat Bedürfnisse zu befriedigen. Es braucht Unterkunft, Essen und Kleidung, um existieren zu können. Will das Individuum X wissen, wie es das alles erreichen kann, und wendet sich an einen Ästhetiker, um danach zu fragen, bekommt es die direkte Antwort: ‚Dafür brauchst Du eine hübsche Summe, denn „Geld ist und bleibt die absolute Bedingung zum Leben" (EO2, 847; SKS 3, 263) und auch zum Genuss; ohne Geld ist man ein Niemand und das Leben sinnlos. Das Geld löst alle Probleme im Leben, öffnet alle Türen, verleiht Menschenwürde. Gib Geld aus, und Du wirst ein glückliches Leben im Überfluss führen.'

Eine solche Antwort lässt das Individuum X im Stich, so der Gerichtsrat, insbesondere wenn das Individuum X erklärt, dass es über kein Geld verfügt. Die Direktheit des Mitgeteilten zeigt weder, wie das Leben zu führen ist, um die Bedürfnisse zu befriedigen, noch hilft sie dem Individuum, allein zu stehen. Vielmehr wird es mit seiner Situation konfrontiert, und zwar der, dass es kein Geld hat, daher nicht glücklich sein und im Leben nichts leisten kann. Sobald jener Ästhetiker erfährt, dass das Individuum kein Geld hat, hört das Individuum auf, für ihn interessant zu sein. Er kann mit ihm nichts anfangen, er kann seine poetische Kraft nicht sich entfalten lassen und von dem Menschen träumen, den er aus dem Individuum formen will. Erwarten kann er nur, dass das Individuum zufälligerweise Erfolg hat, damit es sich wieder an ihn wendet und durch seine kluge direkte Intervention ein außergewöhnliches Individuum der Gesellschaft wird. Und in der Betrachtung des Ästhetikers *A*, der mit der Grundidee jenes herzlosen Ästhetikers einverstanden ist, dass das Geld für die Glückseligkeit notwendig ist, sieht das alles nicht anders aus. Zwar sympathisiert er mit denjenigen Menschen, die kein Geld und die schwierige Lebensumstände zu bewältigen haben und empfindet Mitleid mit ihnen, seine Sympathie und sein Mitleid sind aber nicht produktiv in dem Sinne, dass er den anderen helfen will, selbstständig zu sein. Er kann sich nur über die ungerechte Existenz lustig machen, welche einigen Menschen alles gibt, während sie andere in Not sein lässt. Seine Leidenschaft dient der ironischen Erklärung der sozialen Verhältnisse und dem sympathetischen Spott, mit dem er im Namen des Bedürftigen spricht.

Wendet das Individuum X sich an den Ethiker, bekommt es eine klare Anweisung: „Es ist jedes Menschen Pflicht, zu arbeiten, um zu leben" (EO2, 851; SKS 3, 266). Der Ethiker sagt nicht, um welche konkrete Arbeit es geht, weil der Entschluss dafür ein Akt der Freiheit ist, der allein mit dem Individuum zu tun hat. Die klare Anweisung zeigt die Aufgabe als Pflicht, die Realisierung hängt vom Individuum selbst ab. Sie hebt aber auch hervor, dass das Individuum, ethisch gesehen, keine Ausnahme ist: Es ist seine Pflicht, wie die jedes anderen, zu arbeiten, um zu leben. Die Arbeit als Pflicht veranschaulicht die positive Teilnahme des Menschen an seiner moralischen Gemeinschaft, die Art und Weise, wie er glücklich sein kann, indem er dasselbe wie andere realisiert, d. h. seine Aufgabe. Der Sinn der Arbeit besteht darin, dass der Mensch dank der Arbeit mit seinen eigenen Händen seine Welt verwandeln und den äußerlichen Dingen eine Form und einen Sinn geben kann, welche sie von Natur aus nicht hatten. Eben die Möglichkeit des Sinnverleihens und der Selbstsorge konstituieren den Wert der Arbeit für die Entwicklung der Persönlichkeit und für das Handeln gemäß der Freiheit. In der Arbeit sieht der Gerichtsrat die Würde des Menschen und eine konkrete Sphäre für die Ausübung der persönlichen, sozialen und bürgerlichen Tugenden in Interaktion mit den anderen.

Die Auffassung der Arbeit als Pflicht hat den Vorteil, dass sie das Individuum auf die Situation der Wirklichkeit bezieht und ihm sofort seine Aufgabe zeigt. Die Arbeit als Pflicht ist keine Abstraktion, denn sie ist vielmehr etwas, das realisierbar ist, sobald der Mensch versteht, dass es nicht um diese oder jene Arbeit geht, sondern darum, dass er arbeitet, um zu leben, um einen sozialen Raum für die Entwicklung seiner Freiheit und die des anderen zu schaffen und sie zu gewährleisten. Die Arbeit an sich kann jedoch ohne eine weitere Expression ihren eigentlichen Wert nicht aufzeigen. Die Arbeit als Pflicht geht mit einer Forderung des Menschen nach Anerkennung und Befriedigung einher, die nicht zu übersehen ist: „Er fordert also einen höheren Ausdruck für sein Arbeiten, einen Ausdruck, der das Verhältnis seines Tuns zu seiner Person und der anderer Menschen bezeichnet, einen Ausdruck, der es ihm als Lust zu bestimmen und zugleich dessen Bedeutung zu behaupten vermag" (EO2, 862; SKS 3, 274).

Um diesen Ausdruck genau zu bestimmen, geht das Experiment weiter. Das Individuum X will arbeiten und hat den Wunsch, jenen Ausdruck für sein Arbeiten zu finden. Es ist noch nicht ganz selbstständig, und dies bewegt es dazu, um Klärung bei einem „etwas humaneren Ästhetiker" zu suchen. Dass das Individuum sich nicht von Anfang an an einen Ethiker wendet, kann als Folge davon erklärt werden, dass es das ästhetische Leben noch nicht in seiner Gewalt hat und irgendwie die Sehnsucht nach Abenteuer, nach dem Unbekannten, nach dem unmittelbaren Genuss, also nach Emanzipation, spüren kann. Die Antwort des humaneren Ästhetikers ist noch einmal direkt: „Die Arbeit darf jedoch nicht Arbeit in strengerem Sinne sein, sondern muß sich immer als Lust bestimmen lassen" (ibid.). Aristokratisches Talent zu haben und es mit ästhetischem Ernst zu entwickeln, ist der Schlüssel zur Unabhängigkeit und zur Lust. Das hervorragende Talent ist ein Zeichen der Differenz, welches den Sinn des eigenen Tuns ausmacht.'

Hat das Individuum kein hervorragendes Talent, hört es nicht unbedingt auf, ästhetisch interessant zu sein, und bekommt wegen der humaneren Haltung des Ästhetikers zumindest noch eine generelle Anweisung, „sich darein [zu finden], unter die triviale Bestimmung des gemeinen Haufens zu fallen, dass [es] ein Arbeiter im Leben ist" (EO2, 863; SKS 3, 275). Eine solche Anweisung reicht kaum aus, um den gesuchten Ausdruck treffend zu bestimmen. Und es reicht auch nicht, dass das Individuum bei einem anderen den Rat bekommt: Man muss arbeiten, um zu leben, und zwar so, dass man das Leben auf eine solche Weise einteilt, dass man bei einer überflüssigen, langweiligen Arbeit Zeit verliert, um seinen Lebensunterhalt zu verdienen, außerdem Zeit mit Schlafen verbringt, und den Rest der Zeit in das, was zu tun sich lohnt und was Lust erbringt, investiert. Der Fehler liegt hier in der Verwechslung des Sinns der Arbeit für die Persönlichkeit mit der Luststeigerung durch die Entwicklung eines besonderen Talents.

Die Antwort des Ethikers sieht deutlich anders aus: „Es ist eines jeden Menschen Pflicht, einen Beruf zu haben" (EO2, 864; SKS 3, 276). Die Grundvoraussetzung ist hierbei, „daß es für jeden Menschen einen Beruf gibt" (ibid.) und dass es seine Aufgabe ist, seinen Beruf zu bestimmen und sich für ihn ethisch zu entscheiden. Wie im Fall der Arbeit als Pflicht ist der Beruf als Pflicht eine abstrakte Forderung, die sich an alle gleichermaßen richtet, und deren Konkretisierung in der Macht des einzelnen Menschen steht. Die Ethik kann deshalb nicht einfach für ihn wählen, ohne Gefahr zu laufen, sein Selbst zu vernichten, „seine eigene Lebensanschauung [zu verleugnen]" (ibid.). Während die ästhetische Einstellung die Entwicklung der Persönlichkeit in der Arbeit von einem besonderen Talent abhängen lässt, das auf der Differenz zwischen Menschen fußt, interpretiert die ethische Lebensanschauung das Talent als Beruf und hebt somit alle Differenzen auf. Oder anders gesagt: Im Beruf ist das Allgemeine wesentlich zu finden. Was das Individuum mit seiner Arbeit und mit der ethischen Wahl seines Berufs erreicht, ist eine Befriedigung in der Durchführung einer Tätigkeit, welche einen Beitrag zur Bewahrung der Gemeinschaft leistet, einen Beitrag, durch den der Mensch in ein Verhältnis zu anderen Menschen tritt und Anerkennung gewinnt. Anerkannt wird nicht, dass er einen besonderen Beitrag leistet, sondern dass er seinen Beruf wie alle anderen Menschen ausfüllt und auf diese Weise seine Arbeit auf die Arbeit der anderen positiv beziehen kann. In der Ausübung des konkreten Berufs, den jeder Mensch zu finden hat, findet eine Gleichheit aller Menschen statt, die deren Eigentümlichkeit bewahrt und etwas anderes ist als jene abstrakte Nivellierung aller Menschen durch ihr Sosein. Der Beruf als Pflicht befreit von der willkürlichen Abhängigkeit eines Bildes des Menschen von seinem besonderen Talent und von dem quantitativen Miteinandervergleichen in der Ausübung des Berufes.

Sollten Arbeit und Beruf als Pflicht Formen der Realisierung des Allgemeinen im individuellen Leben des Menschen sein, welche positive zwischenmenschliche Beziehungen und soziale Wertschätzung durch die erfahrene Befriedigung und die erfolgreiche gegenseitige Anerkennung fördern, Formen, welche zur Entwicklung des sozialen und bürgerlichen Selbst in Kontinuität mit der Wirklichkeit beitragen, dann kann es nicht verwundern, dass es auch andere Formen der Realisierung und Konkretisierung gibt, die jene zwei konsequent ergänzen und den Raum für die Selbstbestimmung und Selbstverwirklichung des Menschen sowie für die Einbeziehung des anderen noch erweitern. Gemeint sind hiermit die Ehe und die Freundschaft, bei denen dem Individuum die emotionale Gebundenheit an andere am Herzen liegt. Beide werden als Pflicht verstanden und damit als die Überwindung des Selbstischen in der Beziehung zum anderen, den man auf besondere Weise liebt oder schätzt.

An erster Stelle kommt die Ehe, die wahre Verwirklichung der Liebe, in ihrer Auseinandersetzung mit den ästhetischen Vorstellungen. Da das Zufällige und die intensive Aufopferung den Kern der romantischen, ja flüchtigen Liebe und des vorübergehenden Glücks ausmachen, scheint es keine Gründe zu geben, um mit der romantischen Liebe zu brechen, um zu heiraten. Der Ästhetiker, an den das oben genannte Individuum X sich erneut wendet, erklärt, dass Liebe und Lust miteinander zusammenhängen und dass es eine Sache des ästhetischen Ernstes ist, sie künstlerisch zu verwirklichen. Denn ihrer freien Natur nach kann die Liebe kein Mandat sein, ohne ihre wesentliche Grundlage, d. h. ihre Ungewöhnlichkeit, zu verlieren. Aber eine solche unmittelbare Liebe, die sich nicht weiter entwickeln will, hängt von einer zufälligen Bedingung ab, die, sobald sie nicht mehr vorhanden ist, die Gebundenheit auflöst. Auf diese Weise eine Person zu lieben, ist wie die Liebe zu einem Ding, das man jederzeit wegwerfen kann. Das war Gegenstand der Betrachtung des Gerichtsrats in seinem früheren, an den Ästhetiker *A* gesendeten Brief über *Die ästhetische Gültigkeit der Ehe*, in dem es hieß, dass die unmittelbare Liebe ihre höhere Gestalt erst in der Ehe erreicht, und dass die Ehe jene Liebe nicht vernichtet, sondern in einer höheren Konzentrizität bewahrt (EO2, 556 ff.; SKS 3, 38 ff.). Die Ehe ist die konsequente Erweiterung und Befreiung der bedingten Liebe. Das versteht jenes Individuum X im Nachhinein, welches einsieht, „dass es eine Beleidigung wäre, sich so an einen andern Menschen binden zu wollen, wie man sich an endliche und zufällige Dinge bindet" (EO2, 876; SKS 3, 285). Wie im Fall der Arbeit und des Berufs gibt der Ethiker die deutliche Anweisung, „dass es eines jeden Menschen Pflicht sei, zu heiraten" (ibid.). Und er kann einem Menschen wiederum nicht sagen, welche Person er heiraten soll, weil dies ein Akt der Freiheit, seiner ethischen Wahl ist. Die Pflicht zu heiraten verursacht einen Zustand des Sicherheits- und Wohlgefühls, der Harmonie, wenn dem Menschen die zufälligen liebenswerten Eigenschaften des/der Geliebten so bewusst werden, dass er/sie diesen „den Ausdruck des Allgemeinen gibt" und sie in seinem Besitz hat (EO2, 879; SKS 3, 287).

An letzter Stelle kommt die Freundschaft, deren Ausgangspunkt das positive innere Selbstverhältnis des Menschen ist. Sie ist zwar selektiv und setzt Sympathie für jemanden voraus, da man nicht mit allen Menschen befreundet sein kann. Sie hängt jedoch nicht von der Sympathie ab. Verleugnen kann man nicht, dass zur Freundschaft gehört, dass der Freund einem nützlich und angenehm ist. Aber eine Freundschaft, die allein dadurch bedingt ist, ist eine instabile Freundschaft, die sich einfach auflösen kann, wenn der Freund sich verändert hat und weder nützlich noch angenehm ist. Die Pflicht, einen Freund zu haben, geht über den Nutzen und das Angenehme hinaus und etabliert „die Einheit der Lebensanschauung" (EO2, 898; SKS 3, 301) als Kriterium der Freundschaft. Erst wenn zwei Menschen dieselbe Lebensanschauung teilen, nach der es die Pflicht des Menschen sei, das Allgemeine in seinem individuellen Leben auszudrücken und das Zufällige in der Erfüllung seiner Aufgabe zum Allgemeinen zu erhöhen, dann kann die Rede sein von einer Einheit der ethischen Lebensanschauung. Die Lebensanschauung, indem sie ethisch bestimmt ist, muss eine positive sein. Das erinnert, wie der Gerichtsrat selbst zugibt, an die Charakterisierung der Freundschaft zwischen den Guten bei Aristoteles, der diejenigen die Guten nennt, die „gut (*agathos*) und gleich an Tugend (*kat' aretên*) sind. Denn diese wünschen in gleicher Weise Gutes füreinander, insofern sie gut sind, und sie sind als solche gut. Diejenigen aber, die den Freunden um dieser selbst willen Gutes wünschen, sind am meisten Freunde. Sie verhalten sich so aufgrund ihrer eigenen Beschaffenheit und nicht zufällig (*kata symbebêkos*). Folglich bleibt die Freundschaft dieser Menschen bestehen, solange sie gut sind; die Gutheit ist etwas Beständiges. Und jeder von beiden ist gut überhaupt und gut für den Freund" (Aristoteles 2006, 1156b 7–14). Freundschaft als Pflicht befreit dank dieser Beständigkeit von der Verabsolutierung des Zufälligen und fördert das gemeinsame Aufrechterhalten des Allgemeinen, das Bedingung seiner permanenten Konkretion ist.

## 13.4 Schlussbemerkung: Gibt es eine berechtigte Ausnahme?

Die positive Aneignung der ethischen Lebensverhältnisse des Menschen (Arbeit, Beruf, Ehe und Freundschaft), die permanente Bedingung für seine Selbstbestimmung und seine Selbstverwirklichung sind, ihn von den negativen Entwicklungen des Sozialen befreien und ihn mit dem allgemeinen Leben versöhnen, konstituieren seine wirkliche Konkretion. Obwohl die damit einhergehenden ethischen Forderungen abstrakt sein müssen, damit die ethische Aufgabe sofort sichtbar wird, fördern sie die Kontinuität und können nicht so verstanden werden, als handelte es sich um blinde Mandate, die das Selbst vernichten. Vielmehr schaffen sie den sozialen Interaktionsrahmen für die selbstständige und positive

Entwicklung des persönlichen, bürgerlichen und sozialen Selbst.[2] Sie warnen vor der Möglichkeit des Scheiterns und der Zersplitterung des Selbst in einer Zeit, wo das Zufällige und Willkürliche die Macht haben und die zwischenmenschlichen Verhältnisse verdinglicht werden. Die Konkretisierung der Ethik ist ein Korrektiv gegenüber den negativen Tendenzen der Zeit, die Art und Weise, wie das Ethische jedem Menschen hilft, allein zu stehen, er selbst zu sein. Es handelt sich genauer gesagt um eine Ethik der verantwortlichen Lebensführung in „lebendiger Wechselwirkung" mit dem individuellen und dem allgemeinen Leben, welche immer Bewusstsein erfordert.

Natürlich kann man die Autorität und die Positivität des Ethischen und dessen Forderungen infrage stellen und sich Gedanken machen, ob eine solche Ethik der Lebensdurchführung gesellschaftlich konformistisch (Adorno 2003, 226) und optimistisch (MacIntyre 1987, 65 f.) ist. Beide Bedenken sind sehr wichtig und ich kann hier nur kurz darauf Bezug nehmen.[3] Die durch die ethische Wahl des Selbst stattgefundene Aneignung der dargestellten Formen des Ethischen zeigt, dass die Selbstwahl keine endgültige ist, sondern ein permanentes verantwortliches Handeln impliziert. Wer sich selbst endgültig wählt, wählt auf egoistische Weise und verkennt seine lebendige Wechselwirkung mit seiner Umwelt, die Bewusstsein und kritische Aneignung des geistigen Zustandes seiner Zeit miteinschließt. Gesellschaftlich konformistisch kann der Mensch in diesem Sinne nicht sein, weil er weder das Zufällige noch das Allgemeine da übernimmt, wo sie als Folge eine negative Bedeutung für die ethische Lebensführung haben. Sowohl das Zufällige als auch das Allgemeine können Gewalt über das Individuum ausüben, das weiß der permanent sich selbst wählende ethische Mensch. Sein gesellschaftlicher Konformismus ist eher scheinbar, da die Skepsis die ethisch gut geführte Lebensführung auf das Kompromisslose und Gleichgültige reduziert sehen will. Nach der ethischen Forderung zu handeln, jene Formen als Pflicht zu sehen, ist keine einfache Aufgabe für das handelnde Individuum. Immer wieder betont Kierkegaard, dass die Erfüllung dieser Forderung mit einer Doppelgefahr einhergeht, weil die Handlung des Individuums immer Gefahr läuft, von oben (von der korrupten Aristokratie) und von unten (von der korrupten Revolution) missverstanden zu werden. Der gesellschaftliche Konformismus liegt im Selbst-Missverständnis der oberen und unteren Klasse, nicht aber in der Tätigkeit des sich

---

2 Zu der Unterscheidung von drei Sphären der Anerkennung, welche mit diesen Formen des Selbstgefühls einhergehen, vgl. Muñoz Fonnegra 2010, 184; vgl. auch Honneth 2001, 70 ff.
3 Eine vollständige Analyse von diesen Bedenken habe ich bereits ausgehend von meiner Interpretation der Selbstwahl und der Sozialisierung im Anschluss an den Begriff der *prohairesis* von Aristoteles und an die Distinktion eines pragmatischen, ethischen und moralischen Gebrauchs der praktischen Vernunft von Habermas geliefert (vgl. Muñoz Fonnegra 2010, 51–71).

## 13 Das Gleichgewicht zwischen dem Ästhetischen und dem Ethischen (III) — 245

selbst in seiner bestimmten Konkretion ununterbrochen wählenden Selbst. Und die Rede vom Optimismus ist unproblematisch, wenn darunter verstanden wird, dass eine richtige ethische Wahl die Anerkennung der Pflichten und die Positivität des Weltbezugs sicherstellt.[4]

Was die Frage nach der Autorität anbelangt, bietet die lebendige Wechselwirkung mit der Wirklichkeit Klärung. Die Sitten einer moralischen Gemeinschaft sind ein Ausdruck für das Allgemein-Menschliche, die nicht beiseitegelassen werden können, da sie die Grundlage für das richtige Verhalten beinhalten. Wer in Einklang mit den Sitten handelt, tut dasselbe wie alle und seine ethische Konsequenz verleiht ihm Autorität. Aber weil er sich diese Grundlage auf kritische Weise permanent anzueignen hat, weil dies seine Pflicht als Aufgabe ist, stellt er immer seine ethische Konsequenz infrage und somit seine Autorität. Das Bewusstsein des „Nicht-Lockerlassens", das eigentlich das Gegenteil von gesellschaftlichem Konformismus ist, revidiert seine Autorität, die von der Verantwortung, von der Reue, von der Angst und von der Verzweiflung nicht zu trennen ist. Sie alle sind wie ein Stachel, der ihn daran erinnert, dass seine Aufgabe ernst zu nehmen ist.

Dass nicht alles so optimistisch und gesellschaftlich konformistisch abläuft, wird am Ende des *Gleichgewichtsaufsatzes* dargestellt, indem die Möglichkeit einer berechtigten Ausnahme thematisiert wird, die in den späteren Werken Kierkegaards zum zentralen Thema wird: „Wenn also ein Mensch, indem er die Aufgabe, die ihm wie jedem andern gestellt ist, nämlich das Allgemein-Menschliche in seinem individuellen Leben auszudrücken, realisieren will, auf Schwierigkeiten stößt, wenn es sich herauszustellen scheint, dass es etwas in dem Allgemeinen gibt, was er nicht in sein Leben aufnehmen kann, was tut er dann? [...] Ist [...] seine Seele durch die Liebe zum Allgemeinen veredelt, liebt er das Dasein des Menschen in dieser Welt, was tut er dann?" (EO2, 909; SKS 3, 310). Die gestellte Frage ist keine einfache Frage und lässt erkennen, dass das Bewusstsein dem Menschen nicht immer hilft und seine Grenzen hat. Die dargestellte Situation ist kritisch, da das Bewusstsein seiner selbst und seiner Pflicht, das Allgemein-Menschliche in seinem individuellen Leben auszudrücken, so fest verwurzelt ist, dass er keinen Trost außerhalb seiner selbst finden kann. Jeder Versuch, den er ernsthaft unternimmt, um das Allgemeine zu realisieren, scheitert. Jeder aufrichtige Kampf um den Sieg des Allgemeinen lässt ihn von vorne anfangen, weil er

---

4 Ein ähnliches Verständnis der Plicht ist bei Hegel zu finden, wenn er die Konsequenzen eines sittlichen Handelns im Kontext einer moralischen Gemeinschaft thematisiert: „*Was* der Mensch tun müsse, *welches* die Pflichten sind, die er zu erfüllen hat, um tugendhaft zu sein, ist in einem Gemeinwesen leicht zu sagen, – es ist nichts anderes von ihm zu tun, als was ihm in seinen Verhältnissen vorgezeichnet, ausgesprochen und bekannt ist" (vgl. Hegel 1986, § 150).

es nicht zu realisieren vermag. „Er wird dann sagen: ich habe unter so ungünstigen Bedingungen wie nur möglich gekämpft. Ich habe gegen das Einzelne gekämpft, ich habe mein Verlangen auf die Seite des Feindes verlegt, ich habe, um die Sache komplett zu machen, das Einzelne zum Allgemeinen gemacht. Dass all dies die Niederlage für mich schwerer machen wird, ist wahr; aber es wird mein Bewusstsein stärken, es wird ihm Energie und Klarheit geben" (EO2, 910; SKS 3, 311).

Auf diese Weise verfügt er über eine schmerzhafte Erklärung für seine Emanzipation von dem Allgemeinen, das er erfolglos zu realisieren versucht, ohne doch von diesem Versuch ablassen zu können. Dass er wie der ethische Mensch dieselbe Energie und Intensität, dieselbe Verantwortung im Versuch der Erfüllung der Aufgabe, dieselbe Liebe für das menschliche Dasein hat, obwohl er stets scheitert, macht aus ihm eine berechtigte Ausnahme, die das Ethische toleriert. Ob das Ethische mit solch einer Ausnahme nicht in sich den Keim seines Zerfalls trägt, bleibt offen.

## Literatur

Adorno, T.W. 2003: Kierkegaards Lehre von der Liebe, in: ders., Gesammelte Schriften, Bd. 2, hg. von R. Tiedemann, Frankfurt am Main: Suhrkamp, 217–236
Aristoteles 2006: Nikomachische Ethik, übers. und hg. von U. Wolf, Reinbek bei Hamburg: Rowohlt
Deuser, H. 1974: Sören Kierkegaard. Die paradoxe Dialektik des politischen Christen. Voraussetzungen bei Hegel. Die Reden von 1847/48 im Verhältnis von Politik und Ästhetik, München: Chr. Kaiser
Hegel, G.W.F. 1986: Grundlinien der Philosophie des Rechts (Werke 7), Frankfurt am Main: Suhrkamp
Honneth, A. 2001: Leiden an Unbestimmtheit, Stuttgart: Reclam
Jaspers, K. 1932: Existenzerhellung (Philosophie, zweiter Band), Berlin / Heidelberg: Springer
MacIntyre, A. 1987: Der Verlust der Tugend. Zur moralischen Krise der Gegenwart, Frankfurt am Main / New York: Campus
Muñoz Fonnegra, S. 2010: Das gelingende Gutsein. Über Liebe und Anerkennung bei Kierkegaard, Berlin / New York: De Gruyter (KSMS 23)
Pieper, A. 2000: Søren Kierkegaard, München: Beck
Poulsen, B.K. 2004: Die Zweideutigkeit der Reflexion bei G.W.F. Hegel und Søren Kierkegaard, in: Kierkegaardiana 23, 41–58

Claudia Welz
# 14 Ultimatum: Gottesfrage, Gebet und Ethik angesichts des Theodizeeproblems

(EO2, 915–933; SKS 3, 315–332 / GW1 2R43; SKS 5, 9–56 / GW1 ERG, 278–302; SKS 8, 361–383)

## 14.1 Einleitung

Das „Ultimatum", mit dem der zweite Teil von *Entweder – Oder* schließt, kreist um das Theodizeeproblem. Gottfried Wilhelm Leibniz' Kunstwort ‚Theodizee' kombiniert die griechischen Worte *theos* (Gott) und *diké* (Gerechtigkeit) und bezeichnet einen Prozess, in dem Gott vor den Richterstuhl der menschlichen Vernunft gestellt und dort angeklagt und verteidigt wird. Spätestens nach dem Erdbeben von Lissabon 1755, das von keinem Menschen gewollt war, wurde Leibniz' Theodizee-Unterfangen, das er in *Essais de théodicée sur la bonté de dieu, la liberté de l'homme et l'origine du mal* (1710) beschrieb, suspekt. Versuche, den Gottesglauben angesichts des Leidens und des Bösen rational zu rechtfertigen, sind alt, und ebenso die Entdeckung, dass alle Erklärungsversuche unverschuldeten Leidens unbefriedigend bleiben.

Die biblische Vorstellung eines barmherzigen und machtvollen (oder gar allmächtigen) Schöpfergottes, der die von ihm geschaffene Welt behütet, wird fraglich: Wenn Gott das Übel, das seinen Geschöpfen ohne eigenes Verschulden widerfährt, verhindern will, aber nicht kann, ist er schwach; wenn er es kann, aber nicht will, ist er übelwollend; wenn er das Böse jedoch verhindern kann *und* will, woher kommt es dann? Laktanz zufolge wurde diese Frage schon von Epikur artikuliert (*De ira Dei* 13, 20 f.). Wird sie als logisches Kohärenzproblem bedacht, gibt es grundsätzlich zwei Lösungswege, um den Glauben an Gott und das Übel in der Welt miteinander kompatibel zu machen: Entweder man revidiert die Gottesvorstellung, z. B. indem man auf das Attribut der Allmacht verzichtet bzw. erklärt, inwiefern Gott gegen das Übel wirkt, aber auf eine sofortige und restlose Durchsetzung seiner Macht verzichtet, oder aber man versucht zu zeigen, dass das Übel gar nicht so übel ist, z. B. indem man es als *privatio boni* ontologisch depotenziert oder indem man es für einen höheren Zweck instrumentalisiert, z. B. indem man es als Ermöglichungsgrund menschlicher Freiheit inklusive der Möglichkeit ihres Missbrauchs oder als Erziehungsmittel betrachtet.

Beide Problemlösungsversuche sind ihrerseits problematisch (vgl. Oelmüller 1990, v. a. 9–32; Ammicht-Quinn 1992, 217–251; Welz 2008b, 1–20). Um Gott angesichts des Übels zu rechtfertigen, muss der Mensch eine quasi-göttliche Perspektive mit Einsicht in Gott und Übersicht über die Welt einnehmen. In beiden Fällen wird mit der Prämisse operiert, dass ein klar bestimmbarer Handlungszusammenhang zwischen Gott als letztverantwortlichem Akteur und dem Weltgeschehen im Ganzen besteht und dass Gott moralischen Maßstäben untersteht, nach denen sein Zulassen des Übels wie eine Handlung bzw. Handlungsunterlassung beurteilt wird. Das Missliche am ersten Lösungsversuch wird nicht besser, wenn man Gott eine eschatologische Selbstrechtfertigung zugesteht. Gott wird dann zwar nicht schon innergeschichtlich von Gnaden der menschlichen Vernunft freigesprochen, aber trotzdem wird erwartet, dass er sich einst vor ihrem Richterstuhl verteidigen wird. Wer Gott anklagt, will einklagen, dass menschliches Tun und Ergehen einander entsprechen müssen. Der zweite Lösungsversuch muss davon nicht ausgehen, weil er annimmt, dass selbst die übelsten Erfahrungen ihr Gutes haben, egal ob das Übel willentlich begangenes Unrecht, also Böses, ist oder ob es unbeabsichtigte Schmerzen mit sich bringt.

Die Theodizeefrage stellt sich nach Auschwitz noch viel radikaler, sofern die Unermesslichkeit des durch menschliche Grausamkeit verursachten Leides in keinem Verhältnis steht zu jenem Maß an menschlicher Freiheit, das – ihrem Missbrauch zum Trotz – noch durch eine *Free Will Defense* verteidigt werden könnte. Dadurch wird auch eine (den Menschen in seiner Zweideutigkeit in Schutz nehmende) Anthropodizee problematisch, die unweigerlich ins Spiel kommt, wenn der Glaube an Gottes Allmacht aufgegeben wird.

So heißt es z. B. bei Hans Jonas in seinem 1984 bei der Verleihung des Leopold-Lucas-Preises in Tübingen gehaltenen Vortrag „Der Gottesbegriff nach Auschwitz": „Nachdem er sich ganz in die werdende Welt hineingab, hat Gott nichts mehr zu geben: Jetzt ist es am Menschen, ihm zu geben" (Jonas 1987, 47; s. hierzu Wiese 2015). Ist Gott nicht mehr der Herr der Geschichte, muss der Mensch die Herrscherrolle Gottes übernehmen. Geschehnisse wie Hitlers sog. ‚Machtergreifung' zeigen jedoch, dass dies auch in einer gott- und gewissenlosen Usurpation enden kann. Inwieweit der Glaube an einen ohnmächtigen Gott, der selbst dem Leiden unterliegt und daher den wehrlosen Opfern der Geschichte nicht zu Hilfe kommen kann, tröstlich ist, sei dahingestellt.

Wie wollen wir uns zu dem, was geschieht, ins Verhältnis setzen, ohne zu wissen, wie sich der Schöpfer dieser Welt zu dem verhält, was in ihr geschieht? Die gegen das Übel angehende Güte Gottes ist empirisch nicht aufweisbar. Sie stellt uns vor die Frage, ob wir an sie glauben wollen, auch wenn dieser Glaube nicht auf seine Richtigkeit hin überprüfbar ist und einen erfahrungsüberschreitenden Überschuss enthält. Wie wir *de facto* umgehen mit dem, was uns in unumgänglicher Weise widerfährt, manifestiert sich sowohl in unserem Denken als auch unserem Handeln, in unserer Lebensdeutung und -gestaltung. Das Theodizeeproblem berührt nicht nur die Gottesfrage, sondern (sofern diese dialogisch und nicht nur aus der Perspektive der dritten Person behandelt wird) auch das Gebet, in dem sich das Verhältnis eines Menschen zu Gott sprachlich ausdrückt, und die Ethik, verstanden als eine Disziplin, die sich mit den Bedingungen, Möglichkeiten und Grenzen menschlichen Handelns befasst. Diese drei Aspekte stehen im Vordergrund der vorliegenden Untersuchung, die sich zunächst auf das „Ultimatum" in *Entweder – Oder* konzentriert (14.2) und dieses sodann im Kontext anderer Schriften Kierkegaards diskutiert (14.3).

## 14.2 Das „Ultimatum" in *Entweder – Oder*

Das „Ultimatum" ist der letzte Brief des Ethikers *B* an seinen Freund, den Ästhetiker *A*. Dem Brief ist die noch nicht gehaltene Predigt eines anderen Freundes beigelegt, der Pfarrer in Jütland ist. Die Predigt pointiert, was *B* seinem Freund *A* „gern gesagt hätte"; er hat ihr „nichts hinzuzufügen" (EO2, 916; SKS 3, 318). Das von *B* vertretene *aut – aut*, die Aufforderung zur Wahl *entweder* der einen *oder* der anderen Lebensanschauung (vgl. EO2, 704 f.; SKS 3, 155 f.), ist im Titel „Ultimatum" auf dringliche Weise zugespitzt und wird in der Predigt zudem auf verschiedene Möglichkeiten, sich zu Gott zu verhalten, bezogen. Die Predigt entfaltet folgenden Leitsatz: „*Das Erbauliche, das in dem Gedanken liegt, daß wir gegen Gott immer unrecht haben*" (EO2, 917, 923; SKS 3, 320, 326). Sie wird mit einem Gebet eröffnet, dem als Schriftlesung Lk 19,41–47 und Reflexionen zum Bibeltext folgen.

### 14.2.1 Gottesfrage

Mit Jesu Weinen über Jerusalem und der Austreibung derer aus dem Tempel, denen er nicht als Bethaus dient, wird im Lukasevangelium das Thema der Providenz und der Gerechtigkeit angesprochen: Wenn der Untergang der Stadt in Gottes ewigem Rat beschlossen ist, muss dann der Gerechte mit dem Ungerechten leiden (vgl. EO2, 918 f.; SKS 3, 322 f.)? Das Leiden des Unschuldigen war von jeher der Stachel der Theodizee. Sofern Jerusalems Untergang eine Strafe war, hat sie „Schuldige und Unschuldige gleich hart getroffen" – und dies weckt Zweifel an Gottes Gerechtigkeit bzw. ihrer Durchsetzung auf Erden, denn heißt dies nicht, dass „Gottesfurcht keine Verheißung für dieses gegenwärtige Leben" hat (EO2, 920; SKS 3, 323)?

Kierkegaard verwandelt die Frage an Gott geschickt in eine Frage an den Menschen, indem er Gerechtigkeit nicht mehr vorwiegend als Gottesattribut bespricht, sondern als ethischen Anspruch, selbst für das Tun des Gerechten keine Belohnung zu erwarten. Dies zeigt sich auch in der Anrede an den Leser: „Du darfst gegen Gott nicht recht haben wollen, nur so darfst du mit ihm rechten, daß du lernst, daß du unrecht hast." (EO2, 920 f.; SKS 3, 324) Dies Unrechthaben Gott gegenüber (bzw. das Verbot, mit ihm zu rechten) wird als eine allein dem Menschen zukommende „Vollkommenheit" (EO2, 921; SKS 3, 324) bestimmt, die ihm gerade als unvollkommenes Wesen zukommt.

Das Paradox menschlicher Un-Vollkommenheit äußert sich zum einen epistemologisch: in der Erkenntnis der Grenzen menschlicher Gotteserkenntnis. Dadurch wird der Zweifel an Gott zum Zweifel am Menschen gewendet. Der Wunsch, Gott gegenüber immer im Unrecht zu sein, gilt als „Ausdruck für ein unendliches Verhältnis" (EO2, 926; SKS 3, 327), das nicht quantifizierbar und niemals erschöpfbar ist; andernfalls wäre Gottes Weisheit nicht tiefer als menschlicher Scharfsinn. In einer rhetorischen Frage wird die Unverhältnismäßigkeit einer Anklage Gottes durch den Menschen herausgestellt: „Sollte er, der im Himmel ist, nicht größer sein als du, der du auf Erden wohnst [...]?" (ebd.) Gegen Gott rechthaben zu wollen ist demnach vermessen. Zum anderen wird der Gedanke, dass wir gegen Gott immer unrecht haben, als Ausdruck dafür verstanden, dass „Gottes Liebe immer größer ist als unsere" – und dieser Gedanke mache fröhlich selbst dann, wenn der Himmel als verschlossen erscheint (EO2, 931; SKS 3, 331). Der Glaube an die Liebe Gottes wird somit durch das Bewusstsein gerettet, dass kein Mensch Gott so lieben kann, wie ihm gebührt. Der Mangel an menschlicher Liebe bzw. deren Unzulänglichkeit gilt als *felix culpa*, eine glückliche Schuld. Die psychologische Wirkung des Gedankens an die eigene Schuld besteht darin, dass dem Zweifel Einhalt geboten und der Kummer besänftigt wird (vgl. EO2, 932; SKS 3, 332).

Dieser Gedankengang ist keine Theodizee im Sinne einer rationalen Rechtfertigung Gottes oder einer Theorie zum (Weg-)Erklären des Übels, sondern allenfalls ein Argument, das uns helfen soll, trotz leidvoller Erfahrungen an Gott festzuhalten.

## 14.2.2 Gebet

Zur Gewissheit, selbst vor Gott im Unrecht zu sein, gelangt man jedoch nicht durch das Nachdenken über die generelle Einsicht, dass Gott immer Recht habe. Diese Gewissheit liegt nicht in einer Überlegung, sondern entsteht im Erbautwerden des Menschen durch Liebe, denn nur wer Gott liebt, kann den Gedanken des Unrechthabens gegen Gott *auf sich selbst* anwenden (vgl. EO2, 927; SKS 3, 328). In einer Rede *ad hominem*, die sich nicht so sehr an den Intellekt des Adressaten als vielmehr seine Intuition (näherhin die gefühlte Unvollkommenheit gegenüber Gott) richtet, heißt es:

> Wenn du erkennst, daß Gott immer recht hat, so stehst du außerhalb Gottes, und ebenso, wenn du als Folge davon erkennst, daß du immer unrecht hast. Wenn du dagegen nicht kraft einer vorhergegangenen Erkenntnis verlangst und überzeugt bist, daß du immer unrecht hast, so bist du in Gott verborgen. Dies ist deine Anbetung, deine Andacht, deine Gottesfurcht. (EO2, 928; SKS 3, 329)

Das Gebet ist hier keine Klage oder gar Anklage, sondern ein „Lobgesang" (EO2, 929; SKS 3, 330) – die positive Entsprechung zur Negativität der Sünde, wobei Erstere nicht ohne Letztere zu haben ist, denn die Seligkeit des betenden Menschen liegt genau darin, dass er niemals so lieben kann, wie er von Gott je schon geliebt wurde.

Darin liegt ein Perspektivenwechsel: Gott wird im Gebet nicht mehr ‚von außen' betrachtet, aus der Perspektive der dritten Person, als ‚Er', der immer im Recht ist; vielmehr ist die Freude des Beters in der Intimität eines als ‚Ich-Du-Relation' beschreibbaren Gottesverhältnisses begründet. Statt zu konstatieren: „Gott hat immer recht", sagt der Beter: „gegen Gott habe ich immer unrecht" (EO2, 931; SKS 3, 331). Gott wird also nicht im Allgemeinen Recht gegeben, womit zwangsläufig auch über das Ergehen anderer geurteilt würde, sondern nur im Blick aufs eigene Leben. Der Gedanke, eine Unvollkommenheit des Teiles könne zur größeren Vollkommenheit des Ganzen erforderlich sein, so Leibniz (1999, 289), fehlt völlig. Bei Kierkegaard steht stattdessen die Subjektivität des Einzelnen im Vordergrund – wohlgemerkt ohne dass ihm Recht gegeben wird.

Es handelt sich dabei um die Subjektivität der Selbstprüfung. Die Predigt wird mit einem Gebet eröffnet, in dem der „Vater im Himmel" wie folgt angesprochen wird: „Lehre Du uns recht beten [...] auf daß die arbeitenden Gedanken, das unruhige Gemüt, das bange Herz Ruhe finden mögen darin und dadurch [...], daß wir allezeit fröhlich Dir danken, indem wir fröhlich bekennen, daß wir gegen Dich immer unrecht haben." (EO2, 917; SKS 3, 321) Dementsprechend endet die Predigt mit einer *inclusio*, in der das augustinische Motiv des sich selbst prüfenden und befragenden *cor inquietum* wieder aufgenommen wird. Der Prediger erinnert seinen Zuhörer daran, dass es „wahrlich um Leben und Seligkeit" geht und fordert ihn auf, sich zu fragen, bis er die Antwort findet: „könntest du wünschen, daß es sich anders verhielte [...], daß du recht hättest" (EO2, 932; SKS 3, 332)? Wer dieser Aufforderung nachkommen will, muss nachdenken; doch bleibt der Gang der Gedanken emotionsbewegt. Die Antwort lässt sich nicht in einem beruhigenden, verallgemeinerbaren Wissen finden, sondern allein in der riskanten Glaubensgewissheit dessen, der sich diese selbst erringt und im Ringen mit sich bewahrt: „erst die tiefe innere Bewegung, erst des Herzens unbeschreibliche Rührung, erst sie vergewissert dich, daß das, was du erkannt hast, dir gehört, daß keine Macht es dir rauben kann" (EO2, 933; SKS 3, 332).

Auf Luthers *pro me* anspielend lauten die Schlussworte: „denn nur die Wahrheit, die erbaut, ist Wahrheit für dich." (ebd.) Das Erbautwerden durch eine Wahrheit, die der Aneignung bedarf und auf Selbstüberwindung basiert, erfordert einen Gebetsprozess, der sowohl passiv als auch aktiv ist. Welche Rolle spielt dabei unser menschliches Handeln? Damit sind wir beim nächsten Punkt.

### 14.2.3 Ethik

Dass dem menschlichen Handeln eine nicht unbedeutende Rolle zugemessen wird, zeigt sich an der Einschätzung, dass der Untergang Jerusalems nicht als „Schickung", sondern als „Strafe" (EO2, 920; SKS 3, 324) zu verstehen sei für etwas, was die Bestraften getan oder unterlassen haben. Darin stimmt die Predigt des Pfarrers überein mit den Briefen von *B*, dem Gerichtsrat Wilhelm, der die Möglichkeit, die eigene Schuld zu bereuen, auf die menschliche Freiheit zurückführt (vgl. EO2, 802; SKS 3, 228 f.).

Die engen Grenzen wie auch die erschreckenden Möglichkeiten dieser Freiheit kommen zur Sprache im Zusammenhang mit der Alltagsweisheit „man tut, was man kann, und ist man auch hin und wieder einmal etwas nachlässig, so wird doch Gott niemals vergessen, daß wir schwache und unvollkommene Wesen sind" (EO2, 921; SKS 3, 325). Die Frage, wie zu entscheiden ist, „wieviel das ist: was man kann" (ebd.), enthüllt Abgründe: einerseits ein Zuwenig (bei vergeblicher Anstrengung der eigenen Kräfte, die nicht ausreichen), andererseits ein Zuviel (in der Angst vor der eigenen Selbstsucht und Sünde). Zum Vorschein kommt ein Mensch im Zwiespalt, der entweder nicht erreicht hat, was er tun wollte, oder gerade deshalb, weil er getan hat, was er konnte, auf göttliche Hilfe angewiesen ist (vgl. EO2, 922; SKS 3, 325). Um mit Bestimmtheit entscheiden zu können, ob wir im gegenwärtigen Augenblick Recht haben, müsste „diese Frage mit Bestimmtheit für den vorhergehenden Augenblick entschieden sein, und so immer weiter zurück" (EO2, 923; SKS 3, 325). Im Rechthabenwollen Gott gegenüber verfängt sich der Mensch in einem infiniten Regress des Zweifels. Während Leibniz auf den Einwand, Gott sei ungerecht, weil er „diejenigen bestraft, die getan haben, was in ihren Kräften stand", erwidert, er glaube, „daß Gott stets die Hilfen und Gnaden gewährt, die für die ausreichen, die guten Willens sind" (1999, 307), sieht sich der jütländische Pfarrer außerstande, in seinem eigenen Handeln Ruhe zu finden. Er will lieber Unrecht haben vor Gott als sich sein Rechthaben jeden Moment von neuem erkämpfen zu müssen. Darin steht er ganz auf der Seite Luthers, der den Glauben an die eigene ‚Werkgerechtigkeit', das *facere quod in se est*, zugunsten des Gerechtfertigtseins allein aus Gnaden Gottes aufgab.

Gleichwohl hält er den Gedanken, dass wir gegenüber Gott immer im Unrecht sind, für erbaulich, auch weil er „zum Handeln ermutigt" (EO2, 929; SKS 3, 330). Er verzehre mitnichten „die Kraft des Willens und die Stärke des Vorsatzes"; vielmehr mache er uns fröhlich in unserem Tun (EO2, 931; SKS 3, 331). Ist der Zweifel besiegt und der Kummer besänftigt, können wir alles tun, was in unserer Macht steht, und getrost zwischen den Abgründen der Verzweiflung und Vermessenheit navigieren. Der Pastor macht sodann die Umkehrprobe und erwägt, was geschähe, wenn der klagende Mensch Gott gegenüber wirklich Recht hätte. Dann zerbräche „jenes schöne Gesetz" des Unrechthabens gegenüber Gott, das der Predigt zufolge noch „herrlicher" ist „als das, welches die Sterne auf ihrer Bahn über das Gewölbe des Himmels trägt" (EO2, 932; SKS 3, 332), und das damit sowohl die Naturgesetze als auch das Sittengesetz übersteigt.[1] Die Aufmerksamkeit wird von der Wahl der richtigen Handlungsoption bzw. deren Verfehlen auf ein transmoralisches religiöses Schuldigsein verlagert.

Dies impliziert, dass nicht bestimmte Taten oder Untaten, die eigene Pflicht oder deren Versäumnis bzw. das Erwägen der Konsequenzen des eigenen Tuns im Mittelpunkt stehen wie in deskriptiven, deontologischen oder verantwortungsethischen Entwürfen, sondern all diese Aspekte hineinspielen in ein umfassenderes Verständnis des Personseins ‚vor Gott', das vom Missverhältnis zwischen Gottes Heiligkeit und menschlicher Sünde geprägt ist: Wir bleiben einander und uns selbst etwas schuldig – und damit auf indirekte Weise auch demjenigen, dem wir unsere Existenz verdanken.

Während es sich bei *A* und *B* um ein ‚Entweder – Oder' zweier Lebensstile handelt, wobei der Ethiker der halbherzigen Nonchalance des Ästhetikers gegenüber für das nicht-beliebige Engagement für ein gutes Leben wirbt, zu dem eine behutsame Mitmenschlichkeit und das Versöhntsein mit dem „Walten einer Vorsehung" im eigenen Leben gehört (EO2, 858; SKS 3, 271), macht sich in der Predigt des Pfarrers eine dritte Stimme hörbar, die nicht einfach zwischen *A* und *B* liegt, sondern von *B* zur Verstärkung seiner eigenen Position herangezogen wird. Sie formuliert eine theologische Ethik *in nuce*.

Was diese im Kern enthält, wird deutlich, wenn wir uns fragen, wer hier wem ein Ultimatum stellt: Ist es *B*, der *A* mithilfe der Predigt aus seinem unentschie-

---

[1] Möglicherweise liegt hierin eine Kritik des berühmten Anfangssatzes im „Beschluß" von Immanuel Kants *Kritik der praktischen Vernunft*: „Zwei Dinge erfüllen das Gemüt mit immer neuer und zunehmender Bewunderung und Ehrfurcht, je öfter und anhaltender sich das Nachdenken damit beschäftigt: *der bestirnte Himmel über mir, und das moralische Gesetz in mir.*"

denen Schwanken herauslocken und zu einer Entscheidung zwingen will? Dagegen spricht, dass *B* es *A* selbst überlässt, die Predigt im Stillen zu lesen und sich dazu zu stellen, wie er will, ohne überhaupt mit *B* diskutieren zu müssen. Die Möglichkeit, dass der Mensch Gott ein Ultimatum stellt, scheidet aus, denn sonst wäre die Haltung zum Theodizeeproblem selbstwidersprüchlich: Gott wäre nicht die höchste Instanz. Stellt Gott dem Menschen ein Ultimatum – etwa in Form der Unheilsvorhersage über Jerusalem? Diese Möglichkeit scheidet ebenfalls aus, da der Untergang, wenn er in Gottes ewigem Rat beschlossen ist, durch nichts aufzuhalten ist. Bleibt nur noch die Möglichkeit, dass der Mensch sich selbst ein Ultimatum stellt bzw. vor ein solches gestellt ist.

Genau diese Möglichkeit lässt sich am besten durch den Text belegen: „So haben wir denn nur die Wahl, entweder nichts vor Gott zu sein, oder in ewiger Qual jeden Augenblick von vorn anzufangen, ohne jedoch anfangen zu können" (EO2, 923; SKS 3, 325). Der Mensch, der ‚nichts' ist vor Gott, nimmt sich selbst nicht so wichtig. Er oszilliert nicht länger im Zweifel, ob er getan hat, was er konnte, oder nicht, sondern hat demütig erkannt, dass sein Status im Angesicht Gottes nicht von den eigenen Erfolgen abhängt. Er baut sich nicht anklagend oder rechthaberisch auf vor Gott und stellt sich Gottes Wirken nicht in den Weg, sondern ist willig, in Gottergebenheit zu dienen, ohne ‚etwas' (Großes) sein zu wollen. Diese Wahl ist sowohl ethisch, den zwischenmenschlichen Handlungsspielraum betreffend, als auch religiös, das Gottesverhältnis betreffend. Sie muss immer wieder neu getroffen werden, doch ist sie ultimativ insofern, als sie nur in diesem Leben getroffen werden kann; danach bleibt uns keine Wahl mehr. Unsere allerletzte Entscheidungsfrist kennen wir nicht. Sanktionen von außen sind nicht zu erwarten, wenn der Mensch Gott nicht rechtgeben will.

Es ist der „Wunsch der Liebe", dass Gott recht habe; kein Mensch kann zu dieser Einsicht gezwungen werden, „denn wenn du in Liebe bist, bist du in Freiheit" (EO2, 927; SKS 3, 328). Jeder muss selbst die Folgen seines Nicht-Glauben-und-Lieben-Wollens tragen, wenn er im Streit mit Gott verharrt. Daher lädt die Predigt zur Selbstbefragung ein: „Hemme nicht deiner Seele Flug, betrübe nicht das Bessere in dir, ermatte deinen Geist nicht mit halben Wünschen und halben Gedanken. Frage dich, und höre nicht auf zu fragen, bis du die Antwort findest" (EO2, 932; SKS 3, 332). Hier geht es ums Ganze, Erste und Letzte: „wahrlich um Leben und Seligkeit" (ebd.).[2]

Das „Ultimatum" zeigt, wie der Mensch durch seine Freiheit verpflichtet ist – dazu, sich zu entscheiden und für die Konsequenzen einer lebensbestimmenden

---

[2] Im Dänischen: „thi det er i Sandhed en Saligheds Sag" (SKS 3, 332), wörtlich übersetzt: „denn dies ist in Wahrheit eine Sache der Seligkeit" (i. e. eine die Seligkeit betreffende Sache).

Wahl einzustehen. Anstatt die Schuld auf andere zu schieben, und sei's auf den Schöpfer selbst, will die Predigt ihren Leser dazu bewegen, sie auf sich zu nehmen. Wer dies tut und sich der Gottesfrage betend nähert, wird vom Theodizeeproblem nicht in gleichem Maße gepeinigt wie einer, der sich im Recht wähnt, aber an Gott irre wird.

## 14.3 Das „Ultimatum" im Kontext anderer Werke Kierkegaards

Kierkegaards Schriften erschienen in Konstellationen pseudonymer und unter eigenem Namen herausgegebener Bücher, die sich wechselseitig interpretieren und konterkarieren. Rund drei Monate nach *Entweder – Oder* publizierte er im Mai 1843 *Zwei erbauliche Reden*, die er seinem verstorbenen Vater widmete: „Des Glaubens Erwartung" und „Alle gute und alle vollkommene Gabe kommt von oben herab". Obwohl diese Reden keine Predigten sein wollen, sind sie genauso aufgebaut: Sie beginnen mit einem Gebet, auf das eine Epistellesung und Reflexionen über den Bibeltext folgen, und sie enden mit einem Gebet. Thematisch sind sie eng miteinander verbunden. Beide handeln vom Glauben und sind aufs Theodizeeproblem bezogen. Daher bietet es sich an, sie mit dem „Ultimatum" zu vergleichen. Dessen Pointen seien überdies profiliert im Kontext von Kierkegaards Tagebüchern und der 1847 verfassten IV. Rede in den sog. *Evangelien der Leiden* über „Das Frohmachende darin, daß ein Mensch im Verhältnis zu Gott stets schuldig leidet".

### 14.3.1 Gottesfrage

Das „Ultimatum" noch verschärfend konstatiert Kierkegaard in dieser 1847 veröffentlichten Rede, „daß ein Mensch im Verhältnis zu Gott nicht bloß immer unrecht hat, sondern stets schuldig ist, und also auch wenn er leidet, schuldig leidet" (GW1 ERG 282; SKS 8, 365). Wenn das so ist, wird „*in jedem Augenblick verhindert, daß man in den Zweifel gerät, weil das Bewußtsein der Schuld die Aufmerksamkeit auf sich zieht*" (GW1 ERG, 283; SKS 8, 365 f.). Kierkegaard wehrt sich jedoch gegen die Vorstellung, das Leiden sei eine Strafe für etwas Bestimmtes, denn dann wäre „Gott ein Grausamer, der etwas Einzelnes verfolgte" (GW1 ERG, 301; SKS 8, 382). Genau wie das „Ultimatum" lädt die Rede angesichts des Leidens eher zum Selbstzweifel ein als zum Zweifel an Gott und seiner Liebe. Dieser Einladung folgen kann nur, wer sich seiner Schuld bewusst ist und auf dieser Grundlage auf Gott hoffen kann; wenn ein Mensch dagegen meint, ganz unschuldig zu leiden, fühlt er sich auch von Gott verlassen (vgl. GW1 ERG, 287 f.; SKS

8, 369). Dann ist es, als habe der Mensch Gott gegen sich. Wer Gott anklagt, ist versucht, sich selbst zu entschuldigen.

Anders als im „Ultimatum" wird in der Rede von 1847 strikt unterschieden „zwischen dem Unrechthaben und dem Schuldig-Leiden" (GW1 ERG, 298; SKS 8, 379). Letzteres folgt nicht aus Ersterem. Ein Mensch kann Gott gegenüber im Unrecht sein, ohne dass er sich Menschen gegenüber schuldig gemacht hat. Kierkegaard differenziert daher dreierlei Formen des Leidens: 1. Jemand leidet schuldig gegenüber Gott und den Menschen. Dies sei der Fall des reumütigen Räubers, der am Kreuz neben Christus seine Strafe litt. 2. Jemand ist menschlich gesprochen unschuldig, aber andere Menschen sagen von ihm, er habe wider Gott Unrecht, etwa weil Gott ihn prüfe – wie Hiob, der die Prüfung bestand. 3. Im Verhältnis zu Gott leide ein Mensch stets schuldig, sofern er ein Sünder und Gott der Heilige ist. Diese Schuld betreffe nicht diese oder jene Verfehlung, sondern sei „wesentlich" und so tief, dass „jede schlichte Rechenschaft" unmöglich sei (GW1 ERG, 300; SKS 8, 380).[3] Worin liegt das Frohmachende, wenn die Schuld dergestalt zum Wesen des Menschen gehört, dass er Gott gegenüber immer schuldig ist, egal was er tut?

Wer sich auf diese seine eigene, unumgehbare Schuld Gott gegenüber konzentriert, weiß, *„daß der Fehler also beim Menschen liegt, daß als Folge dessen ständig etwas zu tun sein muß, Aufgaben da sein müssen"* (GW1 ERG, 289; SKS 8, 371). Welche Aufgaben sind dies? Die Rede spricht von den geistlichen, inneren und zugleich ganz alltäglichen Aufgaben „des Glaubens und der Hoffnung und der Liebe und der Geduld und der Demut und des Gehorsams" (GW1 ERG, 291; SKS 8, 373). Somit bleibt dem Menschen stets etwas zu tun, was auch immer ihm zustößt. Die genannten Aufgaben bestehen nicht aus bestimmten, identifizier- und abgrenzbaren Taten, welche dann z.B. als reine Liebestaten präsentiert werden könnten, sondern bezeichnen eher adverbial die Art und Weise, mit Erfahrungen und Widerfahrnissen umzugehen: glaubend, hoffend, liebend, geduldig, demütig und gehorsam. Da wir diese Aufgaben nur unzureichend und nie zur Neige erfüllen können, beschäftigen sie uns ein Leben lang.

Im Unterschied zum „Ultimatum" ist die Rede von 1847 als eine „Christliche Rede" klassifiziert, deren Pointe aus der Perspektive des bußfertigen Räubers vorgetragen wird: „ich bin ein Sünder, welcher schuldig leidet" (GW1 ERG, 285; SKS 8, 368). Unter allen Menschen gibt es nach Ansicht Kierkegaards, der sich dem Räuber anschließt, nur einen einzigen Unschuldigen, der sich vor Gott nichts vorzuwerfen hat, dessen Leben als Ganzes Gehorsam war und dessen geduldiges Leiden nicht nur menschlich, sondern übermenschlich war, als er von Gott ver-

---

[3] Vgl. ebd.: Gott gegenüber ist der Mensch „wesentlich schuldig, so ist er auch *stets* schuldig".

lassen wurde: Christus (vgl. GW1 ERG, 296; SKS 8, 377). Man beachte, dass die Rede den Leser nicht nur mit ‚Du' anspricht und ihn in ein alle Menschen inkludierendes ‚Wir' einschließt, sondern sich auch des Kunstgriffs bedient, ein exemplarisches Schuldbekenntnis in der ersten Person Singular einzubauen. Wenn der Leser es mitspricht, kann er sich damit selbst ‚überführen'. Denn nur für denjenigen ist die Botschaft der Rede tröstlich, der einsieht, dass er letztlich weder Gott noch anderen Menschen gerecht werden kann. Dass alle Menschen (außer Christus) im Verhältnis zu Gott allezeit schuldig leiden, ist dann keine neutrale, von einem unberührten Beobachterstandpunkt aus vorgetragene Einsicht, sondern eine, die ‚mich' selbst ins Herz trifft.

Während der Räuber ein Übeltäter war und für seine Taten bestraft wurde, hatte Hiob anderen kein Unrecht zugefügt. Dennoch muss Hiob zu den Sündern gerechnet werden, die schuldig leiden, wenn sich kein anderer Mensch mit Christi Maß messen darf. Der Fehler der Freunde Hiobs war, dass „sie selbst sich unterfangen oder anmaßen wollten, es ihm zu sagen, denn dazu hat ein Mensch im Verhältnis zum andern kein Recht" (GW1 ERG 301f.; SKS 8, 382). Zur Erkenntnis der eigenen Sünde, d. h. der Schuld vor Gott, gelangt der Mensch nur *coram deo*, im direkten Gegenüber zu Gott (bzw. wie der Räuber im Gespräch mit dem Gekreuzigten). Daher sind Kierkegaards Reden wie auch die Predigt des „Ultimatums" von Gebeten gerahmt. Die Gottesfrage stellt sich anders im Angesicht Gottes als *remoto deo*: Anstatt abstrakt über das Tun und Ergehen anderer zu urteilen, um Gott im Allgemeinen Recht geben zu können, werden alle Aussagen über Gott in Bezug aufs eigene Leben bedacht.

Dementsprechend notierte Kierkegaard 1847 in seinem Tagebuch: „Lass die anderen es großartig finden: objektiv zu bedenken, dass Gott alle so liebt; ich finde es selig, subjektiv zu bedenken, dass Gott mich liebt, und selig, dass es jedem freisteht, dies zu bedenken." (DSKE 4, 246; SKS 20, 216) Zwar läuft auch Kierkegaards Rede von 1847 auf die Rettung des Glaubens an die Liebe Gottes „in allem" hinaus, dem Verstehbaren und Unverständlichen (vgl. GW1 ERG, 282; SKS 8, 365), doch folgt daraus „nicht, daß der Glaube versteht, auf welche Weise Gottes Walten über einem Menschen Liebe ist" (GW1 ERG, 288; SKS 8, 370). Dies lässt sich nur von jedem Einzelnen innerhalb eines persönlichen Gottesverhältnisses bestimmen.

Obwohl der Begriff ‚Theodizee' in Kierkegaards publiziertem Werk gar nicht vorkommt und sich hierzu nur ein einziger Tagebucheintrag von 1840 (DSKE 3, 223; SKS 19, 209) findet, hat er sich intensiv mit Leibniz' *Théodicée* auseinandergesetzt und Notizen aus den Jahren 1842–43[4] und 1850 (SKS 23, 50) hinter-

---

4 Vgl. DSKE 2, 154–156, 158f., 160; SKS 18, 150f., 153f., 156; DSKE 3, 416, 423f., 429–433, 443, 446; SKS 19, 378, 385f., 390–394, 405, 408.

lassen. Mit Leibniz und gegen Bayle argumentiert er, dass man sich in Widersprüche verwickelt, wenn man allein den Menschen zum Maß aller Dinge macht (DSKE 3, 430; SKS 19, 391).[5] Anders als Leibniz etabliert Kierkegaard aber keine Teleologie, die auf den Gang der ganzen Welt bezogen ist, sondern blickt nur auf das Individuum: Wenn es einen einzelnen Menschen gäbe, der gültigen Grund zur Klage hat, hülfe das Universum nicht (DSKE 3, 430; SKS 19, 392).[6] Wie aber kann der Einzelne herausfinden, ob er oder sie zu Recht klagt?

### 14.3.2 Gebet

Anstatt intellektuell mit Gott ins Gericht zu gehen und ihn für die gesamte Weltgeschichte zur Verantwortung ziehen zu wollen, besteht auch die Möglichkeit, sich allein in Hinsicht auf die eigene Lebensgeschichte fragend und klagend an ihn zu wenden. Kierkegaard hat das Klagegebet insbesondere mit Hiob *in mente* diskutiert (vgl. Welz 2008a). Bemerkenswert ist, dass er das Theodizeeproblem in seinen *Erbaulichen Reden* an das Problem des Gabenempfangs koppelt: Wie können wir dahin kommen, auch die Situationen, die uns Kummer bereiten, als gottgegeben anzunehmen und selbst noch in tiefster Not ein Gotteslob anzustimmen?

Die zweite der beiden erbaulichen Reden vom Mai 1843 bezieht sich auf Jak 1,17 ff. Der Leitgedanke, dass alles Gute von oben herab, vom himmlischen Vater des Lichts kommt, erstrahlt auch im Eröffnungsgebet, das mit den Worten beginnt: „Aus Deiner Hand, o Gott, wollen wir alles empfangen" (GW1 2R43, 407 [Übers. verändert]; SKS 5, 41). Das Theodizeeproblem ist zur Stelle, wo das Gute hienieden vermisst wird: „Ist da Freude im Himmel und auf Erden nichts als Leid", mag sich ein Trauernder fragen, dessen Wunsch von Gott trotz „demütigen Bitten" (GW1 2R43, 411; SKS 5, 45) nicht erfüllt wird. Der Beter erfährt, dass Gott die „irdischen Wünsche und törichten Begehrungen" abschlägt und an ihrer Stelle „himmlischen Trost und heilige Gedanken" gibt, ja einen Glauben, mit dem „Gott gewonnen und die ganze Welt überwunden" ist (GW1 2R43, 412; SKS 5, 45). Diese Erfahrung hat weitreichende Konsequenzen für das Gottesbild. Gott bleibt der allmächtige Vater gerade darin, dass er sich nicht nach menschlichen Vorstellungen umformen,

---

5 Vgl. ebd.: „Darin hat Leibniz gewiss recht gegenüber Bayle, dass man sich in Widersprüche verwickelt, wenn man allein den Mschn zum Maß von allem macht."
6 Vgl. ebd.: „Leibniz zeigt, dass alles miteinander verknüpft ist, er etabliert eine Teleologie, die den Mschen einbezieht. [...] Man kann nicht bestreiten, dass alle Antworten, die L Bayle [...] gibt, an einer Schwäche leiden [...], dass es nicht um den einzelnen Msch. geht, sondern um das ganze Universum. Dies ist töricht, denn gibt es einen einzigen Msch, der triftigen Grund zur Klage hat, dann hilft das Universum nicht."

überreden oder gar bestechen lässt: „der Himmel schließt sich vor solcher vermessener Rede" (GW1 2R43, 414; SKS 5, 47), heißt es im Blick auf die Gott herausfordernde Klage, während er sich dem, der seine eigene Sünde zerknirscht bekennt, wieder öffne.

Interessanterweise ist die gute Gabe, die von oben herab kommt, für Kierkegaard nicht schon in sich selbst vollkommen. Vielmehr wird sie dies erst durch das rechte Empfangen, d. h. wenn sie „unter Gottes Beistand" auf solcherlei Weise zu dem einzelnen Menschen tritt, dass „das an und für sich Gute ihm nicht zu Schaden und Verderben gedeihe" (GW1 2R43, 415; SKS 5, 48). Gottes ewige Klarheit und Liebe, die jeden Menschen versteht und ihm in seinen Wegen vorauseilt, „macht" die gute zu einer vollkommenen Gabe (ebd.). Impliziert diese Aussage über die göttliche Providenz und Gottes Unveränderlichkeit in seiner Fürsorge für uns Menschen, dass wir auch das Böse *als* eine gute Gabe annehmen sollen? Müssen wir uns in alles fügen, auch das Schlimmste, *als ob* es gut wäre? Dies ist nicht gesagt. Stattdessen vertritt Kierkegaard die Ansicht, dass Gott alles gut *macht*, was noch nicht gut *ist* – für einen jeden, der Gott vertraut (vgl. GW1 2R43, 416; SKS 5, 48 f.). Wie kann der Kampf zwischen Zweifel und Vertrauen im Herzen des Menschen zugunsten von Letzterem entschieden werden? Wie Kierkegaard andeutet, geschieht dies vor allem im Dankgebet: „alle Gabe ist gut, wenn sie mit Dankbarkeit empfangen wird aus Gottes Hand" (GW1 2R43, 418; SKS 5, 50 f.).

Somit ist die Modalität des Gabenempfangs entscheidend für die Wirkung der Gabe. Dass uns auch Unrecht und Kränkung zum Besten dienen kann, verstehen wir nur, wenn wir „allezeit Gott danken" (ebd.). Der Mut zum Danken wird dann seinerseits – das Gute antizipierend – als Gottesgabe verstehbar (vgl. GW1 2R43, 420; SKS 5, 52). Durch das vertrauensvolle Sich-Wenden an Gott wird dasjenige transformiert, was uns Kummer macht. Das ‚Durcharbeiten' des Leides im Gebet führt in einen ganz anderen Prozess hinein als der Anklageprozess der klassischen Theodizee: Im Gebetsprozess als einer Verwandlung des Herzens werden nicht nur die Gedanken des Menschen verändert, sondern auch seine Gefühle – und somit die Grundlage für die zu treffenden Entscheidungen.

Das Gebet gewinnt dadurch sowohl theologische als auch ethische Bedeutung: 1. Die Gottesbeziehung des Menschen wird vertieft, sofern der Glaube an Gottes Liebe im Hören auf Gottes Wort gestärkt wird. So enthält das Schlussgebet die Bitte, Gott möge uns „Ohren bereiten, willig die Worte zu empfangen", „das nicht verstehende Herz heilen durch das Verständnis des Worts" und „den irrfahrtenden Gedanken beugen unter den erlösenden Gehorsam unter das Wort" (GW1 2R43, 424; SKS 5, 56). Die hermeneutische Bewegung beginnt mit einem passiven Bewegtwerden zur Rezeptivität und endet mit dem aktiven Sichfügen in das Sich-zu-verstehen-Gebende, das, was auch immer es sei, letztlich auf Gott zurückgeführt und akzeptiert wird, weil es von Gott (und damit nicht an ihm vorbei) kommt. 2. Deshalb kann der Beter auch die (selbstverschuldete) Strafe und sogar die (nichtverschuldete) Schickung des Leidens als eine gute Gabe annehmen, die ihm „die göttliche Lenkung" (GW1 2R43, 423; SKS 5, 55) zugedacht hat.

Die gedankliche Nähe zum „Ultimatum", wo die Frage nach Gott ebenfalls übers Gebet mit ethischen Fragen verbunden wird, ist unübersehbar. Das Gebet als Ort der Begegnung zwischen Gott und Mensch nimmt somit eine Scharnierstelle ein in Kierkegaards Umgang mit dem Theodizeeproblem.

### 14.3.3 Ethik

Als Schlüssel zum dankbaren Empfang leidvoller Lebenssituationen gilt die Reue, „denn in ihr liebst du Gott" und Gott ist es, „der dich liebt" (GW1 2R43, 422; SKS 5, 53f.). Sofern in der Reue alles von Gott empfangen wird, sogar die ihm dargebrachte Danksagung, ist sie auch die Vermittlerin von Aktivität und Passivität im menschlichen Tun: „Gott ist es, der alles in dir tut, und der dir dann die kindliche Freude vergönnt, daß er deine Danksagung als eine Gabe von dir betrachtet" (ebd.). Dies kann als gabetheoretische Übersetzung der Rechtfertigungslehre gelesen werden: Wir können gar nichts geben, was wir nicht vorher von Gott empfangen hätten. Einerseits wird Gott all das zugeschrieben, was den Menschen von innen her auf ihn zubewegt und für ihn öffnet; andererseits ist die Bewegung auf Gott zu ohne menschliches Mittun nicht möglich. Die Sünde kann dergestalt als Unterbrechung oder Blockierung jener Bewegung verstanden werden, durch die wir im Weiter-Geben empfangen (vgl. Welz 2016).

Dieses Thema wird auch in der ersten der beiden erbaulichen Reden vom Mai 1843 behandelt. Gal 3,23ff. auslegend, wo im Gegensatz zum ‚Gesetz' vom ‚Gerechtwerden' durch den Glauben an Christus die Rede ist, heißt es: „Ein Mensch vermag viel zu tun für einen andern, aber ihm den Glauben geben, das vermag er nicht." (GW1 2R43, 389; SKS 5, 22) Auch wenn man einem anderen den Glauben wünscht, kann der Glaube doch nicht erlangt werden allein durch diesen Wunsch – ohne das eigene Glaubenwollen. Erforderlich ist also die eigene Mitwirkung, da „man ihn nur hat, indem man ihn fort und fort erwirbt" (GW1 2R43, 391; SKS 5, 24). Wie kann man dann einem anderen helfen, den Glauben zu erwerben? Kierkegaards Antwort lautet: „ich werde für ihn des Glaubens Herrlichkeit preisen, und indem ich voraussetze, er habe den Glauben zu eigen, bringe ich ihn dahin, ihn zu eigen haben zu wollen" (GW1 2R43, 392; SKS 5, 25). Der andere soll selbst dahin kommen, dass er glauben *will*, und um dies wollen zu können, muss er einsehen, dass der Glaube das höchste Gut ist. Genau zu dieser Einsicht will die Rede hinführen, indem sie den Glauben als „ewige Macht im Menschen" (GW1 2R43, 396; SKS 5, 28) darstellt, durch welche die Wechselfälle des Lebens und die ungewisse Zukunft ‚besiegt' werden können. Der Glaube wird mit einem Pauluswort als eine Art Kontingenzbewältigungsstrategie präsentiert: „denen, die Gott lieben, alle Dinge müssen zum Besten dienen" (GW1 2R43, 397; SKS 5, 29; vgl. Röm 8,28). Wie im „Ultimatum" gilt jedoch auch hier der Zweifel an dieser Erwartung als Gegenmacht. Letztere gewinnt, wenn sich die Erwartung auf ein einzelnes weltliches Gut richtet und enttäuscht wird; die Erwartung des Glaubens dagegen richtet sich auf Gott und kann nicht enttäuscht werden, da Gott sich selbst und uns Menschen treu ist (vgl. GW1 2R43, 401f.; SKS 5, 32). Dieser Glaube lässt sich weder beweisen noch widerlegen, da sich Gott nicht in den sichtbaren Dingen zeigt, sondern allein „im sieghaften Augenblick der gläubigen Erwartung" begegnet (GW1 2R43, 404; SKS 5, 34).

Möglichkeiten und Grenzen menschlichen Handelns werden folglich genau wie im „Ultimatum" im Blick auf das entfaltet, was sie *sub specie aeternitatis* ausrichten können: einerseits kaum etwas, da ein einzelner Mensch selten den Gang der Welt beeinflussen kann und allzu oft ohnmächtig zusehen muss, wie ihm das Gegebene wieder genommen wird und alles misslingt, so dass er mühselig wieder von vorn anfangen muss – andererseits sehr viel, wenn er sich auf das konzentriert, was er angesichts dieser Geschehnisse in der äußeren Welt innerlich tun kann, nämlich an sich selbst arbeiten und das Übrige Gott anvertrauen. Dieses gelassene Sich-Gott-Überlassen setzt freilich voraus, dass man zuvor alles getan hat, was in den eigenen Kräften steht – und erst daraufhin sagt: ‚Dein Wille geschehe...' So kann der eigene Wille gerade im Leiden umgelenkt und zum Wollen von etwas bisher Ungeahntem gebracht werden. Dies ist ethisch relevant, da handlungsorientierend. Die Nadel des inneren ‚Kompasses' zeigt dann in eine andere Richtung.

An dieser Stelle müssen wir auf das Problem des Schuldigwerdens zurückkommen. Ist mit der im „Ultimatum" genannten Schuld (im Gegensatz zur Rede über „Das Frohmachende darin, daß ein Mensch im Verhältnis zu Gott stets schuldig leidet" in GW1 ERG 278–302; SKS 8, 361–383) eine dem Sündenbewusstsein *voraus*gehende Schuld gemeint, die als eine nützliche Fiktion zweifelnde Menschen dazu bringen soll, trotz unverschuldeten Leidens ihren Glauben an einen gerechten Gott aufrechtzuerhalten (so Law 2005, 316, 324, 343)? In diesem Fall wäre das „Ultimatum" ironisch (vgl. aaO, 345), da *B* annimmt, die Predigt seines Freundes verteidige sein eigenes Verständnis des Gottesverhältnisses. Unterminiert sie dieses in Wirklichkeit? Wilhelm lobt an der christlichen Anschauung, dass sie alles der „Sünde" unterwerfe (EO2, 802f.; SKS 3, 229). Nun spricht die Predigt seines Freundes zwar nicht explizit von Sünde, doch fragt es sich, was mit dem Unrechthaben gegenüber Gott gemeint ist, wenn es nicht mit der Sünde identisch ist. Um überhaupt den gewünschten Effekt als *useful fiction* erbringen zu können, muss es mehr sein als ein unbegründbares, irrationales

Schuldgefühl – und damit auch mehr als reine Fiktion. Nur wenn die eigene Schuld nicht nur Menschen, sondern Gott gegenüber *als solche* erkannt wird, kann das Argument der Predigt seine Wirkung entfalten. Dass sie Sündenbewusstsein *voraussetzt*, ist damit nicht unbedingt gesagt, doch will sie es *hervorrufen*.

Die nächste Frage ist, ob das Sündenbewusstsein auch ethisch gesehen eine Rolle spielt. Die obigen Überlegungen sprechen dafür. Dagegen wendet Law (2005, 341) Folgendes ein: „B [...] was mistaken in seeing the pastor's sermon as an expression of the ethical sphere, for the pastor's sermon hints at the ultimate dissolution of the ethical sphere. In *Upbuilding Discourses in Various Spirits* the pastor's sermon is placed in its proper context, namely that of Christian existence." Während *B* hier als Repräsentant des Ethischen gesehen wird, der gegen den Ästheten *A* antritt, wird der befreundete Pfarrer als religiöse Witzfigur porträtiert, die weit entfernt ist vom ‚echten' Christentum, das in Kierkegaards Rede von 1847 zum Ausdruck komme. Ich stimme Law darin zu, dass die Predigt im „Ultimatum" die ethische ‚Sphäre' auflöst – jedoch nicht in dem Sinne, dass die Predigt weder ethisch noch christlich wäre, sondern insofern, als sie deutlich macht, dass Ethik und Christentum gar nicht voneinander ablösbar sind. Sofern das Christentum je schon genuin ethische Aspekte enthält, wäre es falsch, eine ethische Existenzsphäre bzw. ein ethisches ‚Stadium' strikt von einem christlich-religiösen ‚Stadium' abzugrenzen, als hätten wir es mit einer hierarchischen Stufenordnung zu tun, innerhalb welcher man aufsteigen und dabei das ‚Darunterliegende' hinter sich lassen könnte.

Sofern das menschliche Leiden in allen bisher zitierten Werken Kierkegaards nicht nur als von außen zustoßendes Widerfahrnis verstanden wird, sondern mit dem Imperativ verbunden ist, es *handelnd* zu transformieren, hat es keinen Sinn, Ethik und Christentum als zwei voneinander abgrenzbare Räume, Stadien oder Sphären zu sehen. Werden sie dagegen im Rahmen einer theologischen Ethik zusammengesehen, muss auch dem Sündenbewusstsein ethische Relevanz zuerkannt werden, zumal in Kierkegaards Behandlung des Theodizeeproblems.[7]

## 14.4 Konklusion

Wie wir gesehen haben, wendet sich Kierkegaard gegen das Projekt einer rationalen Verteidigung Gottes. Darin stimmt er überein mit Immanuel Kants Kritik der

---

[7] Letztere ist kontrovers, und deshalb legt es sich nahe, sie im Kontext alternativer Zugänge zum Theodizeeproblem zu beleuchten. Dafür ist hier leider kein Platz, daher sei auf meine Doktorarbeit verwiesen, wo Kierkegaards Zugang mit Franz Rosenzweigs verglichen und ‚zwischen' Kant und Hegel einerseits und Levinas andererseits situiert wird (vgl. Welz 2008b).

„anmaßenden, hiebei ihre Schranken verkennenden Vernunft" (Theod. 105), die Kant 1791 in seiner Schrift „Über das Mißlingen aller philosophischen Versuche in der Theodizee" vorgebracht hatte. Kant und Kierkegaard folgend haben wir bestenfalls *reasons for having no reason to defend God* (Welz 2007).

In seiner Ablehnung einer ‚doktrinalen' spekulativen Theodizee verlagert Kant das Problem von der theoretischen auf die praktische Vernunft. Bei Kierkegaard ist eine ähnliche Tendenz feststellbar. Angesichts des Unbegreiflichen ziehen beide die subjektive Wahrhaftigkeit des seine Grenzen anerkennenden Menschen dem Pochen auf eine objektive Wahrheit vor (vgl. Theod. 120). Was Kant an Hiob lobt, nämlich dass er „nicht seine Moralität auf den Glauben, sondern den Glauben auf die Moralität gründete" (Theod. 119), befürwortet Kierkegaard jedoch nicht. In diesem Punkt steht er Luthers Rechtfertigungslehre näher (vgl. Welz 2009). Bereits 1843 skizzierte er im „Ultimatum" und den besprochenen erbaulichen Reden in Umrissen eine Ethik, die von der *conditio humana* des vor Gott als Sünder dastehenden Menschen ausgeht. Diese Ethik entfaltete er 1847 in seinen „Christlichen Reden" und insbesondere in *Kjerlighedens Gjerninger* (*Die Taten der Liebe*), wo über das dem Glauben entsprechende bzw. aus ihm resultierende Tun reflektiert wird (vgl. hierzu Grøn 1998 und 2002).

Was den Gottesbegriff angeht, so postuliert Kant in seiner Religionsschrift „ein höheres, moralisches, heiligstes und allvermögendes Wesen" (Rel. 5). Nur ein zugleich als moralischer Gesetzgeber und allmächtiger Weltherrscher gedachter Gott kann das höchste Gut, d. h. den von der praktischen Vernunft vorgestellten Endzweck der Welt, herbeiführen, denn nur er gewährleistet, dass das Reich der Natur mit dem Reich der Sitten übereinstimmt und Pflichterfüllung letztendlich mit Glückseligkeit belohnt werden wird (vgl. Rel. 6, 8 Anm.). Während Kant zur Fundierung seiner Ethik auf eine Gott und Welt umfassende Teleologie verweist und davon ausgeht, dass diese durch die Vernunft einsehbar ist, will Kierkegaard den Menschen dazu ermutigen, ungeteilt mit ganzem Herzen das Gute zu erstreben, indem er den Zweifel an der Güte Gottes durch den Rekurs auf die menschliche (Sünden-)Schuld zu zerstreuen sucht. Seine Schriften bezeugen den Glauben an die schöpferische, machtvolle und unerschütterliche Liebe eines Gottes, der jeden einzelnen Menschen beachtet und die Freiheit seiner Geschöpfe respektiert.

Das in der Theodizeefrage implizierte existentielle Problem, das sowohl aufs Denken als auch aufs Handeln bezogen ist, wird durch den möglichen Missbrauch menschlicher Freiheit freilich noch verschärft. Eine Erwiderung muss deshalb sowohl epistemologische als auch ethische Aspekte berücksichtigen, ohne dass eine endgültige Problemlösung zu erwarten ist.

Zusammenfassend lässt sich sagen, dass Kierkegaard den theologischen Stachel des Theodizeeproblems ethisch wendet. Damit nimmt er zwar traditionelle Argumentationsmuster auf, setzt aber auch neue Akzente: Das Leid soll bewusst übernommen und das Böse zum Guten gewendet werden durch den Erwerb von Geistesgütern wie Glaube, Liebe, Hoffnung, Geduld etc. Da der Erwerb dieser Geistesgüter an eine bestimmte Kommunikationssituation – das Hören auf bzw. den Dialog mit Gott – gebunden ist, baut Kierkegaard seine Texte, die sich dem Theodizeeproblem widmen, auf Bibelworten auf und rahmt sie mit Gebeten, die den Leser sofort ins Gespräch mit dem rechten Adressaten bringen und ihm zugleich die Augen öffnen für seine Verpflichtung anderen Menschen gegenüber. Die Stärke dieses Ansatzes ist, dass die Wirklichkeit stets im Horizont des Möglichen gesehen wird. Allein schon durch den festen Glauben an eine potentielle (mehr oder weniger sichtbare) Veränderung zum Besseren können wir deren Realisierung näherkommen.

Gegen Kierkegaards Zugang zum Theodizeeproblem kann kritisch eingewendet werden, dass der Begriff des Bösen relativiert wird, wenn dem Menschen aufgrund seiner eingeschränkten Erkenntnisbedingungen die Kompetenz abgesprochen wird, angemessen zwischen heilsamen Erfahrungen und üblen Widerfahrnissen unterscheiden zu können. Wo angenommen wird, dass der Mensch Gott gegenüber grundsätzlich im Unrecht ist, wird eine Anklage Gottes schon im Keim erstickt.[8] In äußerster Konsequenz kann das Sünden- bzw. Schuldbewusstsein der Glaubenden zugunsten einer heilsgeschichtlichen Bonisierung des *malum* instrumentalisiert werden: Wenn das Böse ‚für irgendetwas gut sein muss', wird es indirekt gerechtfertigt; wird es zudem verinnerlicht bzw. als Problem des Einzelnen ‚privatisiert', sind gesellschaftspolitische Reformen von vornherein ausgeschlossen. Wo ganz auf die ewige Seligkeit und die Erziehung durch Leiden gesetzt wird, besteht die Gefahr, dass die unerlöste Welt und deren behebbare Missstände aus dem Blick geraten – zugunsten einer auf den Sankt-Nimmerleins-Tag verschobenen Erlösung.

Anstatt die Frage nach Herkunft und Wesen des Bösen, nach Sinn oder Sinnlosigkeit des Leidens und der Rolle Gottes innerhalb des Weltgeschehens abschließend beantworten zu wollen, ist die Frage offenzuhalten auf der „Suche nach *Haltungen*, die die Größe und Komplexität der Frage zulassen, aufnehmen und dieses Offenhalten praktizieren" (Ammicht-Quinn 1992, 20). Diese Suche bleibt bis auf weiteres unabgeschlossen – und uns allen aufgegeben.

---

[8] S. dagegen *Die Wiederholung* (ebenfalls 1843 erschienen), wo der junge Mann wie Hiob gegen Gott rebelliert (vgl. Welz 2008a).

## Literatur

Ammicht-Quinn, Regina 1992: Von Lissabon bis Auschwitz. Zum Paradigmenwechsel in der Theodizeefrage, Freiburg u. a.: Herder

Grøn, Arne 1998: „'Anden' etik" in: Studier i Stadier. Søren Kierkegaard Selskabets 50-års Jubilæum, Kopenhagen: C.A. Reitzel, 75–87

Grøn, Arne 2002: „Ethics of Vision" in: Ethik der Liebe. Studien zu Kierkegaards „Taten der Liebe", Tübingen: Mohr Siebeck, 111–122

Kant, Immanuel, Rel.: Die Religion innerhalb der Grenzen der bloßen Vernunft, hg. Karl Vorländer, Hamburg: Felix Meiner $^9$1990

Kant, Immanuel, Theod.: „Über das Mißlingen aller philosophischen Versuche in der Theodizee" in: Immanuel Kant: Werke in sechs Bänden, Bd. VI: Schriften zur Anthropologie, Geschichtsphilosophie, Politik und Pädagogik, hg. Wilhelm Weischedel, Darmstadt: Wissenschaftliche Buchgesellschaft 1964, 105–124

Jonas, Hans 1987: Der Gottesbegriff nach Auschwitz. Eine jüdische Stimme, Frankfurt am Main: Suhrkamp

Laktanz (Lactantius): De ira Dei [zitiert nach der Standardeinteilung in cap. und par.]

Law, David R. 2005: „Wrongness, Guilt, and Innocent Suffering in Kierkegaard's Either/Or, Part Two, and Upbuilding Discourses in Various Spirits", in: International Kierkegaard Commentary: Upbuilding Discourses in Various Spirits, hg. Robert L. Perkins, Macon: Mercer University Press, 315–348

Leibniz, Gottfried Wilhelm $^2$1999: Die Theodizee von der Güte Gottes, der Freiheit des Menschen und dem Ursprung des Übels. Französisch und deutsch, hg. und übers. Herbert Herring, Frankfurt am Main: Suhrkamp

Oelmüller, Willi (Hg.) 1990: Theodizee – Gott vor Gericht?, München: Wilhelm Fink

Welz, Claudia 2007: „Reasons for Having No Reason to Defend God – Kant, Kierkegaard, Levinas and their Alternatives to Theodicy", in: Wrestling with God and with Evil. Philosophical Reflections, hg. Hendrik M. Vroom, Amsterdam/New York: Rodopi, 167–186

Welz, Claudia 2008a: „Klage und Vertrauen: Sich verlassen auf Gott in Gottverlassenheit?", in: Mit Gott klagen: Eine theologische Diskussion, hg. Eva Harasta, Neukirchen-Vluyn: Neukirchener Verlag, 121–140

Welz, Claudia 2008b: Love's Transcendence and the Problem of Theodicy, Tübingen: Mohr Siebeck

Welz, Claudia 2009: „Frihed til kærlighed hos Luther og Kierkegaard", in: Dansk Teologisk Tidsskrift 72:2, 99–121

Welz, Claudia 2016: „Die (An-)Ökonomie der Gabe: Gegenwart in Liebe, Gebet und Vergebung", in: Die Gabe: Zum Stand der interdisziplinären Diskussion, hg. Veronika Hoffmann et al., Freiburg/München: Karl Alber, 304–325

Wiese, Christian 2015: „God's Passion for Humankind and Human Responsibility for the Divine: Anthropology and Ethics in Hans Jonas's and Abraham J. Heschel's Post-Holocaust Interpretation of Imago Dei", in: Ethics of In-Visibility: Imago Dei, Memory, and Human Dignity in Jewish and Christian Thought, hg. Claudia Welz, Tübingen: Mohr Siebeck, 195–233

# Auswahlbibliographie

## 1 Werkausgaben

Søren Kierkegaards Skrifter (SKS), Bd. 1–28, Kommentarbd. K1-K28, hg. von N.J. Cappelørn et al., Kopenhagen: Gads 1997–2012
Deutsche Søren Kierkegaard Edition (DSKE), Bd. 1ff., hg. von H. Anz (bis Bd. 2), N.J. Cappelørn, H. Deuser, J. Grage (ab Bd. 3), H. Schulz, Berlin / New York bzw. Boston: De Gruyter 2005ff.
Sören Kierkegaard. Gesammelte Werke (GW1), 36 Abt. in 26 Bd. und Registerbd., übers. und hg. von E. Hirsch, H. Gerdes und H. M. Junghans, Düsseldorf / Köln: Diederichs 1950–1969
Sören Kierkegaard. Die Tagebücher (T), Bd. 1–5, übers. und hg. von H. Gerdes, Düsseldorf / Köln: Diederichs 1962–1974
Sören Kierkegaard. Gesamtausgabe der Werke in vier Bänden (DGW), übers. von H. Fauteck et al., unter Mitw. von N. Thulstrup und der Kopenhagener Kierkegaard-Gesellschaft hg. von H. Diem und W. Rest, (Köln / Olten: Hegner 1951–1960) München: dtv 2005
Kierkegaard's Writings (KW), Bd. I–XXVI, hg. und übers. von H.V. Hong, E.H. Hong et al., Princeton 1978–2000
Kierkegaard's Journals and Notebooks (KJN), Bd. 1–11, hg. von Bruce H. Kirmmse et al., Princeton / Oxford 2007ff.

## 2 Übersetzungen von EO ins Deutsche

Entweder–Oder. Ein Lebensfragment. Hg. von Victor Eremita, übers. von Al. Michelsen / O. Gleiss, Bd. 1, Leipzig: J. Lehmann 1885; Bd. 2, Leipzig: F. Richter 1885
Sören Kierkegaard. Gesammelte Werke, Bd. 1–12, übers. und hg. von H. Gottsched / Chr. Schrempf, Jena 1909–1922; 2. Aufl. hg. von Chr. Schrempf, Jena 1922–1925 (Bd. 1–2: Entweder – Oder)
Sören Kierkegaard: Entweder / Oder. Erster und zweiter Teil, übers. und hg. von E. Hirsch, in: GW1, Bd. 1 und 2 (1964/57)
Sören Kierkegaard: Entweder – Oder. Teil I und II, übers. von H. Fauteck, unter Mitw. von N. Thulstrup und der Kopenhagener Kierkegaard-Gesellschaft hg. von H. Diem u. W. Rest, München: dtv, 11. Aufl. 2012 (DGW Bd. 1)

## 3 Biographien, Forschungsberichte und Handbücher

Kierkegaard Studies. Yearbook (KSYB), hg. von N.J. Cappelørn u. H. Deuser (bis 2010), von H. Schulz, J. Stewart u. K. Verstrynge (ab 2011), Berlin / New York bzw. Boston: De Gruyter 1997ff.

The Cambridge Companion to Kierkegaard, hg. von A. Hannay / G.D. Marino, Cambridge University Press 1998
The Oxford Handbook of Kierkegaard, hg. von J. Lippitt / G. Pattison, Oxford University Press 2013
A Companion to Kierkegaard, hg. von J. Stewart, Wiley-Blackwell 2015
Brandes, Georg Morris Cohen 1992: Søren Kierkegaard. Eine kritische Darstellung, anonym übers. (1879), hg. von G. Perlet, Leipzig: Reclam
Cappelørn Niels Jørgen / Hermann Deuser 2001: Kierkegaard, Søren Aabye, in: Religion in Geschichte und Gegenwart. 4. Aufl., Bd. 4, Tübingen: Mohr Siebeck, 954–958
Deuser, Hermann 1985: Kierkegaard. Die Philosophie des religiösen Schriftstellers, Darmstadt: Wiss. Buchgesellschaft
Garff, Joakim 2004: Sören Kierkegaard. Biographie, aus dem Dänischen von H. Zeichner und H. Schmid, München / Wien: Hanser
Hannay, Alastair 2001: Kierkegaard. A Biography, Cambridge
Theunissen, Michael / Greve, Wilfried (Hg.) 1979: Materialien zur Philosophie Søren Kierkegaards, Frankfurt a. M.: Suhrkamp (stw 241)

# 4 Neuere Forschungsliteratur

## 4.1 Zum Gesamtwerk

Adorno, Theodor W. 1966: Kierkegaard. Konstruktion des Ästhetischen, 3. Aufl., Frankfurt a. M.: Suhrkamp
Anz, Wilhelm 1956: Kierkegaard und der deutsche Idealismus, Tübingen: Mohr Siebeck
Cruysberghs, Paul et al. (Hg.) 2003: Immediacy and Reflection in Kierkegaard's Thought, Leuven: LUP
Deuser, Hermann 1980: Dialektische Theologie. Studien zu Adornos Metaphysik und zum Spätwerk Kierkegaards, München / Mainz: Kaiser / Grünewald
Dietz, Walter 1993: Sören Kierkegaard. Existenz und Freiheit, Frankfurt a. M.: Hain
Fürstenberg, Henrike 2017: Entweder ästhetisch – oder religiös? Søren Kierkegaard textanalytisch, Berlin / Boston: De Gruyter (KSMS 34)
Greve, Wilfried: Kierkegaards maieutische Ethik. Von „Entweder/Oder II" zu den „Stadien", Frankfurt a. M.: Suhrkamp
Grøn, Arne 1999: Angst bei Søren Kierkegaard. Eine Einführung in sein Denken, Stuttgart: Klett-Cotta
Grøn, Arne et al. 2017 (Hg.): Kierkegaard's Existential Approach, Berlin / Boston: De Gruyter (KSMS 35)
Hagemann, Tim 2001: Reden und Existieren. Kierkegaards antipersuasive Rhetorik, Berlin / Wien: Philo
Hannay, Alastair 1993: Kierkegaard, 2. Aufl., London / New York: Routledge
Höffding, Harald 1896: Sören Kierkegaard als Philosoph, übers. und hg. von A. Dorner und Chr. Schrempf, Stuttgart: Frommann
Kirmmse, Bruce 1990: Kierkegaard in Golden Age Denmark, Bloomington (Ind.)

Kleinert, Markus 2005: Sich verzehrender Skeptizismus. Läuterungen bei Hegel und Kierkegaard, Berlin / New York: De Gruyter (KSMS 12)
Liessmann, Konrad Paul 1999: Sören Kierkegaard zur Einführung, 2. Aufl., Hamburg: Junius
Pattison, George (Hg.) 1998: Kierkegaard: The Self in Society, Basingstoke: Macmillan
Purkarthofer, Richard 2005: Kierkegaard, Leipzig: Reclam
Rapic, Smail 2007: Ethische Selbstverständigung. Kierkegaards Auseinandersetzung mit der Ethik Kants und der Rechtsphilosophie Hegels, Berlin / New York: De Gruyter (KSMS 16)
Rocca, Ettore 2016: Kierkegaard, ins Dänische übers. von O. Jorn, Kopenhagen: Gyldendal
Schäfer, Klaus 1968: Hermeneutische Ontologie in den Climacus-Schriften Sören Kierkegaards, München: Kösel
Schulz, Heiko 1994: Eschatologische Identität. Eine Untersuchung über das Verhältnis von Vorsehung, Schicksal und Zufall bei Sören Kierkegaard, Berlin / New York: De Gruyter
Schulz, Heiko 2011: Aneignung und Reflexion I. Studien zur Rezeption Søren Kierkegaards, Berlin / Boston: De Gruyter (KSMS 24)
Schulz, Heiko 2014: Aneignung und Reflexion II. Studien zur Philosophie und Theologie Søren Kierkegaards, Berlin / Boston: De Gruyter (KSMS 28)
Sløk, Johannes 1954: Die Anthropologie Kierkegaards, Kopenhagen: Rosenkilde og Bagger
Splett, Jörg / Fronhofen, Herbert (Hg.) 1988: ‚Entweder/Oder'. Herausgefordert durch Kierkegaard, Frankfurt a. M.: Knecht
Stewart, Jon 1998: Kierkegaard's Relations to Hegel Reconsidered, Cambridge
Stewart, Jon 2003 (Hg.): Kierkegaard and his Contemporaries. The Culture of Golden Age Denmark, Berlin / New York: De Gruyter (KSMS 10)
Theunissen, Michael 1993: Der Begriff Verzweiflung. Korrekturen an Kierkegaard, Frankfurt a. M.: Suhrkamp
Walsh, Sylvia 1994: Living Poetically. Kierkegaard's Existential Aesthetics, University Park, Pennsylvania
Wesche, Tilo 2003: Kierkegaard. Eine philosophische Einführung, Stuttgart: Reclam

## 4.2 Zu *Entweder – Oder*

Deiss, Erika 1984: Entweder–Oder? oder: Kierkegaards Rache. Einladung an die Verächter des Ästhetischen, sich fortzubilden oder fortzumachen, Diss. Heidelberg
Fujino, Hiroshi 1994: Kierkegaards „Entweder/Oder." Ein „Entweder ästhetisch/Oder existentiell." Versuch einer Neubewertung des Denkens Kierkegaards hinsichtlich seiner Grundkategorien des Ästhetischen, des Ethischen und des Religiösen, Würzburg: Königshausen & Neumann
Harries, Karsten 2010: Between Nihilism and Faith. A Commentary on „Either/Or", Berlin / New York: De Gruyter (KSMS 21)
Heymel, Michael 2013: Musik als Zugang zur ästhetischen Lebensanschauung. Das Musikalisch-Erotische in Sören Kierkegaards „Entweder – Oder" (1843), in: Neue Zeitschrift für Systematische Theologie und Religionsphilosophie 55, 495–510
Hüsch, Sebastian 2004: Möglichkeit und Wirklichkeit. Eine vergleichende Studie zu Sören Kierkegaards „Entweder–Oder" und Robert Musils „Mann ohne Eigenschaften", Stuttgart: Ibidem

International Kierkegaard Commentary, Bd. 3 und 4, hg. von Robert L. Perkins, Macon, GA: Mercer University Press 1995

Kinter, Achim 1991: Rezeption und Existenz. Untersuchungen zu Søren Kierkegaards „Entweder – Oder", Frankfurt a. M. et al.: Lang

Krenzke, Hans-Joachim 2002: Ästhetik und Existenz. Eine Studie zum frühmodernen Denken unter besonderer Berücksichtigung der philosophischen Vorgeschichte der Kierkegaardschen „Diapsalmata ad se ipsum", Würzburg: Königshausen & Neumann

KSYB 2008 (Themenbd. *Entweder – Oder*), hg. von N.J. Cappelørn / H. Deuser / K.B. Söderquist

Liessmann, Konrad Paul 2005: Ästhetik der Verführung. Kierkegaards Konstruktion der Erotik aus dem Geiste der Kunst, Wien: Sonderzahl

Lilienthal, Markus 1990: Entweder-Oder? Zur Dialektik von Ethik und Ästhetik bei Kierkegaard, in: Ethik und Ästhetik. Nachmetaphysische Perspektiven, hg. von Gerhard Gamm und Gerd Kimmerle, Tübingen: Edition Diskord, 143–169

Lypp, Bernhard 1997: Unglückliches Bewußtsein – Ästhetik der Existenz – Ironie, in: Akzente 44, 280–291

Pulmer, Karin 1982: Die dementierte Alternative. Gesellschaft und Geschichte in der ästhetischen Konstruktion von Kierkegaards „Entweder – Oder", Frankfurt a. M. et al.: Lang

Rehm, Walther 1949: Kierkegaard und der Verführer, München: Hermann Rinn

Tschuggnall, Peter 1992: Sören Kierkegaards Mozart-Rezeption. Analyse einer philosophisch-literarischen Deutung von Musik im Kontext des Zusammenspiels der Künste, Frankfurt a. M. et al.: Lang

# 5 Bibliographien

Jørgensen, Aage 2009: Søren Kierkegaard Literature 1956–2006. A Bibliography, Kopenhagen: Gads

Jørgensen, Aage 2012: Søren Kierkegaard Literature 1956–2006: A Bibliography Supplement, Including Entries from 2007–2011, in: KSYB 2012, 389–507

Schreiber, Gerhard (Hg. zus. mit E. Kaminski und H. Schulz) 2016: Søren Kierkegaard in deutscher Sprache. Eine Gesamtbibliographie der Quellen und Sekundärliteratur von 1855–2015, Münster: LIT

# Hinweise zu den Autoren

**Pierre Bühler** ist emeritierter Professor für Systematische Theologie an der Universität Zürich. *Wichtigste Veröffentlichungen:* Prédestination et Providence (1999), Le protestantisme contre les indulgences (2003). Mitherausgeber: Introduction à la théologie systématique (2008), Hermeneutik der Transzendenz (2015), Grenzverkehr. Beiträge zum Werk von Kurt Marti (2016). Herausgeber: Søren Kierkegaard (1813–1855). À l'occasion du bicentenaire de sa naissance (2013). Zahlreiche Aufsätze zum Werk Kierkegaards, vor allem unter theologischem und religionsphilosophischem Aspekt.

**Niels Jørgen Cappelørn** ist emeritierter Professor für Kierkegaard-Studien und war vormals Direktor des Søren Kierkegaard Forschungszentrums der Universität Kopenhagen. *Ausgewählte Editionen:* Søren Kierkegaards Skrifter Bde. 1–55 (G.E.C. Gad, 1997–2012), darin Verfasser von ca. 41500 Realkommentaren; Søren Kierkegaards Værker Bde. 1–15 (Taschenbuchausgabe mit sprachlichen Kommentaren, Gyldendal, Bde. 1–7, 2015–2017); zus. mit Hermann Deuser Herausgeber von Kierkegaard Studies: Yearbook Bde. 1–15 (De Gruyter, 1996–2010) und Kierkegaard Studies: Monograph Series Bde. 1–26 (De Gruyter, 1997–2012); zahlreiche Aufsätze und Artikel in Sammelwerken zur Theologie, Ethik und besonders zur Kierkegaard-Forschung.

**John Davenport** is a Professor of Philosophy at the Department of Philosophy at Fordham University, New York. – He has published widely on Kierkegaard, topics in moral psychology, existentialism, and philosophy of religion. With Anthony Rudd, he co-edited Kierkegaard After MacIntyre (Open Court, 2001); he and Anthony recently co-edited a new collection of essays on love as conceived by Harry Frankfurt and Kierkegaard: titled Love, Reason, and Will (Bloomsbury 2015). In addition to articles on *Either/Or*, the *Concept of Anxiety* and *Stages on Life's Way*, John has published four essays on *Fear and Trembling*, faith in the *Postscript*, and Levinas' and Derrida's responses to Kierkegaard's account of Abraham; and the monograph, Narrative Identity, Autonomy, and Mortality: From MacIntyre and Frankfurt to Kierkegaard (Routledge, 2012).

**Hermann Deuser** ist emeritierter Professor für Systematische Theologie und Religionsphilosophie an der Goethe-Universität Frankfurt am Main und Fellow am Max-Weber-Kolleg der Universität Erfurt. *Jüngste Veröffentlichungen:* Religionsphilosophie (De Gruyter Lehrbuch, 2009); Religion: Kosmologie und Evolution (Mohr Siebeck, 2014); hg. zus. mit Markus Kleinert und Magnus Schlette: Metamorphosen des Heiligen. Struktur und Dynamik von Sakralisierung am Beispiel der Kunstreligion (Mohr Siebeck, 2015); Natur, Religion, Wissenschaft. Beiträge zur Religionsphilosophie Hermann Deusers, hg. von Markus Kleinert und Heiko Schulz (Mohr Siebeck, 2017).

**Elisabeth Gräb-Schmidt** ist Professorin für Systematische Theologie mit Schwerpunkt Ethik an der Ev.-Theologischen Fakultät der Eberhard Karls Universität Tübingen. In den Jahren 2013 und 2016 forschte sie als Fellow am Max-Weber-Kolleg der Universität Erfurt. Sie ist Mitherausgeberin der Zeitschrift für Evangelische Ethik (ZEE) und der Zeitschrift für Theologie und Kirche (ZThK). *Jüngere Publikationen:* Hg. zus. mit Ferdinando G. Menga, Grenzgänge der Gemeinschaft. Eine interdisziplinäre Begegnung zwischen sozial-politischer und theologisch-religiöser

Perspektive (Dogmatik in der Moderne 17), Tübingen 2016; Umweltethik, in: Handbuch der Evangelischen Ethik (HEE), hg. von Wolfgang Huber, Torsten Meireis und Hans-Richard Reuter 2016; verschiedene Aufsätze zum Werk Kierkegaards unter religionsphilosophischem und theologischem Aspekt, darunter: Religion und Freiheit, in: ZThK 113 (2016).

**Angelika Jacobs** ist Privatdozentin für Deutsche Sprache und Literatur an der Universität Hamburg. *Neuere Veröffentlichungen* mit Bezug zu Kierkegaard: Sakrale Ironie. Zum Verhältnis von ‚Gattung' und ‚Stimmung' bei Sören Kierkegaard, in: Gattung und Geschichte. Literatur- und medienwissenschaftliche Ansätze zu einer neuen Gattungstheorie, hg. von Oliver Kohns und Claudia Liebrand, Bielefeld: transcript 2012; Stimmungskunst von Novalis bis Hofmannsthal, Hamburg: Igel 2013; Metamorphosen des absoluten Buchs im 19. Jahrhundert, in: Handbuch Sprache und Religion, hg. von Alexander Lasch und Wolf-Andreas Liebert, Berlin / Boston 2017.

**Markus Kleinert** ist Leiter der Kierkegaard-Forschungsstelle am Max-Weber-Kolleg der Universität Erfurt. *Ausgewählte Veröffentlichungen:* Sich verzehrender Skeptizismus. Läuterungen bei Hegel und Kierkegaard, Berlin / New York: De Gruyter 2005 (KSMS 12); Mitherausgeber der Deutschen Søren Kierkegaard Edition (DSKE); „daß der Mensch ‚der Verklärer des Daseins' wird, wenn er sich selbst verklären lernt". Nietzsches Neigung zur Verklärung, in: Nietzsche als Kritiker und Denker der Transformation, hg. von Helmut Heit und Sigridur Thorgeirsdottir, Berlin / Boston: De Gruyter 2016; hg. zus. mit Gerald Hartung, Humor und Religiosität in der Moderne, Wiesbaden: Springer VS 2017.

**Konrad Paul Liessmann** ist Professor für Methoden der Vermittlung von Philosophie und Ethik an der Universität Wien und wissenschaftlicher Leiter des Philosophicum Lech. *Auswahl seiner Publikationen:* Sören Kierkegaard. Zur Einführung (1993/2010); Philosophie des verbotenen Wissens (2000/2010); Ästhetik der Verführung. Kierkegaards Konstruktion der Erotik aus dem Geiste der Kunst (2005); Theorie der Unbildung (2006); Das Universum der Dinge. Zur Ästhetik des Alltäglichen (2010); Lob der Grenze (2012); Philosophie der modernen Kunst (2013); Geisterstunde. Die Praxis der Unbildung (2014); Wer hat dir gesagt, dass du nackt bist, Adam? Mythologisch-philosophische Verführungen (2016, gemeinsam mit Michael Köhlmeier); Bildung als Provokation (2017).

**Leonardo F. Lisi** is Associate Professor in the Humanities Center at Johns Hopkins University, Baltimore, USA. He is the author of Marginal Modernity: The Aesthetics of Dependency from Kierkegaard to Joyce (2013), and the author of numerous articles on Kierkegaard, Ibsen, Strindberg, Conrad, Rilke, W. H. Auden and European Modernism more broadly. Currently he is completing a book on modern tragedy, from George Lillo to Henrik Ibsen.

**Sergio Muñoz Fonnegra** ist Professor für Philosophie am Instituto de Filosofia, Universidad de Antioquia in Medellin, Kolumbien. *Wichtigste Veröffentlichungen:* Das gelingende Gutsein. Über Liebe und Anerkennung bei Kierkegaard, Berlin / New York 2010 (KSMS 23). Zahlreiche Artikel und Beiträge in Sammelwerken zur praktischen Philosophie und speziell zu Kierkegaard.

**Anders Moe Rasmussen** ist Associate Professor im Department of Philosophy and the History of Ideas, Aarhus University, Dänemark. *Neuere Publikationen:* Hg. zus. mit Axel Hutter, Kierkegaard im Kontext des deutschen Idealismus, Berlin / Boston: De Gruyter 2014; hg. zus. mit Markus Gabriel, German Idealism Today, Berlin / Boston: De Gruyter 2017.

**Ettore Rocca** ist Professore Associato für Ästhetik, Dipartimento di Architettura e Territorio, Università „Mediterranea" di Reggio Calabria, und Professor in Søren Kierkegaard Studies, Theologische Fakultät der Universität Kopenhagen. *Jüngste Veröffentlichungen:* Kierkegaard, Kopenhagen: Gyldendal 2016; mit Peter Brandes: At se Abraham, Skive: Wunderbuch 2014; mit Bente Bramming und Hans Edvard Nørregård-Nielsen: Længsel. Lundbye og Kierkegaard, Aarhus: Aarhus Universitetsforlag 2013.

**Magnus Schlette** ist Referent für Philosophie und Leiter des Arbeitsbereichs „Theologie und Naturwissenschaften" an der FEST (Forschungsstätte der Evangelischen Studiengemeinschaft) in Heidelberg und Privatdozent für Philosophie am Philosophischen Seminar der Universität Erfurt. Forschungsschwerpunkte: Philosophische Anthropologie und Sozialphilosophie, Hermeneutik und Ästhetik, Kultur- und Religionsphilosophie. *Neuere Publikationen:* Die Idee der Selbstverwirklichung. Zur Grammatik des modernen Individualismus, Frankfurt a.M.: Campus 2013; hg. zus. mit Gerald Hartung, Religiosität und intellektuelle Redlichkeit, Tübingen: Mohr Siebeck 2012; hg. zus. mit Hermann Deuser und Markus Kleinert, Metamorphosen des Heiligen. Struktur und Dynamik von Sakralisierung am Beispiel der Kunstreligion, Tübingen: Mohr Siebeck 2015; hg. zus. mit Hermann Deuser, Hans Joas und Matthias Jung, The Varieties of Transcendence. Pragmatism and the Philosophy of Religion, New York: Fordham UP 2016.

**Tilo Wesche** ist Privatdozent am Seminar für Philosophie der Universität Basel und z. Zt. Fellow am Max-Weber-Kolleg der Universität Erfurt, wo er eine Monografie über Eigentumstheorien vorbereitet. Seine Schwerpunkte liegen auf der Ethik, politischen, Rechts- und Sozialphilosophie sowie der philosophischen Anthropologie. *Publikationen:* Kierkegaard. Eine philosophische Einführung, Stuttgart: Reclam 2003; Wahrheit und Werturteil. Eine Theorie der praktischen Rationalität, Tübingen: Mohr Siebeck 2011; Adorno. Eine philosophische Einführung, Stuttgart: Reclam 2018; hg. gemeinsam mit Rahel Jaeggi, Was ist Kritik? Frankfurt a. M.: Suhrkamp 2009.

**Claudia Welz** ist Professorin für Systematische Theologie mit den Schwerpunkten Ethik und Religionsphilosophie und Gründungsdirektorin des Center for the Study of Jewish Thought in Modern Culture (CJMC) an der Universität Kopenhagen. *Jüngste Veröffentlichungen:* Love's Transcendence and the Problem of Theodicy, Tübingen: Mohr Siebeck 2008; Vertrauen und Versuchung, Tübingen: Mohr Siebeck 2010; Humanity in God's Image: An Interdisciplinary Exploration, Oxford University Press 2016. Herausgeberin von: Ethics of In-Visibility: Imago Dei, Memory, and Human Dignity in Jewish and Christian Thought, Tübingen: Mohr Siebeck 2015. Mitherausgeberin von: Despite Oneself: Subjectivity and Its Secret in Kierkegaard and Levinas, London: Turnshare 2008; Trust, Sociality, Selfhood, Tübingen: Mohr Siebeck 2010.

# Personenregister

Abraham 119, 164, 172
Adorno, Theodor W. 2, 6f., 244
Ammicht-Quinn, Regina 248, 264
Andersen, Hans Chr. 48
Antigone 7, 40, 42, 112, 119f., 165
Aristoteles 66, 68, 113f., 170 (Fn. 3), 172 (Fn. 9), 243, 244 (Fn. 3)
Augustinus 251
Aurelius, Marcus 76, 92
Austen, Jane 174

Baudelaire, Charles 45
Bauer, Matthias 147
Bayle, Pierre 258
Beaumarchais, Marie 7, 95, 132, 134–137, 139, 142, 166
Beckett, Samuel 1
Boesen, Emil 15, 17f.
Brentano, Clemens 124
Brod, Max 92
Bruuns, Søren 28 (Fn. 22)
Buchbinder, Hilarius 26 (Fn. 19)
Byron, George G. 105, 181

Christensen, Peter V. 19
Climacus, Johannes 24–26, 172, 179 (Fn. 19), 184
Colton, Randall 185
Conant, James 70
Constantius, Constantin 50f., 156f.

Dalferth, Ingolf 5
Davenport, John 170, 172 (Fn. 9), 176 (Fn. 15), 177, 178 (Fn. 17)
Demokrit 156
Descartes, René 114
Deuser, Hermann 2, 45 (Fn. 2), 72, 210
Dickens, Charles 176
Don Juan 78, 95–109, 122, 136–140, 186, 199, 215f.
Don Quichotte 103
Donna Elvira 7, 134, 136f., 139, 166
Duckles, Ian 177

Eichendorff, Joseph Freiherr v. 50 (Fn. 6), 51
Epiktet 76
Epikur 156, 247
Eremita, Victor 1, 19–22, 35, 40f., 51f., 90 (Fn. 23), 132, 140f., 193, 195, 197, 206f.

Faust 95, 103–105, 132, 135, 137–139
Ferreira, M. Jamie 173 (Fn. 12)
Fichte, Johann G. 9, 80, 189, 214, 225f.
Frankfurt, Harry 169–171, 177f., 190
Frisch, Max 199

Garff, Joakim 96
Geismar, Eduard 54
Gerichtsrat Wilhelm 8, 52, 151, 169–190, 198f., 215–229, 252, 261
Giødwad, Jens F. 19f.
Goethe, Johann W. v. 95, 132, 135–138
Gouwens, David 171 (Fn. 8)
Green, Ronald 172, 188 (Fn. 31)
Greene, Robert 143
Greenspan, Daniel 114, 118
Gretchen s. Margarete
Greve, Wilfried 226 (Fn. 5)
Grøn, Arne 65
Grundtvig, Svend 162

Habermas, Jürgen 3, 244 (Fn. 3)
Hadot, Pierre 75f., 92
Hagemann, Tim 71
Hall, Amy L. 171 (Fn. 7), 173 (Fn. 12), 183 (Fn. 25), 187 (Fn. 29)
Hare, John E. 166 (Fn. 8)
Harries, Karsten 166 (Fn. 8)
Hauch, Carsten 105
Haufniensis, Vigilius 40, 109
Hegel, Georg W. F. 1, 15, 24, 44, 69f., 75 (Fn. 1), 82, 97, 112–114, 116, 119, 126–128, 158f., 170 (Fn. 3), 171, 173, 182, 193, 216, 223 (Fn. 4), 225f., 235 (Fn. 1), 245 (Fn. 4), 262 (Fn. 7)
Heiberg, Johan L. 3, 16, 20–22, 95, 98, 157
Heidegger, Martin 195, 214
Helena 138

Herder, Johann G.   156
Hettche, Thomas   133
Hiob   256–258, 263f.
Hobbes, Thomas   187
Homer   97
Horaz   156
Hotho, Gustav H.   106
Hühn, Lore   69
Hume, David   175 (Fn. 14), 176, 179

Iber, Christian   129
Ionesco, Eugène   1
Isaak   42

Jacobi, Friedrich H.   214, 225f.
Jacobs, Angelika   111, 118, 127f.
Jaspers, Karl   233
Jean Paul   127
Jesus Christus   100, 117–121, 160–163, 166, 184 (Fn. 26), 249, 256f., 260
Jonas, Hans   248

Kafka, Franz   92
Kant, Immanuel   5, 66, 68, 128, 138, 157, 159f., 172, 177f., 180, 188 (Fn. 31), 193f., 215 (Fn. 1), 223 (Fn. 5), 225f., 235 (Fn. 1), 253 (Fn. 1), 262f.
Kemp, Ryan   179 (Fn. 19)
Kierkegaard, Peter Chr.   33
Kleinert, Markus   2, 5, 48 (Fn. 4), 69, 82, 87 (Fn. 21), 161
Kloeden, Wolfdietrich v.   225
Knudsen, Jette   15 (Fn. 9)
Købke, Christen   161
Kondrup, Johnny   15 (Fn. 9)
Korsgaard, Christine   180 (Fn. 21)
Kosch, Michelle   223 (Fn. 4), 225
Krüger, Heinz   91
Kruse, Laurids   136

Laktanz   247
Lavater, Johann C.   133
Law, David   261f.
Leibniz, Gottfried W.   247, 251f., 257f.
Levin, Israel   31 (Fn. 25)
Levinas, Emmanuel   262 (Fn. 7)
Lippitt, John   170 (Fn. 2)

Lübcke, Poul   152
Lund, Michael   15 (Fn. 7)
Lundbye, Johan Th.   161
Luno, Bianco   19
Luther, Martin   252f., 263

MacIntyre, Alasdaire   3f., 170, 244
Margarete (s.a. Faust)   7, 95, 132, 134, 137–139, 166
Marheineke, Pilipp K.   15
Marquard, Odo   1
Martensen, Hans L.   225
Marx, Karl   67
Molbech, Christian   13f., 36
Molière   95, 105f.
Monty Python   1
Mooney, Edward   169 (Fn. 1), 172 (Fn. 11)
Mozart, Wolfgang A.   7, 95–101, 105–108, 132, 136
Muñoz, S. Fonnegra   244 (Fn. 2, 3)

Nagley, Winfried   87 (Fn. 21)
Nagy, András   146
Nero   217–220
Nérval, Gerard de   54
Nientied, Mariele   70
Nietzsche, Friedrich   1, 85, 88, 114, 210, 214
Notabene, Nikolaus   49f.
Novalis   91

Ödipus   118f.
Oelmüller, Willi   248
Olsen, Regine   15, 131, 184 (Fn. 26)
Ovid   147

Pattison, George   60, 70
Paulus   164, 261
Plekon, Michael   172f.
Phalaris   88f.
Philipsen, Philip G.   28f.
Pieper, Annemarie   6, 233
Platon   35 (Fn. 28), 159
Ponte, Lorenzo da   136
Pulmer, Karin   51 (Fn. 7)

Raphael   97
Rapic, Smail   53 (Fn. 9)

Rehm, Walther 48 (Fn. 4), 143
Reitzel, Carl A. 19, 27–29
Rocca, Ettore 8, 113, 120, 162 (Fn. 4)
Rosati, Connie 175 (Fn. 14)
Rosenzweig, Franz 262 (Fn. 7)
Rudd, Anthony 4, 169 (Fn. 1), 170, 172

Sancho Pansa 103
Schelling, Friedrich W. J. 15, 112, 118, 193
Schiller, Friedrich 146
Schlegel, Friedrich 91, 112, 144 f.
Schmidt-Biggemann, Wilhelm 113
Schopenhauer, Arthur 1, 112
Schubothe, Johan H. 16
Schulz, Heiko 4 f., 6 (Fn. 2)
Schwab, Philipp 6, 44, 70
Scribe, Eugène 16, 95, 112 f., 121–125
Searle, John 45 (Fn. 3)
Sibbern, Frederik Chr. 81 (Fn. 8)
Silentio, Johannes de 42, 172, 180 (Fn. 20), 182, 223 (Fn. 4)
Söderquist, K. Brian 83 (Fn. 13), 87 (Fn. 20), 91, 144
Sokrates 35 (Fn. 28), 63, 76 (Fn. 2), 79–82, 87
Sophokles 40, 112
Spinoza, Baruch de 83
Steffens, Henrich 15
Stewart, Jon 75, 92

Strawson, Peter F. 177 f.
Symparanekromenoi 18, 32, 112, 132, 161, 165

Tafdrup, Jon 23
Theunissen, Michael 63, 195
Thomas von Aquin 176 (Fn. 15)
Thulstrup, Marie 184 (Fn. 26)
Thulstrup, Niels 133
Tudvad, Peter 15 (Fn. 5)
Tugendhat, Ernst 5

Updike, John 131

Vischer, Friedrich Th. 127

Wahl, Cordelia 17, 141 f., 145–148
Walsh, Sylvia 171 (Fn. 8), 184 (Fn. 26)
Weisse, Christian H. 98
Welz, Claudia 63, 248
Wennerscheid, Sophie 143
Werder, Karl F. 15, 17
Wesche, Tilo 63, 66, 113
Wiese, Christian 248
Wietzke, Walter 179 (Fn. 19)
Williams, Bernard 169 (Fn. 1), 175 (Fn. 14)
Wittgenstein, Ludwig 193

Young, Edward 111, 120

Zoller, Edmund 13

# Sachregister

Absolutes 91, 160, 224, 228
Angst 40, 65–67, 108f., 120f., 138, 146, 209f., 223, 245, 252
Apatheia 156
Arbeit 9, 154, 156, 231f., 238–243
Ästhetisches 30, 34, 47, 51f., 59, 91, 95, 118, 141–145, 151f., 161, 166, 193–211, 213–229, 231–246
Ästhetisierung 85
Ataraxia 156
Athambia 156
Ausnahme 243–245
Authentizität 4, 45, 148, 171, 209
Autonomie 77, 87, 90, 115–124, 128, 151–160, 166, 170f., 177f., 183, 187, 205, 207, 235f.

Begierde 97, 102f., 109
Betrug 30, 106, 122, 124, 135, 137–144, 164, 233
Bildungsprozess 142
Bindung (caring) 3, 120, 169–172, 179, 184
Böses, Übel 5, 9, 115, 118, 154, 158, 207–209, 222, 226f., 247f., 250, 259, 264

Christentum 24, 42f., 91, 99f., 103, 111, 160f., 173, 175, 182f., 187 (Fn. 29), 262

Dämonisches 100, 103, 153f., 158, 160, 199, 201
Dekonstruktion 34
Dialektik 36, 67–69, 72, 117, 138, 219, 226f., 236
Dichtung 6, 77

Ehe 2, 8f., 16, 41, 131, 142, 169–190, 199, 231f., 238, 242f.
Endlichkeit 9f., 127, 138, 155, 160, 195, 199–204, 211, 221–224, 227f.
Entscheidung 2f., 8f., 25, 41, 52, 58, 66, 72, 117f., 120, 172, 187f., 196–210, 233, 241, 252–254, 259
Erhabenes 39, 112, 127–129, 158–160
Erinnerung 119, 139, 155–158, 161–165

Eros 81, 95, 100, 171, 173, 182–184, 189
Erotik 2, 6f., 40, 95–109, 111, 116 (Fn. 1), 138, 140–145, 148, 166, 171, 175, 180, 184–189, 215f., 234
Ethik, Ethisches 3, 8, 10, 25, 35, 152, 156, 201–208, 231–246, 249, 252f., 260–264
Ewiges, Ewigkeit 9, 115, 163, 211, 219, 223, 229, 249, 254, 259f.
Existenz, ästhetische 109, 213–221
Existenz, ethische 131, 214, 221–229, 262
Existenzdenken 222
Externalismus 68, 175 (Fn. 14), 179, 180 (Fn. 21, 22), 190

Fædrelandet (Zeitschrift) 20, 23
Fetischismus 123
Freiheit 4f., 8–10, 40f., 50, 62–69, 72, 87, 118, 120, 146, 156f., 195–197, 200–203, 206–211, 221, 224–234, 238–254, 263
Freude 31 (Fn. 24), 33, 121, 163, 251, 258, 260
Freundschaft 9, 156, 231f., 238, 242f.

Gabe 155, 229, 255, 258–260
Gebet 249–252, 255, 257–260, 264
Geist 68, 99–101, 103, 113, 118, 128, 131, 148, 165, 195, 197, 210f., 219–224, 264
Genuss 2, 6, 109, 137, 141, 143f., 147, 151, 156, 160, 215–224, 232f., 239f.
Gesinnungsethik 237f.
Glauben 3, 33, 72, 84, 138, 155, 161, 163f., 171f., 176, 182, 222f., 247f., 250–264
Glück 63–65, 67
Gott 39, 82, 116, 128, 147, 154–160, 163, 171 (Fn. 8), 172 (Fn. 11), 180 (Fn. 20), 182 (Fn. 23), 183f., 186–188, 193, 207, 228, 234, 247–264
Gottesfrage 247–250, 255, 257

Hamartia 114
Handeln 3, 39f., 114–119, 128, 194, 229, 232, 235, 237f., 240, 244, 245 (Fn. 4), 249, 252–255, 261–263
Hedonismus 6, 45, 215–221

Heirat 242
Heteronomie 114, 121, 151, 155 f.
Hochzeit des Figaro, Die 101
Humor 91, 127

Idealismus 2 f., 9, 45 (Fn. 2), 112, 144, 193, 214 f., 223 (Fn. 5)
Identität 3, 118, 125 f., 140, 195 – 197, 201, 207 f., 209, 211, 223 – 228
Inkarnation 100, 103
Inkommensurabilität 45, 128, 195, 201
Innerlichkeit 24 f., 44
Intelligensblade (Zeitschrift) 21
Interessantes 6 f., 140 – 146
Internalismus 173, 175 f., 179 f., 190
Ironie 77 – 82, 107, 113, 115, 116 (Fn. 1), 126 – 129, 144, 203

Kontingenz 53, 71 f., 220, 261
Kontinuität 8, 32, 37, 228 – 241
Kritik 57 – 73, 113 – 118, 214 – 220, 235 f.
Kunst 49 f., 71 – 73, 95 – 100, 112 f., 121, 126 (Fn. 8), 133 f., 143 f., 146, 153 – 159, 203, 233, 242

Langeweile 2, 8, 60, 83 f., 111, 123, 152 – 161, 218 – 220
Lebensanschauung 1, 8 f., 26, 42 f., 45 – 47, 49, 51, 53 f., 58, 65, 198, 214 – 224, 231 f., 238, 241, 243, 249
Lebensführung 40, 43, 47, 62, 65, 233, 244
Lebensweise 82, 214, 225
Leiden 10, 59 – 61, 114 f., 118, 247 – 249, 255 – 257, 260 – 264
Liebe
– agapische 171 (Fn. 7, 8), 172 f., 180 (Fn. 20), 181 – 184, 254
– eheliche 171 (Fn. 7), 172, 174, 186, 242
– erotische 81, 99 f., 103 f., 171 (Fn. 7, 8), 173, 185 – 187
– romantische 7 f., 111, 113, 121 – 126, 172 (Fn. 10), 173 f., 180, 185 f., 242
Logik 77 – 82
Lustspiel 16

Macht 71 f.
Mäeutik 30, 35 f., 173, 213, 215 – 217

Mediation 114 – 116
Metaphysik 3, 83, 111, 113, 115, 118, 120, 123, 152, 156, 193 f., 197, 234
Mitteilung 3, 41, 44 (Fn. 1), 45 f., 57 – 59, 61, 67, 70 – 72, 161, 209, 231 f., 235, 238
Mittelalter 103
Moderne 7, 9, 40, 64, 112 – 129, 193 – 195, 232
Möglichkeit 9, 24 f., 40, 50 f., 54, 117 – 120, 199 – 209, 252
Musik, Musikalität 7, 48 f., 51, 59 f., 95 – 109, 153, 166
Mystik 159, 228, 234
Mythisches 159

Naturalismus 68
Nihilismus 5, 8 f., 31, 33, 77, 83, 86, 91 f., 193, 220
Notwendigkeit 30, 72, 121 f., 200, 203 f., 225 – 229

Oper 106 – 109

Pantheismus 83, 158 – 160
Pflicht (duty, obligation) 2, 4, 9 f., 25, 172, 175 f., 178, 180 – 184, 187 – 189, 194, 199 f., 210, 226 – 228, 231 f., 235 – 245, 253 f., 263 f.
Philosophie
– als Lebensform 75 f., 92
– Lebensphil. 213
– Subjektphil. 214, 226
– Transzendentalphil. 68, 196
Poetik 78, 86 – 91
Poiesis 86 – 92
Posthorn 50 f.
Pseudonymität 3, 20, 22, 25 – 27, 34 f.

Rechte 72 f.
Reflexion 2, 43, 70, 101, 105, 114 – 116, 125 f., 128, 137, 141 – 148, 161, 197, 207, 213 – 217
Reflexionsbewegung 7, 134, 137, 139 f.
Religiöses 25, 34 – 36, 52, 182, 213
Religiosität 3, 100, 117 f., 205, 208
Repräsentation 100, 103

Sachregister — **281**

Reue 4, 202, 207f., 227–229, 252, 260
Romantik 2, 49–52, 87, 90, 112

Schattenriss 133f.
Schöne Seele 146
Schöpfung 121, 154
Schuld 7, 10, 41, 114–121, 227f., 247–257, 261–264
Schwermut 2, 25, 41, 45, 218–221, 232
Selbst 4, 6, 9, 163, 193f., 197f., 200–211, 228, 237–246
Selbsttäuschung 60–73
Selbstverhältnis 116, 194, 201, 204, 219, 228, 242
Selbstwahl 4, 196, 207f., 211, 214, 219, 223, 231–237, 244f.
Sinnlichkeit 40f., 99f., 105, 108, 138, 145–148, 157
Sittlichkeit 42, 171, 226, 235 (Fn. 1), 245 (Fn. 4)
Skepsis 82, 128, 174, 235, 244
Spekulation 24, 72, 159, 196f., 210, 263
Spirituelle Übungen 75f., 92
Sprache 71, 99–103, 113, 153
Stadien 2, 42, 95–109, 116, 196, 198, 200–209, 237, 262
Stoa 156
Subjekt 9, 22, 114–120, 126–128, 214f., 223 (Fn. 5), 224, 226f., 251
Sünde 115–119, 129, 171 (Fn. 8), 185 (Fn. 27), 195, 251–264
Suizid 87

Tautologie 79–81
Theaterkritik 16
Theodizee 10, 247–250, 254f., 257–260, 262–264
Tod 32, 64, 84, 112, 117–120, 163, 165, 175f., 189, 220
Tragisches 7, 113–123, 126–129
Transzendenz 9, 157, 194, 201, 205, 211
Trauer 7, 116–121, 132–142, 148, 207f., 227, 258

Umkehrung 14, 36f.
Unglück 14, 31–33, 59, 63, 115, 132, 162–166

Unmittelbarkeit 95–101, 109, 118, 138–140, 145, 151–153, 160f., 164–166, 198, 215–227, 232
Unrecht 10, 23, 25 (Fn. 16), 52, 62, 248–264

Vaudeville 122f.
Verantwortungsethik 237, 253
Vereinigungsprinzip (incorporation principle) 177f., 180 (Fn. 21)
Verführer 7f., 21, 95f., 106, 111, 131–149, 199
Verführung 17, 95–97, 103–106, 131f., 136, 138, 141–143, 146–148, 199
Vergessen 137, 139, 155–158, 161, 166
Verklärung 233
Vernunft 48, 59, 61–63, 66–72, 111, 114, 127f., 206, 237, 244 (Fn. 3), 247f., 263
Verpflichtung (commitment) 169f., 173, 176, 179f., 182, 185, 187, 189, 254, 264
Verzweiflung 2, 4, 10, 25, 60, 64, 66f., 69, 115–117, 138, 157, 160, 163, 208, 218–227, 232–234, 245, 253

Wahl 3–5, 9, 25, 59, 72, 119f., 155, 160, 169–179, 196, 198–211, 214, 221–228, 231–237, 241–245, 249, 253–255
Wahrheit 1f., 6, 24f., 39, 67–71, 113, 138, 163, 193f., 199, 238, 252, 263
Widerspruch 69, 126, 163, 195, 198, 200–204, 207–211, 218
Wille (will, volition) 5, 62, 67, 117f., 156, 169–189, 210, 215 (Fn. 1), 226, 235 (Fn. 1), 253, 261
Willkür 160, 170, 185, 234, 236, 238, 244
Wirklichkeit 25, 69f., 121f., 141, 151, 193–210, 217f., 224, 227f., 232, 235–237, 240, 264
Wollen (willing) 4f., 66, 68, 170, 186, 189, 199, 201–207, 210, 222, 258–261

Zauberflöte, Die 101
Zeit, Zeitlichkeit 8f., 15, 32f., 64f., 85, 99, 104, 163, 165, 201, 205f., 210, 223f., 228
Zweifel 44, 199, 226, 250, 252–255

www.ingramcontent.com/pod-product-compliance
Lightning Source LLC
Chambersburg PA
CBHW071814230426
43670CB00013B/2453